Uni-Taschenbücher 2116

UTB
FÜR WISSEN
SCHAFT

Eine Arbeitsgemeinschaft der Verlage

Wilhelm Fink Verlag München
A. Francke Verlag Tübingen und Basel
Paul Haupt Verlag Bern · Stuttgart · Wien
Hüthig Fachverlage Heidelberg
Leske Verlag + Budrich GmbH Opladen
Lucius & Lucius Verlagsgesellschaft Stuttgart
J. C. B. Mohr (Paul Siebeck) Tübingen
Quelle & Meyer Verlag · Wiesbaden
Ernst Reinhardt Verlag München und Basel
Schäffer-Poeschel Verlag · Stuttgart
Ferdinand Schöningh Verlag Paderborn · München · Wien · Zürich
Eugen Ulmer Verlag Stuttgart
Vandenhoeck & Ruprecht in Göttingen und Zürich

Dieter Bögenhold (ed.)

Moderne amerikanische Soziologie

Lucius & Lucius Stuttgart

Anschrift des Verfassers:

Priv.-Doz. Dr. Dieter Bögenhold
privat:
Postfach 11 49
D-26146 Bad Zwischenahn
E-Mail: boegenhold@nwn.de

Die Deutsche Bibliothek – CIP-Einheitsaufnahme

Moderne amerikanische Soziologie / Dieter Bögenhold (ed.),
Stuttgart : Lucius und Lucius 2000
(UTB für Wissenschaft : Uni-Taschenbücher ; 2118)
ISBN 3-8252-2118-4 (UTB)
ISBN 3-8282-0122-9 (Lucius und Lucius)

Satz: Sibylle Egger, Stuttgart
Druck und Einband: Druckhaus Thomas Müntzer, Bad Langensalza
Printed in Germany

Vorwort

Zu Beginn des 20. Jahrhunderts war das Zentrum der Soziologie in Europa beheimatet. In der zweiten Hälfte des 20. Jahrhunderts hatten sich die Gewichte freilich zunehmend verlagert: Zunehmend wurde es die amerikanische Soziologie, die inhaltlich und institutionell den Maßstab der Diskussion abgab: Europäische Soziologen kamen immer weniger um den Blick auf die englischsprachigen Debatten in der nordamerikanischen Soziologie herum. Am Anfang des 21. Jahrhunderts erleben wir die Situation, daß die amerikanische Soziologie im Weltmaßstab der Entwicklung der soziologischen Disziplin den Ton angibt. Der Sammelband „Moderne amerikanische Soziologie" möchte in diesen disziplinären Trennungs- und Emanzipationsprozeß wissenschaftstheoretisch einführen. Es werden Texte von führenden nordamerikanischen Soziologen einem deutschen Publikum vorgestellt, die zusammengenommen eine Art Collage von verschiedenen Zugangswegen, inhaltlichen Akzenten und methodischen Definitionen darstellen. Damit richtet sich das Buch gleichermaßen an Studenten und Lehrende der Soziologie. Wie steht es am Beginn des 21. Jahrhunderts um die amerikanische Soziologie, was können deutsche Leser von ihr lernen, worin liegt das Anderssein der amerikanischen Soziologie, worin bestehen ihre Vorteile? Die „Moderne amerikanische Soziologie" nimmt diese Fragen ernst und versucht, Antworten zu geben.

Unter demselben Titel „Moderne amerikanische Soziologie" gab es bereits einen von Heinz Hartmann (1967) vor mehr als 30 Jahren im Enke-Verlag herausgegebenen Band zum Thema, der in gewisser Weise das explizite und implizite Leuchtfeuer für manche Diskussion im vorliegenden Kontext gibt. Frau Marlis Kuhlmann vom Enke-Verlag förderte die Idee für die nun vorliegende Buchherausgabe mit immenser Geduld und einem gehörigen Vertrauensvorschuß. Schließlich war es Herrn Wulf von Lucius überlassen, das Buchprojekt auf seiner letzten Phase zu begleiten. Jeder Beitrag ist verschiedene Male in verschiedenen Phasen der Übersetzung gelesen und bearbeitet worden. Die einzelnen Beteiligten finden sich jeweils am Ende der einzelnen Beiträge aufgeführt. Schließlich muß die Deutsche Forschungsgemeinschaft dankbar erwähnt werden, da die vorliegende Herausgabe nicht nur im Rahmen des DFG-Heisenberg-Programms entstand, sondern zusätzlich durch eine Nordamerika-Reise unterstützt wurde.

Dieter Bögenhold — Bremen, Herbst 1999

Inhalt

Autoren und Drucknachweise[1]

Aldrich, Howard E.: Professor an der University of North Carolina at Chapel Hill; der Beitrag (zusammen mit R. Waldinger) war zuerst gedruckt im *Annual Revue of Sociology,* 1990, Jg. 16, S. 111–135.

Alexander, Jeffrey C.: Professor an der University of California at Los Angeles; der Beitrag wurde zuerst in einer längeren Fassung gedruckt in: Neil Smelser und Richard Münch (Hg.): Theory of Culture, Berkeley: University of California Press 1993, S. 293–323.

Collins, Randall: Professor an der University of Pennsylvania in Philadelphia; englischsprachiger Originalbeitrag.

Granovetter, Mark: Professor an der Stanford University; der Beitrag erschien zuerst in: *Acta Sociologica,* 1992, Jg. 35, S. 3–11.

Hallinan, Maureen T.: Professorin an der University of Notre Dame; der Beitrag erschien zuerst in: *American Sociological Review,* 1997, Jg. 62, S. 1–11.

Hollingsworth, Rogers: Professor an der University of Wisconsin, Madison; englischsprachiger Originalbeitrag.

Ritzer, George: Professor an der University of Maryland, College Park, Baltimore; der Beitrag ist übersetzt von einer ersten Manuskriptfassung, die modifiziert erschien in: *International Sociology,* 1996, Jg. 11, S. 291–308.

Smelser, Neil J.: Professor an der Stanford University, Department of Sociology, und Direktor des Center for Advanced Studies in the Behavioral Sciences der Stanford University; der Beitrag findet sich in Neil

[1] Herausgeber und Verlag danken für die gewährten Genehmigungen zum Nachdruck der Beiträge in deutscher Sprache

J. Smelser: Sociology, Cambridge (MA): UNESCO/Blackwell Publishers 1994, S. 21–38.

Waldinger, Roger: Professor an der University of California at Los Angeles; der Beitrag (zusammen mit H. E. Aldrich) erschien zuerst in: *Annual Revue of Sociology*, 1990, Jg. 16, S. 111–135.

Wallerstein, Immanuel: Professor an der University of New York at Binghampton und gleichzeitig Direktor des dortigen Fernand Braudel Center for the Study of Economies, Historical Systems, and Civilizations; der Beitrag erschien zunächst in: *Historical Geography*, Vol. 23, Nr. 1 & 2, S. 5–22.

Einheit und Divergenz der institutionalisierten Soziologie im Vergleich: Die amerikanische Soziologie in Richtung aktiver Professionalisierung?

Dieter Bögenhold

I. Amerikanisierung und McDonaldisierung der Soziologie

So wie es stetig ein Schlagwort des Jahres gibt, so gibt es auch das Schlagwort des Jahrzehntes. Beziehen wir das einmal nur auf die Soziologie und scannen soziologische Diskussionen nach ihren Themen und Diskussionen, so findet sich in den letzten zehn Jahren mit einer massiven Häufigkeit der Begriff der *Globalisierung*. Wirtschaftliche, kulturelle oder soziale Globalisierung meint eine Art Standardisierung auf internationaler Ebene. Wie homogen und weltweit sind spezifische Trends, so daß wir von einer globalisierten Welt auch faktisch sprechen können? Je stärker wir über solche Fragen nachdenken und publizieren, desto klarer wird auch, daß sich diese Fragen auch auf die Soziologie selbst beziehen müssten: Inwieweit können wir heute von einer globalisierten Soziologie sprechen? Gibt es die Soziologie mit Weltgeltung in einem globalen Sinne, oder lassen sich nach wie vor zahlreiche nationale Einzelsoziologien finden, die eingepaßt in eigene Sprachen ihren Eigenheiten frönen, oder ist auch die Soziologie auf dem Wege wie manche naturwissenschaftliche Disziplin, demnach es eine klar definierbare Forschungsfront auf international beobachtbarer Ebene in ausschließlich englischsprachigen Fachzeitschriften gibt? Wie „global" die Soziologie nun ist (oder nicht ist), diese Frage geriet zum Gegenstand einer Debatte zwischen zwei prononcierten Theoretikern in der Soziologie, nämlich Jeffrey Alexander (1995) und Richard Münch (hier: 1991, 1993, 1995), die diesbezüglich gänzlich verschiedener Ansicht waren und sich dies in Form von Beiträgen in soziologischen Fachzeitschriften wechselseitig schriftlich wissen ließen. Die Tatsache, daß anschließend eine Reihe von namhaften soziologischen Fachvertretern ihre weiteren Stellungnahmen zu der Auseinandersetzung zwischen Münch und Alexander abgaben (Levine 1996, Bryan S. Turner 1996, Ritzer 1996, Coenen-Huther 1996), verdeutlicht, daß die Diskussion über die komparative Stärke der europäischen bzw. der amerikanischen Soziologie nicht nur sachlich-analytische Fragen aufwirft, sondern offensichtlich auch Emotionen bei den Sozialwissenschaftlern selber hervorruft. Richard Münch bemüht den Terminus der McDonaldization (siehe den Beitrag von Ritzer in diesem Band) und bezieht ihn auf die Soziologie selbst. Die amerikanische Soziologie befinde sich in einem zwischenzeitlich abgeschlossenen Prozeß der Standardisierung von Qualitätsnormen, vorgegeben durch die großen Fachzeitschriften wie der *American Sociological Review* und dem *American Journal of Sociology* und deren inneren und äußeren Normierungen, der der gesamten Soziologie weltweit den Maßstab gebe und seinen Stempel aufdrücke. „Here we can speak of the McDonaldization of world sociology originating from the highly professionalized and standardized work produced by American sociology departments" (Münch 1991, S. 318). Demgegenüber liege der Wert der Europäischen Soziologie in ihrer größeren kulturellen Vielfalt, die sich in verschiedenen nationalen Traditionen an Geistesgeschichte und in verschiedenen Paradigmen innerhalb dieser Traditionen manifestiere (Münch 1991, S. 320). Diese Buntheit sei eher die Voraussetzung für Innovation und originelle Spitzenleistungen auf dem Gebiet der soziologischen Theorie.

Das Argument bei Alexander (1995) lautet, daß ihm eine solche Botschaft zu schlicht anmutet, und er verweist auf die große Anzahl von wechselseitigen Beeinflussungen von Europäischer mit Amerikanischer Soziologie, so daß schließlich zu fragen sei, ob sich sinnvollerweise überhaupt von einer „Europäischen" und einer „Amerikanischen" Soziologie sprechen läßt (Alexander 1995, S. 545). Ungeachtet einer Reihe von Mißverständnissen in der Auseinandersetzung zwischen den beiden Soziologen Richard Münch und Jeffrey Alexander scheint das Echo, das ihre Diskussion hat, bemerkenswert, weil eine Reihe von ungemein interessanten Anschlußfragen provoziert wurden: Wie empfindlich sind Soziologen selber mit Blick auf den Stellenwert „ihrer" nationalen Soziologie (Levine 1996)? Was läßt sich über soziologische Theorie im Spannungsfeld zwischen Globalisierung und Lokalität sagen (B. Turner 1996)?

Der vorliegende Band wird hier sicherlich keine definitiven und letztendlichen Antworten geben können. Aber die zwischen den beiden soziologischen Theoretikern Münch und Alexander aufgekommene Diskussion gibt dem vorliegenden Buch einen aktuellen Einstieg: Wie steht es – aus der Sicht eines deutschsprachigen Soziologen – mit der amerikanischen Soziologie? Ist die gesamte amerikanische Soziologie nichts anderes als „junk food“ (Levine 1996, S. 13), oder können wir als Forscher, Lehrer und Studenten in Europa nicht auch eine Menge von der amerikanischen Soziologie lernen? Alexander (1995, S. 544) hat zweifelsfrei Recht, wenn er sagt, daß amerikanische Entwicklungen durch klassische und auch gegenwärtige europäische Ideen in hohem Maße stimuliert wurden. Gilt das nicht auch umgekehrt? Und wenn ja, wie steht es um die amerikanische Soziologie, wo liegen spezifische Stärken und Schwächen?

Neben dem aktuellen Bezug des Sammelbandes zu dieser Diskussion gibt es freilich auch prinzipiellere Fragen aus einem wissenschaftssoziologischen, politikwissenschaftlichen und zeithistorischen Kontext, in dem eine deutschsprachige Diskussion über den Status von amerikanischer Soziologie angesiedelt ist. So gibt es neben den oben geschilderten eher kognitiven Assoziationen, die diesen Band gerade heute aktuell erscheinen lassen, eine Reihe von weiteren Aspekten, nach denen ein Buch über die gegenwärtige amerikanische Soziologie angebracht ist.

Der rasche Auftieg der US-amerikanischen Nation zu einer militärischen Weltmacht, ihre Etablierung als eine führende Wirtschaftsnation und ihre kulturelle Emanzipation gegenüber der europäischen Geschichte im Sinne der Generierung eines eigenen amerikanischen „Way of Life“ im Laufe des 20. Jahrhunderts hatten zunehmend zu einem Export von politischen, wirtschaftlichen und kulturellen Amerikanismen geführt, für die das Fließband und Henry Ford genauso standen wie Coca Cola, Kaugummi, Rock'n Roll und Hollywood. Amerikanisierung meint insofern immer auch Export von Lebensstil und Kulturtransfer im weitesten Sinne (Doering-Manteuffel 1995). Die einzelnen europäischen Länder gingen mit dieser kulturellen Konfrontation unterschiedlich und differenziert um. Stets gab es Mischungen von Abwehrhaltung einerseits und Neugier andererseits[1]. Das Resultat waren europäische Adaptionen von Teilen amerikanischer Praxis einerseits und existierende Antiamerikanismen andererseits. Dabei waren hier Unterschiede zwischen den einzelnen Ländern deutlich erkennbar. In

---

[1] Dieses Spannungsverhältnis von globaler grenzüberschreitender Entwicklung zu weltweit standardisierter kapitalistischer Entwicklung und globalisiertem Konsum einerseits und einem aufsplitternden Fraktionalismus andererseits wird in größeren Zusammenhängen über die Autonomie regionaler und religiöser Kulturen bei Huntington (1993) behandelt (kritisch mit Blick auf die deutsche Rezeption siehe Hartmann 1995), siehe breiter in der Argument auch das Buch von Barber (1996).

Frankreich und England gab es in der 2. Hälfte des 20. Jahrhunderts beispielsweise anders gelagerte Abgrenzungen gegenüber der nordamerikanischen Kultur und Politik, als dieses in (West-)Deutschland der Fall war (Lüdtke et al. 1996, S. 28 ff.).
Besonders markant war die US-amerikanische Hegemonie in (West-)-Deutschland nach dem 2. Weltkrieg. Die amerikanischen Streitkräfte waren eine der vier in Deutschland stationierten alliierten Siegermächte, aber es war gerade ihr Währungs- und Finanzsystem, das sich im Gefolge des Marshall Plans in (West-)Deutschland fest etablierte. In diesem Sinne war der Terminus der beginnenden Globalisierung im eigentlichen Sinne einer der *amerikanischen* Globalisierung (detaillierter Kindleberger 1984, Teil V). Was wir heute Globalisierung der Finanzmärkte nennen, ist vor allem auch in späteren Jahren nach der Aufkündigung des Bretton Woods-Abkommens stets von den USA in Gang gesetzt worden (Helleiner 1996). Das bezog sich freilich keineswegs ausschließlich auf das Finanzsystem im engeren Sinne, sondern galt weitergehend auch für die Gestaltung von Unternehmensorganisationen, Managementstilen und den Export kompletter Unternehmen (Berghahn 1986, Fink 1995, Djelic 1998, Gourvish und Tiratsoo 1998, Kipping und Bjarnar 1998).
Deutschland war nach dem 2. Weltkrieg in Ost- und West-Deutschland gespalten. Der Eiserne Vorhang trennte die beiden dominierenden Weltsysteme Kommunismus und Kapitalismus. Sowjetisierung östlich der Elbe und Amerikanisierung westlich der Elbe (Jarausch und Siegrist 1997). Während in Ost-Deutschland eine schroffe ideologische Ablehnung gegenüber jeglicher amerikanischen Kultur bestand, wurde West-Deutschlang von einer Amerikanisierungswelle geradezu überrollt. Dieses „Let's go Deutschland" (Winter 1995) drückte sich in vielerlei Beispielen aus, wobei zunächst die US-amerikanisch dominierte Kinofilmindustrie, die Popmusik und später das Fernsehen als Medien des Transportierens wirkten. Die USA waren in jeglicher Hinsicht zur Hegemonialmacht in West-Deutschland geworden.
Diese Entwicklungen vollzogen sich dabei in einer Zeit des Kalten Krieges zwischen der Sowjetunion und ihren Satellitenstaaten einerseits und denen des Westens unter dem Führungsanspruch der Vereinigten Staaten von Nordamerika andererseits. Gleichzeitig war die innenpolitische Situation der USA in den 50er Jahren (McCarthy-Ära) durch eine weitgehend rigide Unterdrückung links-liberaler, gewerkschaftlicher und sozialistischer Strömungen gekennzeichnet. In der

Außenpolitik zeigte Nordamerika vor allem in den Zeiten des Kalten Krieges auf verschiedenen Kontinenten brachiale Interessenpolitik und -durchsetzung. Spätestens mit den Demonstrationen gegen den Vietnam-Krieg in Deutschland regte sich in derem Kielwasser auch in West-Deutschland eine breiter artikulierte Front der Ablehnung gegenüber vielerlei Formen an Amerikanismen.

Die sich formierende Abwehrhaltung in Teilen der Bevölkerung richtete sich zwangsläufig *partiell* auch gegen die nordamerikanische Soziologie, die sich zudem in ihrer weitgehend funktionalistischen Prägung bis in die späten 60er Jahre angesichts der damals lebhaft diskutierten tagespolitischen Fragen auch als eher „gesellschaftsunkritisch" ausgenommen haben mußte. Die Soziologie war – und ist stets – ein Stück weit ein eigenes kulturelles System. Als solches gehorcht sie eigenen Regelhaftigkeiten, die sich aber in einem globalen Kontext von interagierenden Variablen abspielen. So blies der jeweilige Wind der Zeitgeschichte der amerikanischen Soziologie zuweilen eher ins Gesicht als in den Rücken. Die positive Rezeption der amerikanischen Soziologie war ebenso wie deren eher kritische Ablehnung insofern auch in Teilen Ausdruck des allgemeinen politischen Verhältnisses gegenüber den USA. Berhard Plé (1990) setzte sich in seiner Arbeit über „Wissenschaft und säkulare Mission" mit der „‚Amerikanischen Sozialwissenschaft' im politischen Sendungsbewußtsein der USA und im geistigen Aufbau der Bundesrepublik Deutschland" auseinander, wie es im Titel und Untertitel des Buches lautet. In einer wissenschaftssoziologischen Perspektive werden hier explizit Elemente der Politik-, Ideen- und Wissenschaftsgeschichte zusammengeführt, und es wird betont, daß die Wissensformen, in denen eine Kultur ihre eigenen Prämissen systematisch abgesichert weiß, ihrerseits eine besondere Dynamik entfalten können, sobald der Ausbau politischer Herrschaftsräume die Frage nach den eigenen kulturellen Grundlagen aufwirft (Plé 1990, S. 5).

Dabei wird treffend skizziert, wie Amerika in vielerlei Hinsicht als Prototyp und Wegbereiter der wissenschaftlichen Weltgesellschaft angesehen werden kann. Am Strukturfunktionalismus von Talcott Parsons macht Plé aber auch die Ambivalenz solcher Entwicklungen deutlich, die schnell unter der Hand zu einem wissenschaftsimperialistischen Sendungsbewußtsein geraten können, das an der Grenze zur säkularen Heilslehre steht[2]. In der Zeit, in der die Welt noch in die He-

[2] Plé diskutiert in diesem Zusammenhang verschiedene Aspekte der wissen-

misphäre der konkurrierenden Supermächte, deren Macht- und Einflußbereiche und sozialen Ordnungsvorstellungen geteilt war, mußten solche Formen soziologisch offensiven Sendungsbewußtseins sich stetig auch mit dem Unterton von inhärenten politischen Implikationen auseinandersetzen. Gerade mit dem Zusammenbruch des sowjetischen Imperiums und der verschiedenen staatssozialistischen Länder ist aber auch der Weg frei geworden, manchen Ballast an ideologischen Stellvertreterscharmützeln intellektueller Art zu reduzieren. Jedenfalls gibt es gerade in (Ost-)Deutschland seit der politischen Wende und der damit verbundenen politischen und wirtschaftlichen (Wieder-)Vereinigung ein enormes Interesse an *amerikanischer* Soziologie, da diese lange Zeit doch eher diskussionslos tabuisiert worden war und insofern viele eine schlichte Neugier auf Unbekanntes und die Möglichkeit zu einer eigenen Urteilsbildung haben.

Was sich in der eingangs beschriebenen gegenwärtigen Kontroverse um die McDonaldisierung der Soziologie vollzieht, dürfte vermutlich auch Wurzeln haben, die tiefer reichen als es den Beteiligten gelegentlich selber scheinen mag. Ihre „Pro-“ und „Contra-“Argumente sind selber in einem Kontext gefärbt, der den intellektuellen Wellengang unseres Faches und seiner Entwicklung widerspiegelt.

Der vorliegende Band möchte mit einer Auswahl an Texten von führenden amerikanischen Autoren/innen deren soziologische Praxis in einer deutschsprachigen Fassung einem deutschsprachigen Publikum näherbringen. Damit sind zwei verschiedene Hoffnungen verknüpft: Einmal soll in Form von ausgewählten Beiträgen in einer Art exemplarischem Zugang demonstriert werden, in welcher spezifischen Annäherung nordamerikanische Fachkollegen sich ihrem Gegenstand nähern und wie sie sich dabei von originär deutschspachigen Beiträgen unterscheiden oder sich ihnen ähneln. Vieles spricht dafür, daß die amerikanische Soziologie am Anfang des 21. Jahrhunderts sich in einem Zustand präsentiert, von dem manche Spielart europäischer So-

schaftlichen Geschichte Nordamerikas. Dabei wird die gelegentliche Botschaft von Amerikas geistiger Führung unterstrichen. In dieser „Botschaft, die Parsons 1949 in der ‚American Sociological Association' als deren Präsident verkündete, schlossen sich amerikanisches Sendungsbewußtsein und Wissenschaftsglaube zum Selbstverständnis des Strukturfunktionalismus zusammen: ‚Like all branches of American culture, the roots of sociology as a science are deep in Europe. Yet I like to think of sociology in some sense peculiarly as an American discipline or at least an American opportunity. There is no doubt that we have the leadership now'“ (Plé 1990, S. 179, Parsons-Zitat aus dem Jahre 1949).

ziologie durchaus etwas lernen kann. Der Untertitel der vorliegenden Einleitung spricht den Terminus der „aktiven Professionalisierung" der Soziologie an, der noch Anfang der 70er Jahre ein handlungsleitendes Motto vieler neugegründeter Reformstudiengänge an westdeutschen Universitäten war – so etwa an der Fakultät für Soziologie der Universität Bielefeld. Gemeint war damit der Anspruch und der Versuch, die Soziologie und deren Absolventen im Konzert der Wissenschaften auf dem Arbeitsmarkt konkurrenzfähig gegenüber den akademischen „Nachbardisziplinen" zu machen. In einer Zeit, in der in Deutschland die Soziologie vielerorts in der Defensive zu sein scheint, ist sie gut beraten, sich ihrer Vorsätze von vor dreißig Jahren zu erinnern. Wenn man diesbezüglich nach Nordamerika sieht – so die These des Herausgebers –, wird man viele Ansätze finden, die den ursprünglichen Ideen bezüglich der „aktiven Professionalisierung" wesentlich näherkommen, als wir das gegenwärtig im Durchschnitt des deutschen Wissenschaftsalltages bislang etablieren konnten. Daß die Präsentation von einer eher geringen Anzahl von Texten mit gewissen Formen willkürlicher Selektion einhergeht, dürfte auf der Hand liegen. Die Hoffnung ist freilich, daß am Beispiel der Textbeiträge Stärken einer Zugangssystematik und inhaltlichen Erkenntnis in kasuistischer Art präsentiert werden, die schon Beitrag für Beitrag einen eigenen Wert haben. Es kommt hinzu, daß mit den Beiträgen gleichzeitig eine Fachkollegin und neun Fachkollegen vorgestellt werden, von denen in Europa nicht alle gleichzeitig intensiv bekannt sind, obwohl sie zu den bekanntesten soziologischen Fachvertretern in Nordamerika zählen.

II. Die deutsche Soziologie in der Krise?

Wenn ein Jahrhundert zu Ende gegangen ist, fällt es vielleicht leichter als „zwischen den Jahren", zurückliegende Jahrzehnte Revue passieren zu lassen. Je nachdem, was nun genau als die Geburtsstunde der Soziologie im akademisch-institutionalisierten Sinne gelten mag, in jedem Falle ist die Soziologie im historischen Maßstab eine relativ junge Wissenschaft. Noch vor hundert Jahren existierte eine akademische Soziologie unseres heutigen Verständnisses nicht. Sie war institutionell und personell in eine thematisch relativ offen definierte Nationalökonomie integriert[3].

---

3 In Deutschland war der erste Inhaber einer explizit auf das Fach Soziologie

In gegenwärtigen Zeiten gibt es nicht nur Stimmen, die ein hohes Lied auf ihre Soziologie anstimmen, sei es nun die deutsche oder die amerikanische. Es mehren sich auch die Stimmen, die sich generell kritisch über die Soziologie äußern und die Zweifel an dem Gegenstand der Soziologie als einem eigenständigen wissenschaftlichen Fach im Kanon der Disziplinen überhaupt anmelden. Zwar gibt es mit einer gewissen Regelmäßigkeit auch unter etablierten Soziologen immer wieder Stimmen, die in der einen oder anderen Tonlage Kritik am Leistungsvermögen der Soziologie und am Zustand der Disziplin üben (nur um einige zu nennen: Sorokin 1956, Mills 1959, Gouldner 1970, Boudon 1971, Schelsky 1975). Gegenwärtig scheinen diese soziologiekritischen Selbstreflexionen aber in gewisser Weise zu kulminieren. Vor allem die mit dem Kollaps der sozialistischen Staatswirtschaften verbundenen Überraschungen ließen in der Soziologie selbst seit Anfang der 90er Jahre beträchtliche Zweifel hinsichtlich des prognostischen Potentials der Soziologie laut werden. Und so wurde in diesem empirischen Zusammenhang mit Blick auf die Soziologie von der Notwendigkeit einer neuen gesellschaftswissenschaftlichen Bescheidenheit gesprochen (Lepenies 1992).
Diese so formulierte Bescheidenheit richtet sich offensichtlich an die Adresse der Vertreter des eigenen Faches, die der Soziologie immer auch ein Stück weit besondere Kompetenzen im Rahmen der Zukunftsprognose beimessen und sie im Konzert der Wissenschaften als eine Art akademische „Leitwährung" ansehen. Gerade der emanzipatorisch-aufklärerische Aspekt der Soziologie, der in unterschiedlichen Maßen über die Jahrzehnte hinweg immer der Soziologie anhaftet und der in gewisser Weise stets mit normativen Fingerzeigen in Richtung alternativer Entwicklungspfade von Wirtschaft und Gesellschaft verbunden gewesen ist, hatte angesichts der für viele Zeitgenossen unerwarteten empirischen Turbulenzen in der sozialen Welt in Form der politischen Revolutionen in Osteuropa an Selbstverständlichkeit eingebüßt.

denominierten Professur Franz Oppenheimer (geb. 1864 in Berlin, gestorben 1943 in Los Angeles). Nach einer ersten Titularprofessur in Berlin übernahm Oppenheimer im Jahre 1919 in Frankfurt am Main eine ordentliche Universitätsprofessur für Soziologie und Nationalökonomie. Auch Oppenheimer emigrierte in den 30er Jahren und fand eine neue Heimat in den USA, wo er kurz vor seinem Tode im Jahre 1942 noch die bekannte Zeitschrift „The American Journal of Economics and Sociology" als Mitgründer ins Leben rief.

Peter L. Berger, dessen „Einladung zur Soziologie" seit ihrer amerikanischen Originalabfassung (1963) für viele Jahre geradezu zur Pflichtlektüre von jungen Soziologiestudenten geworden war und der zusammen mit Thomas Luckmann das Buch „The Social Construction of Reality" (1966) veröffentlichte, das in der Wahl von Soziologen auf dem 5. Platz bei der Frage nach dem soziologischen Buch des 20. Jahrhunderts rangiert[4], fragte in der *Schweizerischen Zeitschrift für Soziologie* pointiert, ob Soziologie überhaupt noch Sinn mache (Berger 1994). Einer Diskussion über den Status der Soziologie in der *Schweizerischen Zeitschrift für Soziologie,* die über mehrere Jahre anhielt, folgte fast zeitgleich eine Debatte in der Wochenzeitschrift *„Die Zeit"*, an der sich unter anderem so prominente Autoren wie Ralf Dahrendorf, Pierre Bourdieu und Renate Mayntz beteilgt hatten (s. Fritz-Vannahme (Hg.) 1996).

Sehen wir als Soziologen die Soziologie von „innen", so ergeben sich zwei verschiedene Kommunikationsfronten. Es ist ein Unterschied, ob wir als Soziologen einen für die Soziologie werbenden Standpunkt gegenüber Nicht-Soziologen einnehmen oder ob wir uns an die Adresse der Vertreter des eigenen Faches gerichtet mit dem Zustand der Soziologie und ihrer Akteure auseinandersetzen. Eine Soziologie der Soziologie mag in dieser Situation ein wenig mehr Aufklärung geben. Die Frage bezieht sich dabei auf den Status der Soziologie: Was beinhaltet der Gegenstand der Soziologie fachlich und inhaltlich, und wie gliedert er sich auf? Wie hat sich das Fach entwickelt und welche Veränderungen sind in längeren Abständen zu verzeichnen? Was läßt sich mit Blick auf die Wahl der Untersuchungsobjekte und die der Methoden sagen?

Im Kanon sozialwissenschaftlicher Erhebungsmethoden wird der internationale Vergleich als eine eigene Methode der Datenerhebung

---

[4] Die International Sociological Association (I.S.A.) führt regelmäßig unter ihren Mitgliedern eine solche Wahl des einflußreichsten soziologischen Titels in diesem Jahrhundert durch. Die I.S.A. veröffentlicht dann die „Top 10" dieser Wahl „Books of the Century". Im Jahre 1999 lautete die Rangfolge folgendermaßen: (1.): Max Weber: Economy and Society, (2.): Charles Wright Mills: The Sociological Imagination, (3.): Robert K. Merton: Social Theory and Social Structure, (4.) Max Weber: The Protestant Ethic and the Spirit of Capitalism, (5.): Peter L. Berger & Thomas Luckmann: The Social Construction of Reality, (6.): Pierre Bourdieu: Distinction: A Social Critique of the Judgement of Taste, (7.): Norbert Elias: The Civilizing Process: Power and Civility, (8.): Jürgen Habermas: The Theory of Communicative Action, (9.): Talcott Parsons: The Structure of Social Action und (10.). Erving Goffman: The Presentation of Self in Everyday Life.

aufgeführt. Beziehen wir den Vergleich selbstreflexiv auf die institutionalisierte Soziologie selber, so können uns Fragen nach der unterschiedlichen Beschaffenheit des Faches Soziologie zwischen einzelnen Ländern und deren jeweiligen historischen Zeiten weiterhelfen, um zu einem kontrollierteren Verständnis dessen zu gelangen, was Soziologie im Einzelfall der jeweiligen Länder sein kann, was es sein könnte oder gegebenenfalls auch gerade *nicht* ist.

Der vorliegende Band bemüht sich nicht um einen Vergleich von einzelnen Ländersoziologien, sondern er setzt bescheidener an: Das Buch möchte mit einigen ausgesuchten Beiträgen eine Art Update und Querschnitt von relevanten zeitgenössischen Positionen der *amerikanischen* Soziologie[5] vorstellen. Selbstverständlich hat die Auswahl einer eher kleinen Zahl von Beiträgen stets einen gewissen Hauch von Willkür und Beliebigkeit angesichts der thematisch beachtlichen Breite des Faches und auch angesichts der enorm gestiegenen Zahl an involvierten Forschern. Die Beliebigkeit gilt jedenfalls dann, wenn man den Anspruch von Repräsentativität im klassisch-statistischen Sinne beanspruchen wollte. Freilich liegt das Ziel eher darin, an Hand von einzelnen ausgesuchten Beiträgen spezifische Stärken und Besonderheiten amerikanischer Soziologie an einzelnen Fällen zu demonstrieren, also im Vordergrund steht weniger das Bestreben der soziologisch flächendeckenden Morphologie als vielmehr das der Exemplifikation .

Die Frage, warum gerade die *amerikanische* Soziologie in das Zentrum der akademischen Neugierde eines deutschsprachigen Buches gerückt wird, ist berechtigt und gleichzeitig rasch zu beantworten: In gewisser Weise hat sich die amerikanische Soziologie in den letzten 50 Jahren weltweit zu einer Art intellektueller Leitwährung innerhalb der Disziplin entwickelt. Natürlich haben wir auch in verschiedenen europäischen Ländern starke nationale Soziologien, die weniger an die Landesgrenzen als vielmehr an die unterschiedlichen Sprachräume, hier insbesondere die deutsche, englische und französische Sprache, gebunden sind. Daneben wird auch in anderen Sprachräumen, vor allem in dem großen spanischen, aber auch in dem italienischen und den vielen kleineren Kommunikationskontexten wie etwa dem niederländischen, dem dänischen, schwedischen oder polnischen praktische Soziologie betrieben, aber man kann mit einer gewissen Vereinfachung wohl sagen, daß mit abnehmender Größe der Sprachgemeinschaften

[5] Wenn hier von „amerikanischer Soziologie“ die Rede ist, so bezeichnet das im eigentlichen den Zustand der heutigen Soziologie in *Nord*amerika.

die beobachtbaren soziologisch-nationalen Eigenständigkeiten schwinden[6]. So sind die kleineren Länder wie etwa Norwegen, Schweden oder die Niederlande sehr viel stärker in das anglo-amerikanische Publikations- und Diskussionsgeschehen involviert als etwa die Angehörigen der größeren nicht-englischsprachigen Sprachgemeinschaften.

Man kann viele verschiedene Kriterien heranziehen, um den Qualitätsstand und die Leistungsfähigkeit der Soziologie in verschiedenen Ländern zu bilanzieren. Kaum ein Land hat eine solche Dichte an soziologischen Studiengängen und entsprechenden Absolventen, wie wir das gegenwärtig in den USA und in Kanada vorfinden. Die Soziologie zeigt sich hier in einer ausgesprochen elaborierten institutionellen Form: Es gibt eine Fülle von soziologischen Fachzeitschriften, die fast durchgängig in einem System der anonymisierten Begutachtung Entscheidungen zur Publikationsannahme oder -ablehnung von eingereichten Manuskripten treffen. Dabei sind die beiden bekanntesten Zeitschriften die *American Sociological Review* und das *American Journal of Sociology* auf einem Niveau, das durchaus seinesgleichen sucht.

Die bereits im Jahre 1905 gegründete *American Sociological Association* (A.S.A.) zählt heute mehr als 13.000 Mitglieder. Jährlich veranstaltet die A.S.A. eine soziologische Jahreskonferenz im Spätsommer, an der mehrere tausend Teilnehmer registriert sind. Das Programm der letzten Jahreskonferenz der A.S.A. im 20. Jahrhundert fand im August 1999 in Chicago statt. Es weist allein mehr als 3900 Namen auf, die als aktive Teilnehmer im Programm verzeichnet sind. In der Regel finden nur Beiträge Aufnahme in das Programm, die auf Grund eines definitiven Manuskriptes am Anfang des entsprechenden Jahres, also etwa 8 Monate vor der Konferenz, zur anonymen Begutachtung eingereicht und anschließend akzeptiert wurden. Der Großteil der Referenten beschränkt sich auf die Präsentation nur eines Beitrages, selten hat ein einzelner Teilnehmer zwei oder mehr Konferenzpräsentationen. Letztere sind nur dann akzeptiert, wenn einer der eingereichten Beiträge mit Koautoren verfasst ist. Die Konferenzprogramme sind nicht nur nach den Namen der Referenten, sondern auch nach thematischen Topics gegliedert. Das letzte Konferenzprogramm weist allein 87 unterschiedliche thematische Überschriften aus, unter denen die einzelnen Konferenzbeiträge rangiert sind.

---

6 Als interessanten Einblick in den Status verschiedener nationaler Soziologien im Europa des ausgehenden 20. Jahrhunderts vgl. die Beiträge in dem Sammelband von Nedelmann und Sztompka (Hg.), 1993.

Auch die Gliederung der A.S.A. in Sektionen, die in etwa den Sektionen innerhalb der *Deutschen Gesellschaft für Soziologie* (DGS) vergleichbar sind, unterstützt den Eindruck von enormer Differenzierung und Breite der institutionalisierten Soziologie: Zwischenzeitlich finden sich innerhalb der A.S.A. 34 etablierte thematische Sektionen. Läßt sich insofern noch von einer kohärenten Soziologie sprechen, die in sich selber relativ widerspruchsfrei und letztendlich auch relativ homogen erscheint und die sich als solche von dem Status anderer nationaler Soziologien unterscheiden läßt? Um die Antwort als These gleich vorwegzunehmen: Die Soziologie in Nordamerika, aber auch in europäischen Ländern scheint sich in den letzten zweieinhalb Jahrzehnten mit Blick auf Fragestellungen, Positionen und zum Einsatz gekommene Methoden derart potenziert zu haben, daß es stetig schwieriger wird, von *der* amerikanischen, aber auch von *der* deutschen, *der* französischen oder *der* englischen Soziologie als einem kohärenten Gebilde zu sprechen.

Donald Levine (1995) hat in seinem Buch „Visions of the Sociological Traditions", in dem er kenntnissreich verschiedene nationale Einzelstränge der geistesgeschichtlichen Entwicklung in der Soziologie herausarbeitet, den Zustand der neuzeitlichen Soziologie als *fragmentarisch* bezeichnet. Levine schreibt folgendermaßen: „The most of its century as an institutionalized discipline, the proponents of sociology envisioned it as a unified field. The vision was elusive and consensus hard to come by. Yet for all their profound differences about what sociology should be and do, ist principal spokesmen – figures like Durkheim, Simmel, Weber, Park, and Parsons – agreed that sociology should be framed as a coherent enterprise demarcated by clear and defensible boudaries. ... The struggle of sociology to present itself as a unified discipline persisted into the middle decades of this century, until the eruptions of the late 1960s shattered the vision once and for all" (Levine 1995, S. 279).

Dieses von Levine so bezeichnete Datum der späten 60er Jahre scheint in mancherlei Hinsicht ein gewisser Wendepunkt in der Kontinuität der geistesgeschichtlichen Entwicklung der Soziologie gewesen zu sein. In Hartmann's Buchausgabe „Moderne amerikanische Soziologie" (1967, 2. Aufl. 1973) tritt gerade zwischen der ersten und der zweiten Auflage das Werk von Gouldner (1970) stark in den Vordergrund der Diskussion, der ja nicht nur eine der markanten kritischen Stimmen gegenüber dem amerikanischen Funktionalismus abgab, sondern der schließlich auch die Soziologie normativ kritisierte[7], indem er die Meinung vertrat, daß Soziologie nicht mehr an die konkrete Praxis der Individuen heranreiche und in gewisser Weise lebensfremd geworden sei. Levine (1995) zufolge hat die Entwicklung der Soziologien in verschiedenen Ländern seit etwa den späten 60er Jahren angefangen, sich mit Blick auf theoretische Ansätze zu vervielfachen und sich gleichzeitig mit Blick auf deren Universalität auch zu globalisieren: „Formed initially within channels that followed the distinctive contours of national cultures, the several traditions came together in the mainstream of world sociology as an outpouring of diverse theoretical approaches that populated American and thence world sociology in the 1970s" (Levine 1995, S. 279).

Levine's diesbezügliche Formulierungen sind auch eher als These zu verstehen, über die sich diskutieren läßt. So gibt es auch eine Reihe von Argumenten und empirischen Evidenzen, die der Annahme der zunehmenden „Eine-Welt-Universalisierung" der Soziologie Vorschub leisten. Freilich gibt es auch eine Reihe von Umständen, die dafür sprechen, daß die einzelnen Soziologien in verschiedenenen Ländern, zumindest aber zwischen den Kontinenten, weiterhin ein eigenes Gesicht behalten haben und unterscheidbar geblieben sind.

III. Aufstieg und Differenzierung der Soziologie

Im historischen Maßstab ist die Soziologie noch eine ausgesprochen junge Wissenschaft. Viele der heutigen deutschsprachigen Klassiker des Faches wie etwa Gustav Tönnies, Werner Sombart oder Max Weber hatten Lehrstühle für Nationalökonomie inne, weil die Soziologie als akademischer Terminus technicus nicht bekannt war. Seit dieser Zeit hat sich über die Jahrzehnte hinweg, besonders aber in der Zeit nach dem zweiten Weltkrieg, ein eindrucksvoller Aufstieg des Faches Soziologie ergeben. Heute zeigt sich das Fach in beeindruckender Pluralität mit Blick auf thematische Breite und methodologische Verfahren. Mit diesem Konsolidierungsprozeß ergab sich eine kontinuierliche

7 Es heißt bei Gouldner etwa, daß weniger die Gründe von „wahr" oder „nicht-wahr" Anlaß für den Wechsel in den Orientierungen der Soziologen waren, sondern die Veränderungen ereigneten sich „largely for reasons exogenous both to the theory and research of sociology"(Gouldner 1970, S. 370).

Ausdifferenzierung des Faches, so daß sich die Soziologie immer schwerer als Ein-Typ-Disziplin konzeptualisieren läßt.

Begreift man wissenschaftlichen Fortschritt als eine „Ausdifferenzierung von Erkenntnisgewinn" (Luhmann 1981), so ergeben sich für die einzelnen akademischen Fächer mit Blick auf die „Fortschrittssubstanz" unterschiedliche Konsequenzen. Das bis zum heutigen Tag scheinbar ungebremste Wachstum der Soziologie geht dabei keineswegs durchgängig mit einem Prozeß akademischer Konsolidierung einher, sondern daß Fach verliert sich in zahlreiche Sektionen, die kaum noch miteinander inhaltliche Kommunikationskontakte haben. Unbestreitbar ist die offenkundige Zerfaserung der soziologischen Diskurse, die in theoretischer, methodischer und praktischer Hinsicht „weit unschärfer als etwa zur Zeit des Positivismusstreits" erscheinen (Bonß, Hartmann 1985, S. 9).

Ganz offensichtlich gibt es keinen rechten Gleichklang zwischen der säkularen Ausdifferenzierung des Wissenschaftssystems und der entsprechenden Steigerung des Erkenntnisgewinns. *Auguste Comte* hatte wohl als erster überhaupt den Begriff von Soziologie geprägt. In seinen „Cours de Philosophie Positive" (1830–1842) formulierte Comte einerseits die Notwendigkeit und Unvermeidlichkeit von wisssenschaftlicher Spezialisierung und Differenzierung und gleichzeitig hatte er auch die Gefahr der Isolation und Parzellierung der jeweiligen Erkenntnis im Auge.

So heißt es schon in den Schriften von Auguste Comte: „Es ist offensichtlich diese Aufteilung verschiedener Forschungstypen unter verschiedene Gruppen von Wissenschaftlern, der wir die Entwicklung verdanken, die jede spezifische Klasse menschlichen Wissens in unserer Zeit erreicht hat. Aber diese Teilung ernöglicht es einem modernen Wissenschaftler nicht mehr, sich gleichzeitig mit allen Wissenschaften zu beschäftigen – eine Art der Beschäftigung, die leicht und ganz üblich im Altertum war" (Comte 1907, S. 33). Die vorgetragene Argumentation bei Comte lautet, daß die Vermehrung des Wissensstoffes mit einer zunehmenden Differenzierung und Arbeitsteilung des Wissenschaftsbetriebes einhergeht. Dieser einsetzende Prozeß hat, so das weiter vorgetragene Argument, durchaus auch seine Kehrseite: „Aber wenn man auch die großartigen Ergebnisse anerkennen muß, die dieser Arbeitsteilung zu verdanken sind, wenn man auch einsehen muß, daß dies nun die wahre Grundlage der allgemeinen Organisation der wissenschaftlichen Welt bildet, so ist es doch auf der anderen Seite unmöglich, nicht über die großen Unannehmlichkeiten betroffen zu sein, für die diese Arbeitsteilung gegenwärtig verantwortlich ist, aufgrund der übergroßen Spezialisierung der Ideen, die jede Person mit großer Ausschließlichkeit beschäftigen. ... Sorgen wir dafür, daß der menschliche Intellekt nicht am Ende seinen Weg in einem Haufen von Einzelheiten verliert" (Comte 1907, S. 33).

Was von Comte bereits in den 30er Jahren des 19. Jahrhunderts konstatiert wurde, hat sich aus heutiger Sicht als prognostisch ausgesprochen treffsicher erwiesen: Insbesondere seit der vorletzten Jahrhundertwende geriet der Prozeß der zunehmenden disziplinären Zellteilung in eine neue Stufe. Die Wirtschafts- und Sozialwissenschaften zerfielen in verschiedene kleinere und stetig neue akademische Terrains (Nörr et al. 1994), die sich ihrerseits später weiter unterteilten. Zudem kommt hinzu, daß sich Literatur und Wissenschaft in zunehmenden Maße auseinanderdividierten bzw. sich wechselseitig in der Eigendefinition voneinander abzugrenzen begannen (Lepenies 1988). Diese Entwicklung führte Max Weber, der ja wie die meisten der uns heute bekannten Klassiker ebenfalls der Gruppe der interdisziplinären Generalisten zuzurechnen war, zu der Feststellung, daß sich wissenschaftliche Reputation am ehesten dann erwerben ließe, wenn man sich auf extrem spezialisierte Fragestellungen zurückziehe: „In der heutigen Zeit ist die innere Lage gegenüber dem Betrieb der Wissenschaft als Beruf bedingt zunächst dadurch, daß die Wissenschaft in ein Stadium der Spezialisierung eingetreten ist, wie es früher unbekannt war, und daß dies in alle Zukunft so bleiben wird. Nicht nur äußerlich, nein, gerade innerlich liegt die Sache so: daß der einzelne das sichere Bewußtsein, etwas wirklich ganz Vollkommenes auf wissenschaftlichem Gebiet zu leisten, nur im Falle strengster Spezialisierung sich verschaffen kann" (Max Weber, orig. 1919, hier: 1988 c, S. 588).

Wem diese Zustandsbeschreibung der Soziologie vor Augen ist, dem muß sich zwangsläufig die Frage stellen, ob man universell von *der* Soziologie als Ein-Typ-Soziologie heute noch wirklich sinnvoll sprechen kann. Zeichnete es gerade die soziologischen Klassiker im Europa des späten 19. und frühen 20. Jahrhunderts von Marx über Durkheim, Simmel, Schmoller, Max Weber bis hin zu Werner Sombart aus, daß sie einen perspektivischen Zugriff hatten, der zumindest in die heutigen Kompetenzen von Soziologie, Nationalökonomie, Geschichtswissenschaft, Verwaltungs-, Religions- und Rechtswissenschaften hineinreichte, so wurden die Fachgebiete stetig schmaler, aber deren Wissensdichte dabei erheblich intensiver. Damit erweist sich zunehmend auch das System der Wissenschaft als arbeitsteiliges soziales System, daß seine eigenen Regelhaftigkeiten hat und von dem eine eigenständige Soziologie (der Soziologie) sich selber stärker zu distanzieren hätte, um die durch die wissenschaftliche Spezialisierung entstandenen Probleme in einer systematischeren Weise zum Gegenstand wissenschaftlicher Forschung zu erheben (s. hier sehr präzise bereits Elias 1981, S. 51).

Robert K. Merton, einer der namhaften Soziologen in der amerikanischen Soziologie der Zeit nach dem zweiten Weltkrieg[8], hatte mit seinem Aufruf zum „organisierten Skeptizismus" (Merton 1938) genau eine solche Notwendigkeit der Selbstreflektion im Sinn. Ähnlich hatte es später Norbert Elias formuliert, wenn er die Sozialwissenschaftler als Mythenjäger bezeichnete, die sich bemühen, durch Tatsachenbeobachtung nicht zu belegende Bilder von Geschehenszusammenhängen, Mythen und Glaubensvorstellungen zu ersetzen, also durch Modelle von Zusammenhängen, die durch Tatsachenbeobachtungen überprüfbar, belegbar und korrigierbar sind (Elias 1981, S. 53,54). Damit ist in gewisser Weise auch angesprochen, was in anderer Wissenschaftsperspektive eher in Termini der „soziologischen Aufklärung" formuliert wird, nämlich Soziologie als die Wissenschaft des zweiten und dritten Blickes soll entlarven, indem sie Zusammenhänge sieht und formuliert, die anderen nicht auf Anhieb sichtbar sind. Aber der Skeptizismus soll sich in diesem Sinne auch selbstreflexiv auf das System der organisierten Wissenschaft selbst richten. So monierte Elias diesbezüglich etwa, daß man sich von der eingetretenen hochgradigen Arbeitsteilung nicht genügend distanziert habe, um auch die Probleme der zunehmenden wissenschaftichen Spezialisierung selbst in einer Weise zur Sprache zu bringen, daß sie einer systematischen wissenschaftlichen Forschung zugänglich gemacht werden können (Elias 1981, S. 51).

Die im Zuge der Differenzierungsprozesse sich herausbildenden fachlichen Unterteilungen führten zu einer Aufsplitterung dessen, was in den Anfängen dieses Jahrhunderts als Nationalökonomik firmierte und mit dem sich eine kontextuelle Einheit der Sozial- *und* Wirtschaftswissenschaften verband. Die Wirtschaftswissenschaften begannen sich zu unterteilen in die Volkswirtschaftslehre, die Finanzwissenschaft und die Betriebswirtschaftslehre, während die Sozialwissen-

---

[8] Zuletzt erschien von Merton in deutscher Sprache dessen Buch „Soziologische Theorie und soziale Struktur" (1995).

schaften neben der Soziologie eigenständige Fächer wie die Sozialpsychologie, die Politologie, Publizistik, Geographie und die Pädagogik neu entstehen ließ und die Historik und die Rechtswissenschaften sich weiter konsolidierten. Damit entstanden mehr und mehr koexistente und kommunikativ separierte soziale Welten („universes of discourse"), die ihren eigenen Regelhaftigkeiten verhaftet sind.

IV. Soziologische Globalisierung: Export, Import und Re-Import von Ideen zwischen Europa und Nordamerika

Welchen Weg die Etablierung der einzelnen Fächer in verschiedenen Ländern konkret nimmt, ist von einer Reihe von unterschiedlichen Faktoren abhängig, dabei insbesondere auch von Besonderheiten der nationalen Bildungssysteme und derem historisch-politischen Kontext. Mit Blick auf die Entwicklung der amerikanischen und deutschen Soziologie wird deutlich, daß das, was wir heute soziologische Klassik nennen, um die letzte Jahrhundertwende weitgehend im Gewande der Ökonomik daherkam. Thorstein Veblen gilt mit seinen Arbeiten als ein bedeutender Vertreter der frühen amerikanischen Soziologie, obwohl er in der Geschichtsschreibung eher als feste Bezugsgröße in der Historie wirtschaftswissenschaftlicher Lehrmeinungen aufgeführt wird. Seine Arbeiten richteten sich vor allem gegen die damaligen Versuche in der Ökonomik, zu abstrakteren und damit zu a-historischen Modellen zu gelangen. Veblen war als Sozial-Ökonom tatsächlich nicht unbedingt im klassischen Mainstream der amerikanischen Wirtschaftswissenschaften seiner Zeit plaziert, während er heute meistens seinen festen Platz in der Geschichte der „großen Ökonomen" unserer Zeit gefunden hat. Joseph Dorfman schreibt in seiner Geschichte der amerikanischen Ökonomik gar, daß Veblen „halfway out of society" war (Dorfman 1949, Bd. 3, S. 438).

Veblens Argumentation richtete sich sowohl gegen Annahmen der klassischen Grenznutzenschule wie auch gegen Positionen der Marshall-Schule. Gleichzeitig firmiert Veblen, insbesondere mit seiner Schrift „Theory of the Leisure Class" (orig. 1899), stets bis in heutige Zeit als soziologischer Referenzpunkt (vgl. auch die Kommentare von Riesman 1954). Bei Paul DiMaggio etwa wird Veblen neben Bourdieu als zentraler Bezugspunkt für die heutige Ungleichheits- und Kulturforschung genannt: „The starting point of any discussion of life-styles and consumption patterns must be the work of Thorstein Veblen and

Pierre Bourdieu“ (DiMaggio 1994: 458).
Veblen und ihm zeitlich folgende Autoren wie Clark, Mitchell und weitere verfolgten ein Programm, das in der heutigen Zeit als früher Institutionalismus bezeichnet werden muß. In unserer Zeit globalisierter Kommunikation ist die Wahrnehmung von wissenschaftlichem Schriftum kaum mehr an nationale Grenzen oder an regionale Kontinente gebunden, während häufig angenommen wird, daß am Ende des letzten Jahrhunderts solche Formen der Rezeptions- und Kommunikationsbarrieren viel eher und nachhaltiger existierten. So ist es aus heutiger Sicht ausgesprochen interessant zu sehen, wie stark der Kontakt zwischen den sozialwissenschaftlichen Klassikern in Europa und in den USA bereits um die letzte Jahrhundertwende war. Max Weber zitiert in seiner „Protestantischen Ethik“ (Weber 1988 a) bereits mehrfach Veblen. Veblen selbst schrieb Gustav Schmoller Briefe, in denen er auf Parallelitäten zwischen seinem und Schmollers Ansatz hinwies. Thorstein Veblen und Werner Sombart hatten eine Zeitlang eine regelmäßige Briefkommunikation, und beide rezensierten wechselseitig ihre Bücher (vgl. Loader und Tilman 1995). Was um die letzte Jahrhundertwende in Deutschland unter der Etikette der „neuen historischen Schule“ firmierte, fand auf diese Art durchaus einen interessierten Nährboden in Nordamerika und vice versa (Dorfman 1955).
Mit Blick auf das Verhältnis von Diskussionen in Deutschland und Amerika gab es mit anderen Worten durchaus schon Anfang des 20. Jahrhunderts lebhafte wechselseitige Beachtung. Aus Deutschland wurden dabei insbesondere auch die Methoden der sogenannten wissenschaftlichen Betriebsführung von Frederick Winslow Taylor und alle Entwicklungen über den Einsatz des Fließbandes in der industriellen Produktion lebhaft beobachtet und kommentiert. Werner Sombart machte eine Einladungsreise durch die USA. Gesammelte Eindrücke dieser Reise verarbeitete Sombart in einer systematisierten Form als Buch mit dem Titel „Warum gibt es in den USA keinen Sozialismus?“ (1906). Erstaunlich früh fand sich bereits eine erste Übersetzung von Werner Sombart in Amerika (Sombart 1915)[9].
Der Strom an intellektuellen Ideen war von Deutschland in Richtung

[9] Aus Gründen, die im Einzelnen hier nicht weiter diskutiert werden können, hat sich in der zweiten Hälfte dieses Jahrhunderts der Bekanntheitsgrad von Max Weber gegenüber dem von Werner Sombart nachdrücklich zu Gunsten von Max Weber verschoben. Es gibt in Europa und in den USA auch gegenwärtig noch eine reichhaltige Diskussion über das Werk und Aspekte der Biographie von Max Weber (siehe nur als kleine Auswahl Collins (1986),

Nordamerika letztlich ausgeprägter als in umgekehrter Richtung[10]: Es war beispielsweise Talcott Parsons, der schließlich als der Begründer der modernen amerikanischen Soziologie angesehen wird und der nach Deutschland gekommen war, um Sozial- und Wirtschaftswissenschaften in Deutschland zu studieren. Vor allem Parsons Promotionszeit an der Universität Heidelberg in den Jahren 1925-1926 unter den Auspizien des damals populären Nationalökonomen Edgar Salin gab Parsons einen differenzierten Einblick in den Stand der damaligen Diskussionen in Deutschland. So machte sich Parsons mit der deutschen Historischen Schule vertraut, und er promovierte schließlich über das Thema der Wirtschaftsstile in den Werken von Max Weber und Werner Sombart. Diese Arbeit wurde in Auszügen dann im *„Journal of Political Economy“* (Jg. 36, siehe Parsons 1928) publiziert.

Parsons erging es ebenso wie vielen anderen Kollegen aus seiner damaligen Zeit, die aus heutiger Sicht als Soziologen bezeichnet werden: Auch er gehörte – zumindest zunächst – einem wirtschaftswissen-

Kalberg (1994), Käsler (1995) und Swedberg (1998)) , während die Sekundärliteratur zu Sombart zwar in den letzten Jahren auch zunimmt (vom Brocke 1987, Lenger 1994, Backhaus 1996), aber das Sombart'sche Hauptwerk „Der moderne Kapitalismus“ bis heute nicht in Englisch vorliegt, obwohl das bereits von Dorfman (1959) mit kundiger Argumentation moniert wurde: „But the lack of an English translation and the tremendous length of the work (three thousand pages) no doubt prevented a widespread knowledge of the work except at secondhand. Sombart attempted, as the subtitle suggests, ‚an historical and systematic exposition of Europe's economic life from its beginning to the present day’. His approach was similar to that of Max Weber but with far less emphasis on the role of religious institutions. It was theoretical, nor in the sense of classical economics, but in the effort to supply detailed facts and documentation in support of his preconceived notions of evolutionary economic behavior. ... Despite sharp criticisms of Sombart's work, particularly as to the validity of its detailed facts and the twisting of these facts to fit the author's preconceptions, many of his conclusions were thought to be the result of brilliant insight. His analysis of a mature capitalist economy was notable. ... More than any other thinker, Sombart was responsible for the general option of the term ‚capitalism’ as a description of the modern individual or corporate business economy. As a result of his work the stigma that had attached to the term from radical literature was largely wiped out“ (Dorfman, Vol. IV, 1959, S. 182, 183).

10 Dennoch gab es zu derselben Zeit auch eine Reihe von namhaften Vertretern der Soziologie, die später in den Rang von Klassikern erhoben worden waren. Zu denken ist etwa an George Herbert Mead (1863-1931) (zu dessen Werk und Einordnung siehe etwa Hans Joas 1980). Auf dem Programm von Mead baute später etwa der aus Österreich in die USA emigrierte Alfred Schütz (1899-1959) mit seinen phänomenologischen Analysen wissenschaftstheoretisch auf (siehe hier Grathoff 1989).

schaftlichen Fachbereich an. Als Parsons aus Deutschland in die USA zurückgekehrt war, lehrte er an der Harvard Universität im Fach Ökonomik. Erst im Jahre 1931 wechselte er dann in die dort neu geschaffene soziologische Fakultät. Parsons blieb vor allem in seiner frühen Zeit an der Harvard Universität weiterhin stark der deutschsprachigen Diskussion verbunden. So besorgte er die erste englischsprachige Übersetzung von Max Weber's Schrift „Die Protestantischer Ethik und der Geist des Kapitalismus" (orig. 1904, hier: Weber 1988 a). Diese Übersetzung war die erste englischsprachige Schrift aus dem Max Weber'schen Werk, und sie erschien 1930 [11]. Später übersetzte Parsons einige Kapitel aus Max Weber's „Wirtschaft und Gesellschaft" (siehe Smelser und Swedberg 1994, S. 15).

Die Realität ist stets viel differenzierter, als die rekonstruktive Typisierung das zu zeigen vermag. Wenn wir eine ganze Reihe von Einzelentwicklungen einmal außer Acht lassen und wenn wir versuchen, die Haupttendenzen der intellektuellen Entwicklung soziologischer Diskussion in und zwischen den USA und den europäischen Ländern – hier aber vor allem Deutschland – auch um den Preis diverser empirischer Ausnahmen zu charakterisieren, möchten wir thesenförmig die Behauptung aufstellen, daß die ersten Jahrzehnte des letzten Jahrhunderts die Zeit waren, in der sich die amerikanische Soziologie noch eher zögerlich entwickelte und ausdifferenzierte und in der eher ein amerikanischer Import der deutschen Klassiker und deren Problemstellungen zu verzeichnen war. In dem Zeitraum spätestens seit Mitte des 20. Jahrhunderts hatten sich die Gewichte langsam, aber stetig in das Gegenteil verkehrt: Die amerikanische Soziologie wurde immer reichhaltiger und innovativer, deutsche Fachkollegen mußten häufiger nach Nordamerika sehen, um interessante Themen und Methoden ausfindig zu machen, als daß es umgekehrt der Fall war. Seit den 1960er Jahren finden ständig mehr und mehr Teildisziplinen der nordamerikanischen Soziologie die Aufmerksamkeit durch Übersetzungen in die deutsche Sprache, so daß sich mit vielleicht etwas zu starker Simplifizierung sagen läßt, daß zu Beginn dieses 20. Jahrhunderts amerikanische Soziologiestudenten nach Deutschland sehen mußten,

---

[11] Der Titel lautete: „The Protestant Ethics and the Spirit of Capitalism", New York: Charles Scribner's Sons 1930. Talcott Parsons hatte ein knappes Vorwort beigesteuert. Der Artikel wurde dann erneut abgedruckt in dem von Hans Heinrich Gerth und Charles Wright Mills (1946) herausgegebenen Weber-Band. Unlängst ist die „Protestantische Ethik" mit einer ausgiebigen eigenen Einleitung von Randall Collins (1998) neu aufgelegt worden.

um den „State of the Art" in der soziologischen Disziplin zu erarbeiten, während das Verhältnis sich zwischenzeitlich in das genaue Gegenteil verkehrt hat [12].

Es war schließlich nicht nur Parsons, der sich die deutschen Klassiker zur Vorlage nahm. Auch, um nur ein Beispiel von vielen möglichen zu geben, Robert K. Merton's „Social Theory and Social Structure" (1949, 1968) setzte sich in einer enormen Breite mit detaillierter deutschsprachiger Literatur aus den letzten Jahrzehnten des 19. und den beiden ersten Jahrzehnten des 20. Jahrhunderts auseinander.

Von besonderer Bedeutung war freilich auch die Tatsache der Emigration einer beträchtlichen Zahl hochqualifizierter Wirtschafts- und Sozialwissenschaftler, um dem Holocaust zu entgehen. Unzählige bekannte und auch weniger bekannte Namen fanden erzwungenermaßen in den 1930er Jahren den Weg aus Deutschland und Österreich und weiteren europäischen Ländern nach Nordamerika, häufig dabei auch über eine Zwischenvisite in „Drittländern" wie etwa Großbritannien (vgl. für zahlreiche Details Beiträge in Hagemann (Hg., 1997) und Hagemann und Krohn, (Hg., 1999)). Dieser Export von Ideengut und Forscherkapazität befruchtete natürlich auch eine sich zwischenzeitlich erheblich von Europa emanzipierende amerikanische Soziologie. Dasselbe galt für die Ökonomik. Die „Austrian Economics" begannen ab Mitte des Jahrhunderts lebendiger in den USA als in Österreich zu sein. Randall Collins (1994) sieht den Schlüssel des Erfolges der amerikanischen Soziologie gerade in der Existenz dieses zwangsweise entstandenen soziologisch-interkulturellen und intradisziplinären Schmelztiegels: „The result was that the United States became a mélange of world sociology and experienced a mixture and development of different positions". Das führt Collins an derselben Stelle weiter aus und sagt, daß Nordamerika damit die Führung in der akademischen Soziologie übernommen hat: „Together the wealth and huge university system of the United States gave it a world leadership for a time in both theory and research" (Collins 1994, S. 46).

Um es wieder pointiert zu sagen: Der Export von deutschsprachigem Geistesgut in Richtung Nordamerika in persona durch die Zwangsemigration von Sozialwissenschaftlern einerseits und andererseits durch die intensive Rezeption deutschsprachiger Literatur der Sozial- und

[12] Diese Beobachtung gilt übrigens auch für eine ganze Reihe weiterer Wissenschaftsdisziplinen wie u.a. der Medizin, Chemie, Biologie etc.

Wirtschaftswissenschaften seitens soziologischer Fachgelehrter aus Nordamerika ist konstitutiv für die ersten Jahrzehnte des 20. Jahrhunderts, während spätestens mit Beginn der Nachkriegszeit die nordamerikanische Soziologie sich in verschiedener Hinsicht gefestigt zeigt. Sie trat in eine Phase der akademischen-intellektuellen und institutionellen Konsolidierung ein, aus der zunehmend innovative Konzepte und eigenständige fachliche Impulse kamen, die später fachliche Neugierde aus Deutschland provozierten[13]. Die Stärke der amerikanischen Soziologie wurde zunehmend ihre Verklammerung von theoretischer Tiefenschärfe mit empirischer Grundierung. Vom amerikanischen Publikum wurden freilich die modernen europäischen Klassiker anhaltend und lebhaft nachgefragt. Autoren vom Range Habermas, Luhmann, Bourdieu, Foucault und Giddens fungieren anhaltend als „intellektuelle Befruchter" einer Soziologie, die zwischenzeitlich ihren eigenen Weg gefunden hat.

Das Fach selber war seit Beginn der 50er Jahre in Nordamerika nicht nur von Konsolidierung bestimmt, sondern die Konsolidierung war von Differenzierungs- und Spezialisierungsprozessen begleitet und durch sie ausgezeichnet: Institutionelle Arrondierung bei gleichzeitiger Wissensspezialisierung[14]. Die Konsequenz lautete, daß in einem steigenden Tempo amerikanische Beiträge für deutsche Leser in Überset-

---

[13] Auch Uta Gerhardt verweist in der Einleitung zu ihrem Sammelband der deutschen Soziologie dezidiert auf den Kontinuitätsbruch, der durch die Zeit des deutschen Nationalsozialismus vonstatten gegangen war. Nach dem zweiten Weltkrieg wurden verschiedene Elemente amerikanischer Soziologie – wie beispielsweise etwa die Rollentheorie – zunächst nur zögerlich von der deutschsprachigen Diskussion rezipiert (Gerhardt 1998).

[14] Von besonderem weitergehenden Interesse ist es selbstverständlich, die institutionelle Verfassung der einzelnen Bildungssysteme im Ländervergleich differenzierter zu untersuchen. Während in Deutschland der Typus der Staatsuniversitäten, alimentiert von den einzelnen föderalen Bundesländern, im Vordergrund steht, ist eine solche Organisation in Nordamerika deutlich in der Minderzahl. Hier gibt es nicht nur ein Übergewicht an privaten Universitäten und Colleges unterschiedlichster Arten, sondern auch verschiedene Konkurrenzen um Ressourcen, so daß der Wettkampf um Gelder und Reputation viel erklärter und selbstverständlicher praktiziert wird. Der universitäre Bildungserwerb ist in Nordamerika sehr viel deutlicher zu einer Dienstleistungsware geworden, dernach die Konsumenten auch ebenso rational Kalküle hinsichtlich der Kosten, der Reputation der Universitäten und des erwarteten Nutzens anstellen (Crenshaw 1999). Caoline Hoxby und Bridget Terry (1999) zeigten gerade freilich, daß die lange Zeit unterstellte Symmetrie zwischen der Höhe der (Studien-)Kosten und der Effektivität auf dem späteren Arbeitsmarkt für Absolventen in letzter Zeit brüchiger geworden ist.

zungen importiert wurden, und dies bereits seit den 50er Jahren: „Die einsame Masse“ von David Riesman und Kollegen (1958), Galbraith's Thesen zur „Gesellschaft im Überfluß“ (1959) gehörten zu jenen Beiträgen mit eher populärer Reichweite. Dann waren es freilich auch genuin fachbezogene Sammelbände, die die Neugier der deutschen Profession nach amerikanischer Soziologie ihrer damaligen Jahre befriedigen sollte. Heinz Hartmann's „Moderne amerikanische Soziologie“ (1967) ist hier zu nennen wie auch Wolfgang Zapf's Herausgabe der „Theorien des sozialen Wandels“ (1969). Beide Bücher zusammen umfaßten eine Vielzahl soziologischer Forscher, von denen noch heute einige in ihrem Fach tätig sind. Mehr und mehr wurde es selbstverständlich, daß einzelne Diskussionen in die deutsche Sprache transportiert wurden, Baran und Sweezy's Diskussionen über das „Monopolkapital“ (1967), Braverman's industriesoziologische Konzeptionen bezüglich fortschreitender betrieblicher Rationalisierungsprozesse (Braverman 1977) oder Daniel Bell's sozialstruktureller Gegenentwurf über die „Postindustrielle Gesellschaft“ (1975). In letzter Zeit ist es fast zur Ausnahme geworden, daß soziologische Fachbücher, die einen Publikumserfolg erreichen, *nicht* in die deutsche Sprache übersetzt werden.
Randall Collins (1994) unterscheidet vier große Theoriestränge, die heute in der Soziologie zu beobachten sind – und sein Blick richtet sich fast ausschließlich auf die amerikanische Soziologie der Gegenwart: Die erste soziologische Tradition ist demgemäß die Konflikttradition, die er bis zu Karl Marx und Max Weber zurückverfolgt. Collins subsumiert hierunter Autoren von Georg Simmel bis zu Imanuel Wallerstein. Ein zweiter Theoriestrang besteht für Collins in der rationalen und utilitaristischen Tradition. Hier werden Konzepte angeführt, wie sie bei Harrison White (1992) zu finden sind oder die unter dem Label der „Rational Choice Theory“ rangieren, wo James Coleman (1991 –1994) der vielleicht prominenteste Vertreter war. Schließlich führt Collins drittens die bis heute aktuelle Tradition Durkheims an, worunter einerseits der Funktionalismus von Merton oder Parsons fällt und andererseits die Sozialanthropologie subsumiert wird, die Collins (1994) in seiner Topographie bis zu Erving Goffman verlängert. Eine vierte Tradition ist schließlich in dieser Wahrnehmung die mikrointeraktionistische Tradition, die bei Charles Sanders Pierce anfängt und über George Herbert Mead, Blumer, Schütz bis hin zu Garfinkel und wiederum Goffman reicht.
Es läßt sich sicherlich engagiert darüber streiten, in wieweit die eine

oder andere Soziologierichtung adäquat kategorisiert ist und ob nicht weitere Richtungen auszumachen sind. Die einflußreiche Studie von Jonathan H. Turner „The Structure of Sociological Theory" (1998) gliedert das Feld der Soziologie entsprechend weiter und breiter auf: Turner gliedert sein Buch in folgende Abteilungen: Funktionale Theorie, evolutionäre Theorie, Konflikttheorie, Austauschtheorie, Interaktionstheorie, strukturalistische Theorien und kritische Theorie. Für viele dieser akademischen Systematisierungsversuche gibt es gute Gründe. Neil Smelser bemüht sich um eine weitere Systematisierung dessen, was alles in das Feld der Soziologie gehört (siehe den Beitrag von Smelser in diesem Band).

Deutlich ist freilich, daß sowohl Randall Collins als auch Jonathan H. Turner am ehesten über *theoretische* Soziologie sprechen. Wer freilich die Soziologie heutiger Prägung vor Augen hat, der wird rasch feststellen, daß – und zwar in Europa und in Nordamerika gleichermaßen – viele derjenigen, die sich von ihrer fachlichen Zuständigkeit her Soziologen nennen, weniger Theorieproduktion betreiben, sondern sich vielmehr in einer der zahlreichen sogenannten Bindestrichsoziologien engagieren und darüber hinaus zumeist eine eher angewandte Form von Soziologie praktizieren: Von der Kunst- bis zur Kriminalsoziologien reicht das Feld der individuellen Zuständigkeiten, von der Stadt- bis zur Sexualsoziologie, von der Sport- bis zur Suchtsoziologie, von der Wahl- bis zur Wohnsoziologie, es gibt kaum ein Substantiv, das sich nicht mit dem Appendix Soziologie verbinden läßt[15]. Hinzu kommt die Schwierigkeit, daß es stetig schwieriger ist, exakt die Grenzen des Faches Soziologie zu vermessen. Die britische Soziologin Jennifer Platt sagt mit Blick auf die amerikanische Soziologie: „There is serious difficulty in treating some developments as specifically sociological, either because ideas initiated in other disciplines have been directly imported (for example path analysis, semiotics) or because the moving front is cross-disciplinary" (Jennifer Platt 1998, S. 4).

---

[15] Wenn Münch (1999) sagt, daß die Vielfalt in der Soziologie nicht wie in anderen Disziplinen durch eine Differenzierung in Subdisziplinen strukturiert wird, so ist es die Frage, ob nicht viele dieser sogenannten Bindestrichsoziologien tatsächlich als Subdisziplinen fungieren, denn sie erscheinen personell, thematisch und kommunikativ häufig doch als eher geschlossene soziale Systeme. Münch ist zweifelsohne zuzustimmen, wenn er weiterhin fortfährt: „Kein Fach dürfte mehr dem Wissenschaftsideal Paul Feyerabends entsprechen als die Soziologie. Hier scheint wirklich der Pluralismus des ‚Anything Goes' zu herrschen" (Münch 1999, S. 269).

Das fachliche Feld wurde zwischenzeitlich zu breit, um auf nur wenigen Seiten angemessen und adäquat dargestellt werden zu können. Mit Blick auf die Frage nach den Grenzen des Territoriums der akademischen Soziologie, läßt sich pragmatisch mit Schulze (1996) folgendermaßen antworten: „Soziologie ist das, was Leute, die sich Soziologen nennen, tun, wenn sie von sich sagen, daß sie Soziologie betreiben. Mehr nicht“ (Schulze 1996, S. 51). Aber gerade hier dürfte es zwischen Nordamerika und europäischen Ländern Unterschiede geben hinsichtlich dessen, was Soziologie ist, weil verschiedene Formen der Wissenschaft von Akteuren betrieben werden, die sich Soziologen nennen. Insofern ist die tautologische Formel, daß Soziologie ist, was Soziologen betreiben, nicht zufriedenstellend, wenn wir davon ausgehen, daß es spezifische Unterschiede zwischen den Soziologien einzelner Länder gibt.

An erster Stelle muß auf die Gliederung des soziologischen Feldes und Faches eingegangen werden: Soziologische Theorie läßt sich in verschiedene thematische Bereiche einteilen, soziologische Theoretiker wiederum lassen sich auf unterschiedlichem Niveau skalieren, an deren Endpunkten des Kontinuums einerseits jene kleinere Gruppierung von Fachkollegen ist, die versucht den Stand der soziologischen Gesellschaftstheorie auszubauen und neu zu formulieren, und wo sich andererseits jene größere Gruppierung findet, die sich in Exegese, Interpretation und Re-Interpretation von vorliegendem soziologischen Stoff erschöpft, also Soziologen, die ihr soziologisches Lebenswerk in der Ausdeutung und Rezeption der Schriften von geschätzten und meistens bereits verstorbenen Fachkollegen sehen. Zwischen beiden Polen gibt es diverse Nuancen und Schnittmengen, alles findet sich unter dem Label „soziologische Theorie“.

Wir können uns das Gebäude der Soziologie als auf verschiedenen Säulen stehend vorstellen. Die Säule der soziologischen Theorie beinhaltet eine Koexistenz von verschiedenen Theorien. Sie wird unterbaut von der Epistemologie und der Sozialphilosophie, die den normativen und wissenschaftstheoretischen Rahmen abgeben, der wiederum eingebettet ist in die soziologische Ideengeschichte. Die gesamte Soziologie fußt auf einem Common Sense von soziologischen Grundbegrifflichkeiten. Auf der Seite der Säule „Empirie“ findet sich vor allem die Methodologie als das Handwerkszeug der empirischen Sozialforschung. Das soziologische Gebäude in seiner Gesamtheit wird fundamentiert von anthropolgischen Grundannahmen und steht unter dem

Dach der allgemeinen historischen Entwicklung. Die Elemente sind im Einzelnen klar bezeichnet. Fragen wir nach den substantiellen Entwicklungen in den Sozialwissenschaften, so zeigen sich letztlich doch erstaunliche Fortschritte. Deutsch (1986) und Deutsch, Platt und Senghaas ([1970] 1986) verdeutlichen in verschiedenen Perspektiven die beachtliche Kumulation von methodologischen Ansätzen, methodischen Verfahren und theoretischen Programmen im Laufe des 20. Jahrhunderts.

Freilich scheint der Effekt eingetreten zu sein, daß ungeachtet des kumulativen Fortschritts an Erkenntnisgewinn und methodologischer Innovation die die (Teil-)Disziplinen verbindenden Brücken aus den Augen geraten. Damit liegt die Gefahr auf der Hand, daß der Blick auf das „Ganze“ als der universalen Klammer für den Erkenntnisfortschritt ins Hintertreffen gerät.

V. Empirie versus Theorie

Mit dem Grad der Verschränkung wissenschaftlicher Theoreme mit empirischen Daten ist gleichzeitig die Frage nach dem Abstraktionsgrad der wissenschaftlichen Aussagen angesprochen bzw. die der jeweiligen Empirienähe bzw. -ferne. Damit ist wird ein Umstand thematisiert, der sich weitergedacht auch als Frage nach dem Verhältnis von Theorie und Empirie in den Sozial- und Wirtschaftswissenschaften formulieren läßt. Das Ziel der Theoriebildung liegt in der Erklärung und Beschreibung von gesellschaftlichen Wirkungszusammenhängen zwischen verschiedenen Variablen, wobei Typisierungs- und Klassifikationsschwierigkeiten auftreten, wenn die Zahl der Variablen hoch und ihr Beziehungsgeflecht kompliziert ist (Albert 1964). Die Deutlichkeit der Argumente ist wiederholt vorgetragen worden, nämlich Fragen von Empirie versus Theorie, das Erheben von Daten versus ihrer Generalisierung, historisch ausgerichtete Rekonstruktion versus formale Theoriebildung.

Diese relativ schematische Frontstellung ist seit dem bis heute unentschiedenen ersten Methodenstreit zwischen Gustav Schmoller und Carl Menger lebendig (Schumpeter 1926, Hansen 1968, Swedberg 1991)[16]. Reduzieren läßt sie sich auf die prinzipielle Frage einer induktiven versus einer deduktiven Arbeitsweise. Während Menger, der zeitgleich mit dem Franzosen Leon Walras die Grenznutzentheorie entworfen hatte, ein Anhänger der Abstraktion und der Modellbildung war (siehe Menger 1883), lautete das Credo von Schmoller (Schmoller 1883), daß zunächst empirische Forschung geleistet werden müsse und daß die Erkenntnis der wirtschaftlichen Zusammenhänge erst aus der Kenntnis der geschichtlichen Wirklichkeit des Wirtschaftslebens zu gewinnen sei (bezüglich der historischen Schule vgl. Schmölders 1984, Koslowski (Hg.) 1995)[17].

Die Frontstellung zwischen Schmoller und Menger und deren inhaltliche und teils polemische Auseinandersetzungen machte den ersten Methodenstreit in den Sozial- und Wirtschaftswissenschaften aus (siehe mit weiteren Details Swedberg 1991). Interessant ist, daß sich in diesem Streit eine Prinzipialität der Argumentation andeutete, deren Aktualität bis heute meines Erachtens andauert und die bis heute unentschieden ist (siehe hier auch die Ausführungen bei Wallerstein in diesem Band). Etwas salopp formuliert läßt sich sagen, daß es hier um die Frage des Verhältnisses von Empirie und Theorie geht: Wann beginnen empirische Aussagen den Status von theoretischen Formulierungen zu gewinnen, und – vice versa – inwieweit müssen theoretische Konstruktionen mit empirischen Bezügen gefüllt sein? Wissenschaftstheoretisch sind hier zwei prinzipiell verschiedene und konkurrierende Wege zu unterscheiden, die sich auf die Formulierungen von einem induktiven und einem deduktiven Verfahren reduzieren lassen[18]. In den einführenden wirtschafts- und sozialwissenschaftlichen Lehrbüchern wird diese Gegenüberstellung in Begrifflichkeiten von Real- versus Idealwis-

---

16 Dabei wird schnell übersehen, daß die Fragestellung eigentlich viel älter ist und mindestens bei den englischen Empiristen im 18. Jahrhundert behandelt wird.

17 Aus heutiger Sicht wird Menger ein Stück weit als plötzlich auftauchender „Revolutionär" angesehen, der mit der älteren historischen Schule radikal brach. Bei genauerem Hinsehen hat Menger freilich nur eine Reihe von Spuren aufgenommen und verdichtet, die Autoren wie Rau, Hermann und Roscher bereits im 19. Jahrhundert in deutscher Sprache vorgelegt hatten und die heute nicht mehr hinreichend im Wahrnehmungskreis der Dogmengeschichte rezipiert werden, vgl. Streissler (1990).

18 Im übrigen ist es nicht nur der sogenannte erste Methodenstreit, der von anhaltendem Interesse für die Soziologie (und die soziologische Ausbildung) zu sein hätte, sondern zumindest auch der sogenannte Werturteilsstreit zwischen Max Weber (assistiert von Werner Sombart) und dessen Widersachern im „Verein für Socialpolitik" (siehe Albert und Topitsch, hg., 1979, Nau, Hg., 1996) und der viel später folgende Positivismusstreit (Adorno et al. 1993), die zum Pflichtprogramm soziologischer Lehre gehören müssen.

senschaften abgehandelt (als neues Beispiel vgl. Haller 1999, Kap. I und III). In der Soziologie lebt sie in Form von einerseits empiriebezogenen Forschungen, die nicht den Anspruch haben, mehr als – wenn überhaupt – „theories of the middle range" (Merton 1968) zu sein, und abstrakten Theoriegebäuden andererseits fort, die die empirische Welt bestenfalls zur Illustration ihrer deduktiv gewonnenen Theorien benutzen. Wir finden unter diesem Gesichtspunkt eine Parallele zwischen Entwicklungen in den Wirtschaftswissenschaften und in der Soziologie. In den Wirtschaftswissenschaften gibt es einerseits abstrakte ökonometrische Modellbildner mit starken Bezügen zu mathematischen Verfahren und andererseits Vertreter, die Theoreme ausgehend von der Sammlung und Auswertung empirischer Daten gewinnen. Harald Winkel führt in seiner „Einführung in die Wirtschaftswissenschaften" (1980) diesbezüglich aus, daß beide Verfahren vielleicht nicht unmittelbar zur Versöhnung zu bringen seien, aber zumindest aus fachimmanenten Gründen beide ihr Recht und ihre spezifischen Vorzüge in bestimmten Anwendungskontexten haben[19]. In der Soziologie läßt sich ähnliches beobachten: Auf der einen Seite stehen etwa Vertreter, die der empirischen Sozialforschung näher sind, auf der anderen Seite eher empiriefernere Theoretiker [20].

Die Verbindung zwischen empirischer Forschung und theoretischen Formulierungen ist deshalb schwierig, weil beide Seiten häufig aneinander „vorbeiproduzieren" (Nowak 1989, Esser 1989, Mayer 1989) und es zudem kein hinreichendes intersubjektiv geteiltes Verständnis dessen gibt, was den Status von „Theorie" überhaupt ausmacht. Jonathan Turner kommentierte das folgendermaßen kritisch: „Theoretical sociology is often not scientific theory but merely abstract state-

---

[19] „Die hier aufgeworfene ‚große Antinomie', die angebliche Unvereinbarkeit theoretischer und historisch-empirischer Forschungen ist bis in die Gegenwart immer wieder diskutiert worden, obwohl heute weitgehend Einigkeit darüber besteht, daß beide Ansätze ihre Berechtigung haben, daß es weder möglich ist, ohne Theorie zu arbeiten, noch auf die Tatsachenforschung zu verzichten. Damit ist auch die Frage Methodenmonismus oder -pluralismus beantwortet. Es ist nicht nur zulässig, sonderen gegenüber dem komplexen Erkenntnisobjekt Wirtschaft auch notwendig, verschiedene Methoden der Gewinnung von Erkenntnissen einzusetzen" (Winkel 1980: 30).

[20] Jürgen Habermas rechnete Parsons' beispielsweise der zweiten Richtung zu: „Man hat Parsons vorgeworfen, daß sich seine Arbeit in Begriffsfetichismus erschöpfe. Und wenn man seine Intention ernst nimmt, besteht in der Tat ein ridiküles Mißverhältnis zwischen der aufgetürmten Masse kategorialer Gehäuse und dem schmächtigen empirischen Gehalt, den sie beherbergen" (Habermas 1967, S. 193).

ments that are ideological pronouncements, that are untestable, and that are loose frameworks for interpreting social events. Theory is now the label that encompasses many diverse kinds of intellectual activity, from the history of ideas through biographies of major thinkers, from philosophical discourses to analyses of the great works of masters, from critiques of modern society to lambasting the prospects for a science of society. Only a portion of theoretical activity in sociology is devoted to the production of scientific theory“ (J. H. Turner 1998, S. 4). Gerade weil es ganz offensichtlich auch in der Soziologie nicht den einen „Königsweg“ gibt, ist es wichtig, auch hier die Pluralität von Erkenntniswegen zu akzeptieren: „We suffer from the limitations of our cognitive capacity, and this cognitive overload reinforces the structurally based tendencies in the intellectual world to simplify one's own research speciality, theoretical camp, or political fraction, and to focus solely on the latest research data or technique“ (Collins 1989, S. 137).

Mit anderen Worten: Sowohl in den Sozial- wie auch in den Wirtschaftswissenschaften gibt es nicht *die* wissenschaftliche Methode im Sinne eines *„one best way“* der Erkenntnis und exklusiven Verwendung, sondern wir finden eine Pluralität von konkurrierenden Ansätzen und Verfahren der Datenerhebung mit spezifischen Vor- und Nachteilen. Als sogenannter Mainstream wird in den einzelnen Fächern immer das bezeichnet, was quantitativ in der Majorität ist. Dabei gehorcht diese Ausformung der Fächer nicht immer Kriterien von Rationalität oder bemißt sich nach Regeln eines geordneten Diskurses, sondern sie hat eigene wissenschaftsgenetische Regelkreise, die für sich selber ein Thema der Wissenschaftstheorie sind.

Die traditionsreiche Sozialökonomie mit empirischem Fokus, die vor allem in den deutschsprachigen Wirtschafts- und Sozialwissenschaften bis zum Beginn des zweiten Weltkrieges mit vielen prominenten Autoren in Verbindung gebracht werden kann, die die zwischen Geschichtswissenschaft, Nationalökonomie und Soziologie bestehenden Barrieren laufend spielerisch überwanden, fand in der zweiten Hälfte dieses Jahrhunderts im Zuge der weiter oben bereits angesprochenen Spezialisierungstendenzen keine entsprechende Fortsetzung. *Unterschiede zwischen der nordamerikanischen und der deutschen Soziologie* liegen im Umgang mit den geschichtlichen Grundlagen des eigenen Faches und vor allem in dem Grad der Auseinandersetzung mit den Fächern der Historik und der Ökonomik.

Die deutsche Soziologie scheint heutzutage mit Blick auf das Selbstbewußtsein gegenüber anderen akademischen Disziplinen sehr defensiv zu sein, eine Defensivität, die nicht verständlich ist, wenn man sich beispielsweise die eigene starke deutschsprachige Vergangenheit auf dem Gebiet der Sozialökonomie (u.a. Marx, Schmoller, Weber, Simmel, Tönnies, Schumpeter) ansieht und wenn man nur einen Blick auf die komparativen Stärken der nordamerikanischen Soziologie wirft, die gerade dort liegen, wo offensiv Anschluß an und Konkurrenz mit anderen Disziplinen gesucht wird.

Man kann sich das an vielen Bereichen deutlich machen, von denen ich nur drei Bereiche hier nennen möchte, nämlich erstens die *historische und vergleichende Soziologie*, zweitens die *Sozialökonomik* und *Wirtschaftssoziologie* und drittens die Sparte der *Netzwerkforschung*. Alle drei Bereiche scheinen mir innovativ und gerade im Wettstreit mit anderen Disziplinen in ihren Stärken federführend zu sein und sie finden kein unmittelbares Pendant in der deutschsprachigen Soziologie unserer Tage. Das Hauptcharakteristikum dieser drei – von sicherlich weiteren – thematischen Bereichen, in denen die nordamerikanische Soziologie gegenüber der deutschsprachigen Soziologie deutlich komparative Vorteile aufweist, ist deren unverkennbar starke Verankerung in empirischen Bezügen, während die deutschsprachigen Beiträge sich eher auf Philosophie und Sozialtheorie gründen. Es ist dabei teilweise sehr schwierig, gelegentlich auch unmöglich, diese drei Bereiche immer dezidiert auseinanderzuhalten und gegeneinander abzugrenzen, weil sie häufig ineinander übergehen und zumindest gemeinsame Schnittmengen haben.

Es ließe sich sehr prinzipiell dahingehend argumentieren, daß zumindest die fachlichen Inhalte der Soziologie, der Historik und der Betriebs- und Volkswirtschaftslehre sich aus verschiedenen Gründen wieder stärker wechselseitig reintegrieren müssen. Ihre Themen sind oft Momente in einem komplexen Geflecht von wechselseitigen inhaltlichen und thematischen Überlagerungen. Das Konzept, wie wir es in der Terminologie der sozialen Einbettung von sozialem Verhalten und von Organisationen als „Social Embeddedness“ kennen (siehe hier den Beitrag von Mark Granovetter in diesem Band), stellt in gewisser Art eine Etikette für Ansätze dar, die empirisch und theoretisch in der Wirtschafts- und Organisationssoziologie, aber auch in der historischen Soziologie und der betriebswirtschaftlichen Organisations- und Managementtheorie und in der Industrieökonomik versuchen, das Zusammenspiel von individuellen und organisatorischen Akteuren in einem dynamischen und wechselseitigen Prozeß vielschichtiger Beziehungen zu konzeptualisieren. „Social Embeddedness", die soziale Eingebundenheit von Verhalten und Institutionen (Granovetter 1985), findet sich bereits explizit als konzeptioneller Ansatz im Werk von Karl Polanyi. Polanyi war ein ungarisch-österreichischer Wirtschaftshistoriker, der über England nach Nordamerika emigriert war. Er ist in Deutschland vor allem durch seine Übersetzung des zunächst 1944 in den USA erschienenen Buches „The Great Transformation: The Political and Economic Origins of our Time" bekannt geworden (Polanyi 1978)[21].

In dieser Arbeit untersucht Polanyi das Entstehen eines selbstregulativen Marktes im Europa des 19. Jahrhunderts, genauer zumeist in England. Polanyi beobachtet, daß alle Gesellschaften von ökonomischen Faktoren reguliert und limitiert sind. Im selben Zuge der Entwicklung freier selbstregulativer Märkte beobachtet Polanyi auch einen sozialen Differenzierungsprozeß. Er sagt, daß *Status* oder *Gemeinschaft* dort dominiert, wo die Wirtschaft in nichtökonomische Institutionen eingebunden ist, und daß *Kontrakt* oder *Gesellschaft* charakteristisch für die bewußte Trennung der Wirtschaft von der Gesellschaft ist. In einem späteren Werk „Trade and Markets in the Early Empires" (Polanyi et al. 1957) geht es Polanyi expliziter um das Thema „Wirtschaft(sleben) als institutionalisierter Prozeß". Hier wird zwischen zwei grundsätzlich verschiedenen Bedeutungen des Wortes wirtschaftlich unterschieden: Die eine ist die formale Bedeutung, wie sie auch in der offiziellen Definition des Ökonomischen sich findet, die andere ist die substantielle Bedeutung, daß Menschen von wirtschaftlichen Tätigkeiten im weitesten Sinne abhängig sind. So sagt er, daß beide Bedeutungen nicht viel miteinander gemeinsam haben. Die formale Bedeutung des Ökonomischen entspringe der Logik, die substantielle Bedeutung fuße auf der Realität von beobachteter Empirie. Aber – und

[21] Polanyi war im eigentlichen Sinne Anthropologe und gehörte zu einer Gruppe *substantivistischer* Anthropolgen, die sich scharf von der der *formalistischen* Antropologen abgrenzten. Die ersten proklamieren die Irrelevanz von formaler ökonomischer Analyse für die wirtschaftlichen Institutionen von Stammesgesellschaften, die anderen sagen genau das Gegenteil und betonen dessen Erklärungskraft. Tatsächlich waren die substantivistischen Anthropologen in der Mehrzahl. Sie – also die Substantivisten – würden argumentieren, daß die Struktur ökonomischer Verhältnisse nicht hinreichend verstanden werden kann, ohne die Kultur und die institutionelle Struktur der Gesellschaft als Ganzes zu untersuchen.

das ist dann Polanyi's These – , nur die weitgefasste substantive Bedeutung des Ökonomischen kann einen Ertrag für eine sozialwissenschaftlich gehaltvolle Untersuchung aller Wirtschaftsgesellschaften geben, und zwar gegenwärtiger *und* vergangener.
Wirtschaft ist Polanyi zur Folge ein institutionalisierter Prozeß, er ist eingebunden („embedded") und verstrickt in bzw. mit Institutionen, ökonomischen und nichtökonomischen. Die Integration von Wirtschaften folgt bei Polanyi in drei Wegen, nach dem Muster der Reziprozität, also über soziale Netzwerke und Verwandtschaftsbeziehungen, nach dem Muster der Redistribution, das eine zentrale gesellschaftliche Organisation voraussetzt, und über Austausch, der die Wirtschaft in ein System von Marktpreisen integriert. Dieser Sprachgebrauch der „Social Embeddedness", wie wir ihn hier bei Polanyi sehen, findet sich vor allem in der sogenannten substantivistischen Anthropologie. Mit Blick auf genuin soziologische Diskussionen wird freilich schnell der eigentliche Gehalt einer solchen Perspektive sichtbar. Dann verdeutlicht sich schnell die Notwendigkeit, daß die moderne Wirtschaftswissenschaft in eine konstruktivistische Sichtweise ökonomischer Institutionen integriert werden kann und muß, und wie auf dieser Grundlage die Arbeitsteilung zwischen Soziologie und Wirtschaftswissenschaft besser definiert werden kann (Granovetter 1993).

VI. Soziologie im Verhältnis zu Ökonomik und Geschichtswissenschaften

Parsons und Smelser schrieben in ihrem – mittlerweile bereits klassischen – Buch „Economy and Society" (1956), daß ihrer Beobachtung nach eine deutliche Arbeitsteilung zwischen der Volkswirtschaftslehre und der Soziologie eingetreten sei und beide Bereiche nur noch eine geringe Kenntnis von den Arbeiten und der entsprechenden Literatur des jeweils anderen Faches hätten. „Few persons competent in sociological theory", schrieben sie, „have any working knowledge of economics, and conversely ... few economists have much knowledge of sociology" (Parsons und Smelser 1956, S. xviii). Im Zuge neuerer Entwicklungen einer wachsenden relativen Konvergenz der Disziplinen scheint die von Parsons und Smelser beobachtete Tendenz in Teilen der nordamerikanischen Soziologie wieder in die umgekehrte Richtung zu gehen (für eine Diskussion der inhaltlichen Forschritte s. Swedberg 1997).

Smelser und Swedberg integrierten in ihr „Handbook of Economic Sociology" (Smelser und Swedberg, Hg., 1994) in den ersten Abschnitt mit dem Titel „Grundsätzliche Themen" mindestens zur Hälfte Autoren bekannten Namens, die im Zweifelsfall eher als Ökonomen gelten[22]. Hinzu kommen dort in weiteren Abschnitten Beiträge von etablierten Historikern und Betriebswirten.

Es gibt unter dem Label des neueren Institutionalismus stetig mehr Beiträge, in denen Soziologen konstruktiv mit Ökonomen in die Diskussion kommen, ohne daß der Leser den Eindruck haben müßte, daß hier Fachübersetzungen zwischen den Disziplinen geleistet werden müssen. Häufig finden solche Debatten gar unter Führerschaft von Soziologen und um soziologische Thesen statt (Nohria und Eccles, Hg., 1992, Granovetter und Swedberg, Hg., 1992, Swedberg, Hg., 1993, Hollingsworth und Boyer, Hg., 1997, Callon, Hg., 1998, Brinton und Nee, Hg., 1998). Dasselbe gilt für diverse neue Organisationen auf dem Gebiet, das die Wirtschaftswissenschaften, die Soziologie und die Geschichtswissenschaft gemeinsam umfaßt. Zu erwähnen sei beispielsweise die *„International Society for New Institutional Economics"* (ISNIE), die vor einigen Jahren erst gegründet wurde und an deren Spitze Nobelpreisträger wie Douglass C. North und Ronald Coase oder Organisationstheoretiker wie Oliver Williamson standen. In solche Forschungsnetzwerke ist die Soziologie ausdrücklich eingeschlossen, wenn sie dabei nicht sogar eine tragende Rolle spielt[23].

Überhaupt scheint sich auch in der Ökonomik selbst eine gewisse Trendwende in Richtung einer relativen Abkehr vom abstrakten Modellplatonismus zu vollziehen. Die Vergabe von Nobelpreisen für Wirtschaftswissenschaften an die US-Amerikaner Gary S. Becker, Robert Fogel, Douglass G. North oder Amartya Sen in den 1990er

---

22 Dabei sind die beiden Beiträge von Hodgson (1994) und von Nelson (1994) dem Genre der institutionellen bzw. evolutorischen Ökonomik zugehörig, während Williamson (1994) durch seinen Ansatz der Transaktionskostenökononomik bekannt wurde. Williamson, der auch bereits mit mehreren Werken in deutscher Sprache vorliegt (Williamson 1990, 1996), ist ein gutes Beispiel dafür, daß auch der Neo-Instititutionalismus, der sich in wirtschaftswissenschaftlichen Fächern ansiedelt, Angebote an den soziologischen Diskurs im Bereich der Organisationstheorie liefert, den diese viel neugieriger aufgreifen sollte, als das in Deutschland gegenwärtig zu beobachten ist.

23 Der heute wieder populärer gewordene Begriff der Sozial-Ökonomik hat dabei seinen Ursprung in der deutschsprachigen Literatur. Meines Wissens findet er sich zunächst bei Deitzel (1883, 1895). Für eine Diskussion des Verhältnisses von „altem" und „neuem" Institutionalismus vgl. Reuter (1998) und Stanfield (1998).

Jahren steht für einen Trend, der stärker auf sozioökonomische Elemente setzt. Fogel selbst ist ohnehin eher Historiker als genuiner Ökonom, North diskutiert akribisch Autoren wie Polanyi und zitiert soziologische Literatur wie unter anderem von Berger und Luckmann (1966), A. Sen fällt in seinem Schrifttum gerade durch das Ausbleiben eines kohärenten Theorieentwurfes auf abstrakterer Ebene auf. Insgesamt deutet sich vor allem mit Blick auf die nordamerikanische Entwicklung eine Trendwende an, die man mit den Worten von Ernst Helmstädter vielleicht treffend als „zirkulären Fortschritt" (1984, S. 2) bezeichnen kann. Dieses „Umbetten" des Mainstreams, wie er sich in der nordamerikanischen Ökonomik andeutet, wird sich aus wissenschaftsimmanenten Gründen aller Vermutung nach auch in Europa stärker fortsetzen. Die Soziologie hat hierbei zweifelsohne große Chancen, indem sie ihre Kompetenzen deutlich macht und sich in die Diskussion einbringt und indem sie sich nicht schmollend in ihr selbstgewähltes Schneckenhaus einzieht, sondern offensiv ihre Stärken zu demonstrieren sucht. Wo es um Wirtschaftsstile, kulturelle Attitüden, ethnische Spezifikationen und deren Veränderungen, soziale Faktoren wie Netzwerke und andere Formen der „Human Relations" geht, überall ließe sich von Seiten der Soziologie reklamieren, das dieses ihre Königsthemen seien.

Die vom US-amerikanischen *„National Research Council"* in den 80er Jahren eingesetzte *„Commission on Behavioral and Social Sciences and Education"* (deutsch als Gerstein, Luce, Smelser, Sperlich, Hg., 1990) machte deutlich, daß es eine Reihe von wichtigen Forschungsthemen und Schwerpunkten gibt, die vor allem auch die Soziologie in einer Art interdisziplinärer Kooperation einschließen. Gerade wer auch an Theorien mittlerer Reichweite (Merton) und an der Verklammerung metatheoretischer und substantieller Fragen interessiert ist und eben nicht – und vor allem nicht – an a-historischer Modellbildung und empirieferner Abstraktion, muß sich mit der Frage der Kontextuierung von Soziologie zu den raum- und zeitrelevanten Nachbargebieten (also der Geschichtswissenschaft und der Geographie etwa) auseinandersetzen. Auch Anthony Giddens, der übrigens neuerdings auch die Begriffe von embedding, re-embedding und dis-embedding verwendet, aber letztlich doch etwas anderes als Mark Granovetter (1985, und hier im Band) damit verbindet, beschäftigte sich in seiner „Die Konstitution der Gesellschaft" (1995) bereits mit dem Verhältnis dieser drei Fachgebiete. Giddens argumentiert, daß es kaum einen sachlichen Grund dafür gibt, die Geographie, die Geschichtswissenschaft und die Soziologie weiterhin so zu trennen, wie wir es bisher gewohnt sind, zumal nicht, wenn man sich auch an realwissenschaftlichen Fragen wie etwa der Entwicklungen von Industriegesellschaften orientiert. Insofern geht auch Giddens' Argument in die Richtung einer interdiszplinären Sozialwissenschaft.

Eine breite Palette von vor allem in der nordamerikanischen Diskussion angesiedelten Autoren aus dem Bereich der *Historical and Comparative Sociology* (einen ersten Überblick über Personen und Programme gibt Skocpol 1984) steht in persona für ein solches Programm, ein Programm, daß der Brite Philip Abrams in seiner „Historical Sociology" (1980) prägnant folgendermaßen ausdrückte: „History and Sociology are and always have been the same thing" (Abrams 1980, S. 5). Immanuel Wallerstein (1984, 1986, siehe auch die prinziellen Argumente von Wallerstein in diesem Band), Charles Tilly (1981, 1984) und Michael Mann (1990, 1991, 1998) gehören zu den populärsten Fachvertretern dieses Genre's in Nordamerika. Wallerstein ordnet sich dabei explizit der Soziologie zu und stellt sich gleichzeitig in die Tradition des französischen Wirtschaftshistorikers Fernand Braudel, Charles Tilly gehört einem historischen Fachbereich an und fungierte gleichzeitig als Ko-Herausgeber der *American Sociological Review*, Michael Mann ist Engländer, der einen großen Teil des Jahres kontinuierlich an der University of California in Los Angeles (UCLA) im Department of Sociology lehrt. Dem deutschsprachigen Leser mag das Leuchtfeuer der amerikanischen historischen Soziologie die „Wiederkehr der Geschichte" (Mikl-Horke 1994, 1999) bedeuten, aus amerikanischer Binnenwahrnehmung dürfte das angesichts der vielen traditionsreichen Soziologen in der historischen Soziologie eher Normalität sein[24].

---

[24] Hans Albert, der mit seinen Arbeiten auf dem Gebiet der Soziologie und Wissenschaftstheorie selber fester Bestandteil der deutschen Nachkriegssoziologie ist, betont nachdrücklich, daß die Grenzen zwischen Soziologie einerseits und Ökonomik oder Historik andererseits auf Grund sachlicher Überlegungen nicht so gezogen werden dürfen, wie es gegenwärtig häufig geschieht. So resümmiert er, „dass eine scharfe Abgrenzung zwischen Geschichte und Sozialwissenschaft kaum möglich ist. Wer den radikalen Historismus und die mit ihm verbundene These der Geschichtlichkeit zurückweist, hat jedenfalls große Schwierigkeiten, eine solche Abgrenzung zu begründen" (Albert 1999, S. 222). Und an anderer Stelle führt Albert gerade mit Blick auf die Arbeiten von Mark Granovetter aus, dass Soziologen häufig davor zurückscheuen, „ernsthaft Tatbestände zu untersuchen, für die die

Die Argumente dagegen sind hinlänglich bekannt, also Historiker arbeiteten ideographisch, und zwar in der Deskription des singulären, einzigartigen Phänomens. Soziologen seien dagegen nomothetisch und versuchten zu generalisieren, indem sie Theorien zu formulieren suchen, die zu bestimmten Kategorien von Phänomenen passen. Letztlich scheint das aber eine eher falsche idealtypische Konstruktion zu sein, und es gibt systematische Gründe dafür, daß sich die Wissenschaftsstruktur so entwickelt hat, wie sie sich entwickelt hat, nämlich in dem stetigen akademischen Zellteilungsprozeß – und in Deutschland ja noch radikaler als in Nordamerika. Aber es scheint so, als daß es in Nordamerika viel mehr begehbare Brücken zwischen der Soziologie und der Historik und den Wirtschaftswissenschaften gibt als in deutschsprachigen Ländern (ähnlich auch Dahrendorf's Beobachtung, siehe Dahrendorf 1996). Offenbar ist der akademische Entwicklungsprozeß gegenwärtig an Grenzen gestoßen, und es werden verstärkt Bemühungen um Interdisziplinarität und um eine Re-Integration der Disziplinen sichtbar[25]. Immanuel Wallerstein und seine Kollegen aus verschiedenen Ländern haben in ihrem Report der *Gulbenkein Commission on the Restructuring of the Social Sciences* unter dem Titel „Open the Social Sciences" (1996, deutsch: Die Sozialwissenschaften öffnen, 1996) vehement in die Richtung einer Öffnung und Reintegration der Disziplinen argumentiert[26]. Insofern sollten Studenten am besten immer in zwei Departments studieren, und am besten auch zwei seperate Doktortitel erwerben. Wer diese Entwicklung beobachtet, der muß selber historisch und zwar wissenschaftshistorisch ausgerichtet sein, um den Entwicklungsverlauf vor Augen zu bekommen. Nur wenn wir die historische Entwicklung des Faches Soziologie transparent haben, lassen sich Potentiale, Notwendigkeiten und Zirkularitäten besser gegeneinander

neoklassische Theorie zuständig zu sein scheint. ... So wird eine Arbeitsteilung zwischen Ökonomie und Soziologie zementiert, die mit adäquaten Problemlösungen unvereinbar ist" (Albert 1999, S. 223). Damit wiederholt Albert (1960), was er bereits 1960 konzeptionell ausgearbeitet hatte und was heute in Nordamerika selbstverständlicher zu sein scheint als im gegenwärtigen deutschen Kontext. Beckert (1996) gehört etwa zu denen, die innovativ wieder die Brücke zwischen verschiedenen Disziplinen und Diskussionstraditionen zu schlagen versuchen, indem er anregt, Theoreme der Unsicherheit stärker in die theoretischen Modelle zu integrieren.

25 In ähnlicher Richtung lassen sich auch eine Reihe der Befunde lesen, die gerade im „World Social Science Report" der UNESCO (1999) vorgelegt wurden.

26 Ähnlich finden sich einige Argumente in Wallerstein's sehr viel breiterem Entwurf (Wallerstein 1995).

abheben: Einer der Begründer der Soziologie, nämlich Emile Durkheim schrieb in einem Vorwort zu der ersten Ausgabe der von ihm herausgegebenen *Année Sociologique* (1898), daß es sinnvoll und fruchtbar sei, an die Soziologie einige andere Wissenschaften näher heranzubringen, die bislang separat geblieben waren. Und Durkheim hatte dabei vor allem die Geschichtswissenschaft im Auge. Es sei das vorbestimmte Schicksal beider Disziplinen, irgendwann miteinander zu verschmelzen. Douglass C. North, Historiker und Nobelpreisträger der Wirtschaftswissenschaften, formulierte etwa 100 Jahre später, daß unser gemeinsames Wissen über die Art wirtschaftlichen oder sozialen Wandels nur gesteigert werden kann, indem man das einzige Laboratorium benutzt, das zur Verfügung steht, nämlich die Vergangenheit und das Wissen über die Vergangenheit (North 1997, S. 1). Eine solche Aussage faßt North' gesamtes Forschungsprogramm zusammen (ausführlich vgl. die Übersetzungen North 1988, 1992), und sie liest sich wie eine explizite „Verlängerung" mancher Thesen von Durkheim und des Wissenschaftsverständnisses, wie es in der „Neuen historischen Schule" um die vorletzte Jahrhundertwende existierte.
Was D. G. North mit Blick auf die Notwendigkeit von historischen Forschungen für das Verstehen von gegenwärtigen Sozial- und Wirtschaftsstrukturen ausdrückt, nämlich daß wir wenig über das Hier und Heute wissen, wenn wir nicht den Weg – zumindest in groben Zügen – kennen, den wir bisher gegangen sind, so ist das auch das Programm der historischen Soziologie und des Institutionalismus generell. Berger und Luckmann stellten dieses in ihrer „The Social Construction of Reality" bereits Mitte der 60er Jahre unmißverständlich fest, wenn sie formulierten, „it is impossible to understand an institution adequately without an understanding of the historical process in which it was produced" (Berger und Luckmann 1966, S. 54-55). Das Junktim von Wirtschaft *und* Gesellschaft wird meiner Ansicht nach durchaus lebendiger, wenn man versucht, wirtschaftliche und soziale Phänomene und deren Veränderungsdynamik mit der Frage von kulturell eingefärbten Handlungsmotiven zu integrieren[27]. Eins der Elemente, mit denen die nordamerikanische Soziologie sich gegenüber anderen Soziologien als ausgesprochen elaboriert und federführend zeigt, ist dabei die soziale Netzwerkanalyse. Netzwerke können in gewisser Weise als eine Art

[27] Nicht zwangsläufig muß das in eine Richtung von „konstruktivistischem Fundamentalismus" führen, wie er sich im Grenzgebiet zur Philosophie findet (vgl. Hacking 1999).

Scharnier zwischen soziologischen Mikro- und Makrodimensionen fungieren. Sie integrieren gleichermaßen die Handlungs- und Kommunikationsebene mit Fragen von struktureller Selektion und sozialem Wandel. Netzwerke fungieren als „Sets“ von Präferenzen und Sozialkontakten von Individuen und Gruppen und zwischen Institutionen. Über sie verläuft der „Blutkreislauf“ der Gesellschaft.

Die moderne amerikanische soziologische Netzwerkforschung stützt sich dabei durchaus auf deutschsprachige Grundlagen bei den Klassikern wie etwa Georg Simmel oder auch Max Weber. Sie findet auch heute gewisse Entsprechungen etwa bei Pierre Bourdieu (1982), wo dieser über Fragen von sozialem Kapital schreibt, aber letztlich etablierte sich hier doch ein Forschungszweig (für Überblicke vgl. Wasserman und Faust 1997, sowie Turner 1998, Kap. 25 und 38), der durch seine enorm breite Fülle von empirischen Themen und methodischen Anwendungen überzeugt und der vor allem auch zunehmend von Teilen der Ökonomik und der betriebswirtschaftlichen Organisations- und Managementtheorie rezipiert wird. Es gibt schließlich auch Versuche von Soziologen, Netzwerkanalysen mit weitergehenden Gesellschafts- und Wirtschaftstheorien zu verbinden, wie es vor allem Coleman (1991-1994) oder Burt (1992) demonstrierten. Die Ausführungen in den Beiträgen von Granovetter (in diesem Band) und von Aldrich und Waldinger (in diesem Band) liefern in jeweils unterschiedlichen Betonungen Hintergrundannahmen für die Notwendigkeit von Netzwerkperspektiven in der Forschungsanwendung.

Wenn wir in der Wissenschafts*geschichte* ein stärkeres Gedächtnis ausgeprägt hätten, – und die Gründe, warum so etwas unbedingt notwendig ist, kann man unter anderem bereits in der Einleitung von Joseph Schumpeters „History of Economic Analysis“ (1954) nachlesen – dann würden wir erkennen, daß vieles der Prinzipialität, die in den großen Auseinandersetzungen im sozial und wirtschaftswissenschaftlichen Diskurs seit dem ersten Methodenstreit eingebracht wurde, auch heute noch andauert, dabei aber gelegentlich auch „zwischen die Zeilen“ zu geraten scheint. Wollen wir also nicht Gefahr laufen, das Rad immer wieder aufs Neue zu erfinden, so müssen wir uns dieser Grundlagen stärker vergewissern. Der sich im Verlaufe des Differenzierungsprozesses der akademischen Fächer im 20. Jahrhundert vollzogene Prozeß zunehmender akademischer Zellteilung steht an einem Punkt, an dem durchaus auch die Gefahr einer Art von disziplinärem Autismus zu sehen ist. Einer der Schlüssel, um einen (Aus-)Weg aus der Si-

tuation zu finden, lautet Synergie durch Kommunkation und Interdisziplinarität.
Dieser Weg der „Crossing Boundaries“ (Hirschman 1999) scheint in Nordamerika stärker frequentiert zu werden. Insgesamt scheint die nordamerikanische Soziologie am Anfang des 21. Jahrhunderts weniger stark auf dem Gebiet der theoretischen Soziologie zu sein, wenn wir die gegenwärtige Situation etwa mit der der 60er Jahre vergleichen, als Heinz Hartmann (1967) über die amerikanische Soziologie berichtete. Hartmann begann sein Buchvorwort mit der Feststellung, daß die amerikanische Soziologie vielgestaltiger sei, als man vielerorts glaube (Vorwort, S. V). An anderer Stelle wurde bereits damals auf die beachtlichen Differenzierungserscheinungen der amerikanischen Soziologie hingewiesen (Hartmann 1967 a, S. 1 ff). Zwar gibt es nach wie vor einige namhafte exzellente theoretische Soziologen in Nordamerika – und dieser Band gibt davon schließlich auch einige Beispiele –, aber angesichts der zahlenmäßigen Breite des Faches fällt doch stärker die Massierung von Soziologen auf, die sich in Spezialsoziologien einfinden. Diese Spezialsoziologien zeichnen sich durch eine offensive Verteidigung und Konkurrenz ihres Faches gegenüber Nachbardisziplinen aus. Sie bestechen vornehmlich durch ihre Empirieorientierung und ihre Ferne gegenüber sozialphilosophischen Grundmustern und sozial-normativen Komponenten. Die großen europäischen Theorieentwürfe, für die etwa Namen wie Foucault, Lyotard, Bourdieu, Giddens, Luhmann und vor allem auch Habermas stehen, sind in Nordamerika nach wie vor von enormer Attraktion. Sie werden nach Nordamerika „importiert“, während sich das Fach in Nordamerika durch „Professionalisierung“ profiliert.
Bei der Beurteilung, was wir in den etwa hundert Jahren Soziologiegeschichte erreicht haben, müssen wir am Anfang des 21. Jahrhunderts ebenso ernsthaft wie vorsichtig versuchen zu unterscheiden, wie Elemente der Innovation Elementen der Zirkularität gegenüberstehen. Wir haben letztlich einen Stand von Weltsoziologie, der sich im Anwendungskontext der englischen Sprache präsentiert, aber wir finden jenseits davon auch eine Reihe von nationalen Besonderheiten. Aus wissenschaftsimmanenten und -exmanenten Gründen wird es sicherlich neue Konfigurationen in der Landschaft der akademischen Fächer und deren Inhalten geben. Die Soziologie selber muß nicht larmoyant über ihre Krise oder gar drohende Abschaffung diskutieren, sondern sie kann durchaus auch Selbstbewußtsein tanken angesichts der Ent-

wicklungen, die sie im Kampf mit anderen Disziplinen zu behaupten weiß. Eine Reihe von Entwicklungen in der nordamerikanischen Soziologie können durchaus für die deutschsprachige Soziologie entsprechende Fingerzeige geben.

VII. Die moderne amerikanische Soziologie: Themen, Thesen, Autoren

Die Auswahl der Beiträge und der Autoren war von einer Reihe verschiedener Überlegungen getragen. In erster Linie sollte es eine Mischung sein von Autoren, die für eine gewisse Bandbreite an Thematik stehen, in zweiter Instanz war angestrebt, daß die Autoren selber nicht nur „historisch", sondern auch Ausdruck der *gegenwärtigen* modernen amerikanischen Soziologie sind. Die Tatsache, daß der Band dabei gelegentlich auch Namen von Autoren einschließt, die bereits auf eine ausgesprochen lange Zeit soziologischen Wirkens zurückblicken können und die bereits seit den 60er und 70er Jahren in deutschen Übersetzungen vorliegen (siehe beispielsweise Neil Smelser oder Immanuel Wallerstein), bestätigt eher dieses Prinzip, weil diese Autoren noch im Prozeß eines ungebremsten „in the making" sind. Ein weiteres Augenmerk der Auswahl galt der thematischen Vielfalt. Dabei war die Idee, daß die einzelne Beiträge für sich selber in besonderer Hinsicht typische Formen amerikanischer Soziologie abbilden. Die Beiträge in diesem Band liegen letztlich weniger in einer der mannigfachen soziologischen Spezialdisziplinen, sondern sie bewegen sich in unterschiedlichen Spezifikationen in dem Fünfeck „Soziologische Theorie – Kultursoziologie – sozialer Wandel – Wirtschaftssoziologie – Organisationssoziologie".

Die hier vorgestellten Aufsätze amerikanischer Soziologen unterscheiden sich in spezifischer Weise von entsprechenden deutschen Diskussionen in der Art ihrer Themenstellung und methodisch-argumentativen Abhandlung. Sie zeigen sich in spezifischer Art und Weise als innovativ, insofern als sie entweder den Stand der Theorie fortentwickeln und/oder als sie durch die bewußte Integration von Wissenselementen aus anderen Fachdiszisziplinen fachgrenzenöffnend wirken und insofern interdisziplinär angelegt sind. Interdisziplinarität ist dabei stets nur ein Konstrukt, das sich an dem Hier und Heute des Kanons der Fächerordnung bemißt, und ist auch gleichzeitig ein Gradmesser für den Wandel des Faches. Der Inhalt des Terminus Interdisziplinarität ist stets im historischen Wandel: Wo wir heute Interdisziplinarität – aus der deutschen Wahrnehmung – feststellen, dort ist der Gegenstand der Soziologie zwischenzeitlich eher fachoffener und anders plaziert.

Aus Gründen der Limitierung des Buchumfanges konnten nicht so viele Autoren bzw. Beiträge berücksichtigt werden, wie es von der Sache her vielleicht wünschenswert gewesen wäre. Unter anderem gehören dazu Beiträge aus dem Bereich der „Rational-Choice-Theorie", der Ethnomethodologie und des symbolischen Interaktionismus, der Religionssoziologie oder der Kommunitarismus-Bewegung. Da diesbezüglich sich aufdrängende Autoren bzw. Beiträge allerdings bereits in Form von dezidierten Buchübersetzungen vorliegen, galt die Aufmerksamkeit eher anderen Arbeiten. „Rational Choice" ist als theoretischer Ansatz in der Soziologie vor allem mit dem kompakten Buch von James S. Coleman „Foundations of Social Theory" (1990, deutsch 1991–1994) verknüpft (siehe ferner das Buch von Hechter 1987). Die umfangreiche Studie wurde binnen kurzer Zeit nach der amerikanischen Erstveröffentlichung in deutschen Übersetzung vorgelegt und ist insofern auch dem deutschsprachigen Leser bekannt[28]. Coleman's Ansatz trug maßgeblich zur Gründung des *Research Committees 45* in der *International Sociological Association* bei, das sich die „Rational Choice Theory" zum inhaltichen Programm erhoben hat.

Eines der soziologischen Untersuchungsfelder ist das Thema der sozialen Ungleichheit – es ist in gewisser Hinsicht das soziologische Untersuchungsterrain „par excellence" (Lockwood 1971, S. 7). Wenn wir einen Blick auf gegenwärtige schichtungssoziologische Diskussionen in Nordamerika werfen, dann sehen wir eine deutliche Abkehr von den funktionalistischen Argumentationen wie sie etwa für Davis und Moore (1967) typisch waren: Das Feld „Sozialstrukturanalyse und soziale Mobilität" glänzt mittlerweile durch eine breite Palette von spezifischen Ansätzen, die gelegentlich durchaus eigenständige zweite Beine in anderen soziologischen Rubrizierungen finden, etwa in der Arbeitsmarktforschung, in der Soziologie der Geschlechter, in Armutsforschungen, in Konsum- und Lebensstildebatten. Die kompakten Sammelbände von David B. Grusky (Hg., 1994) und Rhonda Levine (Hg., 1998) geben beispielsweise einen profunden Eindruck davon, wie stark sich das Feld thematisch differenziert hat, wie stark aber

---

28 Als explizite Diskussion des Coleman'schen Ansatzes siehe den Sammelband von Müller und Schmid (Hrsg.) 1998.

auch heute noch Fragen der deutschen Klassiker Karl Marx und Max Weber im Hintergrund der Debatten stehen. Auch hier muß festgestellt werden, daß die meisten Autoren auf diesem Gebiet in Nordamerika weniger durch theoretisch-synthetisierende Versuche auffallen, sondern zumeist selber eigenständig in verschiedenen Anwendungsverfahren Daten erheben. Außerdem findet sich – anders als gegenwärtig in Deutschland – zudem eine Form der Ungleichheitsforschung, die sich nach wie vor stark der Termininologie von „Klassen" verpflichtet fühlt. Erik Olin Wright (Wright 1994, 1996, 1997) ist mit seinen diesbezüglichen Arbeiten zwischenzeitlich zu einer eigenen Art von Ansatz vorgedrungen, der keineswegs eine bloße Außenseiterposition markiert.

Relativ frühzeitig – um zu einem anderen thematischen Feld der Soziologie überzugehen – fanden Beiträge des symbolischen Interaktionismus und aus der Ethnomethodologie im deutschsprachigen Raum Aufmerksamkeit. Insbesondere ist es der Name von Erving Goffman, der schon mit Blick auf die Zahl an deutschsprachigen Büchern und deren Auflagen auffällig ist. Der Sammelband, der in den frühen 70er Jahren von einer „Arbeitsgruppe Bielefelder Soziologen" (1973) unter der Leitung von Joachim Matthes vorgelegt wurde, erfuhr seit seiner Erstauflage zahlreiche weitere Auflagen. Der Band fungierte längere Zeit im deutschsprachigen Raum als *der* Einführungstext in verschiedene Ansätze des symbolischem Interaktionismus und der Ethnomethodologie. Aus diesen Quellen speiste sich auch die vor allem seit den späten 1970er Jahren sich im deutschsprachigen Raum etablierende qualitative Sozialforschung (siehe u. a. Hopf 1979, Heinze 1987). Anselm L. Strauss, der mit Barney G. Glaser 1975 das einflußreiche Buch „The Discovery of Grounded Theory" (Glaser und Strauss 1975) vorgelegt hatte, war bereits in einer Übersetzung im Jahre 1968 erschienen (siehe Strauss 1968) und wurde mit seinen konzeptionell zusammenfassenden Gedanken zur qualitativen Sozialforschung Anfang der 90er Jahre erneut in deutscher Sprache verlegt (Strauss 1991).

Auch die seit den 1980er Jahren in Deutschland sich konzeptionell verbreiternde Biographieforschung fand frühe Grundlagen in der amerikanischen Soziologie. Der von Martin Kohli (1978) besorgte Sammelband machte bereits Ende der 70er Jahre mit verschiedenen Positionen der amerikanischen Lebensverlaufsforschung bekannt. Schließlich ist das Thema ethnischer und religiöser Segmentierungen in und zwischen Gesellschaften ein Thema, das am Anfang des 21. Jahrhunderts in der Soziologie als stetig wichtiger angesehen wird. Einer der kreativen nordamerikanischen Religionssoziologen ist Robert Wuthnow (Princeton University), der ebenfalls unlängst mit einem seiner Bücher in deutscher Sprache aufgelegt wurde (Wuthnow 1996). Wuthnow selber begann in einem frühen Stadium seiner kultursoziologischen Studien mit einer Buchveröffentlichung, in der er Ansätze europäischer Soziologen analysierte. Er ging unter anderem dezidiert auf die Arbeiten von Habermas und Foucault ein (siehe Wuthnow 1984). Ein weiterer wichtiger Name mit ganz anderem inhaltlichen Profil wäre Amitai Etzioni, der bereits vor mehr als 30 Jahren mit einem organisationssoziologischen Werk in deutscher Übersetzung (Etzioni 1967) debütiert hatte. Etzioni hat sich seit den 1980er Jahren für die Konvergenz von akademischer Ökonomik und Soziologie eingesetzt und dabei die *„Society for the Advancement of Socio-Economics"* (SASE) bei einer Versammlung im Jahre 1989 in der Harvard Business School mitbegründet. Die Beiträge in dem Buch von Etzioni und Lawrence (Hrsg. 1991) geben ein gewisses Profil der angestrebten sozioökonomischen Forschung. SASE veranstaltet seitdem im Zweijahresturnus wechselnd eine Konferenz in Europa und in Nordamerika. In jüngeren Jahren fiel Etzioni, der im Jahre 1995 als Präsident der *American Sociological Association* fungierte, vor allem durch zahlreiche eher politisch-programmatische Beiträge zum Thema des Kommunitarismus auf, die in verschiedenen Büchern in deutscher Sprache erschienen (Etzioni 1994, 1995, 1997). Die Liste der Themen und der Soziologen, die interessant für eine Integration in dem vorliegenden Band gewesen wären, ließe sich sicherlich leicht um einiges weiterführen.

Neil Smelser

Neil Smelser, der den Reigen der Beiträge in diesem Buch mit seinem Artikel anführt, gehört zu den Autoren, die ausgesprochen zahlreich bereits in deutscher Sprache publiziert sind. Es gibt viele Übersetzungen von seinen Artikeln und seinen Büchern, so daß der Autorenname eigentlich selbsterklärend ist. Smelser war Schüler und Kollege von Parsons, schrieb mit ihm bereits in früher Zeit gemeinsam ein Buch (Parsons, Smelser 1956). Bereits in den 60er Jahren erschienen erste Bücher von Smelser in einer deutschen Übersetzung (u. a. Smelser 1968). Smelser's Oeuvre ist thematisch weit gesteckt, von der historischen Soziologie, über die Wirtschafts- und Organisationssoziologie bis hin zu Fragen der Kulturssoziologie (in den 1990ern: Smelser 1997, Smelser und Alexander 1999) und zu wissenschaftstheoretischen Reflektionen. Smelser hatte im Laufe der Jahre unzählige akademische Funktionen inne. Er war im Jahre 1997 Präsident der *American Sociological Association,* und er gehörte zu denen, die in der *International Sociological Association* das Research Committee „Economy and Society" gründeten (1978).
Der in diesem Band vorliegende Beitrag gehört in die Kategorie der allgemeinen Soziologie. Smelser versucht in seinem Beitrag, den Bestand soziologischer Theorien zu ordnen. Damit gibt Smelser in einer Zeit, in der doch zumindest in Deutschland einige fundamentalistische Fragen an die Soziologie gestellt werden, eine einführende – und zwischen den Zeilen auch deutlich werbende – Position in und für die Soziologie. Dieser Text versteht es besser als irgendeine zusätzliche Bucheinleitung eine Einführung in die Vielfalt konkurrierender Ansätze und Schulen zu geben, wobei Smelser gerade auch wesentliche europäische Gedankenströmungen einzuschließen weiß. Smelser beschließt seinen Artikel mit einigen Implikationen für Studenten (und Forschende auch), die sich im Fache der Soziologie tummeln.

Immanuel Wallerstein

Ebenso wie Neil Smelser ist auch Immanuel Wallerstein nicht nur an der Front gegenwärtiger Forschungsanstrengungen, sondern auch er verkörpert gleichzeitig in einem positiven Sinne ein Stück Geschichte der amerikanischen Soziologie. In den Jahren 1994 bis 1998 amtierte Wallerstein darüber hinaus als Präsident der *International Sociological Association.* In dieser Zeit nahm er ganz besonders auch zu wissenschaftstheoretischen und wissenschaftspolitischen Fragen Stellung. Auch seine in deutscher Sprache bereits vorliegenden Bücher sind zahlreich. Am bekanntesten ist dabei sein Buch „Das moderne Weltsystem" (1986), das in zahlreiche Sprachen übersetzt ist. Wallerstein ist Repräsentant der modernen historischen Soziologie in Nordamerika. Seine empirischen Analysen beziehen sich auf das sogenannte Mittelalter, wobei seine Optik die des Weltsystems ist, d.h. globale internationale Entwicklungen, Zusammenhänge und Interdependenzen spielen in seinen Analysen eine zentrale Rolle. Wenn heute über Theoreme der Globalisierung in der Soziologie und auch andernorts diskutiert wird, so kann dabei leicht übersehen werden, daß Autoren wie Wallerstein in ihrer eigenen Terminologie der Weltsystemanalyse sich schon seit viel längerer Zeit exklusiv mit einer solchen Forschungsperspektive beschäftigten. Die historische Ausrichtung seiner soziologischen Forschungen gehört zu den überaus positiven Beispielen einer elaborierten amerikanischen historischen Soziologie, die in den letzten 10 Jahren in Deutschland überaus vernachlässigt scheint.

In den letzten 10 Jahren etwa ist Wallerstein auch immer häufiger als Wissenschaftstheoretiker und -analytiker hervorgetreten, wobei Wallerstein durchaus die Auffassung vertritt, daß den Sozialwissenschaften auch Steuerungspotentiale inhärent sind, die es in einem historischen Sinne der Verantwortung auch wahrzunehmen gelte (siehe u. a. seine Diskussion mit Archer 1998, Wallerstein 1998). Der vorliegende Artikel von Wallerstein ist eine Mischung aus beiden Forschungsthemen: Er versucht werbend in das Programm der „Weltsystemanalyse" einzuführen, und gleichzeitig erörtert er mit Blick auf die zentralen Kategorien der Zeit und der Räumlichkeit, daß Soziologie in einem offensiven Sinne interdisziplinär zu sein *hat*. Die sachliche Integration von Disziplinen wie etwa der Geographie und der Historik in eine weitgefaßte Soziologie, die sich schließlich vielleicht gar nicht einmal mehr Soziologie nennen muß, ist eines der Resultate von Wallerstein.

Randall Collins

Randall Collins gehört in Nordamerika (und in dem Sinne weltweit) zu den bekanntesten Autoren auf dem Gebiet der soziologischen Theorie. Sein gedanklicher Ausgangspunkt ist stark an den Fragestellungen von Max Weber orientiert. Collins publizierte zahlreiche Bücher zu verschiedenen Fragen der theoretischen und historischen Soziologie. Er arbeitete über Max Weber, über Durkheim und Schumpeter, und er legte einige systematische Lehrbücher zur Organisation und Verfassung der akademischen Soziologie vor. Zentral sind seine Bemühungen um eine Mikrofundierung der Konflikttheorie (siehe weitergehend Rössel 1999). Sein Artikel im vorliegenden Band „Vier Makro-Strukturen von Konflikten" liest sich ein Stück weit wie eine Hommage an Max Weber, aber Collins geht seinen eigenen Weg ein deutliches Stück weiter. Der Beitrag führt gleichermaßen in einige argumentative Ideen des Konflikttheoretikers Randall Collins ein und faßt dort, wo Collins sich mit Fragen der Paradigmen wissenschaftlichen Denkens und deren Veränderung beschäftigt, in einige Ideen ein, die sich in Collins seitenstarkem Buch „The Sociology of Philosophies: A Global Theory of Intellectual Change" (Collins 1998 b) breiter ausformuliert wiederfinden.

Jeffrey Alexander

Jeffrey Alexander gehört ebenso zu den etablierten soziologischen Theoretikern von internationalem Rang. Alexander ist dem deutschsprachigen Leser durch sein Buch „Soziale Differenzierung und kultureller Wandel" (Alexander 1993) bekannt. Ein Blick durch die Veröffentlichungen weist Alexander als einen Forscher aus, der Theorierezeption der Klassiker in produktiver Art betreibt (als offensive Verteidigung dessen siehe Alexander 1987), und der gleichzeitig daraus seinen eigenen Standpunkt innoviert. Alexander gehört zu den Mitbegründern des Research Committees „Sociological Theory" in *der International Sociological Association.* Er wird einer Position des Neo-Funktionalismus zugerechnet, der einer der gegenwärtig aktuellen Angebote soziologischer Theorie darstellt. Der Neo-Funktionalismus beschäftigt sich nicht mehr ausschließlich mit Systemen, sondern ebenso mit Handlungen, womit die konzeptionelle Brücke geöffnet ist, die beispielsweise zur Konflikttheorie führt. Kultur spielt nicht mehr die alles integrierende Klammer in der Gesellschaft, sondern eine Reihe weiterer Agenturen sind für die Dynamik von Konflikten verantwortlich. Alexander hat in dieser Blickrichtung nicht nur gerade ein Buch zusammen mit Neil Smelser vorgelegt (Smelser und Alexander 1999), sondern Alexander ist eigentlich immer stärker auch als genuiner Kultursoziologe (mit soziologisch-theoretischem Fokus) anzusehen.

Sein hier vorliegender Beitrag „Das Versprechen einer Kultursoziologie" beschäftigt sich mit der Rolle der Technik, und genauer des Computers, in unserem Alltagsleben. Er greift die Weber'sche These der

„Rationalisierung der Welt“ auf und fragt, ob man sich diese These am Vordringen des Computers in unserer aller Leben deutlich machen kann. Ein Teil von Alexander's Antwort lautet, daß die sich vollziehende technische Entwicklung nur integriert in eine anspruchsvolle Kultursoziologie konzeptualisiert werden kann. Dann ergibt sich nicht das apokalyptische Bild der „Endzeit“, aber auch nicht dessen Gegenteil, sondern die kommunikativen Inszenierungen der Thematik werden selber als Thema sichtbarer.

Maureen T. Hallinan

Der Beitrag von Maureen Hallinan, die fachlich eigentlich eher der Erziehungs- und Bildungssoziologie zugehört (siehe hier zuletzt Hallinan 1995), hat ein ebenso klassisches wie auch anspruchsvolles Thema der Soziologie zum Inhalt, nämlich die Soziologie des sozialen Wandels. Hallinan fungierte als Präsidentin der *American Sociological Association* im Jahre 1996. Der hier vorliegende Beitrag ist ihre „Presidential Address“ – ein Vortrag den die Präsidentin (oder der Präsident) der A.S.A. auf der Jahreskonferenz im Sommer am Ende der Amtszeit dem Plenum der Konferenzteilnehmer hält. Hallinan beginnt ihren Vortrag mit der Feststellung, daß die meisten Theorien über sozialen Wandel immer auf der Vorstellung von Linearität und Kontinuität basieren. Aber gerade überraschende Ereignisse, die tiefe Einschnitte in das bisher Gewohnte mit sich bringen und die die weiteren Entwicklungsverläufe in neue Bahnen lenken, sind das eigentlich Herausfordernde für die Soziologie sozialen Wandels. Mit Blick auf den multiplen Kollaps der staatssozialistischen Gesellschaftssysteme sahen wir beispielsweise, daß die Soziologie hier völlig unvorbereitet überrascht wurde und sich damit in einer prognostisch eher unbedarften Rolle ertappt fand.

Maureen Hallinan plädiert dafür, daß wir die Annahmen von Kontinuität und Linearität und von einem stabilen Gleichgewicht, die den meisten Modellen über sozialen Wandel inneliegen, zu Gunsten realistischerer Annahmen ersetzen müssen, die die komplexen Ereignisse besser abbilden können. Hallinan plädiert für die Öffnung der Soziologie zum Einbau von Katastrophen- und Chaostheorien, wie sie beispielsweise in den Naturwissenschaften verwandt werden, und sie argumentiert, daß die Soziologie hier konzeptionelles und methodisches Werkzeug findet, das hilft, den Prozeß des sozialen Wandels zu überdenken und Theorien mit grösserer Reichweite zu formulieren. Alles in allem: Die Soziologie sozialen Wandels benötigt anspruchsvollere

Konzepte, die durch interdisziplinäre Forschung und fachliche Re-Integration zu gewinnen sind.

Mark Granovetter

Mark Granovetter legt mit seinem Beitrag „Ökonomische Institutionen als soziale Konstruktionen" ebenfalls einen orginellen Beitrag vor, der dem Fach Soziologie in einer Zeit, in der sich die Soziologie in Deutschland in der Defensive befindet, eine gehörige Portion neuen Selbstbewußtseins vermitteln kann: Granovetter bezieht sein Augenmerk auf das Verhältnis von Soziologie und Ökonomik. Seine These lautet, daß dieses Verhältnis einem historischen Wandel unterlag und gründlich reformiert gehört. Während Durkheim und Max Weber ökonomisches Handeln als Spezialfall sozialen Handelns ansahen und, um das hier von Seiten des Herausgebers hinzuzufügen, jemand wie Werner Sombart die Wirtschaftswissenschaften noch eher als Unterdisziplin einer weitgefassten Wirtschaftssoziologie thematisierte (Sombart [1931] 1982), ließ sich die Soziologie der Wirtschaft seit der Mitte des 20. Jahrhunderts mehr und mehr an den Rand der Geschehnisse schieben. Die zentralen Themen von Produktion, Distribution und Konsumption wurden den Ökonomen überlassen.
Mark Granovetter gehört einer Denkrichtung an, die er selber als „neue Wirtschaftssoziologie" bezeichnet und die verlorenes Terrain zurückerobern will. Gerade die Entwicklungen im Bereich der neuen Institutionenökonomik und der Sozialökonomik zeigen, wie – beginnend in Nordamerika – die Soziologie Erklärungspotentiale hat, die nicht nur von ihr selber immer stärker reklamiert werden, sondern zunehmend auch von Angehörigen anderer Disziplinen gesehen werden. Mark Granovetter faßt in dem Beitrag einige seiner Argumente und Thesen zusammen. Granovetter begann seine Karriere mit Forschungen über die Rolle *sozialer Netzwerke* im Wirtschaftsleben (Granovetter 1973, 1974), die zwischenzeitlich eine Art modernen Klassikerstatus erlangt haben. Er fing dann spätestens in den 1980er Jahren an, seine Reflektionen auf eine allgemeinere und theoretischere Stufe zu stellen. Sein ebenso breit zitierter wie vielfach ausgezeichneter Artikel „Economic Action and Social Structure: The Problem of Embeddedness" (1985) gilt zwischenzeitlich vielerorts als Reverenzpunkt einer modernen Wirtschaftssoziologie. Die in dem Aufsatz abgelegte Zusammenfassung zentraler Kategorien der Granovetter'schen Konzeption kann manchen eher sterilen Debatten in der deutschen Indu-

strie- und Wirtschaftssoziologie die Augen für Forschungsarenen empirischer und theoretischer Art öffnen.

George Ritzer

Der Beitrag von George Ritzer „Globalisierung, McDonaldisierung und Amerikanisierung" liegt im Schnittfeld einer Reihe von unterschiedlichen Spezialsoziologien, nämlich der Wirtschaftssoziologie, der Kultur- und der Konsumsoziologie und der Forschungen, die unter dem Label der Globalisierung ranken. George Ritzer legte seit den 70er Jahren eine stattliche Anzahl von Buchmonographien, Lehrbüchern und Buchherausgaben zu verschiedenen Themen der theoretischen Soziologie vor, die vor allem auch heute noch in höheren Auflagen „am Markt" sind. Einem international großen und über die Grenzen der Soziologie hinausgehenden Leserkreis wurde George Ritzer aber erst durch sein Buch „The McDonaldization of Society" (1993, deutsch: 1995) bekannt, das in mehr als 15 Sprachen übersetzt ist.
Ritzer ließ seiner „McDonaldization" ein weiteres Buch über Kreditkarten folgen, bei dem der Titel schon das Programm abgibt: „Expressing America: A Critique of the Global Credit Card Society" (1995 b). Ein eigenes Buch als Erweiterung und Diskussion der McDonaldisierungs-These (Ritzer 1998) und eine thematische Erweiterung zu Fragen der Konsumsoziologie (Ritzer 1999) folgten, dazwischen „schob" sich noch ein Buch über theoretische Soziologie (Ritzer 1997). Das Geheimnis von Ritzer's Bucherfolg liegt nicht nur in der Bekanntheit des Produktes des „Hamburgers", der im Mittelpunkt des Titels und der Diskussion steht und den jeder Leser sicherlich kennt. Das Faszinierende an Ritzer's Diskussion ist – und das ist wohl zugleich der eigentliche Grund für den Bucherfolg – , wie der Autor mit seinem Gegenstand umzugehen weiß: Ritzer nimmt den „Hamburger" als Beispiel für die kulturelle Globalisierung der Welt, für den Export nordamerikanischer Kultur in alle Regionen, Kulturen und Länder der Welt.
Was Ritzer in seinen neueren Büchern betreibt, wird auch in dem vorliegenden Aufsatz deutlich: Er nimmt ein vertrautes Phänomen in einer induktiven Art der Diskussion und kommt „unter der Hand" zu genelleren Fragen der Soziologie und der Gesellschaftstheorie. Vom Akt des Essens gerät Ritzer zu grundsätzlicheren Fragen des Konsums in der Gesellschaft. Von hier ist es nur ein Schritt, und Ritzer ist beim Freizeitverhalten angelangt. Am Ende steht der „Hamburger" als Symptom für die Gesellschaft. Ritzer ist Kultursoziologe und – zwischen

den Zeilen – Kulturkritiker in einem, ohne dabei normativ in dem Sinne zu wirken, daß er Fingerzeige gibt, was „gut“ oder „schlecht“, „erlaubt“ oder „verboten“ ist. Ritzer sieht sein Thema in der Tradition einer Thematik, für die er ständig Georg Simmel und Max Weber bemüht, aber für den auch die Ideen der Frankfurter Schule von großem Belang sind. Das Patentrezept von Ritzer ist, daß er induktiv in Grundfragen der Gesellschaft und ihrer soziologischen Diskussion einführt und den Spannungsbogen von den Fragen der Klassiker zu heutigen Debatten um Fragen von Kultur und Globalisierung spannt.

Howard E. Aldrich und Roger Waldinger

„Ethnizität und Unternehmertum“ lautet der Titel des Beitrages von Howard E. Aldrich und Roger Waldinger. Aldrich arbeitet seit etwa drei Jahrzehnten zu verschiedenen Fragen der Organisationssoziologie. Ganz besonders interessiert ihn das Verhältnis von Organisationen zu deren verschiedenen Umweltfaktoren. Eine der Leitfragen ist dabei die nach den Umständen, die die Existenz von Wirtschaftsorganisationen besonders positiv oder negativ beeinflussen. Aldrich' neues Buch „Organizations Evolving“ (Aldrich 1999) stellt diesen Ansatz in einer systematischen Form vor. In anderer Terminologie ließe sich sagen, daß Aldrich einer Schule von Populationsökologen zugehört, die die Existenzbedingungen von Organisationspopulationen in Abhängigkeit verschiedener Variablen über längere Zeiträume untersuchen. Am bislang einschlägigsten findet sich dieser vorwiegend in der nordamerikanischen Organisationssoziologie entwickelte Ansatz in dem Buch von Hannan und Freeman (1989) dargestellt. Roger Waldinger dagegen beschäftigt sich vorrangig mit Fragen von ethnischen Minoritäten in den nordamerikanischen Großstädten (Waldinger 1986, 1996, Waldinger et al. 1990).

Aldrich und Waldinger machen in ihrem vorliegenden Beitrag ihre jeweiligen Themen zu einem gemeinsamen Thema. Die beiden Autoren sortieren und diskutieren verschiedene theoretische Erklärungsansätze über ethnisches Unternehmertum. Das Leitmotiv ist, daß ethnische Gruppen die Ressourcen adaptieren, die ihnen von ihrer jeweiligen Umwelt zugänglich gemacht werden. Von besonderer Beachtung erscheint – so eine der Thesen in dem Artikel – die reziproke Beziehung zwischen Ethnizität und Unternehmertum. Sie unterscheiden Möglichkeitsstrukturen, Gruppencharakteristika der einzelnen Ethnien und zum Einsatz kommende Strategien der Realisierung von Geschäfts-

praktiken. Überhaupt sind die Autoren kritisch mit dem Adjektiv „ethnisch", weil sie es für ein soziales Konstrukt halten, das in einem ständigen Fluß semantischer Interpretationen und deren Veränderungen ist.
Aldrich und Waldinger kommen zu vorsichtigen Schlüssen über das Verhältnis von sozialen Netzwerken, ethnischem Zugehörigkeitsbewußtsein und entsprechenden Geschäftsnischen. Ihre Schlußfolgerung mit Blick auf weitere Forschungen beinhaltet eine Reihe von verschiedenen Empfehlungen. Das Thema ethnischer Segregation in entwickelten Marktwirtschaften ist im Laufe der 90er Jahre in Amerika und in Europa zunehmend in das Bewußtsein vieler Menschen geraten. Es ist auch gerade im deutschsprachigen Raum ein Thema, das vor allem auch viele sozial-, wirtschafts- und arbeitsmarktpolitische Fragen aufwirft. Aldrich und Waldinger machen sehr deutlich, daß dieses Thema erstens in den Kompetenzbereich der Soziologie gehört, daß dieses Thema zweitens trotz – oder gerade wegen – aller gelegentlich emotional positiven oder negativen Assoziationen auch rational von einer wissenschaftlich-analytischen Soziologie angegangen und seriös bearbeitet werden kann, ohne vorschnell in tagespolitische Normativitäten abzugleiten.

Rogers Hollingsworth

Rogers Hollingsworth liefert mit seinem abschließenden Beitrag „Gesellschaftliche Systeme der Produktion im internationalen Vergleich" ein eindrucksvolles Beispiel dessen, wie industrie- und organisationssoziologische Forschungen mit wirtschaftshistorischen Betrachtungen zusammengehen können, ja geradezu die interdisziplinäre Zusammenarbeit verlangen. Hollingsworth gehört in seiner Universität in Madison (Wisconsin), die in den Rankings der nordamerikanischen Soziologiefakultäten an vorderster Stelle steht, drei verschiedenen Fachbereichen an, nämlich dem der Soziologie, dem der Geschichtswissenschaften und dem für Industrielle Beziehungen. Diese Multifunktion einer Zugehörigkeit zu verschiedenen Fachbereichen ist weniger einer Zufälligkeit geschuldet, sondern eher Ausdruck eines Programms von Interdisziplinarität. Er fungierte im Jahre 1996/97 als Präsident der „*Society of the Advancement of Socio-Economics*" (SASE). Sein Forschungsansatz läßt sich der institutionalistischen Schule zurechnen. Demzufolge werden Wirtschafts- und Sozialstrukturen nicht in einem funktionalistischen Sinne als Entsprechungen eines bestimmten kapita-

listischen Wirtschaftsmodus interpretiert, sondern als gewachsene Entwicklungen vielfältiger historischer und kultureller Entwicklungen und deren Interdependenzen.
Eine Form von Ableitungsinterpretation, demnach empirische Phänomene ex post intellektuell als funktionale Notwendigkeit des (kapitalistischen) Wirtschaftssystems rationalisiert werden, teilt Hollingsworth nicht. Hollingsworth sagt, daß es nicht den „one best way" eines Wirtschaftssystems bzw. einer Wirtschaftsorganisation gibt, sondern daß es ständig verschiedene Arrangements gibt, die in gesellschaftliche Systeme vielfältiger Art eingebettet sind. Ein zuletzt von Rogers Hollingsworth zusammen mit Robert Boyer (Paris) herausgegebenes Buch trägt den Titel „ Contemporary Capitalism: The Embeddedness of Institutions" (1997). Der Untertitel enthält genau das Label, für das in der Diskussion die Argumente bei Mark Granovetter (siehe die entsprechenden obigen Ausführungen in dieser Einleitung und Granovetter's Artikel in diesem Band) theoretisch bereitgestellt wurden. Hollingsworth setzt in seinem Beitrag eine solche Sicht empirisch um. Ihm geht es um Unterschiede in der Organisation von Wirtschaftsunternehmen zwischen den Ländern der USA und Japan.
Das Hauptargument des Beitrages lautet, daß wir die Organisation und Verfassung der Wirtschaften weniger als geordnete Aufgabe von theoretisch rekonstruierten Funktionsnotwendigkeiten interpretieren können, sondern diese vielmehr als eingebunden in historische und sozial und regional vermittelte Kontexte verstehen müssen: Soziale Systeme der Produktion einer Gesellschaft sind systemspezifisch und „pfadabhängig". Pfadabhängigkeit ist ein fester Terminus Technicus (siehe hier auch bereits diesen Terminus in Granovetter's und in Hallinan's Beiträgen). Vielleicht ist die Methode der Lokalisierung und Untersuchung verschiedener institutioneller Arrangements für den deutschen Leser noch interessanter als das empirische Material selbst, denn Hollingsworth' Beitrag beinhaltet sowohl eine empirische Dimension und Aussage wie vor allem eine diesbezügliche Untersuchungsoptik. Folgt man Hollingsworth in seiner Darstellung, dann wird man schnell von dem Charme verführt, den eine soziologisch-historische Untersuchung institutioneller Arrangements haben kann. Eigentlich kann man sich nicht recht vorstellen, daß eine andere Disziplin als die Soziologie das kompetenter behandeln und darstellen kann, als diese Form entwickelter unideologischer amerikanischer Sozialforschung im institutionalistischen Gewande es vermag.

Literatur

Abrams, Philip: Historical Sociology, Sommerset: Open Books 1982.

Albert, Hans: Nationalökonomie als Soziologie. Zur sozialwissenschaftlichen Integrationsproblematik, in: Kyklos, Vol. 13, 1960, S. 1-43.

Albert, Hans: Probleme der Theoriebildung, in: Hans Albert (Hg.): Theorie und Realität, Tübingen: Mohr 1964, S. 3 – 70.

Albert, Hans/ Topitsch, Ernst (Hg.): Werturteilsstreit (orig. 1971), Darmstadt: Wissenschaftliche Buchgesellschaft 1979.

Albert, Hans: Die Soziologie und das Problem der Einheit der Wissenschaften, in: Kölner Zeitschrift für Soziologie und Sozialpsychologie, Jg. 51, Heft 2, 1999, S. 215-231.

Aldrich, Howard E.: Organizations Evolving, London: Sage 1999.

Alexander, Jeffrey C.: Theoretical Logic in Sociology, 4 Bände, Berkeley: University of California Press 1982/83.

Alexander, Jeffrey C.: Twenty Lectures, New York: Columbia University Press 1987.

Alexander, Jeffrey C.: The Centrality of the Classics, in: Anthony Giddens und Jonathan H. Turner (Hg.): Social Theory Today, Cambridge: Polity Press 1987, S. 11.-56.

Alexander, Jeffrey C.: Soziale Differenzierung und kultureller Wandel, Frankfurt a.M.-New York: Campus 1993.

Alexander, Jeffrey: How „National" is Social Theorizing? A Note on Some Worrying Trends in the Recent Theorizing of Richard Münch, in: Schweizerische Zeitschrift für Soziologie, Jg. 21, Nr. 3, 1995, S. 541-546.

Arbeitsgruppe Bielefelder Soziologen (Hg.): Alltagswissen, Interaktion und gesellschaftliche Wirklichkeit, Reinbek: Rowohlt 1973.

Archer, Margaret S.: Realist Social Theory: The Morphogenetic Approach, Cambridge: Cambridge University Press 1995.

Archer, Margaret S.: The Dubious Guarantees of Social Science, in: International Sociology, Jg. 13, No. 1, 1998, S. 5-17.

Backhaus, Jürgen (Hg.): Werner Sombart (1863 – 1941): Social Scientist, Volume I-III, Marburg: Metropolis 1996.

Baran, Paul Alexander/ Paul Marlor Sweezy: Monopolkapital: Ein Essay über die amerikanische Wirtschafts- und Gesellschaftsordnung, Frankfurt a. M.: Suhrkamp 1967.

Barber, Benjamin R.: Jihad Versus McWorld: How the Planet is Both Falling Apart and Coming Together, New York: Ballantine 1996.

Beckert, Jens: Was ist soziologisch an der Wirtschaftssoziologie? Ungewißheit und die Einbettung wirtschaftlichen Handelns, in: Zeitschrift für Soziologie, Jg. 25, H. 2, 1996, S. 125-146.

Bell, Daniel: Die nachindustrielle Gesellschaft, Frankfurt a.M. – New York: Campus 1975

Berger, Peter L.: Invitation to Sociology, Garden City, Doubleday 1963.

Berger, Peter L.: Does Sociology Still Make Sense?, in: Schweizerische Zeitschrift für Soziologie, Jg. 20, Nr. 1, 1994, S. 3-12.

Berger, Peter. L./ Luckmann, Thomas: The Social Construction of Reality, Garden City, Doubleday 1966.

Berghahn, Volker R.: The Americanisation of West German Industry, 1945-1973, Leamington Spa: Berg 1986.

Bonß, Wolfgang/ Hartmann, Heinz: Konstruierte Gesellschaft, rationale Deutung. Zum Wirklichkeitscharakter soziologischer Diskurse, in: Wolfgang Bonß/ Heinz Hartmann (Hg.): Entzauberte Wissenschaft. Zur Relativität und Geltung soziologischer Forschung, Soziale Welt, Sonderband 3, Göttingen 1985, S. 9 – 46.

Bourdieu, Pierre: Die feinen Unterschiede. Kritik der gesellschaftlichen Urteilskraft. Frankfurt a.M.: Suhrkamp 1982.

Boudon, Raymond: La Crise de la sociologie, Paris: Droz 1971.

Braverman, Harry: Die Arbeit im modernen Produktionsprozeß, Frankfurt a.M.-New York: Campus 1977.

Brinton, Mary C./ Victor Nee (Hg.): The New Institutionalism in Sociology, New York: Russell Sage Foundation 1998.

Brocke, Bernhard vom (Hg.): Sombart's „Moderner Kapitalismus". Materialien zur Kritik und Rezeption, München: Deutscher Taschenbuch Verlag 1987.

Burt, Ronald S.: Structural Holes. The Social Structure of Competition, Cambridge: Harvard University Press 1992.

Callon, Michel (Hg.): The Laws of the Markets, Oxford: Blackwell 1998.

Coenen-Huther, Jacques: Sociology between Universalism and Diversity: Some Remarks on the Alexander-Münch Debate, in: Schweizerische Zeitschrift für Soziologie, Jg. 22, No. 3, 1966, S. 501-506.

Coleman, James S.: Grundlagen der Sozialtheorie (amerik. Orig. 1990), 3 Bände, München: Oldenbourg 1991-1994.

Collins, Randall: Max Weber: A Skeleton Key, Beverly Hills: Sage 1986.

Collins, Randall: Sociology: Proscience or Antiscience?, in: American Sociological Review, Vol. 54, 1989: S. 124 – 139.

Collins, Randall: Four Sociological Traditions, New York-Oxford: Oxford University Press 1994.

Collins, Randall (1998 a): Introduction, to: Max Weber: The Protestant Ethik and the Spirit of Capitalism [orig. translated by Talcott Parsons], Los Angeles: Roxbury 1998: S. vii – xli.

Collins, Randall (1998 b): The Sociology of Philosophies: A Global Theory of Intellectual Change, Cambridge: Harvard University Press 1998.

Comte, August: Cours de Philosophie Positive, 1. Band [orig. 1830], Paris 1907.

Crenshaw, Albert B.: Is a „Name" School Worth it?, in: Washington Post, 8. August 1999.

Dahrendorf, Ralf: Die bunten Vögel wandern weiter, in: Joachim Fritz-Vannahme (Hg.): Wozu heute noch Soziologie?, Opladen: Leske & Budrich 1996, S. 31 – 36.

Davis, Kingsley/ Wilbert E. Moore: Einige Prinzipien der sozialen Schichtung (amerik. orig. 1945), in: Heinz Hartmann (Hg.): Moderne amerikanische Soziologie, Stuttgart: Enke 1967, S. 347–357.

Deutsch, Karl: Substantive Advances: Real but Elusive, in: : Karl W. Deutsch / Andrei S. Markovits/ John Platt (Hg.): Advances in the Social Sciences, 1900-1980, Lanham-New York-London: University Press of America 1986, S. 361-372.

Deutsch, Karl W./ John R. Platt/ Dieter Senghaas: Major Advances in the Social Sciences Since 1900: An Analysis of Conditions and Effects of Creativity (orig. 1970), in: Karl W. Deutsch / Andrei S. Markovits/ John Platt (Hg.): Advances in the Social Sciences, 1900-1980, Lanham-New York-London: University Press of America 1986, S. 373-420.

Dietzel, Heinrich: Der Ausgangspunkt der Sozialwirtschaftslehre und ihr Grundbegriff, in: Zeitschrift für die gesamte Staatswissenschaft, Vol. 39, 1883, S. 1 – 80.

Dietzel, Heinrich: Theoretische Sozialökonomik, Leipzig: C. F. Wintersche Verlagsbuchhandlung 1895.

DiMaggio, Paul: Social Stratification, Life-Style, and Social Cognition, in: David B. Grusky (ed.): Social Stratification in Sociological Prspective, Boulder et al.: Westview Press 1994: 458 – 468.

Djelic, Marie-Laure: Exporting the American Model. The Postwar Transformation of European Business, Oxford: Oxford University Press 1998.

Doering-Manteuffel, Anselm: Dimensionen von Amerikanisierung in der deutschen Gesellschaft, in: Archiv für Sozialgeschichte, Jg. 35, 1995, S. 1-35.

Dorfman, Joseph: The Role of the German Historical School in American Economic Thought, in: American Economic Review, Supplement 45, May 1955, p. 17 – 28.

Dorfman, Joseph: The Economic Mind in American Civilization, 5 Vols., New York: Viking Press 1946 – 1959.

Dorfman, Joseph (ed.): Veblen. Essays, Reviews and Reports, Clifton (N.J.): Augustus M. Kelley 1973.

Elias, Norbert: Was ist Soziologie? [orig. 1970], München: Juventa 1981.

Esser, Hartmut: Verfällt die „soziologische Methode"?, in: Soziale Welt, Jg. 40, 1989, S. 57 – 75.

Etzioni, Amitai: Soziologie der Organisationen, München: Juventa 1967.

Etzioni, Amitai: Jenseits des Egoismus-Prinzips: Ein neues Bild von Wirtschaft, Politik und Gesellschaft, Stuttgart: Schäffer-Poeschel 1994.

Etzioni, Amitai: Die Entdeckung des Gemeinwesens: Ansprüche, Verantwortlichkeiten und das Programm des Kommunitarismus, Stuttgart: Schäffer-Poeschel 1995.

Etzioni, Amitai: Die Verantwortungsgesellschaft: Individualismus und Moral in der heutigen Demokratie, Frankfurt a. M.: Campus 1997.

Etzioni, Amitai/ Lawrence, Paul R. (Hg.): Socio-Economics. Toward a New Synthesis, New York & London: M. E. Sharpe 1991.

Fink, Hermann: Amerikanisierung in der deutschen Wirtschaft: Sprache, Handel, Güter und Dienstleistungen, Frankfurt a. M.: Lang 1995.

Fritz-Vannahme, Joachim (Hg.): Wozu heute noch Soziologie?, Opladen: Leske & Budrich 1996.

Galbraith, John Kenneth: Gesellschaft im Überfluß (amerik. orig. 1958), München – Zürich: Droemer 1959.

Gerhardt; Uta: Introduction, in: dies. (Hg.): German Sociology, New York: Continuum 1998, S. ix-xxviii.

Gerstein, Dean R./ R. Duncan Luce/ Neil J. Smelser/ Sonja Sperlich (Hg.): Sozialwissenschaften für morgen. Leistungen und Perspektiven (amerik. Orig. 1988), Berlin: Ed. Sigma 1990.

Giddens, Anthony: Die Konstitution der Gesellschaft. Grundzüge der Theorie der Strukturierung (orig. 1984), Frankfurt – New York: Campus 1995.

Glaser, Barney G./ Strauss, Anselm L.: The Discovery of Grounded Theory: Strategies for Qualitative Research, New York: Aldine de Gruyter 1975.

Gouldner, Alvin: The Coming Crisis of Western Sociology, New York: Basic Books 1970.

Granovetter, Mark: The Strength of Weak Ties, in: American Journal of Sociology, Jg. 78, 1973, S. 1360-1380.

Granovetter, Mark: Getting a Job: A Study of Contact and Careers, Cambridge: Harvard University Press 1974.

Granovetter, Mark: Economic Action and Social Structure: The Problem of Embeddedness, in: The American Journal of Sociology, Jg. 91, 1985, S. 481 – 510.

Granovetter, Mark: The Nature of Economic Relationships, in: Richard Swedberg (Hg.): Explorations in Economic Sociology, New York: Russell Sage Foundation 1993, S. 3-41.

Granovetter, Mark/ Richard Swedberg (Hg.): The Sociology of EconomicLife, Boulder – San Francisco – Oxford: Boulder 1992.

Grathoff, Richard: Milieu und Lebenswelt. Einführung in die Phänomenologische Soziologie und die sozialphänomenologische Forschung, Frankfurt a.M.: Suhrkamp 1989.

Grusky, David B. (Hg.): Social Stratification. Class, Race, and Gender, Boulder-san Francisco-Oxford: Westview Press 1994.

Gourvish, Terry/ Tiratsoo, Nick (Hg.): Missionaries and Managers. American Influences on European Management Education, 1945-1960, Manchester: Manchester University Press 1998.

Habermas, Jürgen: Zur Logik der Sozialwissenschaften, Tübingen: J. C. B. Mohr 1967.

Hacking, Ian: The Social Construction of What?, Cambridge: Harvard University Press 1999.

Hagemann, Harald (Hg.): Die deutschsprachige wirtschaftswissenschaftliche Emigration nach 1933, Metropolis: Marburg 1997.

Hagemann, Harald/ Claus-Dieter Krohn (Hg.): Biographisches Handbuch der deutschsprachigen wirtschaftswissenschaftlichen Emigration nach 1933, 2 Bände, München: K. G. Saur 1999.

Haller, Max: Soziologische Theorie im systematisch-kritischen Vergleich, Stuttgart: UTB 1999.

Hallinan, Maureen T.: Restructuring Schools: Promising Practices and Policies, New York: Plenum Publishers 1995.

Hannan, Michael T./ Freeman, John: Organizational Ecology, Cambridge: Harvard University Press 1989.

Hansen, Reginald: Der Methodenstreit in den Sozialwissenschaften zwischen Gustav Schmoller und Carl Menger und seine wissenschaftstheoretische und wissenschaftshistorische Bedeutung, in: Alwin Diemer (ed.): Beiträge zur Entwicklung der Wirtschaftstheorie im 19. Jahrhundert, Meisenheim: Anton Hain 1968: 137 – 173.

Hartmann, Heinz (1967 a): Stand und Entwicklung der amerikanischen Soziologie, in: ders. (Hg.): Moderne amerikanische Soziologie, Stuttgart: Enke 1967, S. 1-93.

Hartmann, Heinz (Hg.) (1967 b): Moderne amerikanische Soziologie, Stuttgart: Enke 1967.

Hartmann, Heinz: Clash of Cultures, When and Where? Critical Comments on a New Theory of Conflict, in: International Sociology, Vol. 10, No. 2, S. 115-125.

Hechter, Michael: Principles of Group Solidarity, Berkeley: University of California Press 1987.

Helleiner, Eric: States and the Reemergence of Global Woods: From Bretton Woods to the 1990s, Ithaca: Cornell University Press 1996.

Helmstädter, Ernst: Die Geschichte der Nationalökonomie als Geschichte ihres Fortschritts, in: Otmar Issing (Hg.): Geschichte der Nationalökonomie, München: Franz Vahlen 1984: 1 – 14.

Heinze, Thomas: Qualitative Sozialforschung: Erfahrungen, Probleme und Perspektiven, Opladen: Westdeutscher Verlag 1987.

Hirschman, Albert O.: Crossing Boundaries, Cambridge: MIT Press 1999.

Hodgson, Geoffrey M.: The Return of Institutional Economics, in: Smelser, Neil und Richard Swedberg (Hg.): The Handbook of Economic Sociology, Princeton & New York: Princeton University Press und Russell Sage Foundation 1994, S. 58-75.

Hopf, Christel (Hg.): Qualitative Sozialforschung, Stuttgart: Klett-Cotta 1979.

Hollingsworth, J. Rogers/ Robert Boyer (Hg.): Contemporary Capitalism: The Embeddedness of Institutions, Cambridge: Cambridge University Press 1997.

Hoxby, Caoline M./ Bridget Terry: Explaining Rising Income and Wage Inequality among the College Educated, NBER Working Paper No. W6873, 1999.

Huntington, Samuel P.: The Clash of Civilizations?, in: Foreign Affairs, Jg. 72, 1993, S. 23-49.

Jarausch, Konrad/ Siegrist, Hannes (Hg.): Amerikanisierung und Sowjetisierung in Deutschland 1945-1970, Frankfurt a.M.: Campus 1997.

Joas, Hans: Praktische Intersubjektivität. Die Entwicklung des Werkes von George Herbert Mead, Frankfurt: Suhrkamp 1980.

Kalberg, Stephen: Max Weber's Comparative-Historical Sociology, Chicago: University of Chicago Press 1994.

Käsler, Dirk: Max Weber: Eine Einführung in Leben, Werk und Wirkung, Frankfurt a.M.:- New York: Campus 1995.

Kindleberger, Charles P.: A Financial History of Western Europe, London: George Allen & Unwin 1984.

Kipping, Matthias/ Bjarnar, Ove (Hg.): The Americanisation of European Business. The Marshall Plan and the Transfer of US Management Models, London: Routledge 1998.

Kohli. Martin (Hg.): Soziologie des Lebenslaufs, Darmstadt – Neuwied: Luchterhand 1978.

Koslowski, Peter (Hg.): The Theory of the Ethical Economy in the Historical School, Berlin & Heidelberg: Springer 1995.

Lenger, Friedrich: Werner Sombart. 1863 – 1941, München: Beck 1994.

Lepenies, Wolfgang: Between Literature and Science: The Rise of Sociology, Cambridge: Cambridge University Press 1988.

Lepenies, Wolfgang: Folgen einer unerhörten Begebenheit. Die Deutschen nach der Vereinigung, Berlin: Siedler 1992.

Levine, Donald N.: Visions of the Sociological Tradition, Chicago und London: The University of Chicago Press 1995.

Levine, Donald N.: On the National Question in Sociology, in: Schweizerische Zeitschrift für Soziologie, Jg. 22, Nr. 1, 1966, S. 13-17.

Levine, Rhonda F. (Hg.): Social Class and Stratification: Classical Statements and Theoretical Debates, New York: Rowman and Littlefield Publishers 1998.

Loader, Colin/ Tilman, Rick: Thorstein Veblen's Analysis of German Intellectualism: Institutionalism as a Forecasting Method, in: American Journal of Economics and Sociology, Vol. 54, No. 3, 1995, S. 339 – 355.

Lockwood, David: Forword to: D. Lane: The End of Inequality?, Harmondsworth: Blackwell 1971, S. 1-18

Lüdtke, Alf/ Inge Marßolek/ Adelheid von Saldern: Amerikanisierung: Traum und Alptraum im Deutschland des 20. Jahrhunderts, in: dies. (Hg.): Amerikanisierung: Traum und Alptraum im Deutschland des 20. Jahrhunderts, Stuttgart: Steiner 1966, S. 7-35.

Luhmann, Niklas: Die Ausdifferenzierung von Erkenntnisgewinn, in: Nico N. Stehr und Volker Meja (Hg.): Wissenssoziologie, Kölner Zeitschrift für Soziologie und Sozialpsychologiie, Sonderheft 22, Opladen 1981, S. 102 – 139.

Mann, Michael: Geschichte der Macht, (bisher drei Bände), Frankfurt a. M. – New York: Campus 1990, 1991, 1998.

Mayer, Karl-Ulrich: Empirische Sozialstrukturanalyse und Theorien gesellschaftlicher Entwicklung, in: Soziale Welt, Vol. 40, 1989, S. 297 – 308.

Menger, Carl: Untersuchungen über die Methode der Sozialwissenschaften und der politischen Ökonomie insbesondere, Leipzig: Duncker & Humblot 1883.

Merton, Robert K.: Science and the Social Order, in: Philosophy of Science, 5, 1938, S. 321 – 337.

Merton, Robert K.: Social Theory and Social Structure [orig.1957], New York: The Free Press 1968.

Merton, Robert K.: Soziologische Theorie und soziale Struktur, hrsg. von

Volker Meya und Nico Stehr, Berlin und New York: Walter de Gruyter 1995.

Mikl-Horke, Gertraude: Die Wiederkehr der Geschichte, in: Österreichische Zeitschrift für Soziologie, H. 3, Jg. 19, 1994, S. 3 – 33.

Mikl-Horke, Gertraude: Historische Soziologie der Wirtschaft. Wirtschaft und Wirtschaftsdenken in Geschichte und Gegenwart, München – Wien: Oldenbourg 1999.

Mills, Charles W.: The Sociological Imagination, Oxford – New York: Oxford University Press 1959.

Müller, Hans-Peter/ Michael Schmid (Hg.): Norm, Herrschaft und Vertrauen. Beiträge zu James S. Colemans Grundlagen der Sozialtheorie, Opladen: Westdeutscher Verlag 1998.

Münch, Richard: American and European Social Theory: Cultural Identities and Social Forms of Theory Production, in: Sociological Perspectives, Jg. 34, Nr. 3, 1991, S. 313-335.

Münch, Richard: The Contribution of German Social Theory: Cultural Identities to European Sociology, in: Brigitta Nedelmann und Piotr Sztompka (Hg.): Sociology in Europe. In Search of Identity, Berlin: Walter deGruyter 1993, S. 45-66.

Münch, Richard: A Response to Jeffrey C. Alexander, in: Schweizerische Zeitschrift für Soziologie, Jg. 21, Nr. 3, 1995, S. 547-555.

Münch, Richard: Editorial, in: Soziologische Revue, Jg. 22, 1999, S. 269-271.

Nedelmann, Birgitta/ Sztompka, Piotr (Hg.): Sociology in Europe. In Search of Identity, Berlin – New York: Walter de Gruyter 1993.

Nelson, Richard R.: Evolutionary Theorizing about Economic Change, in: Neil Smelser und Richard Swedberg (Hg.): The Handbook of Economic Sociology, Princeton & New York: Princeton University Press und Russell Sage Foundation 1994, S. 108-136

Nohria, Nitin/ Eccles, Robert G. (Hg.): Networks and Organizations: Structure, Form, and Action, Boston 1992.

North, Douglass C.: Theorie des institutionellen Wandels. Eine neue Sicht der Wirtschaftsgeschichte, Tübingen: J.C.B. Mohr 1988.

North, Douglass C.: Institutionen, institutioneller Wandel und Wirtschaftsleistung, Tübingen: J.C.B. Mohr 1992.

North, Douglass C.: Where have we been and where are we going?, St. Louis, unveröffentlichtes Manuskript 1997.

Nowak, Stefan: Comparative Studies and Social Theory, in: Melvin L. Kohn (Hg.): Cross-National Research in Sociology, London: Sage 1989, S. 34 – 56.

Parsons, Talcott: „Capitalism“ in Recent German Literature: Sombart and Weber, in: The Journal of Political Economy, Vol. 36, 1928, S. 641 – 661.

Parsons, Talcott (Hg.): Max Weber: The Protestant Ethics and the Spirit of Capitalism, New York: Charles Scribner's Sons 1930.

Parsons, Talcott/ Neil Smelser: Economy and Society: A Study in the Integration of Economic and Social Theory, Glencoe, Il.: The Free Press 1956.

Platt, Jennifer: The Methodological Heritage of American sociology, Paper presented at the XIV World Congress of Sociology, Montreal 1998.

Plé, Bernhard: Wissenschaft und säkulare Mission: „Amerikanische Sozialwissenschaft“ im politischen Sendungsbewußtsein der USA und im geistigen Aufbau der Bundesrepublik Deutschland, Stuttgart: Klett-Cotta 1990.

Polanyi, Karl: The Great Transformation. Politische und ökonomische Ursprünge von Gesellschaften und Wirtschaftssytemen, Frankfurt a. M.: Suhrkamp 1978.

Polanyi, Karl/ Conrad Arensberg/ Harry Pearson (Hg.): Trade and Market in the Early Empires, New York: Free Press 1957.

Reuter, Norbert: Institutionen in der Ökonomik – zum Verhältnis von „alter“ und „neuer“ Institutionenökonomik, in: Wolfram Elsner/ Werner Wilhelm Engelhardt/ Werner Glastetter (Hg.): Ökonomie in gesellschaftlicher Verantwortung. Sozialökonomik und Gesellschaftsreform heute, Festschrift zum 65. Geburtstag von Siegfried Katterle, Berlin: Duncker und Humblot 1998, S. 61-92.

Riesman, David/ Denny, Reuel/ Glazer, Nathan: Die einsame Masse (orig. 1950), Reinbek: Rowoldt 1958.

Riesman, David: The Social and Psychological Setting of Veblen's Economic Theory, in: David Riesman: Individualism Reconsidered, Glencoe, Illinois. The Free Press: 1954, S. 273-285.

Ritzer, George: Die McDonaldisierung der Gesellschaft (amerik. Orig. 1993), Frankfurt: S. Fischer 1995.

Ritzer, George (1995 b): Expressing America. A Critique of the Global Credit Card Society, Thousand Oaks-London-New Dehli: Pine Forge Press 1995.

Ritzer, George: Postmodern Social Theory, New York: McGraw Hill 1997.

Ritzer, George: The McDonaldization Thesis: Explorations and Extensions, London: Sage 1998.

Ritzer, George: Enchanting a Disenchanted World: Revolutionizing the Means of Consumption, Thousand Oaks: Pine Forge Press 1999.

Ritzer, George: Münch(ing) on McDonald(ization) of Social Theory, in: Schweizerische Zeitschrift für Soziologie, Jg. 22, Nr. 2, 1996, S. 247-250.

Rössel, Jörg: Konflikttheorie und Interaktionsrituale. Randall Collins' Mikrofundierung der Konflikttheorie, in: Zeitschrift für Soziologie, Jg. 28, H. 1, 1999, S. 23-43.

Nörr, Knut Wolfgang/ Bertram Schefold/ Friedrich Tenbruck (Hg.): Deutsche Geisteswissenschaften zwischen Kaiserreich und Republik. Zur Entwicklung von Nationalökonomie, Rechtswissenschaft und Sozialwissenschaft im 20. Jahrhundert, Stuttgart: Steiner 1994.

Schelsky, Helmut: Die Arbeit tun die anderen. Klassenherrschaft und Priesterherrschaft der Intellektuellen, Opladen: Westdeutscher Verlag (2. Aufl.) 1975.

Schmoller, Gustav: Zur Methodologie der Staats- und Sozialwissenschaften, in: Jahrbuch für Gesetzgebung, Verwaltung und Volkswirtschaft im deutschen Reich, Leipzig, Duncker & Humblot 1883, S. 239 – 258.

Schmölders, Günter: Historische Schule, in: Otmar Issing (Hg.): Geschichte der Nationalökonomie, München: Franz Vahlen 1984, S. 107 – 120.

Schulze, Gerhard: Der Film des Soziologen, in: Joachim Fritz-Vannahme (Hg.): Wozu heute noch Soziologie?, Opladen: Leske & Budrich 1996, S. 51- 58.

Schumpeter, Joseph A.: Gustav von Schmoller und die Probleme von heute, in: Jahrbuch für Gesetzgebung, Verwaltung und Volkswirtschaft im deutschen Reich, Leipzig: Duncker & Humblot 1926, S. 337 – 388.

Schumpeter, Joseph A.: History of Economic Analysis, New York: Oxford University Press 1954.

Skocpol, Theda (Hg.): Vision and Method in Historical Sociology, Cambridge: Cambridge University Press 1984.

Smelser, Neil J.: Soziologie der Wirtschaft, München: Juventa 1968.

Smelser, Neil J.: Problematics of Sociology: The Georg Simmel Lectures, Berkeley: The University of California Press 1997.

Smelser, Neil J./ Richard Swedberg: The Sociological Perspective on the Economy, in: dies. (Hg.): The Handbook of Economic Sociology, Princeton & New York: Princeton University Press und Russell Sage Foundation 1994, S. 3 – 26.

Smelser, Neil J./ Jeffrey Alexander: Diversity and its Discontents: Cultural Conflict and Common Ground in Contemporary American Society, Princeton: Princeton University Press 1999.

Sombart, Werner: Warum gibt es in den Vereinigten Staaten keinen Sozialismus?, Tübingen: J.C.B. Mohr 1906.

Sombart, Werner: The Quintessence of Capitalism, New York: Dutton 1915.

Sombart, Werner: Wirtschaft, in: Alfred Vierkandt (Hg.): Handwörterbuch der Soziologie (orig. 1931), Stuttgart: Enke 1982, S. 209 – 216.

Sombart, Werner: Der moderne Kapitalismus (Neuaufl. d. 3. verändert. Aufl. 1927), 3 Bde., München: DTV 1987.

Sorokin, Pietrim: Fads and Foibles in Modern Sociology, Chicago: Henry Regnery 1956.

Stanfield, James Ronald: The Scope, Method, and Significance of Original Institutional Economics, unveröffentlichtes Papier, University of Colorado 1998.

Strauss, Anselm L.: Spiegel und Masken: Die Suche nach Identität, Frankfurt a. M.: Suhrkamp 1968.

Strauss, Anselm L.: Grundlagen qualitativer Sozialforschung: Datenanalyse und Theoriebildung in der empirischen soziologischen Forschung, München: Fink 1991.

Streissler, Erich: The Influence of German Economics on the Works of Menger and Marshall, in: The History of Political Economy, Vol. 22 (supplement), 1990, S. 31-68.

Swedberg, Richard: „The Battle of Methods": Toward a Paradigm Shift?, in: Amitai Etzioni und Paul R. Lawrence (Hg.): Socio-Economics. Toward a New Synthesis, New York & London: M. E. Sharpe 1991, S. 13-34.

Swedberg, Richard (Hg.): Explorations in Economic Sociology, New York: Russell Sage Foundation 1993.

Swedberg, Richard: New Economic Sociology: What Has Been Accomplished, What is Ahead?, in: Acta Sociologica, Vol. 40, 1997, S. 161-182.

Swedberg, Richard: Max Weber and the Idea of Economic Sociology, Princeton: Princeton University Press 1998.

Tilly, Charles: As Sociology Meets History, New York et al.: Academic Press 1981.

Tilly, Charles: Big Structures, Large Processes, Huge Comparisons. New York: Russell Sage Foundation 1984.

Turner, Bryan S.: Sociological Theory in the Tension Between Globalisation and Localisation: The Münch-Alexander Debate, in: Schweizerische Zeitschrift für Soziologie, Jg. 22, Nr. 1, 1966, S. 19-23.

Turner, Jonathan H.: The Structure of Sociological Theory, Belmont et al.: Wadsworth Publishing Company 6. Aufl. 1998.

UNESCO (Hg.): World Social Science Report, Paris: UNESCO 1999.

Veblen, Thorstein: Theorie der feinen Leute. Eine ökonomische Untersuchung der Institutionen (orig. 1899), Frankfurt a.M., Fischer 1986.

Waldinger, Roger: Through the Eye of the Needle: Immigrants and Enterprise in New York's Garment Trades, New York: New York University Press 1986.

Waldinger, Roger: Still the Promised City? Afro-Americans and New Immi-

grants in Postindustrial New York, Cambridge: Harvard University Press 1996.
Waldinger, Roger/ Howard Aldrich/ Robin Ward et al.: Ethnic Entrepreneurs. Immigrant Business in Industrial Societies, London: Sage 1990.
Waldinger/ Mehdi Bozorgmehr (Hg.): Ethnic Los Angeles, New York: Russell Sage Foundation 1997.
Wallerstein, Immanuel: Das moderne Weltsystem. Die Anfänge kapitalistischer Landwirtschaft und die europäische Weltökonomie im 16. Jahrhundert, Frankfurt: Syndikat 1986.
Wallerstein, Immanuel: Der historische Kapitalismus, Berlin: Argument 1984.
Wallerstein, Immanuel: Die Sozialwissenschaften „kaputt-denken". Die Grenzen der Paradidmen des 19. Jahrhunderts (amerik. Orig. 1991), Beltz Althenäum: Weinheim 1995.
Wallerstein, Immanuel: Social Science and Contemporary Society: The Vanishing Guarantees of Rationality, in: International Sociology, Jg. 11, No. 1, 1996, S. 7-25.
Wallerstein, Immanuel: Possible Rationality. A Reply to Archer, in: International Sociology, Jg. 13, No. 1, 1998, S. 19 – 21.
Wallerstein, Immanuel und andere: Die Sozialwissenschaften öffnen. Ein Bericht der Gulbenkian-Kommission zur Neustrukturierung der Sozialwissenschaften (amerik. Orig. 1996), Frankfurt a. M. – New York: Campus 1996.
Wasserman, Stanley/ Katherine Faust: Social Network Analysis: Methods and Applications, Cambridge: Cambridge University Press 1997.
Weber, Max (1988 a): Die protestantische Ethik und der Geist des Kapitalismus (orig. 1904), in: ders.: Gesammelte Aufsätze zur Religionssoziologie, Bd. 1, Tübingen: Mohr 1988, S. 17 – .206.
Weber, Max (1988 b): Roscher und Knies und die logischen Probleme der historischen Nationalökonomie (orig. 1903-1906), in: ders.: Gesammelte Aufsätze zur Wissenschaftslehre, Tübingen: J.C.B. Mohr 1988, S. 1-145.
Weber, Max (1988 c): Wissenschaft als Beruf [orig. 1919], in: ders.: Gesammelte Aufsätze zur Wissenschaftslehre, Tübingen: J.C.B. Mohr 1988, S. 582 – 613.
White, Harrison C.: Identity and Control: A Structural Theory of Social Action, Princeton: Princeton University Press 1992.
Williamson, Oliver E.: Transaction Cost Economics and Organization Theory, in: Neil Smelser und Richard Swedberg (Hg.): The Handbook of Economic Sociology, Princeton & New York: Princeton University Press und Russell Sage Foundation 1994, S. 77-106.

Williamson, Oliver E.: Die ökonomischen Institutionen des Kapitalismus: Unternehmen, Märkte, Kooperationen, Tübingen: J.C.B. Mohr 1990.
Williamson, Oliver E.: Transaktionskostenökonomik, Hamburg: Lit 2. Aufl. 1996.
Winkel, Harald: Einführung in die Wirtschaftswissenschaften, Paderborn et al.: Ferdinand Schöningh 1980.
Winter, Rolf: Little America. Die Amerikanisierung der Deutschen Republik, Hamburg: Rasch und Röhring 1995.
Wright, Erik Olin: Interrogating Inequality: Essays on Class Analysis, Socialism and Marxism, London u.a.: Verso 1994.
Wright, Erik Olin: Class Counts: Comparative Studies in Class Analysis, Cambridge: Cambridge University Press 1996.
Wright, Erik Olin: Classes, London u.a.: Verso 1997.
Wuthnow, Robert: Cultural Analysis: The Work of Peter L. Berger, Mary Douglas, Michel Foucault, and Jürgen Habermas, Boston u.a.: Routledge & Paul Kegan 1984.
Wuthnow, Robert: Der Wandel der religiösen Landschaft in den USA seit dem Zweiten Weltkrieg (amerik. Orig. 1988), Würzburg: ERGON Verlag 1996.
Zapf, Wolfgang (Hg.): Theorien des sozialen Wandels, Köln – Berlin: Kiepenheuer und Witsch 1969.

Soziologische Theorien

Neil Smelser

Im Allgemeinen verstehen wir soziologische Theorie als eine Einheit und eine erkennbare Tätigkeit. Wir schreiben Artikel und Bücher und halten Vorlesungen über soziologische Theorie, und einige von uns sagen sogar, wir seien auf Theorie spezialisiert. In gewisser Hinsicht sind solche Äußerungen irreführend, denn jedes Stück empirischer Feldforschung, egal wie eng es definiert und beschrieben ist, basiert auf generellen Annahmen über Menschen und die Gesellschaft und enthält im Kern abstrakte Schlußfolgerungen und normative Beurteilungen. Diese Elemente sind zwar oftmals nur implizit, aber sie fehlen nie. Deshalb sollte die Theorie als ein integraler *Bestandteil* soziologischer Forschung angesehen werden und nicht als etwas Eigenständiges. In anderer Hinsicht ist Theorie jedoch abgrenzbar, und es ist legitim, die Beziehungen zwischen den generellen Elementen für sich zu betrachten. Mit diesem Schritt betreten wir das Reich der soziologischen Theorie. Dieser Artikel verfolgt zwei Ziele: 1. einige allgemeine Bemerkungen über die soziologische Theorie zu machen, und 2. ein grobes, aber umfassendes Bild des theoretischen Denkens in der zeitgenössischen Soziologie zu skizzieren. Jedes Thema für sich erfordert eigentlich mehr Platz als hier insgesamt erlaubt ist, und so ein Versuch ist vielleicht tollkühn, aber man kann die gegenwärtige Soziologie nicht einschätzen, ohne beide Themen anzusprechen.

I. Natur und Vielfalt des soziologischen Theoretisierens

I. 1. Geschichte und Theorie

Im allgemeinen unterscheiden wir zwischen Theoriegeschichte (Geistesgeschichte) und systematischer Theorie. Erstere geht den Spuren selbstständigen Denkens über die Gesellschaft nach, das von einer Person (Hobbes, Comte), einer Schule (Utilitarismus) oder aus einer Epoche (beispielsweise klassisches Griechenland) stammt. Die andere beschäftigt sich vor allem mit dem gegenwärtigen Denken, das von Elementen der naturwissenschaftlichen Forschung, wie z.B. der Grundannahme der formalen Ableitung von Hypothesen und der empirischen Überprüfbarkeit bestimmt wird. In der Realität ist die Unterscheidung eine Frage der Bewertung. Viele Denker, die in ihrer Bedeutung als „historisch" eingeschätzt werden (Adam Smith, Jeremy Bentham, Karl Marx), waren sowohl in ihrem Anspruch als auch in ihrer Denkweise systematisch und wissenschaftlich. Darüberhinaus ist vieles von demjenigen gegenwärtigen Denken, das wir „Theorie" nennen, nicht besonders systematisch. Es beinhaltet oft ebenso ein Eintreten für generelle Aussagen, Ansätze und ideologische Vorlieben, als auch formale theoretische und empirische Aussagen. Letztlich überleben viele Positionen der Geistesgeschichte (wie zum Beispiel die klassische Evolutionstheorie) als Bestandteile der zeitgenössischen Theorien. Aus diesen Gründen vermischen sich in der Soziologie „Geschichte" und „Theorie" miteinander.

I. 2. Formale Vielfalt der Theorie

Ein wesentliches Kontinuum der Theorie ist verbunden mit dem Grad an Formalität, der sich in ihr ausdrückt. Formalität wiederum impliziert das Maß an Bedeutung, daß den wissenschaftlichen Regeln der Theoriebildung gewidmet wurde. Einige Diskursformen, die wir „Theorie" nennen, bestehen im wesentlichen aus generellen Ansichten oder Denkweisen über Menschen und Gesellschaft mit eigentümlich unpräzisen, losen Strukturen und wenigen oder gar keinen identifizierbaren empirischen Behauptungen, geschweige denn Bemühungen, diese zu bestätigen oder zu widerlegen. Manchmal bilden diese Ansichten mehr oder weniger formale Modelle oder sind in solche eingebunden, auch wenn große Teile des theoretischen Diskurses eine Auseinandersetzung über die analytische oder normative Bedeutung des Ansatzes selbst beinhalten.
Andere Theoriegebilde sind sprachliche, formale Konstruktionen genereller Annahmen und Forderungen, Hypothesen, unabhängiger Variablen (oder Begründungen), abhängiger Variablen (oder Effekte oder Ergebnisse) und Beweise, die mit empirischer Bestätigung verbunden sind. Obwohl beispielsweise Robert Michels, als er sein eisernes Gesetz der Oligarchie aufstellte, bestritt, daß er ein „neues System" (1959(1911):viii) geschaffen habe, können seine Einsichten als eine systematische Auflistung bezeichnet werden, die gemäß dem Kanon wissenschaftlicher Erklärungen organisiert sind (Smelser und Warner

1976: 237–476). Genauso enthält Durkheims klassisches Werk *„Suicide"(dt.: „Der Selbstmord"* (1951 (1897)) alle Merkmale einer formalen theoretischen Erklärung (Merton 1968a; Smelser und Warner 1976: 161–72). Eine in vieler Hinsicht immer noch befriedigende Definition formaler Theorie wurde vor einem halben Jahrhundert von Parsons aufgestellt: Theorie ist „ein Gebilde logisch voneinander abhängiger, verallgmeinerter Aussagen über empirische Beziehungen" (1954 (1945): 212). Als solches enthält eine Theorie eine Reihe miteinander verbundener Annahmen oder Forderungen, die einen logischen Schluß anstreben, eine Herleitung allgemeiner Vorschläge, feststellbar als empirische Hypothesen, die im Prinzip überprüfbar sind. Wie bereits angedeutet, enthält nicht alles, was wir „Theorie" nennen, alle diese Elemente, so daß die Definition eher als ein Desideratum, denn als eine Beschreibung angesehen werden muß.

Der formalste Ausdruck von Theorie ist eine Aussage über Beziehungen, Ableitungen und Hypothesen in mathematischer Sprache. Solche Theorien finden sich am häufigsten in der Ökonomik, aber auch in der Soziologie sind sie angewendet worden, um Erklärungen und Voraussagen im Bezug auf demographische Prozesse, soziale Mobilität, die Verbreitung von Erfindungen und das Verhalten von Organisationen zu machen.

Ein anderes Kontinuum betrifft den theoretischen Wirkungskreis oder die Generalisierbarkeit. Ein Modell bezieht sich in der Regel auf ein formal festgelegtes Set an Erwartungen an empirische Ergebnisse – insofern ist ein Modell eine Art von Theorie –, es ist aber nur auf eine eng identifizierbare Gruppe von Situationen beschränkt. Eine Theorie mittlerer Reichweite ist umfassender, da sie versucht, ihre Erklärungsansätze auf einen größeren Bereich auszudehnen, wobei sie jedoch immer noch mit „abgegrenzten Aspekten sozialer Phänomene" (Merton 1968c: 39–40) umgeht. Eine allgemeine Theorie stellt den Versuch dar, möglichst abstrakte Prinzipien zu entwickeln, um einen weiten Bereich der Regelmäßigkeiten im sozialen Verhalten, in Institutionen und im sozialen Wandel zu erklären. Dieses gesamte Kontinuum findet sich in dem Gegenstand soziologischen Theoretisierens wieder.

I. 3. Nutzen und Wert soziologischer Theorie

Obwohl Theorie im allgemeinen als legitimer Bestandteil soziologischer Arbeit akzeptiert wird, werden die Gründe für diese Akzeptanz nicht immer deutlich gemacht. Deshalb ist es hilfreich, Wert und Nutzen der Theorie für die Soziologie selbst, aber auch für die Gesellschaft, in die sie eingebunden ist, noch einmal aufzuzeigen.

- Theorie ist der Mechanismus, durch den einzelne Ergebnisse empirischer Forschungstätigkeiten, die oftmals unabhängig voneinander erhoben und in unterschiedliche Forschungskonzeptionen eingebunden worden sind, *kodiert* und in einem einzigen Rahmen zueinander in Beziehung gesetzt werden.
- *Kodifizierung* impliziert einen weiteren Gebrauch, nämlich die Generalisierung. Theorie drängt die soziologischen Ergebnisse und Einsichten über die Grenzen, innerhalb deren sie formuliert worden sind, hinaus und erweitert die Grenzen ihrer Anwendbarkeit.
- Theoretische Formulierungen haben auch eine *sensibilisierende* Funktion: Sie machen die Forscher und Kommentatoren sozialer Phänomene auf Themen und Fragestellungen aufmerksam, die bei einer nicht theoriegestützten Annäherung nicht ohne weiteres offensichtlich wären (Blumer 1954).
- Theorie bietet die Möglichkeit der praktischen *Anwendung*, und zwar in der Politik, in organisatorischen und institutionellen Vorhaben, bei Reformen und sogar bei revolutionärer Veränderung. Dies bedeutet aber nicht, daß eine solche Anwendung die wörtliche Übertragung gesamter Theoriegebilde in die soziale Realität ist, sondern Anwendung meint hier eher die Vermittlung von Einsichten, Perspektiven oder Sichtweisen von sozialen Phänomenen, die praktische Handlungen effektiver und wirkungsvoller machen.
- Soziologische Theorie ist insofern nützlich, als sie zum *allgemeinen öffentlichen Diskurs* beiträgt. Dabei gehört sie zu den Stimmen, die Intelligenz, Debatte und Kontroverse beisteuern. In diesem Sinne hat soziologische Theorie einen eindeutig ideologischen Aspekt. Kritiker mögen diesen Punkt negativ bewerten, weil der status quo entweder gestützt oder unterminiert wird. Der wesentliche Punkt ist jedoch, daß soziologisches Theoretisieren niemals einen neutralen Standpunkt innerhalb des soziokulturellen Kontextes einnimmt.

I. 4. Der Zweck der Akkumulation

Soziologie wird im allgemeinen, einschließlich ihrer theoretischen Aspekte, als eine Sozial-*Wissenschaft* bezeichnet. Historisch gesehen entwickelten sich die Sozialwissenschaften aus dem Versuch, die Modelle und Methoden der Naturwissenschaften auf die Gesellschaft zu übertragen, weshalb sich auch die meisten Praktiker bequemerweise als Sozialwissenschaftler bezeichnen. In diesem Zusammenhang wird oft gefragt, ob sozialwissenschaftliches Wissen in einem kumulativen Sinne zunimmt.

Das wissenschaftliche Modell der Akkumulation, das üblicherweise zum Vergleich herangezogen wird, besteht darin, daß wissenschaftliche Erkenntnis, einschließlich der Theorie, nur in einem zeitlich begrenzten Rahmen Gültigkeit besitzt. Es wird kontinuierlich durch die additive Akkumulation neuer empirischer Erkenntnisse und ihrer theoretischen Interpretation ersetzt, aufgesogen oder erneuert. Folglich ist die Geschichte der Wissenschaft hauptsächlich als Gegenstand der Wißbegierde von Interesse, nicht aber bezüglich ihrer Validität, da die Wissenschaft sich immer wieder durch ihren eigenen Fortschritt selbst überholt.

Es ist eingewandt worden (Kuhn 1962), daß dieses idealisierte Modell nicht einmal auf die Naturwissenschaften zutrifft, aber auf die Entwicklung theoretischen Wissens in der Soziologie paßt es erst recht nicht. Die Dynamik der Entwicklung soziologischer Theorie scheint eher wie folgt zu sein: Von Zeit zu Zeit formulieren Soziologen eine zeitbezogene, originelle oder kreativ-synthetisierende Aussage über soziale Beziehungen oder die Gesellschaft, wie zum Beispiel die Idee einer linearen oder progressiven Entwicklung. Diese Aussage erregt sofort Interesse, wenn sie in einem angemessenen intellektuellen oder sozialen Kontext geäußert wird, oder sie ruht für eine Weile, um zu gegebener Zeit aktiviert zu werden. Auf alle Fälle wird das geweckte Interesse unweigerlich einige theoretische und empirische Herausforderungen und das positive oder negative Geltendmachen alternativer Interpretationen hervorrufen. Solche Kritiken wiederum führen zu Formulierungen der Verteidigung, Ausarbeitung oder Erweiterung der ursprünglichen Aussagen durch ihre Verteidiger. Als Ergebnis dieses Prozesses nehmen eine neue Sichtweise, ein neuer Ansatz oder sogar eine „Schule“ ihren Platz in der Geschichte der Theorie ein. Im Laufe der Zeit kann diese Schule überdauern, diskreditiert, wiederbelebt oder durch die Kombination und Rekombination mit anderen Ideen und Perspektiven transformiert werden.

Die Geschichte der soziologischen Theorie ist genauso wie ihr gegenwärtiger Stand die Aufeinanderfolge dutzender, wenn nicht hunderter solcher intellektueller Episoden. Sie ist eine Geschichte von Erfindungen, Erweiterungen, synthetischer Kombination und Rekombination,

Belebung und Wiederbelebung und gelegentlichem Sterben theoretischer Perspektiven. Diese Geschichte ist also *keine* Geschichte einer additiven Akkumulation, bei der das alte durch das angemessenere oder richtigere neue Wissen ersetzt wird. Sie ist eher die Geschichte einer steigenden Anzahl, der vermehrten Komplexität oder Erweiterung von mehr oder weniger systematisch ausformulierten Perspektiven, Ansätzen und Theorien über die menschliche Gesellschaft. Sie ist auch eine Geschichte der ständigen Veränderung, denn theoretisches Wissen unterliegt internen Verschiebungen durch neue Erkenntnisse, Kontroversität und interne Debatten, und ist auch auch eine Antwort auf die sich verändernden Bedingungen in den Gesellschaften, in denen es produziert wird. Letztlich ist ein Gesamtbild der soziologischen Theorie zu jedem beliebigen Zeitpunkt ein kompliziertes Mosaik, eher die Summe all dieser Bewegungen als ein rational geordnetes Muster. Das, was an klarem Zusammenhang vorhanden ist, ergibt sich im Wesentlichen aus der Interpretation derjenigen Wissenschaftler, die rückblickend Muster in ihrer Entwicklung erkennen können.

II. Eine Landkarte der gegenwärtigen soziologischen Theorien

Soziologie als eine Disziplin mit enormer Bandbreite kann auf verschiedene Arten unterteilt werden: 1. durch die Bildung von Untergruppen, die durch durch ihren Gegenstand – Stratifikation, Familiensoziologie, Armutssoziologie, Umweltsoziologie klassifiziert werden, 2. nach den Methoden – mathematisch, statistisch, vergleichend, experimentell, ethnographisch, und 3. nach alternativen (manchmal miteinander konkurrierenden) theoretischen Perspektiven oder Paradigmen. In diesem Artikel konzentriere ich mich auf das Dritte.

Drei Qualifikationen gehören an den Anfang.

• Die soziologische Landkarte, die ich zeichnen werde, leidet an einer gewissen Ahistorizität; sie ist felderübergreifend mit wenigen Hinweisen auf die Ursprünge und auf die Entwicklung der verschiedenen Teile der Karte.

• Meine eigene Geographie – so wie die jedes anderen Menschen – beinhaltet einige Willkür, weil es viele zulässige Möglichkeiten gibt, den theoretischen Kuchen aufzuteilen. Die Arbeit von Max Weber zum Beispiel kann legitimerweise als „phänomenologisch“, „strukturell“, „mittelweit“ und „Konflikt“-Theorie bezeichnet werden. Weber könnte daher in einem oder in mehreren Teilen der Theorie-Landkarte angesiedelt werden, je nach der Bedeutung, die den einzelnen Facetten in seinem Werk gegeben wird.

• Die Vorstellung einer Landkarte mit genau voneinander abgegrenzten Bezirken sollte nicht dazu führen, sich ein Feld vorzustellen, das von verschiedenen Armeen von Wissenschaftlern besetzt gehalten wird, die alle jeweils eng an eine theoretische Perspektive gebunden sind. Einige Wissenschaftler definieren sich selbst in dieser Weise, in der Praxis tendieren die meisten jedoch dazu, in ihrer Theoriewahl ziemlich eklektizistisch zu sein, indem sie zwar die eine oder andere Perspektive betonen, aber auch von anderen Ansätzen Anleihen nehmen oder diese kombinieren, wenn das gerade zu lösende intellektuelle Problem danach verlangt.

Jetzt zur Karte selbst: Die wesentliche Unterscheidung besteht zwischen makroskopischen Ansätzen, die sich auf Organisationen, Institutionen, Gesellschaften und Kultur beziehen, und mikroskopischen Ansätzen, die sich auf die Sozialpsychologie von Individuen und interaktive Prozesse zwischen ihnen beziehen. In der Praxis überschneiden sich diese beiden Ebenen, alle makroskopischen Theorien enthalten zumindest implizit psychologische Annahmen und die meisten mikroskopischen Theorien setzen gewisse gesellschaftliche Parameter voraus, innerhalb derer die Mikroprozesse stattfinden.

II. 1. Makrosoziologische Theorien

Die häufigste Unterscheidung wird zwischen Theorien vorgenommen, die die soziale Integration betonen, und solchen, die den sozialen Konflikt betonen.

Integrationstheorien: Die Haupttradition, die unter diese Überschrift fällt, ist die strukturell-funktionale Theorie, die sich bereits in den Arbeiten von Herbert Spencer (1897), Emile Durkheim (1947(1913)), Bronislaw Malinowski (1955) und Radcliff-Brown (1952) findet und ihren Höhepunkt in den Formulierungen von Talcott Parsons (1951) und Robert Merton (1968b) findet. Sie alle betrachten die Gesellschaft als eine Struktur wechselseitig miteinander verbundener Teile, die in unterschiedlichem Ausmaß von Gleichgewichtsmechanismen aufrecht erhalten werden. Die strukturell-funktionale Perspektive wird auch mit der Konsolidierung der Modernisierungstheorie in den Jahrzehnten nach dem zweiten Weltkrieg verbunden. Diese Theorie behandelt den Entwicklungsprozeß als ein Durchbrechen traditionsbedingter

Hindernisse (hauptsächlich lokalisiert in Religion, Stamm, Kaste, Gemeinschaft und Verwandschaft) und deren Ersetzen durch „modernere", differenzierte Institutionen (einschließlich demokratischer Regierungen), wie sie sich in den entwickelten Ländern finden. Ein anderer theoretischer Ansatz – „das Ende der Ideologie" (Bell 1960) – kann ebenfalls grob unter die Überschrift der funktionalen Analyse eingeordnet werden. Vertreter dieser Ansicht, die in den Jahrzehnten nach dem Zweiten Weltkrieg auftauchten, argumentierten, daß in den westlichen Gesellschaften ein neuer Konsens erreicht worden sei. Indem die Arbeiter das politische Bürgerrecht erlangt hätten und die Bourgeoisie den Wohlfahrtsstaat akzeptiert hätte, hätten beide den demokratischen Prozeß akzeptiert und dadurch die ideologischen Gräben, die die Linke und die Rechte voneinander trennen, auf einige marginale Unterschiede in der Betonung der Regierungsgewalt und der ökonomischen Planung reduziert.

Der strukturell-funktionale Ansatz wurde in den turbulenten sechziger Jahren angegriffen und ist immer noch das Ziel der Kritik radikaler und kritischer Soziologen sowie vieler Soziologen aus den Entwicklungsländern. Der gesamte Apparat der strukturell-funktionalen Analyse (einschließlich einer systematischen Klassifikation funktionaler Voraussetzungen, der Idee des gesellschaftlichen Überlebens und des stabilen Gleichgewichts) wird nicht vollständig überleben, aber viele Teile der Forschung basieren immer noch auf einigen der zentralen Ideen, nämlich:

- Institutionen dienen dem positiven Zweck, in der fortdauernden gesellschaftlichen Anstrengung das Erreichen der Hauptziele zu realisieren.
- Institutionen manifestieren einen „Hang zur Konstanz". So sind zum Beispiel die *Konturen* der höheren Bildung nach den funktionalen Bedürfnissen einer hochtechnologisierten Dienstleistungsökonomie geformt.
- Anpassung und Widersprüche im institutionellen Leben erzeugen Gleichgewichtsprozesse, die diese Institutionen in anpassungsfähige Richtungen verändern. So entstehen zum Beispiel dann, wenn in Familien beide Elternteile einer Erwerbsarbeit nachgehen, alternative Sozialisationssysteme (erweiterte Verwandschaft, Kinderbetreuungseinrichtungen).
- Eine Hauptform der Veränderung in sich entwickelnden Gesellschaften ist die strukturelle Differenzierung, die Entwicklung komplexerer

und spezialisierterer Sozialstrukturen (Alexander und Colomy 1990). Der schwächste Aspekt der strukturell-funktionalen Analyse im gegenwärtigen Denken ist die Idee, daß Integration durch Konsens über allgemeine Werte erreicht wird – eine Ansicht, die hauptsächlich mit Parsons verbunden wird.

Elemente der strukturell-funktionalen Analyse überleben auch in einigen neueren theoretischen Ansätzen. Ein solcher Ansatz ist die „Bevölkerungsökologie", die klassischen darwinistischen Prinzipien folgt. Ihr Hauptanwendungsbereich liegt auf dem Gebiet der formalen Organisationen, wo Geburt, Wachstum, Transformation und Tod von Wirtschafts- und anderen Organisationen als Resultat einer Interaktion zwischen den Anpassungsstrategien von Organisationen und den Beschränkungen (vor allem der Ressourcen) durch die Umwelt angesehen wird (Hannan und Freeman 1977). Ein zweiter ist die „Systemtheorie", lange verbunden mit der Idee, daß alle natürlichen, menschlichen und sozialen Systeme die gleichen Funktionsprinzipien manifestieren. Der wichtigste zeitgenössischen Ausdruck dieser Theorie findet sich in der Arbeit von Luhmann (1982), der einige Aspekte von Parsons Theorie weiterverfolgt und Theorien entwickelt hat, die sich mit der funktionalen Differenzierung und der Selbstregulierung von Systemen (*Autopoesis*) sowie ihrer Entwicklung befassen. Ein dritter Ansatz ist der „Neo-Funktionalismus", der mit Alexander (1985) und anderen verbunden wird. Dieser Ansatz betont die Wechselbeziehung gesellschaftlicher Aktivitäten und analysiert auf der Ebene der Sozialstruktur (Makrosoziologie) Abweichung, soziale Kontrollmechanismen und strukturelle Differenzierung als ein zentrales Prinzip sozialen Wandels. „Neo" daran ist die Feststellung, daß kultureller Konsens nicht das zentrale Integrationsmuster in der Gesellschaft ist, sondern daß Koalitionen, Interessengruppen und andere Vertreter von Konflikt eine Schlüsselrolle bei der sozialen Dynamik spielen. Persönliche Interaktion muß als die Basis sozial-struktureller Prozesse in Betracht gezogen werden, und die Soziologie sollte sich nicht nur mit „Systemen", sondern auch mit „Handlungen" befassen. In einem Wort, Neo-Funktionalismus bildet eine Art Brücke zu Theorien, die zentral den Konflikt betonen. Das sind die Theorien, mit denen wir uns nun beschäftigen wollen.

Konflikttheorien: Es ist angemessen, mit einer weiteren Aussage zu beginnen, die den Integrations- und den Konfliktansatz verbindet. Diese findet sich im Denken von Georg Simmel und wurde von Coser (1956) verlängert. Cosers Ausgangspunkt ist eine Kritik der funktionalen Sichweise (hauptsächlich Parsons), daß Konflikt die soziale Ordnung stört. Coser argumentiert, daß Konflikt oftmals die Basis für Gemeinschaft und Einigkeit unter Mitkämpfern schafft und daß Konflikte mit einer fremden Gruppe (wie im Krieg oder Bürgerkrieg) eine solidarisierende Kraft sind. Dieses Argument ist in einem gewissen Sinne eine Ausweitung des funktionalen Ansatzes selber, da es sich fortgesetzt mit Integration auseinandersetzt. Cosers Ziel ist es auf jeden Fall, verschiedene Typen von Konflikt in den funktionalen Ansatz einzugliedern.

Die meisten Konflikttheorien in der gegenwärtigen Soziologie leiten sich aus den Formulierungen von Karl Marx ab, nämlich daß alle historischen Gesellschaften – und vor allem der bürgerliche Kapitalismus – auf einer ökonomischen Form der Produktion basieren, die ein bipolares System sozialer Klassen produziert, eine Ausbeutende, eine andere Ausgebeutete. Vermöge dieser Beziehung stehen die Klassen im unauflöslichen Konflikt miteinander. Dieser Konflikt ist darüberhinaus in Marx' Theorie der Motor für historische Veränderung, insofern als der endgültige Sieg der ausgebeuteten Klasse einen neuen Typ von Gesellschaft und eine neue Phase evolutionärer Geschichte hervorbringt (Marx 1913 (1859); Marx und Engels 1954 (1848)).

Es ist offensichtlich, daß der marxistische Ansatz eine enorme intellektuelle und politische Kraft gewesen ist. Er überspannt eine lange Reihe marxistisch inspirierter Theorien im späten neunzehnten und zwanzigsten Jahrhundert, er wurde zur handlungsleitenden Ideologie von Kommunisten, Sozialisten und anderer linker Parteien in den meisten Industrie- und Entwicklungsländern, und er war (oder ist) die legitimierende Ideologie für die frühere Sowjetunion, die Volksrepublik China, ziemlich alle osteuropäischen Länder und Länder wie Kuba und Nordkorea.

In den zurückliegenden Jahrzehnten ist der Einfluß des Marxismus auf westeuropäische und (in etwas weniger starkem Maße) auf nordamerikanische Wissenschaftler zurückgegangen und hat in Osteuropa und der früheren Sowjetunion, wo die auf dem Marxismus-Leninismus aufgebauten Regime dramatisch zusammengebrochen sind, praktisch schon sein Ende erfahren. Trotzdem findet die materialistische Klassenperspektive immer noch ihren Ausdruck in den theoretischen Schriften und den politischen Standpunkten von Wissenschaftlern aus der dritten Welt und einigen westlichen Wissenschaftlern. Unter den letzteren wird die Attraktivität nicht so sehr in der Präsentation einer kompletten Gesellschaftstheorie (mit Ausnahme der Theorie des Monopolkapitalismus) gesehen, sondern in seiner Anwendbarkeit auf bestimmte Bereiche. Zu diesen gehören Wrights (1985) Aussagen über den fortdauernden determinierenden Einfluß ökonomischer Klassen, Bravermans (1974) und Burawoys (1979) Analysen über Veränderung und Herrschaft am Arbeitsplatz, bestimmte Interpretationen gegenwärtiger Rassenbeziehungen in den Vereinigten Staaten – zum Beispiel das Modell des internen Kolonialismus von Blauner (1972), das starke Anleihen bei der neomarxistischen Kolonialismustheorie macht –, die Interpretation von geschlechtlicher Herrschaft als ein besonderer Ausdruck der kapitalistischen Beherrschung der Arbeit (Hartmann 1976) und die „Neue Kriminologie" (Taylor et al. 1973). Letzterer ist ein Ansatz, der auf der Annahme basiert, daß die Definition und die Ahndung von Straftaten hauptsächlich im Interesse einer fortgesetzten kapitalistischen Herrschaft über die unterdrückten Klassen besteht.

Die meisten anderen zeitgenössischen Ansätze zur Konflikttheorie beinhalten ein oder mehrere marxistische Elemente wie beispielsweise die Idee der unterdrückenden und der unterdrückten Klassen oder die Idee des Gruppenkonfliktes. Diese Theorien vernachlässigen entweder so viele andere Elemente des Marxismus oder kombinieren diese mit so vielen nicht-marxistischen Gedanken, daß sie kaum mehr marxistisch genannt werden können, ohne daß dieser Ansatz dabei überstrapaziert wird. Ein Beispiel für diese Art theoretischer Formulierung ist diejenige von Ralf Dahrendorf (1959), der die grundsätzliche marxistische Annahme, daß ökonomische Beziehungen die Basis für Ungleichheit in der modernen Gesellschaft sind, ablehnt und die davon abgeleitete marxistische Klassentheorie kritisiert. Gleichzeitig behält Dahrendorf die Idee der Herrschaft als einem Organisationsprinzip bei, wobei er diese Herrschaft allerdings bis zu einer unterschiedlichen Position im Verhältnis zu Autorität verfolgt (womit er seiner Arbeit einen weberianischen Anstrich gibt). Er behält ebenfalls Ideen bei, die denen von Marx ähnlich sind, so den Effekt, daß Klassengruppen, die auf Autoritätsbeziehungen basieren, sich stückweise von latenten Interessengruppen in Handlungsgruppen wandeln, wenn Interessen durch Ideologie, Bewußtsein, Führung und Organisation manifest werden, und daß diese Gruppen Hauptträger von Konflikt und Veränderung sind.

Ein anderer wesentlicher Konfliktansatz, der sich teilweise aus der marxistischen Tradition ableitet, ist die „Kritische Schule" der Soziologie. Ursprünglich deutsch – und in Deutschland hauptsächlich aus Frankfurt stammend – entwickelte sich die „Kritische Schule" in der Zwischenkriegszeit aus der Vermischung marxistischer, psychoanalytischer und verschiedener kultureller Ansätze. Ihre neueren Ausdrücke finden sich in den Arbeiten von Herbert Marcuse und Jürgen Habermas. Marcuse (1964) behielt die marxistische Vorstellung bei, daß die gegenwärtigen europäischen und nordamerikanischen Gesellschaften in die zwei großen Klassen der Unterdrücker und der Unterdrückten geteilt sind und daß Unterdrückung mit der kapitalistischen Organisation der Ökonomie verbunden ist. Durch den wachsenden Wohlstand in Folge des technischen Fortschritts, die Verteilung des Wohlstandes durch Wohlfahrt und den fortgesetzten Transfer von Reichtum aus der Dritten Welt in die entwickelten Länder sei das Proletariat freilich passiv geworden und keine revolutionäre Kraft mehr. Tatsächlich wirkt Herrschaft durch technologische Manipulation seitens des „big government" und wird durch die Massenmedien, die ein falsches Bewußtsein der Bevölkerung bezüglich ihres materiellen Wohlstandes perpetuieren, aufrechterhalten. Als Ergebnis sind die Massen unterdrückt und Konflikt ist mit Ausnahme einiger gelegentlicher Provokationen und Gewalt von radikalen, ausgegrenzten Minderheiten und der arbeitslosen Unterschicht selten. Der offensichtlich bestehende Konsens ist nur ein künstlicher Deckmantel für Herrschaft und unterdrückten Konflikt.

In einem ähnlichen Statement sieht Habermas (1975) den Hauptgrund für Herrschaft im postindustriellen Kapitalismus nicht in Form von Klassen im marxistischen Sinne, sondern im technisch-administrativen Apparat des Staates, der auf instrumenteller Rationalität basiert. Dieser Apparat greift in die Lebenswelt von Individuen und Gruppen ein und verzerrt sie in eine übermäßig rationale Richtung. Der Staat mischt sich durch seine bloße Existenz selber in die Organisation und Manipulation der Ökonomie ein. Zusätzlich wird der Staat direkt in der Ökonomie tätig, indem er Bildung und Ausbildung gewährleistet, die Infrastruktur für Transport und Wohnen überwacht und bereitstellt und gewaltige Millitärstreitkräfte unterhält. Der Staat versichert sich der – oft passiven – Loyalität der Bevölkerung, indem er einen Konsumfluß sicherstellt, Sozialleistungen bereitstellt und die Medien kontrolliert. Gleichzeitig sieht Habermas den technisch-administrativen Staat ständig Krisen wie Inflation, finanzielle Instabilität, Fehlplanungen, Verwaltungslähmung, der Unfähigkeit, eigene Versprechen einzuhalten, und dem Verfall kultureller Werte wie der Arbeitsmoral ausgesetzt.

Zwei weitere theoretische Argumentationslinien stimmen ebenfalls mit der neuerlichen Betonung des Staates überein. Die erste ist die Arbeit von Skocpol und anderen (1979), die – unter der Rubrik „Wiedereinführung des Staates" – behauptet haben, daß der Staat autonom wird (was in der marxistischen Theorie nicht erkannt wird) und zum hauptsächlichen Motor von Prozessen des bürokratischen Wachstums, der sozialen Dominanz und der Entwicklung von Revolutionen wird. Die zweite Linie ist die europäische Literatur über neue soziale Bewegungen (Eyerman 1992). Mit der Feststellung, daß die „neuen" Bewegungen, wie die Frauen-, Umwelt-, Anti-Atomkraft-, Anti-Kriegs-, Gegenkultur- und ethno-rassischen Bewegungen, sich nicht auf Klassen im marxistischen Sinne stützen, haben die Autoren deren Wachstum hauptsächlich dem Eingriff des bürgerlichen Staates in die Struktur der Gesellschaft und der kulturellen Herrschaft durch Bildungsproduktion und Massenmedien zugeschoben.

Ein anderer Punkt der klassischen marxistischen Weltsicht ist, daß Kultur (Philosophie, Religion, Ideologie) sich aus der ökonomischen Substruktur der Gesellschaft herleitet und hauptsächlich im Interesse der herrschenden ökonomischen Klasse funktioniert. Verschiedene jüngste theoretische Entwicklungen haben der Kultur jedoch größere Unabhängigkeit zugestanden. Eine Entwicklungslinie, die auf der Arbeit von Lévi-Strauss (1963) und anderen beruht, befaßt sich direkt mit der Analyse kultureller Gesetzmäßigkeiten; diese Sichtweise durchzieht die Kultursoziologie sowohl in den Vereinigten Staaten, als auch in Europa. Eine andere Entwicklungslinie betont die Verschmelzung von Kultur mit Macht und Herrschaft.

Für diese letzte Ansicht stammt viel an Argumentation von Gramsci (1971). Gramsci, der selber ein Marxist war, maß der „kulturellen Hegemonie" trotzdem eine selbständige Bedeutung zu, ein Prozeß, durch den die herrschenden Klassen in der Gesellschaft Dominanz erreichen, indem sie die untergeordneten Klassen von der Richtigkeit ihrer Kultur, Moral und ihrer politischen Ansichten über die Wege des Bildungssystems und der Massenmedien überzeugen. Zwei französische Theoretiker, Michel Foucault und Pierre Bourdieu, haben die Macht-Kultur Verbindung in verschiedene Richtungen hin ausgearbeitet. Foucault (1980) beschäftigte sich besonders mit der Bedeutung von Wissen als einer durchdringenden Form der Herrschaft innerhalb der strukturellen Beziehungen der Gesellschaft, und er geht davon aus, daß Macht und Wissen dasselbe sind. Seine speziellen Analysen behandeln die Anwendung von Wissen/Macht in medizinischen und psychiatrischen Anstalten und Besserungseinrichtungen[1]. Die makrosoziologische Theorie von Bourdieu (1984) betont ebenfalls den Klassenkonflikt in der Gesellschaft. Dieser Widerspruch beinhaltet auch ein ökonomisches Element, aber Bourdieu selber betonte eher die kulturelle oder symbolische Dimension. Unterschiedliche Klassen verfügen über unterschiedliche Niveaus und Formen von „Kulturkapital" – erzeugt durch Sozialisation, formale Bildung und „Kultivierung" –, das als Hauptquelle bei der Behauptung und Verteidigung von Klassenpositionen dient.

Zwei letzte konfliktbetonte Ansätze sind aus der Kritik an den Modernisierungstheorien entstanden. Beide haben einen internationalen Anstrich. Die erste ist die Dependenz-Theorie, die mit Fernando Cardoso und anderen lateinamerikanischen Autoren verbunden ist (Cardoso und Faletto 1969). Diese Theoretiker argumentieren, daß Entwicklung nicht ausschließlich in innergesellschaftlichen Kräften wie Unternehmertum und der Überwindung traditioneller Hemmnisse begründet ist, und betonen, daß internationales Kapital, multinationale Konzerne und Schulden die Richtung der ökonomischen Veränderungen bestimmen und das Muster von Klassenherrschaft und Konflikt in den Entwicklungsländern formen. Wo frühe Formulierungen betonten, daß das internationale Kapital die Entwicklung verhinderte oder nachteilig beeinflußte, haben neuere Varianten Fälle analysiert (z.B. in den Fällen von Südkorea und Taiwan) wo sich im Zusammenhang mit Abhängigkeit eine kräftige und erfolgreiche ökonomische Entwicklung ergab. Der zweite Ansatz ist die Welt-System-Theorie, die mit Fernand Braudel (1979) und Immanuel Wallerstein (1974) verbunden wird. Sie basiert auf der Prämisse, daß die moderne und die gegenwärtige Organisation von Gesellschaften nicht auf einheimischen Bedingungen beruht, sondern daß sie das sich verändernde System von wirtschaftlichen Beziehungen *zwischen* Gesellschaften widerspiegelt. Insbesondere ist jede historische Periode durch das Vorhandensein eines Kernes (z. B. Großbritannien im neunzehnten Jahrhundert, die Vereinigten Staaten in den Jahrzehnten nach dem zweiten Weltkrieg), einer Pheripherie (Kolonialländer, Dritte-Welt-Länder) und einer Semi-Pheripherie von beteiligten, aber schwächeren Ländern (z. B. Mexiko und Argentinien heutzutage) gekennzeichnet. Im Extremfall würde die Welt-System-Theorie die innere Geschichte von Gesellschaften als nachrangige Verästelung der internationalen Wirtschaftsbeziehungen darstellen.

[1] orig: correctional settings

II. 2. Mikrosoziologische Theorien

Während Sozialpsychologie und soziale Interaktion schon lange Teil der Soziologie waren, wurden die 70er Jahre Zeugen einer „mikroskopischen Revolution", in der Theorien, die auf interpersoneller Interaktion basierten, entweder wiederbelebt oder erfunden wurden. Diese wurden in Konkurrenz zu makrosoziologischen Theorien gebracht, die, wie oben beschrieben wurde, das soziale Leben in Form abstrakter Organisationen, Strukturen und Kulturen „materialisieren".

Austausch und Rational Choice: Wie die Namen bereits andeuten, machen diese Theorien Anleihen in der Ökonomik und der Psychologie. Homans' „Social Behaviourism"[2] (1974) zum Beispiel verbindet die Prinzipien der Nutzenmaximierung und Kostenminimierung aus der Ökonomik mit dem aus der Psychologie stammenden Prinzip, daß Regeln auf Verbindungen zwischen dem Einfluß der äußeren Umgebung (stimuli) und einzelnen Gegenständen individuellen Verhaltens (Antworten) beruhen. Homans argumentiert vor allem, daß eine Person, je mehr sie in einem bestimmten Verhalten bestärkt wird, dieses Verhalten um so fester in ihre Handlungmuster einfügt. Die „Austausch"-Komponente in Homans' Theorie geht aus der Annahme hervor, daß zwei oder mehr Personen sich untereinander nach den Prinzipien von Belohnung als Verstärkung verhalten und daß alle Typen von interaktiven Beziehungen (z. B. Kooperation, Autorität) als Manifestationen solchen Austausches verstanden und erklärt werden können. Eine andere Variante der Austauschtheorie, die von Blau (1964), baut ebenfalls auf ökonomischen Ideen über Austausch auf, aber diese Variante ist in ihrem Charakter fast schon „sozial-strukturell", weil sie den Austausch zwischen Personen in organisatorischen und strukturellen Positionen ins Auge faßt und ausdrücklich die Analyse der Entwicklung sozialer Differenzierung, von Machtstrukturen und kollektiven Werten mit einschließt.

Die Rational-Choice-Theorie[3] entstammt ebenfalls aus der Anwendung von psychologischen und Marktmodellen, aktuell aus der Ökonomik, auf Verhaltenstypen und Institutionen, die nicht vorrangig als ökonomisch betrachtet werden. Der Ökonom Becker (1976) argumen-

---

2 Anm. d. Übers.: in deutscher Übersetzung ließe sich sagen: „Elementarformen sozialen Verhaltens"

3 Anm. d. Übers.: wörtlich hieße es „Theorie der rationalen Erwartung". Freilich ist „Rational Choice" zwischenzeitlich zu einem eingebürgerten Terminus Technicus in der deutschsprachigen Diskussion geworden.

tierte, daß das Prinzip der rationalen Erwartung das gesamte menschliche Leben beeinflusse und wendete diesen Ansatz auf so unterschiedliche Dinge wie rassische Diskriminierung, Heiratsverhalten, Kriminalität und Drogenabhängigkeit an. Das ehrgeizigste Statement innerhalb des rational-choice Ansatzes ist das von Coleman (1990). Ausgehend von der Nutzenperspektive des als maximierend, rational berechnend und ungehindert von Normen handelnden Akteurs ging Coleman weiter zu breiteren Szenarien über und entwickelte daraus abgeleitete Theorien über interpersonellen Austausch, von Markt- und Herrschaftssystemen, kollektivem Verhalten und sozialen Bewegungen sowie von Firmen und institutionellen Strukturen.

Mikro-Konflikttheorien: Eine erste Veranschaulichung für diese Herangehensweise ist in der Arbeit von Collins (1975) zu finden. Seine Theorie schließt zwei oder mehr Akteure in einer Mangelsituation ein, die nicht auf Austausch, sondern darauf ausgerichtet sind, Herrschaft über andere Akteure auszuüben. Er betrachtet Interaktion jedenfalls als mehr als einfaches Streben nach Macht, weil er Möglichkeiten für Verhandlungen und Kompromisse anerkennt und entwickelt. Die bestehende Verteilung der Macht in einer größeren Gesellschaft ist eine Art aggregiertes Ergebnis tausender vorangegangener Mikro-Konflikt-Situationen. Die zweite Verbildlichung wurde in einem Unterfeld der Soziologie, nämlich der Soziologie abweichenden Verhaltens und sozialer Kontrolle, entwickelt und läuft im allgemeinen unter der Überschrift Labeling-Theorie (Becker 1963) oder Stigma-Theorie (Goffman 1963). Während die funktionale Theorie Abweichung als in der individuellen Motivation begründet und als Verletzung einer sozialen Norm ansieht, betrachten die Vertreter der Labeling-Theorie Abweichler (und Abweichung im allgemeinen) als Produkt der Geltendmachung von Macht seitens Vertretern in Positionen mit sozialer Kontrollfunktion (Ärzte, Richter, Vollstreckungsbehörden), die ihre Definition von"Abweichlern" durchsetzen. Das Problem der Abweichung stellt sich also als ein Streit über Bedeutungen heraus – tatsächlich ein Machtkampf –, in dem die Mächtigeren in der Regel in der Lage sind, ihre Definition durchzusetzen, obwohl diejenigen, die als „Abweichler" etikettiert worden sind, Strategien entwickeln, diese Bedeutungen zu unterlaufen oder zu manipulieren. Neue soziale Strukturen sind entstanden, wenn definitionsmächtige Autoritäten bestimmte benachteiligte Unterklassen als abweichend bezeichnen.

Phänomenologische Theorien: Verschiedene mikroskopische Ansätze basieren auf der Annahme, daß das Studium der sozialen Realität auf dem Bedeutungssystem individueller Akteure basieren muß. Ein Beispiel für diesen Ansatz ist der symbolische Interaktionismus, der seinen Ursprung in der pragmatischen Philosophie von John Dewey, Charles Cooley und George Herbert Mead und später ausgeführt in den Arbeiten von Blumer (1969) hat. In gewisser Hinsicht war Blumers Ansatzpunkt eine negative Polemik, nämlich daß das menschliche Verhalten nicht charakterisiert werden kann als das Produkt innerer oder äußerer Kräfte, so wie Instinkte, Triebe, soziale Rollen, Sozialstrukturen oder Kultur. Stattdessen sind Begriffe der subjektiven Bedeutung und des Selbst von zentraler Bedeutung. Bedeutung begründet sich – wie der Name des Ansatzes bereits impliziert – im interaktiven Prozeß. Individuen kommunizieren miteinander, schaffen und leiten Bedeutung ab und handeln dementsprechend. Zusätzlich läßt sich ein Individuum in eine bedeutungsvolle Kommunikation mit sich selbst ein, wobei dieselben Annahmen gemacht werden wie in der Interaktion. Diese Prozesse sind kompliziert, sie beinhalten die Auslegung der Bedeutungen anderer, das Revidieren von Bedeutungen auf der Basis solcher Auslegungen, das Erraten der Lesarten anderer und die Modifizierung der eigenen Vorlieben und Verhaltensweisen in Abhängigkeit von diesen Prozessen. Andauernde soziale Arrangements werden in großen Teilen als verbundene Aktionen und „Zusammenpassen" bedeutungsreicher Handlung in mehr oder weniger stabilen Arten behandelt.

Ein ähnlicher Ansatz ist die Ethnomethodologie, die hauptsächlich mit Garfinkel (1967) verbunden wird. Ethnomethodologen lehnen ebenfalls sozial-strukturelle Herleitungen ab, weil sie Materialisierung mit sich bringen und die Sicht der Realitäten enger Interaktion verlieren. Die ethnomethodologische Sichtweise stellt sich einen freien, praktischen, improvisierenden und verhandelnden Akteur vor, der in der Interaktion mit anderen eine Vielzahl verschiedener Handlungspläne und „Rationalitäten" zur Verfügung hat. Die Aufgabe des Ethnomethodologen ist es, die Handlungslinien, die Vorüberlegungen für diese Handlungen und die Wege, auf denen für selbstverständlich erachtetes Verständnis die Handlungen begleitet, zu untersuchen. Die Struktur sozialer Realität ist nicht vorgegeben, sondern wird fortwährend konstituiert, rekonstituiert und reproduziert und für die Interaktion in Betracht gezogen. Eine Forschungslinie der Ethnomethodologen ist es gewesen, Situationen zu entdecken – oder zu schaffen –, in denen die Interaktion durch ein Ignorieren oder Verletzen des Verständnisses von Interaktion gestört ist, und zu verfolgen, wie bestehende Bedeutungen erneuert oder neue ausgehandelt werden. Aus diesem Grunde sind die Ethnomethodologen als „Mikrofunktionalisten" bezeichnet worden, die den Gleichgewichtsvorgang sozialer Interaktion genauso studieren, wie die Makrofunktionalisten sich auf diesen Prozeß innerhalb größerer Gesellschaften konzentrieren.

Habermas (1989 [1981]) hat ebenfalls eine, teilweise auf phänomenologischen Quellen beruhende, synthetische Aussage entworfen, die als „Theorie der kommunikativen Handlung" bekannt ist. Es ist eine Theorie der Kommunikation, verbunden mit der Lebenswelt von Individuen und Gruppen, die eine Ebene der Gesellschaft darstellt, die losgelöst von der Welt der kognitiven Instrumentalität und Rationalität ist, wie sie in formalen Organisationen der post-industriellen Gesellschaft – speziell im staatlichen Apparat – verkörpert wird. Habermas betrachtet kommunikative Handlung als eine „ideale Sprechsituation", in der sich freie (ungebundene) Individuen in argumentativer Rede engagieren und dadurch objektive Definitionen und intersubjektive Konstruktionen schaffen. Die Validitätskriterien der kommunikativen Handlung sind nicht rational im wissenschaftlich-instrumentellen Sinne, sondern ergeben sich eher aus den Wahrheiten, die aus den moralischen, ästhetischen, therapeutischen und expressiven Dimensionen der Interaktion hervorgehen. Darüber hinaus sieht Habermas den kommunikativen Diskurs als das Individuum von den Verzerrung einer überaus rationalisierten Welt befreiend und das Potential für Kritik und Rekonstruktion dieser Welt beinhaltend.

Ein letztes theoretisches Statement von Berger und Luckmann (1967) ist in seinem Ursprung sowohl phänomenologisch als auch mikrosoziologisch und macht eine Reise auf die makrosoziologischen Ebene und zurück auf die mikrosoziologische. Nach dieser Ansicht stabilisieren die Leute im interaktiven Prozeß das, was der inneren Natur nach eine komplexe und instabile – wenn nicht sogar chaotische – Welt ist, durch einen Prozeß der Typisierung und Objektivierung sozialer Situationen. Das Medium für diesen Prozeß ist Sprache. In einem weiteren Prozeß werden die Objektivierungen materialisiert und erhalten den Stempel der Legitimität, indem sie in institutionelle und kulturelle Erwartungen eingebaut werden. Es entstehen ebenso Spezialisten in der Definition und Aufrechterhaltung „sozialer Realität". Der Kreis ist geschlossen, wenn diese konstruierte Realität von Gesellschaft die Basis für Sozialisation wird, und Prozesse sozialer Kontrolle fungieren, „als ob" die konstruierte soziale Realität objektiv und real wäre.

III. Einige qualifizierende Bemerkungen zur Karte

Beim Beenden dieser Reise durch die theoretischen Ansätze, die ausführlicher und anspruchsvoller hätte sein können, wenn der Platz es erlaubt hätte, wird der Leser wahrscheinlich eine gewisse Müdigkeit und Frustration verspüren. Die Bandbreite soziologischer Theorie ist immens; ihre innere Vielfältigkeit ist derartig, daß man vergebens nach Einheitlichkeit sucht; und die meisten aufgeführten theoretischen Positionen beinhalten einen kritischen Standpunkt gegenüber den meisten anderen. In vielerlei Hinsicht sind solche Vorbehalte gerechtfertigt; soziologische Theorie *ist* weitschweifig, bruchstückhaft und von Polemik durchzogen. Um diesem negativen Bild in gewissem Maße entgegenzuwirken, stelle ich jetzt einen Kontinuitätszusammenhang vor, indem ich einige Beobachtungen über den Stand der „Theorie in der Praxis" wage – das heißt, wie Soziologen Theorie in ihrer fortlaufenden empirischen Arbeit betrachten.

Die meisten Soziologen würden sich selbst sehen als Fachvertreter, die den einen oder mehrere der in der Kette beschriebenen Ansätze favorisieren und anderen ablehnend gegenüberstehen. Aussagen dieser Art tendieren dazu, Meinungsunterschiede unter Soziologen hervorzuheben. Wenn theoretisch vorgebildete Forscher sich der Analyse spezifischer, in der sozialen Realität begründeter intellektueller Probleme zuwenden, wird jedoch auch klar, daß sie fast unausweichlich gezwungen sind, mit der Reinheit ihrer Prinzipien „Kompromisse einzugehen" und neue Prinzipien aufzunehmen. Durkheims empirische Studien zum Selbstmord (1951 (1897)) und Weber's empirische Studien zu Religion und ökonomischem Handeln (1958 (1904-5)) haben zum Beispiel wesentlich mehr gemeinsam als ihre methodischen Grundkonzepte (Durkheim 1958 (1895), Weber 1949 (1904)), die sich polemisch an ziemlich jedem theoretischen und methodischen Punkt widersprechen. Das Gleiche kann über die meiste empirische Forschung gesagt werden. Trotz der metatheoretischen und substantiven Differenzen an den Ausgangspunkten zwingen die Komplexität der sozialen Realität und die methodischen Beschränkungen empirischer Forschung den Forscher unausweichlich dazu, von den Rigiditäten ursprünglicher Prinzipien Abstand zu nehmen. Mit einem Wort: Empirische Forschung erzwingt eine Tendenz zu Eklektizismus und partieller theoretischer Synthese.

Darüber hinaus bestehen die meisten der hier angespreochenen theoretischen Ansätze nicht in reiner Form, sondern sind kontinuierlich an bestimmte Umstände angepaßt worden. So werden zum Beispiel die theoretischen Ansätze, von denen die meisten aus Westeuropa und Nordamerika stammen, dadurch modizifiert, daß sie in Länder und Regionen der Welt wandern, die sich von den Ursprungsregionen unterscheiden. Die Theorien werden miteinander kombiniert, neukombiniert und umgeformt, um zu denjenigen Perspektiven, Standpunkten und Bedingungen zu passen, die für jene bestimmten Länder und Regionen charakteristisch sind. Wie diese Länder Universitäten, Akademien und andere Institutionen schaffen, die soziale Forschung ermöglichen, entwickelt sich wahrscheinlich auch ein unabhängigeres Theoretisieren. Es ist ein Gegenstand der gegenwärtigen Diskussion, inwieweit Soziologie eine Einheit darstellt, beziehungsweise bis zu welchem Maße es unterschiedliche nationale und regionale Soziologien gibt. Die korrekte Ansicht ist sicherlich die, daß die gegenwärtige theoretische Soziologie ein kompliziertes Mosaik darstellt, das beide enthält, nämlich die universalistischen und die partikularen intellektuellen und sozialen Kräfte.

Wir sollten ebenfalls die vielfältigen Aktivitäten und Einstellungen anerkennen, die den Tendenzen zu polemischer Opposition zwischen den theoretischen Positionen entgegenwirken. Erstens, insofern als soziologische Forschung zunehmend interdisziplinär wird – und viele Zeichen deuten in diese Richtung –, neigen interpretative Ansätze, die als gegensätzlich angesehen werden könnten, dazu, inander überzugehen. Zweitens zeigt die gegenwärtige Diskussion eine Anzahl ernstzunehmender Anstrengungen zur theoretischen Synthese. Darunter die folgenden:

- der Versuch, analytische und empirische Verbindungen zwischen der mikrosoziologischen und den makrosoziologischen Ebenen herzustellen (z. B. Alexander et al. 1987);
- der Versuch, theoretische Verbindungen zwischen intentionalen Anstrengungen von Individuen und Gruppen (Agenten) und dem sozialstrukturellen Umfeld, in dem sie leben, zu schaffen (Giddens 1984);
- der Versuch, gebündelte Theorien herzustellen, die trotzdem Teile verschiedener Perspektiven enthalten; feministische Theorie zum Bei-

spiel enthält, obwohl zu einem großen Teil in Konflikt-Herrschafts-Begriffen formuliert, auch andere Gesichtspunkte, einschließlich der psychoanalytischen und der phänomenologischen (Lengermann und Niebrugge-Brantley 1992).

Drittens haben die letzten beiden Jahrzehnte ein Abnehmen der polemischen Kriegsführung gesehen, die die Soziologie und viele andere Sozialwissenschaften während der 60er und 70er Jahre kennzeichnete, gesehen. Die Stimmung, die die 90er Jahre eher charakterisiert, scheint die eines „friedlichen Pluralismus" zu sein – eine Einsicht, daß soziologische Forschung legitimerweise eine Vielzahl von Ansätzen und Methoden beherbergt, auch wenn unter identifizierbaren Gruppen von Theoretikern und empirischen Forschern klare Präferenzen bestehen.

IV. Über die Rezeption soziologischer Theorie

Meine Karriere als akademischer Soziologe begann mit einem Kurs in systematischer Theorie an der Universität von Californien, Berkley, im Herbst 1958 und über die Jahrzehnte bis heute habe ich immer wieder solche Kurse gehalten. In dieser Periode des Studiums und der Lehre habe ich eine Reihe von Fragen entwickelt, die nach meiner Ansicht wesentlich für das Verständnis, die Beurteilung und den Vergleich soziologischer Theorien sind. Ich schließe, indem ich diese dem Leser zur Reflektion anbiete:

• Welches Modell oder Bild wissenschaftlichen Wissens informiert oder leitet die Anstrengungen eines Theoretikers oder einer theoretischen Tradition? Es gibt zwei Gründe für diese Frage: Erstens entwickelten die Sozialwissenschaften sich historisch im Schatten der Naturwissenschaften und sind in den meisten Fällen nach diesen modelliert. Zweitens fahren Soziologie und die anderen Sozialwissenschaften damit fort, ihre Legitimität in Akademien und Universitäten durch den Anspruch zu rechtfertigen, daß sie Sozial*wissenschaften* sind. Es ist daher für jede Theorie schwierig, den Kanon und die Methoden der Wissenschaftlichkeit nicht in Betracht zu ziehen. Das soll nicht heißen, daß sich alle Theorien an einem positivistischen Wissenschaftsbild ausrichten. Einige machen es eindeutig – zum Beispiel die Rational-Choice-Theorie –, aber die zugrundeliegenden Annahmen vieler Sozialtheorien stehen der positivistischen Wissenschaft ausdrücklich kritisch gegenüber. Selbst wenn die Orientierung in diese

Richtung negativ ist, bleibt andererseits immer irgendein Modell von Wissenschaft als Bezugspunkt bestehen.

- Welche spezifischen formalen und substantiellen Elemente wissenschaftlicher Vorstellung werden aufgenommen oder abgelehnt? Diese Frage ist eine Spezifizierung der ersten.
- Was ist das Konzept des Theoretikers hinsichtlich der Individuen und Gruppen, die das Subjekt der Theorie ausmachen? Werden sie als aktiv, passiv oder neutral angesehen, sind sie Urheber von Veränderung und Geschichte? Sind ihre Ansichten bei der Formulierung wissenschaftlicher Erkenntnis von Bedeutung (Behavioristen sagen nein, Phänomenologen sagen ja)? Kurz gesagt, welches Bild der menschlichen Natur hat der Theoretiker?
- Welche Vorstellung hat der Theoretiker von seiner (oder ihrer) Rolle bei der Erarbeitung soziologischen Wissens? Aktiv oder passiv? Konservativ, neutral oder kritisch? Diese Frage entsteht, weil auch Sozialwissenschaftler unausweichlich als Intellektuelle innerhalb einer Gesellschaft situiert sind und die Implikationen dieser Tatsache unveränderlich reflektieren.
- Welche Festlegung trifft der Theoretiker auf der ersten Ebene der Analyse – kulturell, Sozialsystem, sozial-strukturell, Gruppe oder Individuum? Und eng damit verbunden: Was ist *oberhalb* dieser Ebene – Integration, Konflikt, Freiheit, Unterdrückung – am hervorstechendsten?
- Wie adäquat geht die Theorie mit dem *logischen* Kanon von Klarheit, innerer Geschlossenheit, logischer Geschlossenheit und Kohärenz zwischen Annahmen und abgeleiteten Aussagen um? Wie adäquat geht sie mit dem *empirischen* Kanon des Sammelns von Beweisen, der Sicherung der Signifikanz dieser Belege und der Darlegung der Validität der in der Annahme enthaltenen Behauptungen um? Selbst Theoretiker, die die Relevanz oder sogar die Möglichkeit des logischen und empirischen Diskurses ablehnen, finden sich unausweichlich in diese Art des Diskurses eingebunden und ihre Arbeit kann nach diesen Standards bewertet werden.

Wenn der Student oder die Studentin der Theorie sich solche Fragen in einer gründlichen, redlichen und vorurteilsfreien Art stellt, ist er oder sie auf dem besten Wege, seine oder ihre eigene Karte der soziologischen Theorie zu entwerfen und begründete theoretische Präferenzen zu entwickeln.

Literatur

Alexander, J. C. (ed.) 1985: *Neofunctionalism*. Beverly Hills, Calif.: Sage Publications.

Alexander, J. and Colomy, P. 1990: *Differention Theory and Social Change: Comparative and Historical Perspectives*. New York: Columbia University Press.

Alexander J. C., Giesen, B., Münch, R. and Smelser, N. J. (eds.) 1987: *The Micro-Macro-Link*. Berkeley, Calif.: University of California Press.

Becker, G. S. 1976. *The Economy Approach to Human Behavior*. Chicago: University of Chicago Press. Dt.: Der ökonomische Ansatz zur Erklärung menschlichen Verhaltens. 2. Auflage, Tübingen: Mohr, 1993.

Becker, H. 1963: *Outsiders*. New York: Free Press. Dt.: Außenseiter: zur Soziologie abweichenden Verhaltens. Frankfurt a.M.: Fischer, 1973.

Bell, D. 1960: *The End of Ideology*. New York: Free Press.

Berger, P. and Luckmann, T. 1967: The Social Construction of Reality. Garden City, N.Y.:Doubleday. Dt: Die gesellschaftliche Konstruktion der Wirklichkeit. 5. Auflage. Frankfurt a.M.: Fischer Taschenbuch Verlag, 1980.

Blau, P. 1964: *Exchange and Power in Social Life*. New York: Wiley.

Blauner, R. 1972: *Racial Oppression in America*. New York: Harper and Row.

Blumer, H. 1954: „What is Wrong with Social Theory?“ *American Sociological Review, 19*: 3–10.

Blumer, H. 1969: *Symbolic Interactionism: Perspective and Method*. Englewood Cliffs, N.J.: Prentice Hall.

Bourdieu, P. 1984: *Distinction: A Social Critique of the Judgement of Taste*. Cambridge, Mass.: Harvard University Press. Dt.: Die feinen Unterschiede: Kritik an der gesellschaftlichen Urteilskraft. Frankfurt a.M.: Suhrkamp, 1994.

Braudel, F. 1979:*The Perspective of the World*. New York: Harper and Row.

Braverman, H. 1974: *Labor and Monopoly Capital. The Degradation of Work in the Twentieth Century*. New York: Monthly Review Press. Dt.: Die Arbeit im modernen Produktionsprozeß. Frankfurt a.M.: Campus, 1985.

Burawoy, M. 1979: *Manufacturing Consent. Changes in the Labor Process under Monopoly Capitalism*. Chicago: University of Chicago Press.

Cardoso, F. H. and Faletto, E. 1969: *Dependency and Developement in Latin America*. Berkeley, Calif.: University of California Press. Dt.: Abhängigkeit und Entwicklung in Lateinamerika. Frankfurt a.M.: Suhrkamp, 1976.

Coleman, J. 1990: *Foundations of Social Theory*. Cambridge, Mass.: Belknaß Press of Harvard University Press. Dt.: Grundlagen der Sozialtheorie. München: Oldenbourg, 1991.

Collins, R. 1975: Conflict Sosiology. New York: Academic Press.

Coser, L. A. 1956: *The Functions of Social Conflict*. Glencoe, Ill.: Free Press. Dt.: Theorie sozialer Konflikte. Neuwied: Luchterhand, 1965.

Dahrendorf, R. 1959: *Class and Class Conflict in Industrial Society*. Stanford, Calif.: Stanford University Press. Dt.: Soziale Klassen und Klassenkonflikt in der industriellen Gesellschaft. Stuttgart: Enke, 1957.

Durkheim, E. 1951 [1897]: *Suicide*. Glencoe, Ill.: Free Press. Dt.: Der Selbstmord, Neuwied: Luchterhand, 1973.

Durkheim, E. 1958 [1895]: *The Rules of Sociological Method*. Glencoe, Ill.: Free Press. Dt.: Die Regeln der sozialen Methode. Frankfurt a.M.: Suhrkamp, 1984.

Durkheim, E. 1947 [1913]: *The Elementary Forms of Religious Life*. Glencoe, Ill.: Free Press.

Eyerman, R. 1992: „Modernity ans Social Movements," in H. Haferkamp und N. J. Smelser (eds.): *Social Change and Modernity*, Berkeley, Calif.: University of California Press.

Foucault, M. 1980: *Power-Knowledge*. New York: Pantheon.

Garfinkel, H. 1967: *Studies in Ethnomethodology*. Englewood Cliffs, N. J.: Prentice-Hall.

Giddens, A. 1984: *The Constitution of Society: Outline of a Theory of Structuration*. Berkeley, Calif.: University of California Press. Dt.: Die Konstitution der Gesellschaft: Grundzüge einer Theorie der Strukturierung. Frankfurt a.M.: Campus, 1992.

Goffman, E. 1963: *Stigma: Notes on the Management of Spoiled Identity*. Englewood Cliffs, N. J.: Prentice-Hall. Dt.: Stigma. Frankfurt a.M.: Suhrkamp, 1977.

Gramsci, A. 1971: Selections from the Prison Notebooks. London: Lawrence and Wishart.

Habermas, J. 1975: *Legitimation Crisis*. Boston: Beacon Press. Dt.: Legitimationsprobleme im Spätkapitalismus, 1. Aufl., Frankfurt a.M.: Suhrkamp, 1973.

Habermas, J. 1987 [1981]: *Theory of Communicative Action*. 2 vols. Boston: Beacon Press. Dt.: Theorie des kommunikativen Handelns. Frankfurt a.M.: Suhrkamp, 1981.

Hannan, M. and Freeman, J. 1977: „The Population Ecology of Organizations." *American Journal of Sociology*, 82: 926–924.

Hartmann, H. 1976: „Capitalism, Patriarchy and Job Segregation." *Signs*, 1.: 137–169.

Homans, G. 1974: *Social Behavior: Ist Elementary Forms*. New York: Harcourt, Brace, Jovanovich. Dt.: Elementarformen sozialen Handelns. 2. Aufl., Opladen: Westdeutscher Verlag, 1972.

Kuhn, T. 1962: *The Structure of Scientific Revolutions*. Chicago: University of Chicago Press. Dt.: Die Struktur der wissenschaftlichen Revolution. 1. Aufl., Frankfurt a.M.: Suhrkamp, 1971.

Lengermann, P. M. and Niebrugge-Brantley, J. 1992: „Contemporary Feminist Theory." in G. Ritzer (ed.) *Contemporary Sociological Theory*, 3rd edn, New York: McGraw-Hill, 308–357.

Lévi-Strauss, C. 1963: *Structural Anthropology*. New York: Basic Books. Dt.: Strukturale Anthropologie. 1. Aufl., Frankfurt a.M.: Suhrkamp, 1971.

Luhmann, N. 1982: *The Differentiation of Society*, New York: Columbia University Press.

Malinowski, B. 1955: *Magic, Science and Religion and Other Essays*. Garden City, N. Y.: Doubleday. Dt.: Magie, Wissenschaft und Religion und andere Schriften. Frankfurt a.M.: Fischer Taschenbuchverlag, 1983.

Marcuse, H. 1964: *One-Dimensional Man*. Boston, Beacon Press. Dt.: Der eindimensionale Mensch. 10. Aufl., Neuwied, Luchterhand, 1978.

Marx, K. 1913 [1859]: *A Contribution to the Critique of Political Economy*. Chicago: Kerr. Dt.: Zur Kritik der politischen Ökonomie. 9. Aufl., Stuttgart: Dietz, 1922.

Marx, K. and Engels,, F. 1954 [1848]: *The Communist Manifesto*. Chicago: Henry Regnery. Dt.: Das kommunistische Manifest, Singen Oberbaden: Deutsche Verlagsanstalt, 1946.

Merton, R. K. 1968a: „The Bearing of Sociological Theory an Empirical Research." In *Social Theory and Social Structure*, rev. Enlarged edn. New York: The Free Press. Dt.: in: Soziale Theorie und soziale Struktur. Berlin: de Gruyter, 1995.

Merton, R. K. 1968b: „Manifest and Latent Functions." In *Social Theory and Social Structure*, rev. Enlarged edn. New York: The Free Press. Dt.: in: Soziale Theorie und soziale Struktur. Berlin: de Gruyter, 1995.

Merton, K. 1968c: „On Sociological Theories of the Middle Range." In *Social Theory and Social Structure*, rev. Enlarged edn. New York: The Free Press. Dt.: in: Soziale Theorie und soziale Struktur. Berlin: de Gruyter, 1995.

Michels, R. 1959 [1911]: *Political Parties: A Sociological Study of the Oligarchical Tendencies of Modern Democracy*. New York: Dover Publication. Dt.: Zur Soziologie des Parteiwesens in der modernen Demokratie: Untersuchung über die oligarchischen Tendenzen des Gruppenlebens. 2. Aufl. (Neudruck), Stuttgart: Kroener. 1970.

Parsons, T. 1951: *The Social System*. Glencoe, Ill.: Free Press. Dt.: Zur Theorie sozialer Systeme. Opladen: Westdeutscher Verlag, 1976.

Parsons, T. 1954 [1945]: „The Present Position and Prospects of Systematic Theory in Sociology.“ *In Essays on Sociological Theory*, rev. Edn. Glencoe, Ill.: Free Press. 217 – 237. Dt.: in: Beiträge zur soziologischen Theorie. 2. Aufl., Neuwied: Luchterhand, 1968.

Radcliffe-Browne, A. R. 1952: *Structure and Function of Primitive Society*. Glencoe, Ill.: Free Press.

Skocpol, T. 1979: *States and Social Revolutions*. New York: Cambridge University Press.

Smelser, N. J. and Warner, R. S. 1976: *Sociological Theory: Historical and Formal*. Morristown, N.J.: General Learning Press.

Taylor, L, Walton, P. and Young, J. 1973: *The New Crimimology: For a Theory of Social Deviance*. New York: Harper and Row.

Wallerstein, I. 1974: *The Modern World System, Vol. 2: Capitalist Agriculture and the Origins of the European World-Economy in the Sixteenth Century*. New York: Academic Press.

Weber, M. 1958 [1904-5]: *The Protestant Ethic and the Spirit of Capitalism*. New York: Scribner's. Dt.: Die protestantische Ethik. Gütersloh: Verlag Hans Mohn, 1965.

Weber, M. 1949 [1904]: „‚Objectivity' in Social Science and Social Policy.“ In E. A. Shils and H. A. Finch (eds.), *The Methodology of the Social Sciences*. Glencoe, Ill.: Free Press, 49–112.

Wright, E. O. 1985: *Classes*. London: Verso.

Übersetzung: Anna Frankus-Fachinger, Marion Beier, Dieter Bögenhold

Der ZeitRaum der Weltsystemanalyse

Immanuel Wallerstein

I.

Zeit und Raum sind die grundlegende Matrix der physischen Realität. Nichts existiert außerhalb von Zeit und Raum, und es ist schwer vorstellbar, daß jemals irgendetwas von Zeit und Raum getrennt werden könnte. Und doch: Die intellektuellen Parameter unseres modernen Weltsystems einschließlich ihrer sozialen Gedanken ignorieren vermessen beides, nämlich Zeit und Raum, oder – was vielleicht sogar noch schlimmer ist – sie versuchen Zeit und Raum aus unseren analytischen Paradigmen systematisch auszulöschen.

Natürlich sprechen wir dauernd über Zeit und Raum. Geschichte und Geographie, die beiden Formen des sozialen Denkens, die auch unterhalb des Universitätsniveaus gelehrt werden, konzentrieren sich vermutlich auf Zeit beziehungsweise Raum. Trotzdem möchte ich behaupten, daß Zeit und Raum und insbesondere die mit ihnen verbundene Realität, die ich als ZeitRaum bezeichne[1], seit ein paar hundert Jahren die fehlenden Elemente sozialer Analyse sind. Um es deutlich zu machen: Sie haben nicht auf einem oberflächlichen Niveau gefehlt, wo sie sogar ausgesprochen häufig erwähnt worden sind, aber sie haben in einem ganz wesentlichen Sinne gefehlt, denn sie wurden immer nur als exogene und nicht als endogene Elemente der sozialen Analyse behandelt. Zeit und Raum wurden behandelt, als seien sie „einfach da", also als zufällige Spezifikationen, wohingegen der ZeitRaum tatsächlich eine ständig aktuell konstruierte gesellschaftliche Realität darstellt, die immanenter Bestandteil der jeweiligs aktuellen sozialen Analyse ist.

Seit zwei Jahrhunderten, wenn nicht sogar noch länger, ist der große epistemologische Bruch in den Sozialwissenschaften als ein Bruch zwischen Universalisten und Partikularisten, zwischen Theoretikern und Empirikern und zwischen Idiographen und Nomotheten erklärt wor-

---

[1] Anm. d. Übers.: Im amerikanischen Original heißt es „TimeSpace". Der eigenwillige Terminus wurde hier unmittelbar mit „ZeitRaum" übersetzt.

den. Im späten 19. Jahrhundert wurde diesem Konflikt dann der ziemlich dramatische Name „Methodenstreit" gegeben.
Diese epistemologische Debatte wurde als ein Streit zwischen zwei Gruppen dargestellt. Auf der einen Seite standen diejenigen, die glaubten, daß die soziale Wirklichkeit von Gesetzen bestimmt wird, die sinnlich wahrnehmbar, beschreibbar und zuverlässig sind. Die Aufgabe der sozialwissenschaftlichen Forschung war es hiernach, diese Gesetze genauestens zu ermitteln und präzise und prägnant darzustellen. Das Problem des Analytikers lag darin, den Staub vielfältiger Details wegzuwischen, um das ihnen zugrundeliegende Muster zu entdecken. Auf der anderen Seite befanden sich diejenigen, die nicht daran glaubten, daß solche Gesetze existieren, denn wenn sie es täten, würde dies der Möglichkeit der Menschheit, ihr Schicksal frei zu bestimmen, widersprechen und somit letztlich das verleugnen, was wir seit kurzem den „persönlichen Faktor" nennen. Darüber hinaus sei die Suche nach Gesetzmäßigkeiten ein Köder, der den Analytiker davon abhalten würde, die Komplexität der Realität zu verstehen. Der Methodenstreit war zusammengefaßt also nichts weiter als eine Kombination und Aufbereitung des jahrhundertealten Streits zwischen Determinismus und freiem Willen, zwischen Realismus und Nominalismus.
Aber wo kommen in diesem Methodenstreit Zeit und Raum vor? Eigentlich nirgends. Für die Nomotheisten sind Zeit und Raum im Grunde irrelevant. Sie hielten sich für Wissenschaftler auf der Suche nach den universellen Gesetzen, die, so erklärten sie, über Zeit und Raum hinausreichten. Solche Aussagen – idealerweise in der Form „wenn x, dann y" – wären immer gleichermaßen wahr, im Jahre 10.000 (n. Chr.) ebenso wie im Jahre 1990, in Japan ebenso wie in Mexiko. In dem Maße, wie einzelne Aussagen nicht „über Zeit und Raum hinweg" zutrafen, waren sie unfertig und vorläufig, also bestenfalls kurzzeitige Rastplätze auf der Suche nach dem Heiligen Gral. Zeit– und Raumkoordinaten wurden von den Analytikern letztlich nur als einfach zu überwindende Hindernisse oder als übersehbare Details betrachtet.

Solch eine Einstellung hatte eine unmittelbare Auswirkung auf die organisatorische Struktur der Forschung. Angesichts der Irrelevanz von Zeit- und Raumkoordinaten für die Produktion wahren Wissens war es am besten, die Forschung unter optimalen Forschungsbedingungen zu betreiben, nämlich dort, wo sie dem Forscher in Zeit und Raum am nächsten ist, immer vorausgesetzt, daß die für die Situation verfügbaren Daten „hart“ sind, das heißt numerisch, relativ vollständig und seriell.

Machten es da die Idiographen nun nicht besser? Waren sie nicht die großen Anwälte der Spezifizierung? War nicht die wesentliche Eigenschaft jedes Objektes sozialwissenschaftlicher Analyse die Tatsache, daß es zu einer bestimmten Zeit und in einem bestimmten Raum auftaucht, die sich von jedem anderen vergleichbaren Phänomen unterscheiden? Man kann nicht zweimal in dasselbe Wasser tauchen, wie Heraklit sagt. Aber wenn wir nie zweimal in dasselbe Wasser eintauchen können, macht es dann irgendeinen intellektuellen Unterschied, in welches Wasser wir eintauchen? Es mag einen politischen oder affektiven Unterschied machen, je nach den Motiven des Forschers, aber macht es einen intellektuellen Unterschied, oder beeinflußt es die Methoden der Analyse und folglich ihr Ergebnis? Ein Philologe mag unterschiedliche Grammatiken beherrschen müssen, je nachdem ob er einen arabischen Text des 13. Jahrhunderts aus Cordoba oder einen Ming-Text des 16. Jahrhunderts aus China analysiert, aber sollte deshalb sein generelles Herangehen an den Text jeweils ein anderes sein?

Es stellt sich heraus, daß es für die Idiographen, die großen Partikularisten, eine Frage der idiosynkratischen Wahl ist, was wir studieren. Auf diese Weise werden Zeit und Raum als analytische Kategorien innerhalb ihrer Arbeit genauso irrelevant wie bei den Nomotheisten.

Wenn wir uns auf einen einzigen Moment in Zeit und Raum konzentrieren, haben wir das soziologische Äquivalent des mathematischen Punktes erreicht, in dem sich zwei Linien kreuzen, einen geometrischer Ort, der gar keine Dimensionen hat. Die organisatorische Konsequenz ist analog zu derjenigen der Nomotheisten. Der Gegenstand der Forschung wird auf das bequem Erreichbare eingegrenzt, also auf die Verfügbarkeit von Daten, obwohl natürlich das, was als „gute Daten“ bezeichnet wird, für den Idiographen etwas anderes ist als für den Nomotheisten.

Vor dreißig Jahren wurden die Fachgebiete der Geschichte, Geographie und der Sozialwissenschaften, die ich zusammenfassend die historischen Sozialwissenschaften nennen will, von dem Spektakel, das die Nomotheisten und Idiographen mit ihrer lautstarken Auseinandersetzung boten, dominiert. Das vorherrschende Gefühl war mehr oder weniger, daß diese die beiden einzig möglichen epistemologischen Standpunkte seien. Damit waren Zeit und Raum nicht nur marginalisiert, es schien auch keinen sinnvollen Weg zu geben, sie zu einem Teil des Bildes zu machen.

Glücklicherweise bewegt sich die Welt weiter. In der realen zeitgenössischen Welt da draußen, derjenigen, die vermutlich von den historischen Sozialwissenschaften analysiert wird, tauchte eine grundlegende Veränderung auf. In geopolitischer Sprache reden wir vom Hervortreten, Auftauchen, Aufstieg oder auch der Selbstbehauptung der Dritten Welt, ein Ausdruck, der in der fünfziger Jahren geprägt worden ist, wurde in den achtzigern von einem neuen Begriff abgelöst, nämlich dem des „Südens", der wiederum bis ins einundzwanzigste Jahrhundert hinein überleben kann oder auch nicht. Diese Zone des Weltsystems erhob Anspruch auf größere Macht und stärkere Gleichheit mit dem Rest der Welt – und das bis zu einem bestimmten Punkt sogar erfolgreich. Als Teil dieses Anspruches versuchten diese Teile der Welt, ihre kulturelle Identität wiederzuentdecken und zu stärken.

Diese geopolitische Veränderung hatte einen unmittelbaren Effekt auf die Organisationsstrukturen der historischen Sozialwissenschaften, anfänglich auf die Forschungsgegenstände und die Zusammensetzung des Personals, später dann auf die Organisation von Forschung und schließlich auf die epistemologischen Debatten. Dieser Zone der Welt wurde einfach mehr Aufmerksamkeit gezollt, nicht nur quantitativ, sondern auch qualitativ. Die qualitativen Veränderungen ergaben sich vor allem aus der Ablehnung vieler Postulate der klassischen Ethnographie und der klassischen Orientalistik, die die beiden Hauptbereiche für die auf diese Region bezogene Forschung bis 1945 ausmachten.

In der Periode nach 1945 wurden zunächst neue Räume und dann neue Zeiten in die Tagesordung der aktuellen Forschung aufgenommen. Um keine Mißverständnisse zu erzeugen: Viele, wenn nicht sogar die meisten, Forscher machten beachtliche Anstrengungen, um Zeit und Raum in ihren Überlegungen möglichst marginal zu halten, d.h. wie bisher schon als räumlich zufällige Spezifikationen gedanklich zu behandeln. Es wurden neue organisatorische Überschriften erfunden, um die Auswirkungen dieser geopolitischen Transformation aufzufangen: Regionalstudien, Entwicklungsstudien und Interdisziplinarität. Wie wir sehen werden, löste jedoch keine dieser Rubriken das Problem, weil sich keine von dem nomothetisch-idiographischen Gegensatz löste.

Im gleichen Maße, in dem das intellektuelle Unbehagen über die grundsätzlichen intellektuellen Voraussetzungen und organisatorischen Rahmenbedingungen der historischen Sozialwissenschaften wuchs, entwickelten sich verschiedene Ansätze, die Themen auf neue Weise wiederaufzunehmen. All diese Versuche sind jedoch bisher Minderheitenbewegungen. Das Höchste, das über sie gesagt werden kann, ist, daß sie Wellen geschlagen und eine Diskussion ausgelöst haben. Wir sind in eine neue Phase intellektueller Unsicherheit eingetreten, in der die Voraussetzungen, die für mehr als ein Jahrhundert die Grundüberzeugungen gebildet haben, angegriffen werden. Es wird mindestens noch weitere zwanzig Jahre dauern, bevor sich ein neuer Konsens herausgebildet haben wird, der allgemeine Zustimmung gebietet.

Einer der Versuche, die Debatte neu zu eröffnen, lief unter der Bezeichnung „Weltsystem-Analyse", die ich einen Versuch genannt habe, die Sozialwissenschaften „kaputtzudenken". Die erste Voraussetzung der „Weltsystem-Analyse" ist, daß der Gegenstand der Analyse nicht vorgegeben, sondern selber die erste Frage für den Forscher ist. Oder, um es in der Sprache auszudrücken, die wir hier verwendet haben: der ZeitRaum der Analyse selbst ist die erste Frage der Forschung. Erst nachdem diese Fragestellung problematisiert worden ist, kann der Forscher zu anderen intellektuellen Problemen übergehen.

Es gibt drei aufeinanderfolgende Kreise des intellektuellen „Kaputtdenkens", die von der „Weltsystem-Analyse" verfolgt worden sind. Der erste oder äußere Kreis war derjenige der Entwicklungsstudien, der zweite Kreis der der Interdisziplinarität, der dritte oder innere Kreis derjenige der Wissenschaftlichkeit. Sie sind zeitlich nacheinander in die gelehrte Diskussion aufgenommen worden und folgen auch logisch aufeinander. Wenn man das Konzept von Entwicklung „kaputtdenkt", entfern man nur die am ehesten ersichtlichen Aspekte des intellektuellen Konstrukts, das unser Denken gelenkt hat. Das „Kaputtdenken" der Interdisziplinarität führt uns dann zu härteren, widerstandfähigeren Konzepten, und die Wissenschaftlichkeit „kaputtzudenken" berührt letztlich den Kern des intellektuellen Zwecks, die Wurzeln der konzeptuellen Sackgasse, in der wir uns befinden.

II.

Entwicklung ist ein Begriff mit langer Geschichte, und er ist offensichtlich meistens nur als eine Variante des zentralen Begriffes der Aufklärung, nämlich der des Fortschritts, benutzt worden. Als eigenständiger Begriff innerhalb der historischen Sozialwissenschaften wurde er erst in der Phase nach dem zweiten Weltkrieg wichtig. Der Bedeutungsaufschwung hing direkt mit dem Interesse und der Anteilnahme an der Dritten Welt zusammen, ein Interesse, das zunächst in erster Linie in den USA gehegt wurde.

Der erste Zusammenhang war wirtschaftlicher Natur. Die politischen Unruhen in der Dritten Welt spiegelten einen zentralen ökonomischen Vorwurf wider: Er galt der Tatsache, daß zwischen dem akkumulierten Wohlstand und dem gegenwärtigen Lebensstandard der Länder der Dritten Welt und dem, was in den fünfziger Jahren allgemein die „Industrienationen" genannt wurde (womit im wesentlichen die USA und verschiedene westeuropäische Staaten, einschließlich der Kolonialmächte, gemeint waren), eine enorme Kluft bestand. Die politische Antwort auf diese Kluft war die Befürwortung ökonomischer Entwicklung, womit eine bewußte Anstrengung zur Reduzierung dieser Kluft gemeint war.

Die politischen Vorschläge, die gemacht wurden, um solche ökonomischen Entwicklungen zu erreichen, waren vielfältig und unterschieden sich normalerweise danach, wer sie vorbrachte: die Regierungen der Industrienationen, die nationalistischen Führungen der Dritten Welt – ob bereits etabliert oder nicht – oder die Führungen der sogenannten sozialistischen Länder. Die Taktiken dieser verschiedenen Gruppierungen waren so unterschiedlich wie ihr Vokabular. In zwei Dingen war man sich allerdings einig: Ökonomische Entwicklung war erstrebenswert, und sie war möglich.

Dieses politische Anliegen wurde fast sofort in der Arbeit der historischen Sozialwissenschaftler reflektiert: zuerst vermutlich von den Ökonomen, aber nicht weit danach auch von den Politologen, den Geographen, den Soziologen und dann – womöglich noch spezieller – von den partikularistischen Anthropologen und den Historikern. Die schnelle Verbreitung dieser Problematik wurde durch die organisatorische Innovation der „Regionalstudien" begünstigt, die Menschen, die sich mit spezifischen Gebieten der Dritten Welt beschäftigten, in gemischten Lehrprogrammen und in neuartigen regional ausgerichteten wissenschaftlichen Vereinigungen zusammenbrachten.

Innerhalb von etwa fünfzehn Jahren ergab sich hier ein neues ordnendes Paradigma für dieses breite Interesse an der „Entwicklung" der Dritten Welt, daß dann „Modernisierungstheorie" genannt wurde. Was im Rückblick auffällt, ist der tiefe intellektuelle Widerspruch innerhalb der Grundüberlegungen der Modernisierungstheorie. Auf der einen Seite stellte die Modernisierungstheorie fest, daß sich die bestehende Realität der Dritten Welt von derjenigen der Industrienationen unterscheidet. Diese Implikation war absolut deutlich. Es würde nicht reichen, einfach die Ergebnisse der bisherigen wissenschaftlichen Arbeiten über Westeuropa und Nordamerika zu nehmen und auf die Dritte Welt zu übertragen. Die Dritte Welt insgesamt und jede ihrer einzelnen Regionen hat eine typische Morphologie, die spezialisierte Studien und Behandlung erfordert.

Auf der anderen Seite war die Modernisierungstheorie der Annahme einer universellen Wahrheit verpflichtet. Sie war im Geiste anti-orientalistisch und anti-ethnographisch. Gerade der Begriff „Modernisierung" wendete sich gegen jede Annahme der Abwesenheit von Geschichte oder die Bewahrung und Unveränderbarkeit sozialer Institutionen. Die Modernisierungstheorie beinhaltete auch die Behauptung, daß sich die Prozesse in der Dritten Welt *nicht* grundsätzlich von denjenigen in den Industrienationen unterschieden und diese Länder ein integraler Teil der universellen Geschichte sind.

Auf diese Art und Weise stieß die Modernisierungstheorie ihre Anwender in direkt entgegengesetzte Richtungen. Die Ergebnisse waren zweideutig: Wahren Nomotheisten erschienen sie zu idiographisch, wahren Idiographen erschien sie zu nomothetisch. Und individuell und kollektiv waren sie tatsächlich in ihrem Herangehen an die beiden Epistemologien weder synthetisch noch dialektisch, sondern nur ziemlich widersprüchlich. Um diese Widersprüchlichkeit zu überdecken, formulierten sie ihre Theorie in einem Modell, das bereits im neunzehnten Jahrhundert verwendet wurde, nämlich der Stufentheorie. Stufentheorie ist ganz einfach die Hommage, die der Universalismus dem Partikularismus zollt. Ja, die Welt zeigt unterschiedliche soziale Realitäten, aber das liegt daran, daß unterschiedliche Räume sich zu jedem gegebenen Zeitpunkt in unterschiedlichen aufeinanderfolgenden „Zeiten" befinden, das heißt, sie repräsentieren Zustände in einem universellen Muster von Entwicklung und Fortschritt.

Es ist nicht erforderlich, noch einmal die politischen Implikationen zu diskutieren, nach denen die Stufentheorie auf Fragen der Entwicklung angewendet wurde (das Unterentwickelte sollte das Fortgeschrittene imitieren), oder nochmal die vielen Gesichter aufzuzählen, die die Stufentheorie annehmen konnte (und annahm), oder die Argumente darüber auseinanderzusortieren, welches der Haupteinfluß ist, der ein

Land dazu befähigt, sich entlang einer solchen Reihe von Zuständen zu entwickeln. Genausowenig ist es nötig, nochmal die intellektuellen Parallelen zwischen der Modernisierungstheorie, wie sie in Nordamerika und Westeuropa entwickelt wurde, und der Stufentheorie, wie sie zu dieser Zeit in den ehemaligen sozialistischen Staaten en vogue war, aufzuzeigen. Beide, die westliche und die sowjetische Version der Stufentheorie, erhoben den Anspruch, auf die Dritte Welt übertragbar zu sein, und basierten gleichermaßen auf der Annahme, daß der Zurückgebliebene den Fortgeschritteneren imitieren sollte. Diese spätere Version der Stufentheorie war abgeleitet von einer früheren Revision und Vereinfachung Stalins, der sich an einem Entwurf von aufeinanderfolgenden Produktionsweisen von Marx orientiert hatte, einem Entwurf, den Marx allerdings nie ernsthaft ausgearbeitet hat.
Besonders bemerkenswert ist die Rolle von Zeit und Raum in diesem ganzen Paradigma, das schließlich als Entwicklungstheorie bekannt wurde. Raum war hier wieder einmal rein zufällig. Raum als eine geographische oder historische Realität war lediglich ein Hindernis, das es zu überwinden galt. Und Zeit war eine Halluzination, die auf der „Nicht-Gleichzeitigkeit des Gleichzeitigen" beruhte. Zeit wurde eine momentane Verzerrung. In der fernen Vergangenheit waren, so heißt es, alle gleich, und in der nicht zu fernen Zukunft würde das wieder so sein. In der Zwischenzeit, der Zeit der aufgezeichneten Geschichte, bewegten sich unterschiedliche „Gesellschaften" aus unerfindlichen Gründen in unterschiedlichen Geschwindigkeiten durch die Geschichte.
Die Rebellion gegen das entwicklungstheoretische Konstrukt war eine politische Rebellion. Es waren die politischen Implikationen dieser Problematik, die, als sie deutlich wurden, viele dahin führten, ihre Übereinstimmung, ihre Logik und ihren generellen heuristischen Wert zu hinterfragen. Der Modus, nach dem die Entwicklungstheorie hinterfragt wurde, war die Konzentration auf die Tatsache, daß er die Rolle von Zeit und Raum intellektuell vollständig ignorierte. Die Forderung, Zeit und Raum wieder in das Zentrum der Betrachtungen zu rücken, wurde das Leitmotiv der Kritiker.
Durch die berühmten Initiativen des *Raul Prebisch* und der *Economic Commission of Latin America* kam zunächst der Raum in die Diskussion. Das Zentrum-Peripherie-Konzept war zuerst und vor allem eine Behauptung, daß der Raum zu jeder beliebigen Zeit von Bedeutung ist. Dieses Konzept von Zentrum-Peripherie griff direkt die Stufentheorie

der Entwicklung an, indem es davon ausging, daß der Ort der Entwicklung einzig ist und sowohl das Zentrum als auch die Peripherie umfasst. Es ersetzte das Konzept, wonach Staaten denselben Pfad in unterschiedlichen Geschwindigkeiten durchlaufen, durch das Konzept, wonach der größere Raum, in welchem sich das Zentrum und die Peripherie befinden (später „Welt-System" genannt), ein begrenztes Gebiet sind, innerhalb dessen die sozialen Beziehungen, die in dem Begriff „Zentrum-Peripherie" zusammengefaßt sind, gleichzeitig sowohl das Zentrum als auch die Peripherie beeinflussen. Unabhängig davon, daß dies zu einfach und zu verdinglicht war, zwang es das Thema der Einheit der Forschung auf die aktive Tagesordnung der historischen Sozialwissenschaften.

Die Beschäftigung mit dem Raum veränderte sofort die zeitliche Sequenz. Im Modernisierungsszenario war eine „Gesellschaft" zunächst „unterentwickelt" und später „entwickelt". Bei der Zentrum-Peripherie Konstruktion war die Welt zunächst „unentwickelt". Später waren einige Teile „entwickelt" und andere „unterentwickelt". Der Schlüsselsatz dazu wurde von Andre Gunder Frank geprägt: „ Was wir in der Dritten Welt beobachten können, sagte er, ist die „Entwicklung der Unterentwicklung".

Das erste Produkt dieser neuen Konstruktion war die „Abhängigkeitstheorie", die allenfalls eine Absplitterung der Modernisierungstheorie darstellte. Während sich die kausalen Erklärungen für die „Kluft" auf die Ebene der Welt verschoben, neigten die Hilfsmittel dazu, auf der Ebene der Staaten zu verbleiben. Das politische Programm der *Dependistas* schien eine Aktualisierung und Radikalisierung von Friedrich List zu sein : Mitunter wurde dies „Entkoppelung" genannt.

Wenn der Raum so auch irgendwie ins Bild gerückt war, fehlte doch immer noch die Zeit. Erst durch die Einführung von Braudels *longue durée* – im Prinzip das gesamte Spektrum Braudel'scher sozialer Zeitlichkeiten – wurde es möglich, über die beschränkten Horizonte der Entwicklungstheorie hinauszugehen. Die Weltsytem-Analyse bestand darauf, daß die kapitalistische Weltökonomie nur eine einzige Geschichte hat, die strukturelle Kontinuitäten, zyklische Schwankungen und säkulare, transformatorische Trends beinhaltet. Das Argument war, daß alle drei Elemente – Kontinuitäten, Zyklen und Trends – ineinander verwoben sein müßten, wenn man die Entwicklungsgeschichte oder die historische Entwicklung der modernen Welt verstehen wollte. Dies sollte nicht nur für die moderne Welt gelten, sondern für alle „historischen Systeme".

Das Konzept des „historischen Systems“ war die Hauptantwort auf die Entwicklungstheorie. Das Konzept wurde zentral um Zeit und Raum herum aufgebaut. Ein historisches System ist eine Einheit, die weder unendlich noch nur momentan ist, die aber ein Leben hat und deswegen einen Anfang und ein Ende besitzt. Das System hat auch einen Raum, und seine Grenzen (die sich mit der Zeit verändern), ergeben sich aus seinen grundsätzlichen Handlungsprinzipien (weshalb es überhaupt ein „System“ genannt wird).

Die vorrangig intellektuellen Fragen, die man an ein historisches System stellen kann, sind diejenigen, die sich mit seiner Zeit und seinem Raum befassen: Warum, wann, wo und wie entstand es zu der jeweiligen Zeit und an dem jeweiligen Ort? Die Zeit- und Raum-Parameter seiner inneren Entwicklung sind zu erfragen, und damit auch warum, wann, wo und wie sich seine Grenzen veränderten und letztlich warum, wann, wo und wie seine inneren Prozesse zu einer solchen Implosion führten, daß es nicht länger überleben konnte und durch ein oder mehrere andere historische Systeme ersetzt wurde.

An dieser Stelle wird natürlich der nomothetisch-idiographische Streit irrelevant, weil er als nicht anwendbar erscheint. Jedes historische System ist historisch einmalig, aber seine Strukturen repräsentieren analysierbare und wiederholt auftretende Spannungen. Das Bemühen, seine Komplexität abzuschätzen, wird zum Forschungsobjekt, ein Thema, auf das wir zurückkommen werden.

III.

Der zweite Kreis des „Kaputtdenkens“ ist die Multidisziplinarität, die Apotheose der Disziplinarität. Wenn die Entwicklungstheorie vorrangig die Anwendung der im 19. Jahrhundert ausgearbeiteten Doktrinen der Sozialwissenschaften auf die Dritte Welt nach 1945 darstellt, ist Disziplinarität die vorrangige Reflektion auf diese Doktrinen und den vorherrschenden Rahmen der Analyse der Kernländer des modernen Weltsystems.

Das eigentliche Konzept der Sozialwissenschaften selbst war ein Produkt des Denkens des neunzehnten Jahrhunderts. Es war von Anfang an ein zweideutiges Konzept. Sozialwissenschaft war der Name, der dem Mittelpunkt in einer dreifachen Trennung des Wissens gegeben wurde, mitten zwischen dem, was auf der einen Seite (zumindest in den USA) heute einerseits „Humanwissenschaften" („Humanities") heißt, und auf der anderen Seite demjenigen, was exakte, harte oder Natur-Wissenschaften genannt wird. Die Zweideutigkeit lag selbstverständlich darin, daß die „Humanwissenschaften" die idiographische Variante verkörperten und die exakten Wissenschaften die nomothetische Form. Indem sie genau dazwischen angesiedelt waren, wurden die Sozialwissenschaften zwangsläufig zum Schlachtfeld zwischen diesen beiden Arten.

Von Anfang an gab es innerhalb und außerhalb der Sozialwissenschaften jene, die jede Vorstellung verneinten, daß es drei Ansätze geben könnte, so sprach C. P. Snow von „zwei Kulturen", nicht von dreien. Organisatorisch hat sich jedoch eine tri- und keine bimodale intellektuelle Teilung gehalten. Auf der einen Seite scheinen sich weder die Philosophen noch die Naturwissenschaftler an denjenigen Aktivitäten beteiligen zu wollen, die unter dem Label Sozialwissenschaften zusammengefaßt sind; und auf der anderen Seite scheint sich auch die Mehrheit der Sozialwissenschaftler nicht sicher zu sein, ob sie von der einen oder anderen Seite vollständig absorbiert werden möchten. Die Erklärung dafür liegt in den Ursprüngen der Sozialwissenschaften.

Gegen Ende des achtzehnten Jahrhunderts hatten die europäischen Universitäten nur vier Fakultäten: Theologie, Medizin, Recht und Philosophie. Die dreifache Differenzierung fand hauptsächlich innerhalb der philosophischen Fakultät statt, weshalb bis zum heutigen Tag ein Physiker ebenso wie ein Literaturwissenschaftler den akademischen Doktorgrad der Philosophie erwirbt.

Das Schreiben von Geschichte und der Begriff Geschichte selbst haben eine ehrwürdige Tradition. Im neunzehnten Jahrhundert waren die Historiker der Meinung, sich sowohl von der Philosophie als auch von der Hagiographie abwenden und sich selbst einen „wissenschaftlicheren Anstrich" geben zu müssen. Der berühmte Satz *Ranke's*, der uns dazu aufruft, die Geschichte so zu schreiben, „wie es eigentlich gewesen ist"[2], ist in sich selbst eine Verurteilung der vorhergehenden Historiographie: Keine Mythen mehr, keine erdichteten Ausschmückungen mehr, nur die Aufzeichnung der empirischen Realität, so wie sie beobachtet und aufgezeichnet worden ist.

Die *Ranke*'sche Revolution führte logischerweise zu einer Betonung der archivarischen Forschung, die wiederum zu einer Betonung der di-

---

2 Anm. d. Übers.: Wallerstein zitiert Ranke hier im deutschen Original.

plomatischen und politischen Geschichte der Kernstaaten führte. Obwohl die Verlagerung zur empirischen Forschung dazu führen sollte, die Historiographie von der ständigen Rechtfertigung dynastischer Regime wegzuführen, stellte es sich als eine in weiten Teilen lediglich subtilere Form der Rechtfertigung heraus, dieses Mal weniger von dynastischen Regimen als eher von „nationalen Gesellschaften", welche die dynastischen Regime als Objekte der Verherrlichung des neunzehnten Jahrhunderts ablösten. Es stellte sich tatsächlich heraus, daß es keine empirische Geschichte gab, die nicht Interpretation von Geschichte war, und die dominanten Interpretationen (wie zum Beispiel die Whig-Interpretation von Geschichte) im wesentlichen Apologien bestimmter Nationalstaaten waren. Diese Apologien waren insofern subtiler, als sie empirischer, das heißt pseudo-wissenschaftlich waren – Grund genug, keine Wiederaufnahme der Geschichte in die Philosophie zuzulassen.

Unterdessen begünstigte das Wachstum der europäischen Staatsapparate im siebzehnten und achtzehnten Jahrhundert ein wachsendes Interesse dieser Apparate an Daten – ein Interesse, das anfänglich verschiedene Namen annahm, unter anderem politische Ökonomie, Sozialökonomie, politische Arithmetik und Statistik (ein Wort, das sich selbst von Staat ableitet). Aber es war erst im neunzehnten Jahrhundert, daß man begann, diese Bemühungen gemeinsam zu kodifizieren und als eigene Wissenszweige zu institutionalisieren.

Die Akquisition von national brauchbaren Sozialdaten im neunzehnten Jahrhundert unterlag zwei Beschränkungen, die mit der liberalen Ideologie zusammenhingen, die (gerade) als die dominante Ideologie des Weltsystems triumphierte. Eine davon war der grundsätzliche Widerspruch „Mensch-Natur". Dieser Widerspruch, der im europäischen Denken spätestens seit der Renaissance sehr stark war, war sowohl für den Liberalismus als politischer Ideologie essentiell und auch wesentliches Element der geistigen Welt des Kapitalismus. Die unendliche Akkumulation des Kapitals, Antriebskraft für das Funktionieren der kapitalistischen Weltökonomie, beruhte auf der Annahme, daß der Mensch die Natur erobert, unbeschränkt erobern kann – so auch der Titel von *Morazé's* Buch über das neunzehnte Jahrhundert *„Les Bourgeois conquérants"* –, und daß deshalb „Mensch und Natur" (oder Arbeiter und Maschine) unterschiedlich und widersprüchlich sind. Der Liberalismus als politische Ideologie basierte ebenso auf der Annahme, daß der „Mensch" die Welt manipulieren könne und eine solche Manipulation (oder Reform) das Herz des Fortschritts bilden würde. Vermutlich liegt es an der großen Bedeutung dieses Widerspruches, daß die Sozialwissenschaften (als die Wissenschaften von den Menschen) die Distanz zu den exakten Wissenschaften (den Wissenschaften von der Natur) gewahrt haben.

Es gab eine zweite Zwangslage in der liberalen Doktrin: die grundlegende Unterscheidung zwischen dem Staat und dem Markt. Es hat dabei immmer gewisse Zwiespältigkeit darüber gegeben, ob diese grundlegende Unterscheidung ewig oder nur ein Produkt der modernen Welt war, und ebenso ob sie automatisch eine empirische Realität oder vor allem eine moralische Forderung war. Aber während diese Zweideutigkeiten geklärt wurden (eine Aufgabe, die niemals erfolgreich abgeschlossen worden ist), begannen die Sozialwissenschaftler damit, ihre disziplinären Strukturen um diese Unterscheidung herum aufzubauen. Politische Ökonomie hatte als Konzept und sogar als Begriff zu verschwinden. Vermutlich bildeten sich dort die beiden getrennten „Disziplinen" – zunächst die Ökonomie, dann die Politikwissenschaft (die letztere mit Verspätung, während sie versuchte, sich von der Jurisprudenz zu befreien und dabei ihren Anwendungsbereich über den Körper des Gesetzes hinaus auszudehnen).

Seitdem der Liberalismus sowohl den Markt als auch den Staat vom Albatros der Tradition, der als Trümmerhaufen vergangenen Ärgers gesehen wurde, zu befreien versuchte, war das Studium von Markt und Staat von allem, was überflüssig oder „zufällig" erschien, gesäubert und damit verengt worden. Dies hinterließ ein weites Feld sozialer Realität, die weder von der Ökonomie noch von der Politologie abgedeckt wurde. Die Disziplin der Soziologie entstand, um das übriggebliebene Kuddelmuddel (die Familie, religiöse Institutionen, das kommunale Leben, kriminelle Aktivitäten, Demographie, etc.) in eine dritte „Disziplin" umzuwandeln. Genau aus den Gründen, die die Liberalen fürchteten, war diese dritte Disziplin immer besonders attraktiv für ihre ideologischen Gegner, die Konservativen und die Sozialisten.

So entstand die liberale Dreieinigkeit der Sozialwissenschaften, jede gruppiert um einen anderen (und angeblich autonomen) Pol menschlicher Realität: die Ökonomie, die Politik und das Soziale bzw. Sozio-Kulturelle. Diese drei Disziplinen teilten jedoch einige wesentliche Merkmale: Sie versuchten aus empirischen Daten zu generalisieren, das heißt sie waren nomothetisch. Sie waren gegenwartsorientiert, teilweise aus politischen Gründen (um dem liberalen Zweck, die Welt zu lenken, zu dienen), teilweise abgeleitet aus der Epistimologie (die härtesten Daten sind die Neuesten, und die Wahrheit ist grundsätzlich immer universell gültig, von daher macht es keinen Unterschied). Aus den gleichen beiden Gründen waren sie (für lange Zeit) hauptsächlich auf die Kernstaaten hin ausgerichtet, und auch deshalb, weil nur in den Kernstaaten genügend Wohlstand akkumuliert war, um derartige professionelle Tätigkeiten unterhalten zu können.

Gegen Ende des neunzehnten Jahrhunderts hatten wir nicht nur die „Sozialwissenschaften" als eine klare Vorstellung, sondern vier klar voneinander abgegrenzte Disziplinen: drei (Ökonomie, Politologie und Soziologie) waren nomothetisch und auf die Gegenwart und die Kernstaaten hin ausgerichtet und demgegenüber war die Geschichte idiographisch und auf die Vergangenheit hin ausgerichtet, dabei aber trotzdem auch auf die Kernstaaten. Die drei nomothetischen Disziplinen verbrachten viel Zeit damit, ihre intellektuelle Unverwechselbarkeit gegenseitig zu rechtfertigen. Die Geschichtswissenschaft verbrachte viel Zeit damit zu rechtfertigen, warum sie nur das Studium der Vergangenheit sein könne und nicht der Gegenwart.

Diese vier Disziplinen deckten jedenfalls nur den Kern ab. Für die Peripherie wurden zwei andere erfunden: Anthropologie als die ganzheitliche und unhistorische Erforschung primitiver Völker ohne Schrift, und Orientalistik als die ganzheitliche, streng philosophische Erforschung von Völkern mit Schrift, deren Geschichte jedoch als „eingefroren" betrachtet wurde. Sowohl für die Anthropologie als auch für die Orientalistik gab es weder Vergangenheit noch Gegenwart, die Zeit schien suspendiert. Auch schien die vermutlich universelle Dreieinigkeit von Ökonomie, Politik und Sozio-Kultur für diese sich nicht entwickelnden Gesellschaften nicht zu existieren.

Geographie war nirgendwo, und sie war von den neuen Universitätsstrukturen so gut wie ausgeschlossen. Sie überlebte weitestgehend als ein Anhängsel – das berühmte erste (und irrelevante) Kapitel historischer Monographien, das örtliche geologische Gegebenheiten beschreibt, die Quelle spekulativer *primum mobiles* in den theoretischen Konstruktionen einiger Politikwissenschaftler und Soziologen (seltener von Ökonomen).

Zeit und Raum lagen vollständig außerhalb dieses Szenarios. Die drei das Zentrum behandelnden nomothetischen Disziplinen ignorierten sie systematisch. Die Geschichte tut dies faktisch auch, auch wenn sie die ganze Zeit behauptet, dies nicht zu tun, Anthropologie und Orientalistik stellen ihren Unwillen zur Schau, sie zu berücksichtigen.

Um es klarzustellen, Kritiker gab es immer. Und die meisten Kritiker gründeten ihre Kritik eben genau auf der Tatsache, daß Zeit und Raum in den Forschungen völlig außerhalb dieses intellektuellen Entwurfes gelassen wurden. Die drei berühmtesten und am meisten etablierten kritischen Schulen vor 1945 waren die *Staatswissenschaft* in Deutschland, die Schule der *Annales* in Frankreich und der Marxismus (der zumindest bis 1945 weitestgehend außerhalb der akademischen Welt existierte). Was an jeder dieser kritischen Bewegungen besonders auffällt, ist die Schwierigkeit, die sie damit hatten, sich selbst nicht organisatorisch, sondern intellektuell als Kritiker des Entwurfes der Sozialwissenschaften des neunzehnten Jahrhunderts aufrecht zu erhalten. *Staatswissenschaften* wandelten sich mit der Zeit in Weberianismus um, die *Annales* in ihre sogenannte „dritte-Generation"-Version, Marxismus in sowjetischen Marxismus. In allen Fällen gingen sie dazu über, die Legitimität der bestehenden, disziplinären Strukturen anzuerkennen. In allen Fällen verschwand die Endogenität von Zeit und Raum damit ein weiteres Mal aus der Sozialanalyse.

Den krönenden Abschluß in der Entwicklung dieses disziplinären Rahmens bildete die Übernahme des angeblichen Widerspruches der Multidisziplinarität nach 1945. Konfrontiert mit den künstlichen Begrenzungen des intellektuellen Entwurfes in der Periode nach 1945, ihrem Archaismus im Lichte des politischen Erwachens der Dritten Welt, konvertierten die Praktiker ihre Sprache in einen Lobgesang auf Interdisziplinarität, während sie gleichzeitig die institutionelle Trennung der Disziplinen weiterbetrieben.

Interdisziplinarität bedeutet das Zusammenbringen der spezialisierten Kenntnisse vieler Disziplinen, um so dieses Wissen in einer breiteren Analyse zu kombinieren. Dieser Ansatz erklärt durchaus deutlich, daß jede einzelne Disziplin für eine gemeinsame Analyse etwas zu bieten hat, was die anderen nicht haben. Mit der Überwindung der wechselseitigen Mißbilligung der sozialwissenschaftlichen Disziplinen, wie sie vor 1945 weitverbreitet war, stellte die Interdisziplinarität die ultimative Legitimation für das intellektuelle Projekt des neunzehnten Jahrhunderts zur Verfügung. Die gelegentlich vor 1945 vorkommenden „imperialistischen" Anmaßungen der Soziologie, Geschichtswissenschaft oder Ökonomik hatten zumindest den Verdienst, eine, wenn auch ungeordnete Wiedervereinigung des verstreuten Feldes initiiert zu

haben. Interdisziplinarität wurde eine starke Kraft gegen solche „imperialistischen“ Anmaßungen.
Die Revolte der letzten zwanzig Jahre hat sich deshalb in gleicher Weise gegen Interdisziplinarität als auch Disziplinarität gerichtet. Sie hat verschiedene Formen angenommen.
Eine davon war der ziemlich fruchtlose Versuch, politische Ökonomie als Konzept wiederzubeleben, die ehernen Wände zwischen Staat und Markt als Konstrukten einzureißen. Dies hat zwei Hauptformen angenommen, eine neomarxistische Form, die die unterschiedlichen „Zustände der Akkumulation“ betonte (zum Beispiel die Regulations-Schule), und eine neoliberale Geopolitik, manchmal auch internationale politische Ökonomie genannt. Beide versuchten, Zeit und Raum bis zu einem gewissen Punkt wichtiger zu nehmen. Beide basierten stark und anhaltend auf ihrer Betonung der Gegenwart, der Nomothetik, dem Staat als der Einheit der Analyse und der anhaltenden Auslassung sozio-kultureller Phänomene.
Eine zweite Form war das nahezu polare Gegenstück zur politischen Ökonomie. Geneologisch könnte man dies die erneuerte Emphase für Kultur nennen, deren größter (aber nicht alleiniger) Ausdruck wohl die dekonstruktivistische Bewegung gewesen ist. Als Reaktion auf den nomothetischen Vorstoß innerhalb der Sozialwissenschaften neigten ihre Vertreter dazu, sich einem nominalistischen Extrem zuzuwenden. Dabei gewinnt nicht nur der Text Priorität gegenüber der unsichtbaren „Realität“, sondern jede einzelne Textinterpretation erklärt sich auch aus sich selbst heraus. Was hinter dem Urschrei steckt, ist das Gefühl, daß die politischen und die ökonomischen Erklärungen versagt haben – nicht in den etablierten Sozialwissenschaften, sondern auch in ihren Hauptkritikern (Staatswissenschaft, Annales und Marxismus). Kultur, das Reich des Symbolischen, bleibt nicht nur die alleinige unbefleckte Quelle für gültige Analysen, sondern auch die alleinige Quelle, die einen „persönlichen Faktor“ legitimiert. Die politischen Implikationen sind ultravoluntaristisch und deswegen letztlich lähmend. Merkwürdigerweise riskiert die Betonung von Kultur auch, unkritisch zu sein. Sie neigt dazu, die Realität der liberalen Dreieinigkeit gerade durch die Betonung der Kultur zu akzeptieren. Wenn alles Text ist, verschwinden außerdem Zeit und Raum wieder im Nebel. Eine dekonstruierte Sozialwissenschaft neigt dazu, mit den Humanwissenschaften zu verschmelzen, ohne das Konzept der „zwei Kulturen“ herausgefordert zu haben.

Die „Welt-System-Analyse“ hat versucht, die Interdisziplinarität auf einem anderen Wege anzugreifen. Ihre Kritik richtete sich zentral gegen die zwei organisatorischen Strukturentscheidungen, die im neunzehnten Jahrhundert gefällt wurden. Die erste war die Entscheidung, daß die verschiedenen sogenannten getrennten Disziplinen voneinander unterscheidbare Bereiche intellektuellen Bemühens verkörpern, sei es durch die Unterscheidung zwischen dem Nomothetischen und dem Idiographischen, der Gegenwarts- und der Vergangenheitsorientierung, der Kernorientierung oder derjenigen auf die Peripherie oder durch die Unterscheidung zwischen den sogenannten ökonomischen, politischen sowie soziokulturellen Bereichen. Die „Welt-System-Analyse“ hat alle diese Unterscheidungen als Organisationsprinzipien des Wissens abgelehnt und ist deshalb bei der Annahme einer radikalen Unidisziplinarität dessen angekommen, was ich die „historischen Sozialwissenschaften“ genannt habe.

Forschungen finden innerhalb eines Rahmens von historischen Systemen statt, die sowohl historisch als auch systemisch sind, weder nomothetisch noch idiographisch, und deren Zentrum-Peripherie-Einteilung ein Organisationsprinzip der Funktion des historischen Systems und nicht der Organisation von Wissenszweigen ist. Zeit und Raum, oder präziser der ZeitRaum, werden das vorrangige Werkzeug der Analyse.

In einer solchen Reorganisation der intellektuellen Palette gibt es ein bisher unvollständig gelöstes Dilemma: Wie reformuliert man Konzepte wie den „Staat“ oder den „Markt“ so, daß sie nicht erneut zu autonomen, aktiven Agenten werden, sondern zu einfachen Orten sozialer Interaktion in einem kontinuierlichen Strang vielfältiger Orte.

Die „Weltsystem-Analyse“ nähert sich der zweiten Organisationsstrukturentscheidung des neunzehnten Jahrhunderts, dem dreigeteilten Schema der Sozialwissenschaften, das zwischen den Humanwissenschaften und den Naturwissenschaften angeordnet ist, etwas vorsichtiger, aber mit großer Skepsis. Die Dekonstruktionisten haben uns unter anderem gezeigt, wie fragil die Linie zwischen der Textanalyse und der sozialwissenschaftlichen Analyse ist. Die neue Wissenschaft zeigt uns sogar noch grundsätzlicher, wie fragil die Linie zwischen den Naturwissenschaften und den Sozialwissenschaften ist, oder eher, wie anders als bisher angenommen ihr Verhältnis doch zu dem ist, was uns bisher gelehrt wurde.

IV.

Die Entwicklungstheorie gedeiht erst seit 1945 und die Sozialwissenschaften als ganzes erst seit dem neunzehnten Jahrhundert, aber die grundsätzlichen Paradigmen der klassischen modernen Wissenschaft sind jetzt seit ungefähr fünfhundert Jahren etabliert. Ihre Entwicklung fiel zusammen mit der Entwicklung des modernen Weltsystems selbst. Ihre Prämissen gewannen zunehmend an Einfluß, bis im 19. Jahrhundert das Vertrauen in die Wissenschaft zum vorherrschenden Glaubenssystem der modernen Welt wurde.

Der Glaube an die Wissenschaft ist durch seine erfolgreiche Übertragung auf die Technik natürlich bestärkt und tief untermauert worden. Neue Maschinen schienen das menschliche Leben immens zu verbessern, und die positive Einstellung gegenüber diesen Erfindungen übertrug sich letztlich auf die organisierte Wissenschaft. Das Wissenschaftlichkeitsparadigma informierte und dominierte die Sozialwissenschaften – besonders nachdrücklich ihren nomothetischen Flügel und etwas subtiler, aber dennoch ebenso stark, ihren idiographischen Flügel.

Was deshalb heute für die nomothetische Sozialwissenschaft vielleicht besonders schockierend ist, ist die Tatsache, daß die Paradigmen der modernen Wissenschaft aus ihrer eigenen Zitadelle heraus angegriffen werden, und zwar von den Praktikern dessen, was von einigen zur Zeit „die neuen Wissenschaften" genannt wird – unter anderem die Analyse dissipativer Strukturen und Bifurkationen, fraktale Geometrie, Neo-Konnektionismus –, von denen alle grundlegende Voraussetzungen der Wissenschaft herausfordern, so wie es uns seit *Bacon, Newton* und *Descartes* vertraut ist und was stark die Basis für *Einstein's* Arbeit war.

Es gibt fünf Voraussetzungen, die in Frage gestellt worden sind. Die erste und vermutlich auch diejenige, die Laien am ehesten mit der Idee der Wissenschaftlichkeit verbinden, ist der Glaube an die Determiniertheit und damit die Möglichkeit der Vorhersage. Einfacher gesagt: Klassische moderne Wissenschaft geht davon aus, daß alle physikalischen Prozesse nach gesetzmäßigen Voraussetzungen ablaufen, die erfaßbar sind. Wenn wir das Gesetz (sprich, die Gleichung) und empirisch die sogenannten Ausgangsbedingungen irgendeines Systemes kennen würden, könnten wir vorhersagen, wo sich das System zu irgendeiner vorgegebenen Zeit in der Zukunft befinden wird. Um es klarzustellen, es könnte sein, daß wir die Gleichung nicht (oder nicht vollständig) kennen, aber dies war per definitonem nur eine Frage des „noch nicht“. Die Gleichung war erkennbar, der Prozeß war linear, und es gab keine internen Hindernisse, dieses Wissen zu finden, wie groß im Moment die äußerlichen Hindernisse auch sein mochten.

Die neuen Wissenschaften argumentieren, daß lineare Prozesse nur momentane Phänomene und ein kleiner Anteil aller Prozesse sind, daß es ein stabiles Gleichgewicht gibt, aber dies nur als eine Ausnahme. Insbesondere indem wir uns auf größere raumzeitliche Gebilde oder Makrokonstruktionen zubewegen – so die Argumentation –, bewegen wir uns auf Systeme mit immer größerer Fluktuation zu, die gegebenenfalls ein Chaos verursachen. Chaos ist nicht die Abwesenheit von Ordnung, sondern die Existenz einer sich selbst regulierenden Ordnung, mit zumindest einem fundamentalen Vorbehalt: Es ist nicht möglich vorherzusagen, welche bestimmte Ordnung auftauchen wird, da wir, um Vorhersagen machen zu können, alles über die ereignete Vergangenheit sowie alle möglichen Zukunftsverläufe wissen müßten. Dies ist grundsätzlich unmöglich. Wir existieren in vorherbestimmter Unbestimmbarkeit, in einem geordnetem Chaos, und wir werden immer darin existieren.

Die zweite Prämisse klassischer moderner Wissenschaft ist das Streben nach und die Möglichkeit von Präzision. Alle Phänomene werden als in quantitativer Sprache potentiell erklärbar betrachtet, und alle quantitative Sprache ist grundsätzlich zu unendlich steigerbarer Präzision verwendbar. Wenn heute unsere Meßmethoden unpräzise sind, beweist dies folglich auch hier wieder nur unsere Begrenzungen als Analytiker, weil alle Hindernisse nur äußerlich und nicht innerlich sind.

In den letzten zwanzig Jahren haben uns die Mathematiker bewiesen, daß Präzision nicht möglich ist, und der ständige Druck, sie zu erreichen, wissenschaftlich möglicherweise nicht einmal wünschenswert ist. Die Ungenauigkeit der Genauigkeit ist am Ende nur eine Variante der Unbestimmbarkeit der vorherbestimmten Prozesse. Um präzise sein zu können, müssen wir alles überall über die gesamte Zeit in Betracht ziehen, was natürlich völlig unmöglich ist. Alle aufeinanderfolgenden Meßergebnisse des anscheinend gleichen Phänomens sind unausweichlich verschieden. In dem Ausmaß, in dem wir die absolute Genauigkeit anstreben, reduzieren wir die Wahrscheinlichkeit, realistische Schätzungen der Realität zu erhalten, indem wir als objektiv genau das annehmen, was die klassische moderne Wissenschaft als lediglich qualitative Annahmen verlacht hat.

Die dritte Prämisse der klassischen modernen Wissenschaft ist, daß physikalische Prozesse reversibel sind, was vereinfacht ausgedrückt bedeutet, daß Zeit irrelevant ist. Wie irgendetwas entstanden ist, sollte nichts damit zu tun haben, wie es jetzt funktioniert. Wesentlich ist: ein gegebenes Atom war ein Atom, war ein Atom. Die Formulierung des zweiten Gesetzes der Thermodynamik zu Beginn des neunzehnten Jahrhunderts, weckte bereits viele Zweifel an dieser Prämisse der Reversibilität. Für lange Zeit wurde das Phänomen der Spaltung jedoch als ein intellektuelles Hindernis betrachtet, das erklärt und überwunden werden müsse. Heutzutage werden diese Spaltungsprozesse als Norm angesehen. Das bedeutet, daß die Anfangsbedingungen nicht intellektuell zufällig in diesem gesetzmäßigen Prozeß sind, sondern absolut bestimmend. Die neuen Wissenschaftler sprechen vom „Zeitpfeil", von der grundsätzlichen Irreversibilität aller physikalischen Prozesse: nicht nur makroskopischer Prozesse, wie menschliche historische Systeme oder das Universum, sondern auch mikroskopischer Prozesse, wie atomare Bewegungen.

Die vierte Prämisse klassischer modernen Wissenschaft war der Anspruch, komplexe Verwirrung, wie z.B. der angenommene Zustand der beobachtbaren Realität, auf elegante Schlichtheit zu reduzieren. Einstein verbrachte sein Leben damit, nach der vereinfachten Feldtheorie zu suchen, der einfachen Gleichung, die alle Realität abbilden würde. Er erreichte nur $E=mc^2$, was zwar einen großen Teil der physischen Welt erklärte aber nicht alles. Wir beobachten die reale Welt so gut wir können. Dies geht relativ einfach. Wir versuchen, durch Experiment oder Folgerung diese Realität auf einfachere, reduzierte Sets von Beziehungen zu abstrahieren. Wir fahren damit fort von den Abstraktionen zu abstrahieren, bis wir alles in einer einfachen kurzen Gleichung erfassen.

Die neue Wissenschaft kehrt dieses ganze Schema um. Da Makrostrukturen ständig neue, größere und dichtere Ordnungen erschaffen, wird das Objekt des wissenschaftlichen Erkundens nicht die Reduktion von Komplexität (einfach zu beschreiben) zu Einfachheit (schwierig zu erreichen), sondern das Gegenteil. Wissenschaft beginnt mit einfachen Abstraktionen (relativ einfach zu erreichen) und versucht, diese in immer komplexere Abstraktionen einzupassen (was der Realität zwar näher kommt, aber schwieriger zu erreichen ist). Ziel ist es, die gesamte Komplexität zu erklären. Dies wird immer schwieriger, je komplexer das System ist, das wir analysieren. Soziale Systeme sind die komplexesten von allen und folglich am schwierigsten zu analysieren. So kommen wir auf einem ganz unerwarteten Weg dazu, *Comte's* Aussage, die Soziologie sei die Königin der Wissenschaft, zu rechtfertigen.

Die fünfte Prämisse der klassischen modernen Wissenschaft war die moralische Neutralität des Wissenschaftlers. Dies war ein hart gegenüber Kirche und Staat errungener Sieg, und dieser Rechtfertigungsmythos wurde auf die soeben flügge gewordenen Sozialwissenschaftler des neunzehnten Jahrhunderts übertragen. Die Sozialwissenschaftler brauchten ungefähr hundert Jahre, um diesen Mythos zu internalisieren. Und als sie gerade erfolgreich waren, begannen die Naturwissenschaftler damit, ihn wieder aufzugeben. Heisenberg demonstrierte, daß für mikroskopische Phänomene, der Einfluß der Untersuchung selbst (zum Beispiel die Verwendung von Licht) im Vergleich zu dem beobachteten Phänomen so groß war, daß die Untersuchung das Phänomen veränderte. Er nannte dies das „Unsicherheitsprinzip".

In den letzten Jahren gehen die neuen Wissenschaftler aber weiter. Das Unsicherheitsprinzip ist kein Phänomen, das auf einen bestimmten Ausschnitt der Realität begrenzt ist, also etwa der Ultramikroskopie. Sie haben argumentiert, daß jegliches Theoretisieren unseren Blick begrenzt und deshalb auch unsere Optionen. Sie haben deshalb gefordert, die unausweichliche Beteiligung des Wissenschaftlers an seinen Beobachtungen der Realität öffentlich anzuerkennen. Prigogine und Stengers haben dies die „Wiederverzauberung der Welt" genannt. Auch hier bricht die neue Wissenschaft die Trennung zwischen den Naturwissenschaften und den Sozialwissenschaften auf. Dahingegangen ist die Unterscheidung zwischen den Menschen und der Natur.

Die Umkehr der Prämissen der klassischen modernen Wissenschaften durch die neuen Wissenschaften hat zu einer Umkehr der Beziehungen zwischen den Naturwissenschaften und den Sozialwissenschaften geführt. Im neunzehnten Jahrhundert setzten die nomothetischen Sozialwissenschaften sich selbst die Aufgabe, die Physik nachzuahmen. Sogar der Begriff der „sozialen Physik" florierte eine Weile. Diese Einstellung verstärkte sich im zwanzigsten Jahrhundert immer mehr. Aber plötzlich sieht es so aus, als würde der Physiker bei den historischen Sozialwissenschaften nach Modellen suchen. Sie sprechen von Unbestimmtheit, qualitativer Genauigkeit, dem Zeitstrahl, von Komplexität und der unentrinnbaren Verbindung des Wissenschaftlers mit dem Objekt seiner Untersuchung. Am erstaunlichsten von allem ist, daß sie die größeren Schwierigkeiten der Sozialwissenschaft anerkennen. Der merkwürdigste Teil dieses Umschwunges ist, daß den historischen Sozialwissenschaften noch nicht ganz bewußt ist, daß dies passiert ist, und noch viel weniger haben sie es begrüßt und daraus die notwendigen Schlüsse für ihre eigene Arbeit gezogen.

V.

Die wichtigste Folgerung, die die historischen Sozialwissenschaften aus den neuen Wissenschaften ziehen müssen, ist die Notwendigkeit den ZeitRaum zum Hauptorganisationspunkt ihrer Arbeit zu machen, und der erste Teil dieser Aufgabe ist es, die Vielfältigkeit der Arten von ZeitRaum anzuerkennen.

In einem früheren Aufsatz[3] habe ich versucht, mindestens fünf verschiedene Arten von ZeitRaum aufzuzeigen, denen ich die Namen „episodisch geopolitischer ZeitRaum", „konjunkturell-ideologischer ZeitRaum", „strukturellen ZeitRaum", „ewiger ZeitRaum" und „transformatorischer ZeitRaum" gegeben habe. Das Schlüsselelement in diesem Konzept ist, daß Zeit und Raum nicht getrennt analysierbar sind. Jede Zeit hat einen Ort und jeder Ort eine Zeit, und bestimmte Arten von Zeit und Ort gehören zusammen.

Episodisch geopolitischer ZeitRaum beschreibt die Zeit und den Raum von Ereignissen. Ereignisse sind niemals selbstverständlich. Jedes Ereignis, ob von großer oder kleiner Bedeutung, ist der Gegenstand einer politisch-intellektuellen Debatte über die Zeit und den Raum, die mit ihr verbunden sind. Wann und wo die Russische Revolution stattgefunden hat, ist ein Thema, das viele tausend Bücher erzeugt hat, genauso, wie die enorme Unklarheit über die Zeit und den Raum bestimmter Verbrechen das Thema gewesen ist, um das sich die gesamte Kriminalliteratur herumrankt.

Der Grund, weshalb weder die Welt insgesamt noch die historischen Sozialwissenschaftler jemals vollständig über den episodisch-geopoliti-

---

3 Immanuel Wallerstein. „The Inventions of TimeSpace Realities: Towards an Understanding of our Historical Systems", Geography 73 (Nr. 4, Okt. 1988), 289–97. Neudruck in: Unthinking Social Sciences: The Limits of Nineteenth Century Paradigms (Cambridge: Polity Press, 1991), in deutscher Übersetzung: Immanuel Wallerstein: Die Sozialwissenschaften „kaputt-denken". Die Grenzen der Paradigmen des 19. Jahrhunderts, Beltz Athenäum: Weinheim 1995.

schen ZeitRaum irgendeines Ereignisses werden übereinstimmen können, ist tatsächlich der, daß wir alle explizit oder implizit das Ereignis in unterschiedlichen, sogar in sich widersprechenden konjunkturell-ideologischen ZeitRäumen einordnen. 1991 hörte die UdSSR auf, als Staat im Staatensystem zu existieren. Das war sicherlich ein sehr wichtiges geopolitisches Ereignis. Aber wann und wo tauchte es auf? Für einige markiert es das Ende einer politisch-ideologischen Bewegung, der Bildung der Kommunistischen Staaten im allgemeinen oder im ehemaligen Russischen Reich im speziellen. In diesem Sinne ist seine Zeit 1917–1989 und sein Raum Eurasien, d.h. mehr oder weniger von Zentraleuropa bis zum Pazifik. Aber für andere markiert es den Zerfall des Russischen Imperiums, den Zusammenbruch der letzten der großen imperialen Strukturen, die aus der Zeit von Europas Entwicklung und Wachstum stammen. In diesem Sinne ist die Zeit etwa 1450–1991, und der Raum besteht aus Europa und der Welt. Wieder für andere (ohne Zweifel weniger) war das Ereignis der Zusammenbruch (freilich nicht der letzte) einer Entwicklungsbewegung in der Peripherie und der Semi-Peripherie. Derartige Zusammenbrüche tauchen etwa seit den siebziger Jahren auf, während sie seit circa 1910 im Rahmen solcher Entwicklungsregime zur Macht kamen. Der Raum ist der Süden.
Der Grund weshalb es so viel Unsicherheit über den konjunkturell-ideologischen ZeitRaum gibt, ist der, daß es keine Übereinkunft über den strukturellen ZeitRaum gibt. Ob wir das Verschwinden eines UdSSR genannten Staates im Niedergang des Kommunismus, im Niedergang der europäischen Imperien oder im Zusammenbruch der Entwicklungsregime des Südens lokalisieren, ist in weiten Teilen ein Ausdruck unserer Einschätzungen des historische Systems, in welchem wir diesen konjunkturell-ideologischen ZeitRaum unterbringen wollen. In der Literatur gibt es verschiedene Möglichkeiten. Eine davon ist, es als Teil des historischen Systems der kapitalistischen Weltwirtschaft zu begreifen, das von ca. 1450 bis in die Zukunft reicht und in einer sich ausbreitenden Sphäre liegt, die sich von ihrem ursprünglichen Zentrum in Westeuropa und Teilen Amerikas nach außen vergrößert. Eine andere ist, es als Teil der sich modernisierenden Welt zu sehen, die manche bereits im Jahre 1000 nach Chr. beginnen lassen und die immer noch nicht vollendet ist. Eine dritte Variante wäre auch, es in den Rahmen der industrialisierten Welt einzuordnen, welche dann mit etwas, das wir „industrielle Revolution" nennen, im späten achtzehnten Jahrhundert starten würde. In den beiden letztgenannten Fällen beginnen wir mit

einer Welt des nordwestlichen Europa und expandieren von dort aus. Und schließlich würden es einige in einen strukturellen Zusammenhang europäischer Kultur einordnen, für die eine tiefliegende Spannung zwischen Rom und dem Osten (Konstantinopel, Byzanz, Moskau) angenommen wird. Diese Wahrnehmung könnte in Vatikanzirkeln genauso gefunden werden, wie bei vielen mit der orthodoxen Kirche verbundenen Denkern.

Schließlich reflektieren einige der Debatten über den strukturellen ZeitRaum eine verborgene Debatte über den ewigen ZeitRaum. Schon das Konzept des ewigen ZeitRaumes ist antithetisch zum strukturellen ZeitRaum. Das Konzept des strukturellen ZeitRaumes hinterfragt das Konzept des ewigen ZeitRaumes, der eine Prämisse der nomothetischen Sozialwissenschaften ist. Wenn sich Adam Smith auf die „Neigung der Menschheit zu Handel, Wandel und Gewerbe" beruft, lokalisiert er diese im ewigen ZeitRaum. Der Zusammenbruch der UdSSR könnte selbstverständlich als das gelegentlich unvermeidliche Ergebnis des Versuches eines bestimmten Staates angesehen werden, sich gegen diese Neigung zu stellen. Dies ist sicherlich eine andere Interpretation, als es als letztes Ereignis in einem Langzeitringen zwischen Rom und Byzanz anzusehen.

Und letztlich steht selbstverständlich auch die Existenz des transformatorischen ZeitRaumes in Frage. Gibt es historische Übergänge oder Revolutionen oder Momente der Wahl? Gibt es *Kairos*[4]? Und wenn, wie identifizieren wir es? Der transformatorische ZeitRaum ist mit dem Konzept des strukturellen ZeitRaumes verbunden, weil er nur dann auftauchen kann, wenn es Strukturen gibt – historische Systeme –, die zu Gabelungen mit unbestimmtem Ausgang führen. Ist dieses Ereignis Teil einer solchen Gabelung des modernen Weltsystems? Und wenn ja, welches sind die historischen Alternativen, die dieses System vor sich hat?

Ich will hier nicht vorgeben, eine Antwort darauf geben zu können, in welchen ZeitRaum die Russische Revolution oder das Verschwinden der UdSSR einzuordnen sind. Ich versuche nur, die Unmöglichkeit zu veranschaulichen, sich auf eine seriöse Analyse über dieses Thema einzulassen, ohne sich bewußt mit der Debatte über die angemessenen ZeitRaum-Parameter auseinanderzusetzen.

---

4 Anm. der Übersetzer: Der Terminus ist griechischen Ursprungs und wird auch in der deutschen und englischen Sprache verwandt. Im theologischen Kontext bezeichnet er eine Art „entscheidenden Augenblick".

Wenn wir die historischen Sozialwissenschaften rekonstruieren wollen, müssen wir sehen, ob uns die Vielfältigkeit des ZeitRaumes die Möglichkeit gibt, neue Arbeitsteilungen einzuführen, die intellektuell haltbarer sind, als diejenigen, die uns das neunzehnte Jahrhundert vermacht hat. Einer der Gründe, weshalb ich glaube, daß wir dies in den nächsten 20 bis 30 Jahren möglicherweise tun werden, liegt darin, daß ich glaube, daß wir in einem transformatorischen ZeitRaum leben, der am Ende eines langen strukturellen ZeitRaumes des modernen Weltsystems kommt. Wir sind mit historischen Wahlmöglichkeiten konfrontiert, die gleichzeitig intellektuell und politisch sind. Man kann sich darüber nicht sicher sein, wie wir uns entscheiden sollen, aber wir können darüber sicher sein, daß jeder Input in die Situation, den wir anbieten, bedeutsame Konsequenzen haben wird. Deshalb ist die Wahl eine Moralische.

Übersetzung: Anna Frankus-Fachinger, Marion Beier, Dieter Bögenhold

Vier Makro-Strukturen von Konflikten

Randall Collins

Die Konflikttheorie basiert auf der Prämisse, daß die Gesellschaft von Konflikten strukturiert wird. Veränderungen werden durch einen Konfliktprozeß hervorgerufen, und konstante Strukturen des normalen Lebens sind Konfliktkristallisationen. Normale, unveränderliche Strukturen basieren auf Stratifikation, auf Ressourcen von Herrschaft; ein vorherrschendes Interesse besteht darin, einen Wandel der Grundstrukturen zu suchen, insbesondere den der Besitz- und Herrschaftsverhältnisse. Macht durchdringt die Strukturen des normalen Alltagslebens, doch sollte man den Grund dafür weder in der Psychologie noch in der Kultur suchen. Die Entstehung von Konflikten zu bestimmten Zeitpunkten in der Geschichte hat nichts Geheimnisvolles. Machtstrukturen erhalten sich nicht endlos aufrecht; die Umstände, unter denen sie sich verändern, und die Art und Weise wie Konflikte ausgetragen werden, sind Forschungsgegenstände, auf denen die Konflikttheorie ihre Lehre aufbaut.

Es liegt auf der Hand, daß die Konflikttheorie eine Fortführung des Werkes von Marx und Engels darstellt, von dem sie sich jedoch in einem Punkt unterscheidet. Alles ist gleichermaßen generell. Während Marx und Engels spezifische Erscheinungsformen von Herrschaft und Konflikt als fundamental ansahen, versteht die Konflikttheorie die Appropriation von ökonomischen Produktionsmitteln nur als eine konflikterzeugende Struktur unter mehreren. Webers Ansatz kann man selbstverständlich auch als eine derartige Erweiterung der Marxschen Theorie in drei Dimensionen auffassen. Seine berühmte Trilogie von Klasse, Stand und Macht wurde – mehr oder weniger – von den meisten marxistischen Theoretikern der letzten Generation übernommen. Doch Webersche und synkretistische Theorien tendieren dazu, einige Hauptstärken des ursprünglichen Marxschen Modells zu verlieren. Die revisionistischen Weberianer greifen auf Taxonomien zurück; sie beschreiben Komplexität, doch sie verzichten darauf, diese zu erklären. Außerdem geht den Revisionisten leicht jene Dynamik verloren, die ein so hervorstechendes Merkmal des marxistischen historischen Materialismus war. Häufig bieten sie ein Reproduktionsmodell an, das pessimistischerweise zeigt, wie der Kapitalismus alles – Wirtschaft, Politik und Kultur – in Mechanismen verwandelt, die seinem Selbsterhalt dienen. Revisionistischer Neo-Weberianismus ist gewissermaßen Marxismus ohne Revolution, ja sogar ohne Revolte. Die Ereignisse zu Beginn der 90er Jahre, als die Sowjetunion in einer Welle antisozialistischer Entwicklungen plötzlich zerfiel, passen zweifellos recht gut zu dem Verschwinden der marxistischen Vision aus der Sozialtheorie. Gegenwärtige pro-kapitalistische Entwicklungen in einer Art revisionistischem Marxismus als historische Triebkräfte aufzufassen, heißt jedoch, sich so weit von der Theorie des ökonomischen Klassenkampfes zu entfernen, daß der Marxismus schlechterdings in sein idealistisches Gegenteil verkehrt wird.

Wir wollen uns einmal ins Gedächtnis rufen, was die klassische marxistische Theorie als Wissenschaft zu leisten versprach. Sie bot ein auf Konfliktbasis gestütztes Modell des normalen, sich selbst reproduzierenden Sozialgebildes für jedwede historische Epoche. Sie lieferte auch den Schlüssel zu diesem Gebilde, nämlich das System der Besitzverhältnisse, und so erfuhren wir, wie viele konfligierende Klassen in ihr bestanden und welche Interessen jede Klasse verfolgte. Des weiteren machte Marx das dynamische Modell von Veränderungen deutlich, die innerhalb dieses Gebildes entstehen; Veränderungen, die unter bestimmten Bedingungen in unterschiedlichen sozialen Klassen Machtmittelverschiebungen bewirken können, so daß zu irgendeinem Zeitpunkt der Konflikt offen ausbricht; er sagte sogar den aus diesem Konflikt hervorgehenden Sieger voraus sowie den jähen revolutionären Strukturwandel, der auf solche Siege folgt. Eleganz und Vollständigkeit des Marxschen Modells stehen außer Frage; gleichfalls außer Frage steht, daß der Versuch, die historischen Verhältnisse des zwanzigsten Jahrhunderts zu erfassen und vorherzusagen, fehlschlug.

Die Ziele der marxistischen Theorie werden auf einer allgemeineren Ebene auch von der Konflikttheorie verfolgt. Wir möchten gern wissen, wie die zentralen Strukturen aussehen, die jede historische Gesellschaft prägen, wie viele miteinander konfligierende Gemeinschaften jeweils zu finden sein werden und wofür sie kämpfen, was jeweils den Strukturwandel bewirkt, wenn der offene Konflikt ausbricht, und wer siegreich daraus hervorgehen wird. Die Eigentumsverhältnisse bilden nicht unbedingt die Grundstruktur, obwohl sie im Gesamtkonzept berücksichtigt werden müssen. Ich stelle zur Diskussion, daß es vier derartige Strukturen gibt. Es wird nicht weiter verwundern, daß diese mehrfachen Strukturen eine detaillierte Weiterentwicklung der Weberschen Theorie darstellen, die die meisten Soziologen so einleuchtend fanden. Der Akzent liegt dabei nicht auf der Taxonomie, sondern auf der Gesamtdynamik. Jede Gesellschaftsstruktur produziert ihre eigenen widersprüchlichen Gruppen. Wir sollten in der Lage sein, die Umstände zu nennen, unter denen diese Gruppen in Aktion treten, und welch ein Strukturwandel aus den Konflikten resultiert.

Die vier Gebilde stehen demnach für vier Theorien. Es gibt Konflikt und Herrschaft bestimmende Prinzipien: auf politischem Gebiet, der Kampf um die Kontrolle über den Staat, geopolitisch, die militärischen Beziehungen von Staaten untereinander, ökonomisch, die Beziehungen zwischen materieller Produktion und Distribution sowie kulturelle Focussierung von Netzwerken auf die Übertragung von Symbolen. Es stellt sich natürlich die Frage, ob für diese vier Gegenstandsbereiche unbedingt vier Theorien notwendig sind. Einige Theorien, die bestimmte Teilgebiete erklären sollten, konnten zwingend beanspruchen, auch für andere Teilgebiete Geltung zu haben. So wurde z.B. die der neo-klassischen Ökonomik entstammende Rational-Choice-Theorie verallgemeinert und schließlich als überall anwendbar propagiert. Ein anderer analytischer Ansatz geht ähnlich wie Parsons davon aus, daß die einzelnen Teilbereiche einander durchsetzen: So besitzt die politische Ordnung einen wirtschaftlichen Aspekt, die Wirtschaft einen symbolischen Aspekt usw. Außerdem herrscht keine strenge Trennung der einzelnen Teilbereiche voneinander. So hat Geopolitik u.a. einen Einfluß auf das politische Schicksal von Splittergruppen im Staat, und das Produktionsniveau der Wirtschaft ist ein Machtmittel, das die geopolitische Stärke beeinflußt. Diese ganzen Überlegungen sind jedoch zweitrangig. Oberstes Ziel ist aufzuzeigen, daß im Kern eines jeden Teilbereiches – des politischen, des geopolitischen, des ökonomischen wie des kulturellen – tatsächlich eine Struktur vorhanden ist, die eine unterscheidbare Theorie erfordert. Wie die einzelnen Theorien auf einer höheren Abstraktionsebene zusammenhängen und wie diese wesentlichen Teilgebiete der Gesellschaft miteinander in Beziehung stehen, dieses sind Fragen, die in einem anderen Licht erscheinen werden, wenn wir unsere vier Modelle entworfen haben.

Die Kerntheorien lauten wie folgt: 1. Politik ist die Theorie von autoritären Herrschaftsverbänden; das Zentrum ihrer Dynamik ist der politische Opportunismus. Jeder versucht, sich auf die Gewinnerseite zu retten. 2. Geopolitik ist die Theorie von erzwungenen, kumulativen

Vor- und Nachteilen, die von nicht reduzierbaren physikalischen Dimensionen des Raumes hervorgerufen werden. Die Lage eines Staates ist für die mögliche Anzahl seiner Feinde und für die Schwierigkeit, über eine Distanz hinweg Macht auszuüben, von Bedeutung. 3. Märkte beeinflussen das Handelsverhalten über Angebot und Nachfrage. Entscheidend sind jedoch die Prozesse, durch die Handelsbereiche für Konkurrenten geöffnet oder verschlossen werden, in Verbindung mit dem Aufbau übergeordneter Märkte zu üblichen Handelsbedingungen. 4. Analytisch betrachtet sind kulturelle Prozesse am wenigsten autonom, da die meisten kulturellen Netzwerke von Marktentwicklungen abhängen und sie überdies in hohem Maße von der Dynamik der Ausübung von Staatsgewalt geprägt werden. Mit anderen Worten: Kulturelle Netzwerke schaffen zwar ihre eigenen Produkte, doch folgen die Prozesse, die deren Distribution regeln, zumeist den Prinzipien des Marktes und der Politik. Es existiert allerdings eine kulturelle Arena, die zusätzliche Analyseprinzipien verlangt, nämlich das Netz von Intellektuellen, die sich an ihrer eigenen Autonomie orientieren (z.B. Philosophen, Mathematiker, Naturwissenschaftler). Die Dynamik entspringt hier dem Bemühen um Aufmerksamkeit auf einem Gebiet, das um die Konflikte unter einer kleinen Anzahl intellektueller Gruppen entstand.

Im folgenden werde ich die meiste Aufmerksamkeit autoritären Herrschaftsverbänden widmen und die anderen Konfliktbereiche kürzer abhandeln.

Autoritäre Herrschaftsverbände

Der Kern aller Politik ist die Organisation der Zwangsausübung von Gewalt. Diese schützt das Privateigentum, setzt Steuern durch und verschafft dem Gesetz Geltung. Politik im eigentlichen Sinn bedeutet den Kampf um die Kontrolle über dieses Machtinstrument.

Effektive Gewalt ist immer organisiert. Die Koordination einer bewaffneten Gruppe erweist sich unorganisierten Einzelnen gegenüber immer als überlegen. Die Essenz der Machtausübung liegt nicht etwa in den Waffen an sich, sondern im Zusammenhalt der Gruppe. Die Dynamik wird am besten deutlich, wenn man den extrem hohen Grad von Gewaltausübung betrachtet, mit der etwa ein autoritäres Regime jegliche Opposition mit Todesstrafe belegt. Die Organisation von

Zwangsmaßnahmen erfolgt über ein Netz gegenseitiger Überwachung. Strafen sichern die Befehlshierarchie. Ihr Bestand wird nicht etwa sichergestellt, indem das Oberhaupt, der Kaiser oder Diktator eigenhändig Gewaltsamkeit übt, sondern indem seine Untergebenen alle übrigen, wie auch einander, unter seinen Befehl zwingen. Die militärische Disziplin bleibt so lange gewahrt, wie jeder jeden unter Druck setzt. Da gegenseitige Überwachung der Schlüssel zur Macht ist, kommen die Hauptbeteiligten des Netzwerkes so lange ohne Waffen aus, wie eine intakte Befehlshierarchie die Disziplin in den Reihen der bewaffneten Ordnungsmächte aufrechterhält.

Eine Politik des Zwangs ist abhängig vom „Wendehalseffekt"[1], von dem, was Thomas Schelling (1963) das „Umkipp-Phänomen" nannte. Jeder will sich auf die Seite der erfolgreichen Zwangsherrschaft schlagen, da keiner es sich leisten kann, in der Opposition isoliert zu werden. Erfolgreich ausgeübter Zwang reproduziert sich in hohem Maße selbst. Wenn die Zwangsherrschaft zerbricht, verlassen alle das sinkende Schiff und begeben sich in den Schutz der neuen herrschenden Regierung. Es ist gefährlich, auf seiten des ehemaligen Diktators oder Kaisers zu bleiben, und es ist wichtig, zum Komplizen des Siegers zu werden. Kennzeichen einer Politik des Zwangs ist zum einen die Atmosphäre gegenseitigen Mißtrauens während langer Zeiten stabiler Herrschaftsverhältnisse; zum anderen der jähe und dramatische Loyalitätswechsel, wenn die herrschende Regierung sich auflöst.

Legitimität, der weitverbreitete Glaube an die Rechtmäßigkeit von Autorität, wird vom lang anhaltenden Erfolg der Ausübung von Staatsgewalt erzeugt. Jedes Regime schafft sich nach und nach seinen eigenen kulturellen Apparat symbolischer Rechtfertigung. Hat man sowohl die Macht im Staat als auch die Mittel für die Gesinnungsbildung in der Hand, bestimmt sich in allen praktischen Belangen auch die moralische Realität über die zu erwartenden Kräfteverhältnisse. Dasselbe Ergebnis läßt sich mit dem Durkheimschen Ritual erklären: Eine erfolgreiche Zwangsherrschaft fordert von jedem, die Loyalität der übrigen zu überwachen und unter Androhung von Strafe für einen selbst oder die Gemeinschaft, Abtrünnige zu denunzieren. Die Solidarhaftung

---

1 (Anmerkung der Übersetzer): Im Original benutzt R. Collins mehrfach die Formulierung von den „bandwagon effects". Damit ist das Faktum eines Umschwenkens zur erfolgreichen Partei gemeint. Diese Form von politischem Opportunismus kann man vielleicht treffend mit dem neudeutschen Wort des „Wendehalseffektes" übersetzen.

ganzer Familien oder Dörfer im China der Kaiserzeit ist mit dem System der Sippenhaft im modernen Polizeistaat strukturell vergleichbar. Die gegenseitige Überwachung gewährleistet, daß die fokussierte Aufmerksamkeit auf eine einzige Sache gerichtet ist, nämlich den zentralen Mechanismus des Machtstatus. Auf dem gleichen Wege wird eine allgemeine Stimmungslage, nämlich Furcht und Schrecken, unter der Bevölkerung verbreitet. Mit dem Erfolg, daß die Zwangsausübung von Macht als heiliges Objekt symbolisiert wird, das Oberhaupt oder der Kaiser mit ritueller Ehrerbietung fast wie ein Gott verehrt wird und der Personenkult eines Diktators auf das säkulare Äquivalent dieser transzendenten Rechtfertigung hinausläuft.

Aus diesen Gründen nun sollte Legitimität eher als eine ihren Träger wechselnde Eigenschaft und nicht als feststehendes Merkmal der Kultur verstanden werden. Denn es ist ja der politische Machthaberverband, der die Symbole und den Eindruck von Legitimität erzeugt. Wenn ein autoritärer Verband sich auflöst, schwindet auch seine Legitimität schnell dahin, und Gegenlegitimität baut sich in dem Maße auf, in dem die Chancen für die um die Macht konkurrierenden Verbände steigen.

Wir wollen die Frage, was die Auflösung eines autoritären Herrschaftsverbandes bewirkt, vorerst außer acht lassen und uns dafür der Frage zuwenden, welchen Verlauf die Veränderungen danach nehmen können. Zum einen kann eine neue und gleichermaßen autoritäre Regierung schließlich die Macht ergreifen. Dies war häufig in traditionellen Großreichen der Fall wie im China des Mittelalters oder im alten Rom; politische Kurskorrekturen erschöpften sich darin, ein Mitglied der regierenden Familie durch ein anderes zu ersetzen oder den militärischen Oberbefehlshaber auszuwechseln. Ähnlich verhält es sich mit dem gewaltsamen Wechsel der Führungselite in modernen Diktaturen. Hier wird einfach das Fähnlein, unter dem sich alle sammeln müssen, gegen ein anderes ausgetauscht. Das einzige, was dabei variiert, ist der Zeitraum der Instabilität zwischen dem einen oder anderen autoritären Status quo.

Aber es gibt noch zwei weitere Möglichkeiten, wie sich die Machtstruktur selbst verändern kann. Das Gebilde könnte weiterhin in hohem Grade auf Zwangsausübung gegründet sein, jedoch in voneinander getrennte Machtzentren fragmentieren. Dies ist die Dimension der *Dezentralisierung* von Macht. Eine weitere Möglichkeit besteht darin, daß der zentralisierte Machtapparat beibehalten, der Wettstreit um die

Macht jedoch friedlicher und oppositionstoleranter wird. Das ist die Dimension der *Demokratisierung.* Diese beiden Dimensionen sind Kontinua, und jeder Staat wird durch eine gewisse Kombination von strukturellen Charakteristika beider Dimensionen charakterisiert. Die politische Diktatur, unser bisheriger Bezugspunkt, ist gleichermaßen hochgradig zentralisiert und hochgradig autoritär. Es gibt eine einzige Staatsgewalt, und dieser arbeitet mit einem Höchstmaß an Intensität. Am diametral entgegengesetzten Pol steht die Kombination von Dezentralität und Oppositionstoleranz, die man als anarchistisch bezeichnen könnte. Die folgende Tabelle zeigt einige Beispiele:

	zentralisiert	dezentralisiert
hohes Maß an Zwang	autoritäre Diktatur	Feudalismus Bürgerkrieg
geringes Maß an Zwang	zentralisierte Demokratie	Anarchismus Jäger- und Sammler-Gruppen

Man könnte in diesen Raster noch Zwischenstadien eintragen, aber die Bandbreite der Strukturen wird so ausreichend verdeutlicht. Da wir uns ja nicht mit einer Taxonomie zufrieden geben wollen, möchten wir zwei Fragen beantworten: Welche politische Dynamik wohnt jedem Typus inne? Und was bedingt die Annäherung der Struktur eines Staates an einen bestimmten Punkt innerhalb dieses Rasters von Zwang und Zentralisation? Wir wollen uns zuerst der zweiten Frage zuwenden und einige historische Veränderungensmuster von Staatsformen betrachten.

Autoritäre und zentralisierte Gebilde sind gewissermaßen der Idealtypus der ehemaligen Agrarreiche, deren „normale Politik" überwiegend aus Intrigen, Säuberungsaktionen und dem gelegentlichen Austauschen der Führungselite bestand. Wenn solche Staaten ein Strukturwandel traf, so erfolgte dieser typischerweise im gesamten Führungsbereich (im oberen Teil der Tabelle). Ein Großreich zerfiel dann in kleinere einander bekriegende Staaten, von denen jeder im Inneren autoritär war. Die Politik des alten China zeigt beispielhaft dieses ständige Schwanken zwischen zentralisiertem und dezentralisiertem Autoritarismus. Man könnte demzufolge erwarten, daß der Machtverlust in den modernen diktatorischen Regimen, wie etwa im Sowjetreich oder in dessen osteuropäischen Satellitenstaaten, die Entstehung einer größeren Anzahl kleiner autoritärer Regime nach sich ziehen wird.

Dezentralisierte Demokratie, in der o.g. Tabelle unten rechts aufgeführt, ist nicht völlig utopisch. Bei primitiven Jäger- und Sammler-Gruppen waren solche Verhältnisse durchaus üblich. Nur sporadisch kam es zu Machtkoalitionen. Wenn die Strukturen zu autoritär wurden, zog man einfach allein oder in kleinen Gruppen weiter (vgl. „How Prehistorical Peoples Evaded Power", in Mann, 1986.) Mit der Entwicklung fester Ackerbauanlagen und dem Wachstum von ökonomischem Überschuß wurden die Chancen, sich zu entziehen, kleiner, und gleichzeitig mehrten sich die Mittel zur Ausübung von Zwang. Der soziale Verband hatte also die Tendenz, sich in der Tabelle nach oben zu bewegen, hin zu einer Vielzahl lokal autoritärer Stammesgebilde sowie hin zu Staaten, die andere erobern wollten, und auch bis hin zu defensiven Staaten mit zentralisiertem Zwang.

Feste Vermögen und organisationelle Ressourcen mehren im allgemeinen die Häufigkeit von Zwangsherrschaft. In der Geschichte scheint Strukturbewegung am häufigsten zwischen der zentralisierten und fragmentierten Form von Zwang stattgefunden zu haben. Wie ist es dann möglich, einen Staat in der Spalte „zentralisierte Demokratie" einzuordnen? Die frühesten demokratischen Formen existierten in Stammesstrukturen, wo sich ein Teil der Bevölkerung im Rat (die Ältesten der verschiedenen Abstammungsgemeinschaften, die waffentragenden Männer usw.) die Herrschaft teilte. Die antiken Stadtstaaten des Mittelmeerraumes, die am geopolitischen Rande von militärisch viel zentralisierteren Großreichen aufkamen, besaßen anfangs diesen „demokratischen Vorzug relativer Barbarei". Die Elemente demokratischer Mitbestimmung in den griechischen, römischen, phönizischen und den übrigen Stadtstaaten ergaben sich aus Strukturen, in denen die Anführer von Sippen (sowie von künstlichen Strukturen, die auf dem Sippenmodell aufbauten) ein Bündnis eingingen (vgl. „Weber's Theory of the Family", in Collins 1986). Der Grad demokratischer Mitbestimmung wurde durch militärische Techniken, die die maximale Mobilisierung der waffenfähigen Bevölkerung erforderten, erhöht. Wie Weber aufzeigte, war das Bilden der Phalanx und das freiwillige Rudern der Galeere häufig dem demokratischen Wahlrecht förderlich, wohingegen die teure Ausrüstung eines Streitwagenlenkers oder eines

Ritters dazu führte, daß politische Mitbestimmung der reichen Elite von Waffenträgern vorbehalten blieb. Wenn der Staat nun auch noch selbst die Waffen stellt und wenn diese die Form fester Anlagen (wie Festungen, Heerstraßen, Belagerungsgerät, Artillerie) annehmen, wird selbst das Massenheer von einem zentralisierten Befehlsverband abhängig, und der Demokratisierungsdruck läßt nach.

Hinsichtlich der Organisation von Zwang erkennen wir hier zwei Grundzüge, die den Grad der demokratischen Gewaltenteilung beeinflussen. Wenn ein Staat aufgrund des Zusammenschlußes autonomer Einheiten gegründet wird, dann wird zumindest am Anfang ganz oben unter den Anführern dieser Einheiten Machtteilung stattfinden. Dies war nicht nur bei den frühen Stadtstaaten der Antike der Fall, sondern auch beim Aufkommen des europäischen Ständestaats[2] im Mittelalter; Verbände mit parlamentarischer Machtteilung waren ursprünglich Verbände freier Adeliger. Innerhalb derartiger Bündnisse war die Ausdehnung des Wahlrechts grundsätzlich von dem zweiten Bereich von Voraussetzungen abhängig, nämlich davon, in welchem Ausmaß und in welcher Weise die Allgemeinheit am Militärwesen partizipierte. Die Monopolisierung von Gewaltmitteln hat sich immer einschränkend auf das Wahlrecht ausgewirkt; setzt sich das Heer aus den Massen zusammen, so begünstigt dies die demokratische Beteiligung der Massen an der Politik. Inwieweit Demokratie dann auch verwirklicht wird, hängt jedoch davon ab, wie ausgewogen die Mischung der Gesamtbedingungen ist. Eine Bürgerwehr hat das größte demokratisierende Potential; die allgemeine Wehrpflicht im Rahmen eines zentral ausgerüsteten Heeres, das auf schwere Geschütze angewiesen ist, kann unter Umständen bloß zur Entwicklung von Ritualen plebiszitärer Beifallskundgebungen für die Herrschenden führen.

Die Organisation der Kriegsführung mag sich unter den Bedingungen moderner Industrialisierung vielleicht in der Massenmobilmachung der Bevölkerung erschöpfen. Im Zusammenhang mit zusätzlichen Bedingungen bedeutet sie jedoch eine wirksame Schubkraft in Richtung Demokratie. Wenn ein zentralisierter autoritärer Staat zusammenbricht, für gewöhnlich infolge einer geopolitischen Krise, wird das Massenheer aus der Fesselung der Zwangsherrschaft befreit. Je extensiver es sich aus der Gesamtbevölkerung rekrutiert, desto größer ist die Wahrscheinlichkeit, daß in Zeiten des Zusammenbruchs der Gedanke

2 Im Original steht der deutsche Begriff – Anm. d. Übers.

an Kontrolle durch das Volk um sich greifen wird. Doch bleibt dieser Gedanke kurzlebig, wenn keine Institutionalisierung der Machtteilung erfolgt. Es zeigt sich, daß moderne Demokratien näher an der Mitte des Strukturrasters angesiedelt sein müssen. Zumindest ist eine mittlere Position bei der Dezentralisation von Machtstrukturen (horizontale Dimension) nötig, damit sich Zwangsherrschaft zu einer Demokratie der Gewaltenteilung (vertikale Dimension) abschwächen kann. Durch das Gleichgewicht der Kräfte unter den Institutionen ist ein gemäßigtes Konfliktpotential in der Herrschaftsstruktur vorgegeben, so daß der Herrschaftsverband zwar ständig in sich gespalten ist, die einzelnen Teile jedoch aufeinander angewiesen sind. Gefördert wird dies noch durch solche Regierungsmerkmale wie eine unabhängige Justiz, mehrere gesetzgebende Instanzen und Ordnungskräfte mit unterschiedlichen Zuständigkeitsbereichen. Ein weiterer Grundzug, der die demokratische Machtteilung unterstützen kann, ist das private Eigentum an Wirtschaftsinstitutionen, soweit es eine Vielzahl an Organisationszentren schafft.

Man muß betonen, daß keines dieser Strukturmerkmale für sich allein ausreichend zu sein scheint, Demokratie zu garantieren. Privates Eigentum, vor allem wenn es stark konzentriert ist, führt oft zur Entstehung von Klassen, die mit einer autoritären Regierung im Bunde sind. Autoritäre Regierungen ihrerseits haben die Tendenz, Wirtschaftskonzentration zu verstärken und so die eigene Basisstruktur zu festigen.

Der letzte Faktor, der den Grad an Demokratisierung beeinflußt, ist die organisatorische Effizienz der politischen Struktur. Ab einer gewissen Größe und Komplexität gestaltet sich die Verwaltung äußerst schwierig; zentralisierte Kontrolle wird bis zu einem gewissen Grad vom bloßen Gewicht der Aufgaben, die in einem großflächigen Staat mit komplexer Arbeitsteilung anfallen, gelähmt. Damit soll nicht gesagt sein, daß Staaten nicht auf einem niedrigen Effizienzniveau vor sich hin wursteln können, ohne Zweifel ist dies sogar der normale Stand der Dinge für mehr oder weniger alle Staaten im Laufe der Geschichte gewesen. Ineffizienz wird einem autoritären Herrschaftsverband dann zum Problem, wenn er sich in harter geopolitischer Konkurrenz zu anderen befindet. Mehrere ineffiziente Staaten können einander schwere Lasten auferlegen. Wenn diese Belastungen hoch genug sind, bricht die Struktur der Zwangszentralisierung zusammen. Die meisten demokratischen Revolutionen Europas – vom Aufstand der Niederländer gegen die Spanier über die Englische, Amerikanische oder Französische Revolution bis hin zu den Folgerevolutionen – fanden statt, weil geopolitische Spannungen mit einer Finanzkrise des Staates zusammenfielen.

Solche fiskalischen Krisen hatten für gewöhnlich ihren Grund in einer Form der Steuereinziehung, die angesichts der sich entfaltenden Komplexität und der Größe der Gesellschaft, die der Staat zu kontrollieren unternahm, ineffizient war. (Die aufschlußreichste Analyse dieser komplexen Beziehungen zwischen finanziellen, demographischen und administrativen Gebilden bietet Goldstone, 1991).

Damit soll nicht gesagt sein, daß Demokratie eine höchst effiziente Einrichtung darstellt. Das hieße sie verkennen. Sie weist lediglich andere Formen der Ineffizienz auf als die autoritäre Zentralisierung. Eine komplexe Wirtschaft, die auf privatem Eigentum basiert, entwickelt Dynamik nicht nur hinsichtlich des Wachstums, sondern auch in Bezug auf Gliederung und wirtschaftliche Destruktivität. Ein politisches System der Kontrolle und des Gleichgewichts tut sich schwer beim Treffen von Entscheidungen. In der Regel mobilisiert es nur einen Bruchteil der Bevölkerung zu echter politischer Mitbestimmung, und es ist den Strömungen und Gegenströmungen oberflächlicher ideologischer Bewegungen unterworfen. Die Unzufriedenheit mit den Schattenseiten der Demokratie ist endemisch. Wenn in mehreren Teilbereichen gleichzeitig Strukturkrisen auftreten, kehren Demokratien oft zur autoritären Zentralisierung zurück. Andererseits sind autoritäre Strukturen aus Gründen geopolitischer Belastung und innerer Ineffizienz ebenfalls instabil. Langfristig gesehen wird die Geschichte komplexer Industriestaaten hinsichtlich dieser Dimension zweifellos ebenso viele Schwankungen zu verzeichnen haben, wie es bei den traditionellen Agrarstaaten in der horizontalen Achse der Zentralisierung und Fragmentierung der Fall war. Eine verbesserte soziologische Staatstheorie sollte in der Lage sein, die analytisch relevanten Bedingungen zu nennen, die das Auftreten solcher Veränderungen bestimmen.

Eine Anmerkung zu Fraktionen und zum Wendehalseffekt: Da Politik letzten Endes auf einer Struktur von Zwangsgewalt basiert, besitzt die sich „oben-links" befindliche Zelle in analytischer Hinsicht Priorität. Demokratie bedeutet eine Neutralisierung des zentralisierten Zwangs, und es besteht immer die Gefahr des Rückfalls in diese Form. Innenpolitisch gesehen ist dezentralisierter Zwang zentralisiertem ähnlich, der Unterschied liegt nur in den externen Beziehungen. Im Extremfall wird ein völlig fragmentierter Staat zu einem Netz unabhängiger Staaten werden, die einander mit autonomer Militärmacht gegenüberstehen. Es sind also schlicht die Prinzipien der Geopolitik, die im Falle dezentralisierten Zwanges die Beziehungsverhältnisse nach außen bestimmen. Anzahl und Stärke derartiger autonomer Einheiten wurden in der geopolitischen Theorie erarbeitet. Es besteht jedoch auch die Möglichkeit, daß Staaten eine mittlere Position im horizontalen Bereich unseres Rasters einnehmen; es gibt quasi-dezentralisierte Formen wie Föderationen, Feudalismus, Caudilloismus, die Klientenstaaten großer Reiche sowie Allianzen. Bei der Binnenstruktur eines Staates, der versucht, die Zwangsgewalt über ein Gebiet zu monopolisieren (und damit auch den Zugang zu Bodenschätzen), handelt es sich um eine Variable, die man als von „interner Geopolitik" gesteuert betrachten kann. Insofern sollte es möglich sein, die Theorien der Geopolitik und die Staatstheorien zu vereinheitlichen, da sie sich nur auf unterschiedliche Teile des gleichen Kontinuums beziehen.

Das kennzeichnendste dynamische Moment einer Zwang ausübenden Staatsgewalt ist der Wendehalseffekt.[3] Er tritt am extremsten da auf, wo der vom Herrschaftsverband geübte Zwang am stärksten ist. Unter einer Schreckensherrschaft kann es sich niemand leisten, außerhalb des Netzes von Loyalitätsbezeugungen und gegenseitiger Denunziation zu stehen, und ebensowenig will jemand an Bord bleiben, wenn der diktatorische Verband sich auflöst. Wie wirkt es sich auf den Wendehalseffekt aus, wenn wir uns in jeder der beiden Strukturbereiche weiterbewegen, zum einen in Richtung Dezentralisierung und zum anderen in Richtung Demokratie? Dezentralisierter Zwang bringt interne Loyalität mit sich und damit auch den internen Wendehalseffekt. Zusätzlich gibt es eine Art Meta-Wendehalseffekt in der Arena der Geopolitik. Diesem werden wir in der Darstellung der geopolitischen Theorie im Zusammenhang mit dem Prinzip von kumulativen Vor- und Nachteilen begegnen.

Wenn wir uns vertikal von der Zwangsausübung weg und zur demokratischen Toleranz hinbewegen, so läßt der Wendehalseffekt nach. Es wird weniger riskant, ein Gegner der gegenwärtig herrschenden Macht zu sein, und es besteht weniger Anlaß, ein sinkendes Schiff zu verlassen und mit fliegenden Fahnen zu einer neuen Macht überzulaufen. Von daher steht zu erwarten, daß sich der ruckartige „revolutionäre" Wechsel zwischen Phasen der Stagnation und Phasen jäher Kursände-

---

3 (Zur diesbezüglichen Dynamik bei der Bildung sozialer Bewegungen vgl. Marwell und Oliver, 1993.)

rung, der für ein Zwangsregime charakteristisch ist, bei zunehmendem Grad an Demokratisierung immer mehr nivelliert. Man könnte vermuten, daß das vollkommen demokratische Gebilde am äußersten Ende überhaupt keinen plötzlichen Wendepunkt mehr kennen würde, sondern nur das gleichmäßige Dahinströmen von Präferenzen, wie es für den idealisierten Markt charakteristisch ist. Dieses Stadium scheinen Demokratien realiter jedoch nicht zu erreichen. Auch in der Demokratie bestehen abgeschwächte Wendehalseffekte fort. Zwar mag die Androhung brutaler Repressalien fast oder ganz verschwunden sein, doch kann der herrschende Verband Verlierer von der an das Amt gebundenen Ausbeute ausschließen. Selbst ohne diesen Ansporn scheint sich ein gemäßigter Wendehalseffekt im Wahlverhalten und bei der Teilnahme an sozialen Bewegungen zu zeigen (Rule, 1989: 154). Die Masse der Einzelnen, denen die Mitbestimmung keinen persönlichen Vorteil bietet, neigt trotzdem dazu, den offensichtlichen Sieger zu unterstützen und den offensichtlichen Verlierer zu meiden. Die hier wirksame Kraft ist zweifellos die Tendenz zur sozialen Konformität, hervorgebracht von der rituellen Mobilisierungsdynamik: Daß er im Brennpunkt der Aufmerksamkeit steht und daß sich eine erregte Stimmung ausbreitet, macht den siegreichen Anführer oder den erfolgreichen Parteislogan zum attraktiven Symbol von Gruppenzusammengehörigkeit. Dieser Typus des Wendehalseffektes ist relativ flüchtig, denn er währt nur den Augenblick politischer Mobilisierung lang. Die Folge ist die ziemlich oberflächliche Begeisterung für Persönlichkeiten oder Themen in der Massendemokratie.

Es ist auch möglich, die Anzahl der konfligierenden Parteien innerhalb eines jeden Gebildes vorauszusagen. Ein straffer Herrschaftsverband reduziert die Anzahl der Konfliktparteien auf zwei: die (wie auch immer motivierten) Parteigänger des bestehenden Zwangsgebildes und der latente Verband seiner Gegner. Das Hauptinteresse besteht jeweils im Erhalt oder Sturz des herrschenden Verbandes. Aus diesem Grunde gibt es, wenn ein autoritärer Verband zerbricht, zu Anfang eine Welle der Solidarität und der Begeisterung, da der latente Verband aktiviert wird. *Alle* möchten die Diktatur stürzen. Nach dem Zerfall der Macht verebbt jedoch diese an den Augenblick gebundene Welle des Zusammengehörigkeitsgefühls. Die Parteienzahl reduziert sich erst dann wieder auf zwei, wenn es zwischen starken Kandidaten zum Entscheidungskampf um die Wiederherstellung der Zwangsherrschaft kommt. Dezentralisierte Zwangsgebilde werden von geopolitischen Prinzipien beherrscht, die die Anzahl der Konfliktparteien zu einem bestimmten Zeitpunkt festsetzen. Bewegen wir uns in der anderen Spalte abwärts auf Demokratie zu, so können wir postulieren, daß mit dem Abnehmen des Wendehalseffektes die Anzahl der Kandidaten zunimmt. Doch es handelt sich ganz klar um eine beschränkte Anzahl. Die Bedeutung der wesentlichen Amtsausbeute schafft politische Parteien; wo die Amtsvergabe vom Staat stark zentralisiert ist, müßte die Zahl der Konkurrenten kleiner sein, als wenn mehrere Quellen Ämter zur Verfügung stellen. Der Extremfall demokratischer Dezentralisation findet sich in unserer Tabelle in der rechten Spalte unten. Hier nähert sich die Anzahl der Parteien der Anzahl der Menschen an, und die konkurrierenden Verbände sind kurzlebig und von immer neuer Zusammensetzung. Abgesehen von bloßen Gefühlsappellen, sich vorübergehend an Zusammengehörigkeitsritualen zu beteiligen, findet man hier überhaupt keinen Wendehalseffekt.

Die Dynamik geopolitischer Macht

Es ist möglich, in einer bloßen Skizze die geopolitische Theorie als Aspekt einer allgemeinen Konfliktlehre darzustellen. Der geopolitische Ansatz wurde zu Beginn des 20. Jahrhunderts in Verbindung mit nationalistischen Ideologien entwickelt. Erst in den letzten zehn Jahren kam es zu einer weniger tendenziösen Wiederbelebung der Geopolitik als einer Analyse der Prinzipien, die die Macht eines Staates festlegen. Wir wollen nun einige wesentliche Punkte betrachten, die herausgefunden wurden.

Der Ressourcenvorteil: Für gewöhnlich gehen die größeren und reicheren Staaten aus militärischen Konflikten siegreich hervor. Dieses Prinzip erweist sich im Laufe der Zeit als kumulativ, da die Siegerstaaten sich die Ressourcen der Verlierer aneignen. Der geopositionelle Vorteil: Staaten, die nur nach wenigen Himmelsrichtungen hin Feinde haben, sind Staaten gegenüber im Vorteil, die von vielen verschiedenen Feinden umgeben sind. Staaten in Randlage haben von daher die Tendenz sich auszudehnen, während in der Mitte liegende Staaten nach und nach fragmentieren. Überextension: Jenseits gewisser geographischer Grenzen führen militärische Unternehmungen häufig zu einer Überbeanspruchung der Betriebsmittel und damit zu einer Krise; diese hat wiederum häufig den Zusammenbruch der Macht zur Folge, der wesentlich schneller verläuft als ihre Expansion. Die genauere Untersuchung der Verkettung dieser Prinzipien kann die Fragen klären helfen, wie und wann Staaten sich ausdehnen bzw. schrumpfen. (Nähere Ausführungen dazu in: Collins, 1981a; Gilpin, 1981; Kennedy, 1987; Luttwak, 1987; zur konkreten Anwendung, die den Zusammenbruch des Sowjetblocks vorwegnahm, vgl. „The Future Decline of the Russian Empire“, in Collins 1986: 186-209; und Collins 1995.)

Geopolitische Prinzipien betreffen die Außenbeziehungen, die bestimmte Herrschaftsverbände zueinander unterhalten. Da das Militär das Kernstück des Staates und zugleich die zentrale Einheit der geopolitischen Theorie darstellt, müssen sich zwangsläufig Überschneidungen zwischen der politischen und der geopolitischen Konflikttheorie ergeben. Auf dem konkreten Schlachtfeld besteht der Prozeß des Gewinnens oder Verlierens aus dem Anwenden von Taktiken, die den Erhalt des eigenen militärischen Herrschaftsverbandes sichern und die Verbandsordnung des Feindes zerstören sollen (Details in: Collins, 1989a), aber in der Geopolitik handelt es sich anders als beim Herrschaftsverband eher um Makroprinzipien. Ein über einen Teil des Globus ausgespanntes Netz von Staaten stellt so lange noch keinen Herrschaftsverband dar, bis einer der Staaten die Vormachtstellung gewonnen hat. Während ein Herrschaftsverband nur einen Mittelpunkt hat und so einen darauf gerichteten Wendehalseffekt hervorruft, variiert die geopolitische Situation genau in der Größenordnung der jeweils vorhandenen Anzahl verschieder Machtzentren.

Die geopolitische Theorie geht mit großem Nachdruck der Frage nach, wo sich diese Machtzentren in Relation zueinander befinden. Herrschaftsverbände operieren sozusagen im abstrakten oder sozialen Raum, die entscheidende Frage ist, ob man dazugehört oder nicht, ob man Mittäter oder Opfer des herrschenden Netzes ist. Geopolitische Netze existieren im realen Raum, und das alles entscheidende Charakteristikum ist die Lage eines Staates: ob in der Mitte oder am Rand, ob sich hinter vielen oder wenigen Grenzen Feinde befinden, ob natürliche Grenzen den Staat schützen oder nicht. Es besteht natürlich eine dynamische Beziehung zwischen Geopolitik und Staatspolitik, da das höchste Streben geopolitischer Expansion darauf abzielt, aus Geopolitik einen einzigen Herrschaftsverband entstehen zu lassen. Doch die Umstände, die über Erfolg oder Mißerfolg entscheiden, nennt die geopolitische und nicht die politische Theorie.

Der Unterschied zwischen den beiden Theorien läßt sich auch daran festmachen, daß die Staatspolitik für den Wendehalseffekt anfällig ist: Je stärker die Zwangsherrschaft, desto ruckartiger folgen Stabilitätsperioden und plötzliche Machtwechsel aufeinander. Geopolitik besitzt den Aspekt kumulativer Vor- und Nachteile; große Staaten werden häufig noch größer, kleine noch kleiner; günstig gelegene Staaten gewinnen noch die Ressourcen jener dazu, die in einer Art geopolitischer Klemme zwischen verschiedenen Feinden sitzen. Aber diese Prozesse positiver und negativer Kumulation bewegen sich meist nur langsam auf dem geopolitischen Zeitstrahl (der nach Jahrhunderten zählt), ganz anders als das „von Unterbrechungen bestimmte Äquilibrium", das für die Innenpolitik von Herrschaftsverbänden charakteristisch ist. Schrumpft die Anzahl der Staaten auf dem geopolitischen Feld, so kann sich das Tempo der Ressourcenkumulation steigern; und es könnte der Moment kommen, wo der Wendehalseffekt einsetzt, da ein Staat die Vorherrschaft übernimmt. Dies ist allerdings genau der Punkt, an dem die Geopolitik mehrerer Staaten zusammenbricht und in der Innenpolitik eines Großreiches aufgeht.

Die geopolitische Theorie könnte mit der Theorie von Herrschaftsverbänden verbunden werden, um ein Modell zu erhalten, das Innenpolitik vorhersagbarer macht. Wie man dabei etwa vorgehen könnte, zeigt andeutungsweise Skocpols (1979) Revolutionstheorie, nach der eine anfängliche geopolitische Krise zu finanzpolitischen Engpässen sowie zu Konflikten innerhalb der Elite führt, womit die Situation reif für eine Revolte ist. Die Beschaffenheit der Klassenbeziehungen bestimmt, welcher der angetretenen Akteure im Kampf um die Macht im Staat erfolgreich sein wird. Wir können diesen analytischen Ansatz ausweiten, so daß auch nicht-revolutionäre Politik erfaßt wird, damit wir größere Gewißheit darüber erlangen, wie geopolitischer Druck sich auswirkt. Geopolitische Prinzipien sagen uns, wann die internationale Macht eines Staates zu- oder abnimmt, und vor allem, wann aus Überextension und Ressourcenknappheit resultierende Krisen zu erwarten sind. Nimmt man die Webersche Prämisse hinzu, daß innenpolitisch die Legitimität der Machthaber an das Machtprestige des Staates gebunden ist, so folgt daraus, daß der Aufstieg und Fall politischer Parteien davon abhängt, wie ihre Amtszeit mit geopolitischen Ereignissen koinzidiert (Collins, 1986: 145–66).

Dies ist natürlich eine nur in Teilen entwickelte Theorie politischer Dynamik, denn immerhin gibt es auch innenpolitische Prozesse (vor allem im Bereich von Klassen- und Standeskonflikten), die ebenfalls die politische Mobilisierung verschiedener Parteien beeinflussen. Doch größere geopolitische Ereignisse, insbesondere Kriege, dramatische Vorfälle, die das Nationalprestige berühren, und vor allem militärische Niederlagen übertreffen in ihrer Wirkung so gut wie alle inneren Vorkommnisse. Selbst ein schwerer ökonomischer Zusammenbruch oder eine schwere kulturelle Krise (am wahrscheinlichsten ein hochmobilisierter religiöser Konflikt) sind in der Politik nur dann von allergrößtem Einfluß, wenn keine geopolitische Krise von im Vergleich auch nur moderater Dringlichkeit besteht. Wenn es darum geht, in autoritären Staaten den Anstoß zu Veränderungen zu geben, ist Geopolitik von besonderer Bedeutung, da eine hochzentralisierte Zwangsherrschaft gegen innerpolitische Anstöße recht unempfindlich ist.

Ökonomische Märkte

Am ehrgeizigsten haben die Befürworter der Markttheorie den Versuch unternommen, ihre Prinzipien zu verallgemeinern, damit sie als Deutungsmuster für jeden Bereich des sozialen Lebens gelten können. Ihr Ausgangspunkt ist die neoklassische Ökonomie materieller Güter und Dienstleistungen. Man wies darauf hin, daß ökonomische Prinzipien sich auch auf das Verhalten von Politikern, Wählern und Beamten bei der Versorgung mit politischen Gütern anwenden lassen. Dasselbe gilt für den Kultur- und Sozialbereich und das Militär, das man als eine Art Sicherheitsrendite auffassen kann. Es ist unbestreitbar richtig, daß jede menschliche Aktivität, egal auf welchem Gebiet, nach Maßgabe der Kosten erfolgt und der jeweilige Nutzen unter Berücksichtigung alternativer Vorgehensweisen kalkuliert wird. Trotzdem ist die ökonomische Theorie in etlicher Hinsicht begrenzt. Am entscheidendsten ist dies nicht auf der Ebene individueller Motivation der Fall, sondern auf der Ebene der verschiedenen Typen von Interaktionsstrukturen, die den unverwechselbaren Kern der einzelnen Bereiche ausmachen. Der Politik von Herrschaftsverbänden ist zweifellos eine kosteneffiziente Rationalität eigen. Eine der ersten Analysen, nämlich die von Schelling (1963), ging von der Sichtweise der ökonomischen Spieltheorie aus. Doch der archetypisch starke Herrschaftsverband ist alles andere als ein offener Markt. Er ist ein Netz aus sich gegenseitig überwachenden Beteiligten, die sich voller Angst auf ein einziges Machtzentrum hin ausrichten. Was die Machthaber eines solchen Machtgebildes um jeden Preis vermeiden wollen, ist eine Situation offener Verhandlungen über alternative Bestechungsgelder von einer Reihe alternativer politischer Verbände.

Die geopolitische Theorie weicht auch in anderer Hinsicht von der Markttheorie ab. Wenn wir eine ganze Reihe konkurrierender Staaten haben, so wird der jeweilige Ort, an dem sie in der Landschaft angesiedelt sind, darüber entscheiden, wer realistischerweise mit wem militärische Kalküle eingeht. Ein geopolitisches Netz unterliegt Einschränkungen, wie sie der ökonomische Markt nicht kennt. Eine Art Äquivalent zum „Marktabrechnungspreis" kann es für eine militärische Macht nicht geben, da die Macht jedes einzelnen Staates von der Art seiner Beziehungen zu den zufällig angrenzenden Staaten abhängt. Sicherlich findet man auch in der Geopolitik eine kostendämpfende Rationalität, doch folgt sie anderen Strukturgesetzen als denen, die den ökonomischen Markt regieren.

Nachdem dies gesagt ist, sollten wir uns jedoch davor hüten, einem Idealtyp ökonomischer Märkte zu verfallen, in dem jeder, der kauft oder verkauft, in Kontakt mit allen anderen steht. Die Prozesse von Angebot und Nachfrage werden in der Regel durch weit weniger offene Strukturen eingeschränkt. Mag dies auch eine konzeptuelle Limitierung der neoklassischen Ökonomielehre bedeuten, so wird uns damit doch die Möglichkeit zu einer Soziologie des ökonomischen Marktes eröffnet. Die Schlüsselbedingungen sind dabei jene, die über die relative Offenheit oder Beschränkung in den Tauscharenen entscheiden. Folgt man Weber (1922/1968), so können wir die Dynamik des Kapitalismus als einen Kampf um die Appropriation von Marktchancen verstehen. Kapitalismus bedeutet einen Prozeß aufeinanderfolgender Monopolisierungen, die aufeinander aufbauen und sich schließlich gegenseitig unterminieren. So war die Monopolisierung von Land in Form des Privateigentums nicht nur ein Schritt in Richtung Feudalismus, wie das auch für die Monopolisierung der Rechte auf ein öffentliches Amt gilt, dies war auch ein Schritt hin zu einem Markt, auf dem Land (und einträgliche Regierungsposten) gehandelt und den Kräften des Marktes unterworfen werden konnten. Appropriation auf einer Ebene ermöglicht die Schaffung einer übergeordneten Organisation, in der über die Instrumente der Appropriation verhandelt wird; Finanzmärkte können sich aus Waren- oder Bodenmärkten entwickeln; Bildungstitelmärkte können der Appropriation von Positionen mit Laufbahngarantie in Betrieben und Anstalten folgen. Aus diesem Grund faßte Braudel Kapitalismus (1997) als etwas Geschichtetes auf, mit Märkten verschiedenen Umfangs, wobei die mehr übergreifenden Märkte in der Lage sind, die lokalen zu manipulieren. Im späten 20. Jahrhundert entwickelten sich die Meta-Finanzmärkte mit beträchtlichen Einflußmöglichkeiten, als eine Art Arena, in der um die Kontrolle und über die Finanzierung von Unternehmen gekämpft wird. Dies steht im Einklang mit der Sicht der allgemeinen Konflikttheorie, daß sich endlos neue Konfliktstrukturen auf alten aufbauen.

Harrison White (1981; 1992) hat eine soziologische Theorie der Märkte zur Diskussion gestellt, der zufolge Kapitalisten in Netzen sich gegenseitig kontrollierender Produzenten organisiert sind; diese Kreise sind untereinander nicht so sehr mit dem Warenaustausch befaßt, sondern halten eher ein wachsames Auge auf den Markterfolg der anderen, um Marktlücken zu finden. Folgt man Schumpeters (1911/1961) Begriff von Banken als den „Hauptquartieren des kapitalistischen Systems", so kann man hinzufügen, daß Finanzorganisationen die bedeutendste Überwachung der Strukturen vornehmen, um die Entstehung wettbewerbsfreier Nischen zu maximieren. Die Gliederung der Kapitalisten weist verschiedene Schichten auf: diejenigen, die dem Gleichgewichtspreis des offenen Marktes am stärksten unterworfen sind, diejenigen, die sich in wettbewerbsfreien Nischen etabliert haben, und an der Spitze diejenigen, die in den Meta-Organisationen des Finanzsektors den Investitionenfluß steuern.

Ökonomische Märkte stehen mit den politischen Strukturen des Staates in Verbindung und letztlich mit militärischer Geopolitik. Jeder ökonomische Markt hängt von der Appropriation irgendeiner Art von Eigentum ab. Die Hauptunterschiede zwischen den Typen verschiedener ökonomischer Struktur in der Weltgeschichte rühren davon her, was denn in der jeweiligen Gesellschaft Besitz ausmacht (eheliche Verpflichtungen, Sklaven, Grundbesitz, Maschinen, Finanzmittel etc.). Besitz wird durch die Sanktionen organisierter Kräfte gesichert und ist so mit dem Herrschaftsverband verbunden, der in der jeweiligen Zeitperiode den Staat konstituiert. In dieser Hinsicht hat die Theorie von Herrschaftsverbänden analytische Priorität vor den Markttheorien. Die politische Struktur ist ausschlaggebend dafür, welche Wirtschaftsform überhaupt existieren kann. Andererseits könnte man sagen, daß die sozialen Verhältnisse beim Fehlen jeder staatlichen Einwirkung zu der reinen Form der Marktwirtschaft neigen, allerdings nur in einer fragmentarischen und episodischen Weise. In der Tabelle der Zwangsstrukturen postulierten wir diesen Punkt in der rechten Spalte ganz unten, also bei einem Höchstmaß an Dezentralisierung und einem geringen Anteil an Zwang. Mit mehr praktischem Nutzen läßt sich sagen, daß ein geringer Grad an Zwang mehr Marktautonomie zuläßt. Aber dies ist nicht unbedingt eine feste Voraussetzung. Außerdem gestattet eine offene Marktstruktur den Produzenten, marktlückenorientiert tätig zu sein und so den Wettbewerb einzuschränken. Und der pyramidenförmige Aufbau von Märkten in Form von Wechselkursen beinhaltet eine soziale Schichtung, die ihrerseits die Marktbeteiligung auf bestimmte soziale Schichten begrenzt.

Märkte sind bei weitem keine Utopien. Aber eine realistische Markttheorie ist wichtiger Bestandteil einer allgemeinen soziologischen Konflikttheorie. Wenn wir die Marktfreiheit als Schlüsselvariable voraussetzen, dann haben wir die Grundlage sowohl für die Analyse kurzfristiger Konflikte als auch für die langfristiger Strukturveränderungen. In jeder denkbaren Situation basiert die Anzahl der konfligierenden ökonomischen Interessen auf der Anzahl der wettbewerbsfreien Nischen. Diese Strukturen sind die Hauptquelle für Privilegien. Dem allgemeinen Konfliktprinzip zufolge, daß bestimmte Ressourcen ihre eigenen Interessengemeinschaften entstehen lassen, sind Fraktionen zu erwarten, die auf die Verteidigung ihres Platzes hinarbeiten. Unorganisierte Gruppen ohne feste Zuordnung bilden ebenfalls eine Interessengemeinschaft, dies aber nur latent, da gerade der Mangel an Organisation Maßnahmen auf kollektiver statt auf individueller Ebene verhindert. Doch es bleibt wohl noch immer eine große Anzahl von Interessen übrig, da es bei komplexer Arbeitsteilung viele verschiedene Marktlücken gibt. Die Zahl der effektiven Interessengemeinschaften – der konkurrierenden Klassen – konsolidiert sich insofern, als die Klassen sich politische Organisation auf höherer Ebene zunutze machen, um Marktlücken zu schaffen und zu schützen. Normalerweise ist die Regierung die Hauptquelle für Monopole, Lizenzen, Subventionen und viele andere Formen von Wirtschaftsregulierung; so gewinnen durch die Interaktion mit dem Staat unausgeformte ökonomische Interessen ein deutliches Profil als Interessengemeinschaft. Eine weitere Form von organisatorischer „Politik" wohnt der Wirtschaft selbst inne, nämlich auf finanziellem Gebiet. Der Strom des Investitionskapitals vereinigt häufig verschiedene Märkte und schafft soziale Netze unter den Besitzenden, deren Betriebsmittel zusammengelegt werden.

Wir sollten nicht die Vorstellung hegen, daß wirtschaftliche Interessengemeinschaften hochgradig organisiert seien. Normalerweise hat der Markt die Tendenz in einigen Bereichen auf Kosten anderer zu expandieren. Daß sich wirtschaftliche Interessengemeinschaften in einer kleinen Anzahl hochmobilisierter Solidarklassen bündeln, ist nicht die Regel; wo es geschieht, liegt es überwiegend am Mobilisierungseffekt einer politischen Krise und nicht an den ökonomischen Verhältnissen per se. Die meiste Zeit über herrschen Interessenskonflikte sowohl innerhalb der Klassen als auch zwischen den Klassen. Die Kapitalisten kämpfen um Marktnischen und um den privilegierten Zugang zum Finanzsektor. Alles in allem sind sie durch ihre Ressourcen in der Lage, mehr Verdienst zu erwerben als die besitzlosen Arbeiter. Doch ihre Solidarität wird von Kämpfen untereinander beeinträchtigt. Hier sehen wir einen weiteren strukturellen Unterschied zwischen der Arena der Wirtschaft und der von Politik und Geopolitik. Wirtschaftsverbände neigen zu einer Fülle konkurrierender Interessen; je offener der Markt ist, desto höher ist die Anzahl von Interessen. Spezialisierte Nischen, die die Offenheit des direkten Wettbewerbs reduzieren, erzeugen trotzdem eine weitere Dimension konkurrierender Interessen. Im Vergleich dazu reduzieren politische Strukturen drastisch die Anzahl der Konfliktgemeinschaften, insbesondere wenn der Herrschaftsverband hochgradig autoritär ist. Bei geopolitischen Prozessen ist die Anzahl der Wettbewerber der Hauptgrund für empirische Unterschiede.

Dimensionen kultureller Konflikte

Heutzutage ist es modern, Kultur als ein autonomes Gebiet zu behandeln, doch diese Autonomie mag nur oberflächlich vorhanden sein. Niemand wird abstreiten, daß kulturelle Waren und Aktivitäten von ihrem Wesen her einzigartig sind und daß sie ihre eigene Qualität und Geschichte haben, die eigenständig untersucht werden können. Doch trägt dies nichts zur Klärung der analytischen Frage bei, wie Kultur produziert und konsumiert wird. Ein Lied, eine Mode oder ein Gebet mag von dem, der sie wertschätzt, als etwas betrachtet werden, dem nichts in der Welt gleichkommt; doch diese wesentliche Autonomie kann mit einer tieferen Ebene soziologischer Analyse kompatibel sein, auf der deutlich wird, daß diese Themen den gleichen Erklärungsprinzipien unterliegen, die einige andere soziale Bereiche betreffen. Man kann leicht nachweisen, daß Kultur sowohl einer sozialen Stratifikation unterliegt als auch eine solche bewirkt, wie die umfassenden Arbeiten von Bourdieu und seinen Kollegen zeigen (z. B. Bourdieu, 1979/84). Selbst wenn wir den Bereich des Kulturschaffens als einen autonomes Set von Organisationen betrachten, in dem Künstler, Lehrer, Intellektuelle u. a. ihrer Laufbahn um kultureller Herrschaft willen nachgehen, so bilden diese Organisationen und Berufsstände immerhin noch ein weiteres Set von Nischen innerhalb der Wirtschaft. Dem Umstand, daß Kultur nicht mit materiellen Gütern konkurriert, ist wohl nicht mehr Gewicht beizumessen als dem, daß viele Bereiche materieller Warenproduktion ja auch nicht miteinander konkurrieren.

Bourdieus Modell läßt kulturellen Gebieten zumindest lokale Autonomie, der ihnen eigenen Logik nachzugehen, um gleichzeitig zu behaupten, daß der Kulturbereich die Beziehungen ökonomischer Stratifikation auf anderer Ebene reproduziert. Selbst wenn er dem Kulturbereich als einem wesentlichen Phänomen maximale Autonomie zubilligt, so repräsentiert Bourdieu doch jenen Theoriezweig, dessen Ansatz Kulturdynamik unter Wirtschaftsdynamik subsumiert. Damit handelt es sich um eine Theorie von Wirtschaftsmärkten, die sich gleichermaßen auf materielle Waren und symbolische Güter anwenden läßt. Selbst wenn diese Arenen völlig unabhängig voneinander wären (was Bourdieu bestreitet, aber darum geht es hier nicht), so gilt die gleiche übergreifende Theorie doch für beide. Bourdieus Wirtschaftstheorie konzentriert sich auf Prozesse, die Ungleichheit von einer Generation auf die andere übertragen, und auf Inflationsprozesse in dem Sinne, daß immer mehr kulturelle Waren auf den Markt geworfen werden. Meine eigene Analyse (Collins 1981 b) der Expansion von Ausbildung und beruflicher Qualifikation konzentriert sich ähnlich auf die Inflationsspirale von Bildungsabschlüssen. Auch wenn sie sich von Bourdieus Modell unterscheidet, da der Fokus eher auf Marktkrisen als auf kontinuierlicher Reproduktion liegt, so erklären doch beide Modelle die Dynamik von kultureller Veränderung, indem sie die Markttheorie anwenden.

Neben Bildungswesen und Konsumverhalten gibt es noch zahlreiche andere Arenen des kulturellen Konflikts. Die Geschichte kennt viele Religionen, ethnische Gruppen oder ideologische Bewegungen im Kampf um Vorherrschaft, Vernichtung oder Autonomie. Solange man sich auf der Ebene partikularistischer Deskription bewegt, kann man immer behaupten, daß sich derartige kulturelle Konflikte auf keinen anderen gesellschaftlichen Bereich zurückführen lassen. Sobald man sich jedoch die Mühe macht, die kulturelle Dynamik näher zu erläutern, stößt man auf Theorien von kulturellen Gemeinschaften und ihren Konflikten, die allgemeinere soziologische Prinzipien aus anderen Arenen aufgreifen. Damit soll nicht gesagt sein, daß es sich etwa bei religiösen Konflikten um Klassenkonflikte handele, die nur unter einem anderen Etikett laufen (wiewohl diese Möglichkeit *a priori* nicht ausgeschlossen werden kann). Doch in ihrer eigenen Arena scheint religiöse Politik ähnlichen Strukturprinzipien zu folgen wie alle übrigen Formen von Politik (vgl. „Heresy, Religions and Secular", in Collins, 1986). Bislang wurde die soziologische Kulturtheorie noch nicht systematisch vom Standpunkt ihrer analytischen Autonomie her angegangen. Uns bleibt nur die sich klar abzeichnende Möglichkeit, daß wir keine eigene Theorie für die Dynamik der Kultur brauchen. So sehen wir uns darauf verwiesen, daß es ausreichend sein könnte, die autonome Ökonomie eines bestimmten Kulturmarktes zu betrachten sowie dessen Politik und Geopolitik. Untersucht man neben dieser *analytischen* Überschneidung zusätzlich noch, welchen Einfluß die *wesentlichen* Kräfte des Staates, die geopolitische Lage und die Wirtschaft auf den eigentlichen Kern der Kultur ausüben, so könnte sich herausstellen, daß wir gar keine vierte Theorie benötigen, um das Phänomen Kultur zu erklären.

Zumindest in einer kulturellen Arena herrscht eine unverwechselbare Eigendynamik. Dies ist die Arena der Intellektuellen, die sich nach innen auf ihr eigenes Netzwerk ausrichten. Ein sehr gutes Beispiel dafür ist der Orden der Naturwissenschaftler, der sich seit dem 17. Jahrhundert formierte. Nach meinem Dafürhalten wiesen auch die Netze von Philosophen und Gelehrten viel früherer Epochen in ihrer sozialen Organisation einige verwandte Züge auf. Die folgenden Prinzipien ergaben sich aus meiner Analyse von Philosophen im Wandel der Zeit – sowohl in europäischen als auch in asiatischen Gesellschaften. Die Kreativität einer intellektuellen Gemeinschaft wird von ihrer inneren Netzwerkstruktur her angespornt und nicht durch den unmittelbaren Einfluß der sie umgebenden Zustände in der Welt der Nichtintellektuellen. Wir sehen dies anhand des folgenden Schemas: Je erfolgreicher sie in kreativer Hinsicht sind, desto fester sind diese Intellektuellen als Glied in die generationenübergreifende Kette anderer Intellektueller von höchstem kreativen Rang eingebunden. Die kreativsten Individuen finden sich oft als Teil einer Gruppe, d.h. in einem horizontalen

Netz von Zeitgenossen, als ob sich ihre Kreativität dort gegenseitig stimuliere. Diese Zusammengehörigkeit innerhalb einer Netzwerkstruktur, die eine Isolierung von den externen Netzen der Nichtintellektuellen schafft, ist eine *sine qua non* der Kreativität, zumindest in dem speziellen Bereich intellektueller Kultur.

Intellektuelle Kultur wird so über generationenübergreifende Verwandtschaftsbeziehungen und in zeitgenössischen Gemeinschaften weitergegeben, doch ist Kultur nichts Statisches. Innovationen sind eine Folge des Wettbewerbs im Aneignen und Fortentwickeln vorhandenen intellektuellen Kapitals unter den ja immer gegebenen Fraktionen. Die Geschichte der Intellektuellen bedeutet also einen von divergierenden Gruppen angespornten Konfliktprozeß.

Wie viele rivalisierende Gemeinschaften können jeweils nebeneinander vorkommen? Dies ist, was die Veränderungsmöglichkeiten intellektueller Gebilde angeht, eine der entscheidenden Fragen. In der intellektuellen Welt gilt das „Gesetz der kleinen Zahlen". Darunter kann man die strukturellen Grenzen verstehen, innerhalb derer Intellektuelle miteinander um die möglichst hohe Anerkennung ihrer Gemeinschaft wetteifern. Kreativität kann zur gleichen Zeit viele verschiedene Richtungen einschlagen. Wenn im intellektuellen Raum noch eine weitere Position Platz hat, ist immer auch noch Platz für eine rivalisierende Meinung, die sie in entscheidender Hinsicht negiert. Genau genommen gibt es fast immer drei kreative Positionen, da sich bei zwei Positionen leicht ein lachender Dritter oder ein Kompromiß findet. Indem jeweils andere Dimensionen der vorgegebenen kulturellen Kategorien herausgegriffen und unterschiedlich kombiniert werden, können auch mehr als drei unterschiedliche intellektuelle Positionen entstehen. Doch hier stoßen wir bald an die strukturelle Obergrenze: Kommt es zu mehr als fünf oder sechs intellektuellen Positionen, werden die meisten von ihnen in den nachfolgenden Generationen keine Verbreitung finden. Es hat den Anschein, daß die intellektuelle Gemeinschaft nicht mehr als ungefähr sechs klar erkennbare Identitäten im Überblick behalten kann. Überzählige Gruppierungen finden keine Anerkennung und haben nicht genug Anhänger, als daß sich ihre Saat in der nächsten Generation fortpflanzen könnte.

Das „Gesetz der kleinen Zahlen" regiert die Dynamik intellektueller Veränderungen, indem es der Entwicklung von unterschiedlichen Ideenrichtungen förderlich oder hinderlich ist. Lehrmeinungen, die vom gesellschaftlichen Rahmen her große äußere Unterstützung erfahren, spalten sich oft sogar in vier oder fünf Fraktionen auf, um die vorhandene Beachtungsmarge auszufüllen. Schrumpft die äußere Basis hingegen, verschmelzen intellektuelle Fraktionen miteinander, als ob sie so besser auf dem intellektuellen Feld Platz fänden. Ein Beispiel für diesen Prozeß sind die organisierten Schulen im China des Mittelalters. Stagnierten die Konfuzianer, spalteten sich die Buddhisten in eine beträchtliche Anzahl philosophischer Schulen auf. Wenn die Buddhisten ihren Rückhalt verloren, verschmolzen ihre Philosophien zu einer einzigen synkretistischen Position, während der wieder auflebende Konfuzianismus sich in miteinander rivalisierende Fraktionen aufspaltete. Im späten Römischen Reich spaltete sich das siegreiche Christentum in theologische Fraktionen auf, während die einst zahlreichen heidnischen Schulen zu einer einzigen philosophisch geeinten Front verschmolzen. Kreativität wird sozusagen durch vorhandene Öffnungen in den intellektuellen Raum gepreßt. Sofern sich intellektueller Raum erschließen läßt, strebt die Entwicklung von Kreativität innerhalb des vom „Gesetz der kleinen Zahlen" gesteckten Rahmens größtmögliche Vielfalt an. Verschließt sich intellektueller Raum, verlegt sich die kreative Energie darauf, Wege zu finden, wie bislang miteinander rivalisierende Positionen unter einer Art Dachverband zusammengefaßt werden können.

Das intellektuelle Feld beweist, daß es zumindest einen Kulturbereich gibt, der von anderen soziologischen Prinzipien geprägt wird als den Theorien, die den Staat, die Geopolitik und die ökonomischen Märkte betreffen. Damit soll nicht gesagt sein, daß aus diesen Ecken keine für die intellektuelle Arena relevanten Beiträge kommen können. So ist etwa Politik für die intellektuellen Fraktionen einer der Kanäle, der die Unterstützung von außen reguliert, aber die Auswirkungen derartiger politisch motivierter Unterstützung auf die intellektuelle Kreativität werden durch das „Gesetz der kleinen Zahlen" modifiziert. Hier liegt eine wesentliche Verbindung zwischen verschiedenen sozialen Arenen vor, nicht jedoch eine analytische Subsumtion kausaler Schemata; die jeweils wirksamen Prinzipien bleiben bestimmbar.

Die Hauptdynamik der intellektuellen Welt liegt in dem Wettkampf um eine schmale Beachtungsmarge, dem „Gesetz der kleinen Zahlen" unterworfen, das jeweils ungefähr drei bis sechs sehr erfolgreiche Positionen auswählt. Es handelt sich hierbei um einen anders strukturierten Raum als in der Politik des Herrschaftsverbandes, bei der sich die Aufmerksamkeit auf ein einziges Machtzentrum konzentriert. Er unterscheidet sich auch von den ökonomischen Märkten, die sich nach zwei Richtungen hin ausbreiten: Einmal geschieht Vermehrung durch die Schaffung einer größeren Anzahl von wettbewerbsfreien Nischen; in einer anderen Richtung finden wir den Pyramidenbau übergeordneter Märkte, die im Rahmen von Wechselkursen Handel treiben. Intellektueller Raum unterscheidet sich auch von geopolitischen Strukturen, in denen die Zahl der am Konflikt beteiligten Parteien eine Variable darstellt, die sich aus den geographischen Beziehungen ergibt.

Wo haben nun kulturelle Netze allgemein ihren Ort auf dieser Theorienskala? Ist die intellektuelle Gemeinschaft gesamtgesellschaftlich gesehen ein guter Prototyp für die Struktur kultureller Netze? Größtenteils nicht, würde ich sagen. Überwiegend ist Kultur nicht auf harte Auseinandersetzungen um Kreativität angewiesen. Einige Bestandteile der Kultur, wie religiöse Überzeugungen oder ethnische Erkennungszeichen sind hochgradig konservativ. Man mißt ihnen viel Bedeutung bei, weil sie Bindeglieder zur Vergangenheit darstellen. Andere kulturelle Güter wie Kleidermode, Inneneinrichtung, Formen der Unterhaltung sind kurzlebig, doch sie werden über Massenmärkte vertrieben, die alle Kennzeichen der materiellen Ökonomie aufweisen. Der Konsumstil ist oft daran gekoppelt, daß die sozialen Klassen ihren Status dokumentieren wollen, und damit sind sie in der sozialen Hierarchie verankert, die auf wirtschaftlicher Gliederung aufbaut. Die am häufigsten auftretende Äußerungsform von Kultur, die in normalen Gesprächen übliche Redeweise, ist das Medium für persönliche Beziehungen, die die Netzwerkstruktur von Statusgruppen ausmachen.

Die intellektuelle Welt teilt sich mit vielen dieser kulturellen Märkte in Grenzgebiete. Zur einen Seite der Grenze liegt die innere Region der intellektuellen Gemeinschaft, die nach innen ausgerichtet die Beachtungsmarge anderer Intellektueller erobern will. Auf der anderen Seite dieser Grenze können die Produkte der Schaffenskraft dieser Elite für den Massenkonsum vermarktet werden. Meiner Theorie der intellektuellen Gemeinschaft zufolge, tritt Kreativität nach eigener Maßgabe nur dann auf, wenn die intellektuellen Netzwerke genügend strukturelle Autonomie besitzen, um sich nach innen an ihrer eigenen begrenzten Beachtungsmarge zu orientieren. Solange diese vorhanden ist, bleibt das Kreativitätsschema nach dem „Gesetz der kleinen Zahlen" voraussagbar. Wenn keine Strukturautonomie gegeben ist (und die historischen Gegebenheiten lassen diese Autonomie oft nicht zu), dann folgen die kulturellen Erzeugnisse einfach der gesamtgesellschaftlichen Gliede-

rung. Die für autonome Kulturproduzenten typische Höhe des Abstraktionsniveaus sowie die Tiefe ihrer Selbstreflexion, sind dann nicht gegeben. Die Kultur richtet sich entweder an den traditionellen Festlegungen ethnischer oder religiöser Gruppen aus oder folgt dem Wettbewerb kapitalistischer Märkte. In beiden Fällen besteht keine Veranlassung für eine eigenständige Theorie der Kulturdynamik.
Wo autonome intellektuelle Gemeinschaften existieren, ist jedoch ein gesonderter theoretischer Ansatz erforderlich. Die Beziehung zwischen diesen nach innen hin ausgerichteten Gemeinschaften und einer breiteren Streuung von Kultur bedarf der näheren Untersuchung von diesem Standpunkt aus. Wenn es einen breiten Gürtel gibt, in dem es zu Überschneidungen oder zum Austausch kommt, können wir die Arena erweitern, in der kulturelle Phänomene nicht nur essentiell, sonder auch kausal autonom sind.

Schluß

Handelt es sich bei vier Konflikttheorien nun um die korrekte Anzahl? Die soziologische Untersuchung einiger der genannten Analysefelder hat erst vor kurzem eingesetzt oder ist noch im Gange. Derzeit hat es den Anschein, daß sich die Hauptprinzipien von autoritären Verbänden, Geopolitik, Märkten und intellektueller Kreativität unterscheiden. Der Kulturbereich mit allem, was dazugehört, bedarf dringend der weiteren Analyse. Den Befürwortern kultureller Autonomie sollte der Nachweis abverlangt werden, daß diese Autonomie nicht bloß als Vorstellung überzeugt, sondern auch als eigenständiges Ensemble von Erklärungsprinzipien. Obwohl Kultur zu großen Teilen als eine Anwendung der Markttheorie erscheinen mag, ist bislang noch nicht geklärt, ob die Markttheorie zusammen mit der Theorie der intellektuellen Kreativität den genannten Bereich kultureller Phänomene erklären kann. Es ist durchaus möglich, daß fünf statt vier Theorien nötig sind. Es sind jedoch auch Möglichkeiten der Theorieentwicklung denkbar, die deren Anzahl auf weniger als vier verringern könnten. Analytisch gesehen gibt es auf höherem Abstraktionsniveau zweifellos Prinzipien, die allen vier Theorien von Konfliktstruktur zugrunde liegen. Es könnte sein, daß uns die Zukunft eine wirklich allgemeine Konflikttheorie, die sich in etwa vier (oder mehr) eigenständige Anwendungsbereiche verzweigt, bringen wird.

Literaturverzeichnis:

Bourdieu, Pierre. 1979/1982. *Die feinen Unterschiede: Kritik der gesellschaftlichen Urteilskraft.* 8. Aufl. Frankfurt am Main: Suhrkamp.

Braudel, Fernand. 1977. *Afterthoughts on Material Civilization and Capitalism.* Baltimore: John Hopkins University Press.

Braudel, Fernand. 1979/81. Civilization and Capitalism, 1400-1800. 3 Volumes. London: Collins. *Dt.: Die Geschichte der Zivilisation: 15. Bis 18. Jahrhundert. München: Kindler, 1971.*

Collins, Randall. 1981a. „Long-term Social Change and the Territorial Power of States." in: R. Collins: *Sociology Since Midcentury: Essays in Theory Cumulation.* New York: Academic Press.

Collins, Randall. 1981b. „Crises and Declines in Credential Systems." in: ders. R. Collins *Sociology Since Midcentury: Essays in Theory Cumulation.* New York: Academic Press.

Collins, Randall. 1986. *Weberian Sociological Theory.* Cambridge and New York: Cambridge University Press..

Collins, Randall. 1989a. „Sociological Theory, Desaster Research, and War." In Gary Keps (ed.), *Social Structure and Desaster: Conception and Measurement.* University of Delaware Press.

Collins, Randall. 1995. „Prediction in Macro-sociology: the Case of the Soviet Collapse." *American Journal of Sociology* 100: 1552–93.

Collins, Randall. 1998. *The Sociology of Philosophy: a Global Theory of Intellectual Change.* Cambridge: Harvard University Press.

Gilpin, Robert. 1981. *War and Change in World Politics.* Cambridge and New York: Cambridge University Press.

Goldstone, Jack A. 1991. *Revolution and Rebellion in the Modern World.* Berkeley: University of California Press.

Kennedy, Paul. 1989. *Aufstieg und Fall der großen Mächte: ökonomischer Wandel und militärischer Konflikt von 1500 bis 2000.* Frankfurt am Main: Fischer.

Luttwak, Edward N. 1987. *Strategy. The Logic of War and Peace.* Cambridge: Belknap Press.

Mann, Michael. 1990. *Geschichte der Macht.* Band 1 und 2 (1994). Frankfurt am Main: Campus Verlag.

Marwell, Gerald, and Pamela Oliver. 1993. *The Critical Mass in Collective Action. A Micro-Social Theory.* New York: Cambridge University Press.

Rule, James. 1989. „Rationality and Non-rationality in Militant Collective Actions." in: *Sociological Theory* 7: 145–160.

Schelling, Thomas C. 1963. *The Strategy of Conflict*. Cambridge, Mass.: Harvard University Press.

Skocpol, Theda. 1979. *States and Social Revolutions*. New York: Oxford University Press.

Schumpeter, Joseph A. 1934/1993. *Theorie der wirtschaftlichen Entwickung*. Berlin: Duncker & Humblot.

Weber, Max. 1921/1980. *Wirtschaft und Gesellschaft*. Besorgt von Johannes Winckelmann. Tübingen: J.C.B. Mohr.

White, Harrison C. 1981. „Where Do Markets Come From?" *American Journal of Sociology*,87: 517–47.

White, Harrison C. 1992. *Identity and Control. A Structural Theory of Social Action*. Princeton: Princeton University Press.

Übersetzung: Johanna Völkel, Ulrike Pusch, Dieter Bögenhold

Das Versprechen einer Kultursoziologie: Technologischer Diskurs und die heilige und profane Informationsmaschine

Jeffrey C. Alexander

Das stückweise Vordringen des Computers in alle Poren des modernen Lebens vertieft das, was Max Weber die „Rationalisierung der Welt" genannt hat. Der Computer verwandelt jede Nachricht, unabhängig von ihrer substantiellen Bedeutung, metaphysischen Entfernung oder ihrem emotionalen Reiz, in eine Reihe numerischer Bits und Bytes. Diese Reihen sind durch elektrische Impulse mit anderen verbunden und werden am Ende in das Medium des menschlichen Lebens zurückverwandelt.

Kann es ein besseres Beispiel für die Unterwerfung weltlicher Aktivität unter unpersönliche rationale Kontrolle geben? Kann es eine eindrucksvollere Veranschaulichung der Ernüchterung der Welt, vor der Weber gewarnt hat, geben? Von der Antwort auf diese gewichtige Frage hängt viel ab, weil die Diskussion über die Bedeutung der fortgeschrittenen Technologie einen der zentralen ideologischen Teilbereich dieser Zeiten markiert. Wenn die Antwort „ja" ist, sind wir nicht nur in Webers eisernem Käfig gefangen, sondern auch durch die Gesetze des Marktes gebunden, die, wie Marx annimmt, letztlich alles Menschliche in die Form einer Ware zwingen.

Dieser Streit über die Rationalisierung der Welt wirft theoretische Fragen auf, nicht nur existentielle. Kann es wirklich eine Welt reiner technologischer Rationalität geben? Obwohl diese Frage für Kritiker der modernen Welt ideologisch zwingend sein mag, werde ich argumentieren, daß die einer solchen Annahme zugrunde liegende Theorie nicht richtig ist. Weil Handlungen und ihre Umgebung unauslöschlich vom Nicht-Rationalen durchdrungen sind (Alexander 1982–1983, 1988a), kann eine rein technisch rationale Welt nicht existieren. Selbstverständlich ist die wachsende Zentralität des digitalen Computers ein empirisches Faktum. Dieses muß jedoch interpretiert und erklärt werden.

Es ist die Theorie, die den Rahmen für Interpretation und Erklärung bereitstellt. Im folgenden Abschnitt umreiße ich ein theoretisches Modell, das ein genaueres Verständnis bietet und das auf eine kultur-sensiblere Soziologie hinweist. Auf der Basis dieses Modells werde ich gegen die Gültigkeit von Webers Konzept von Rationalität argumentieren. Zuerst untersuche ich kritisch soziologische Erklärungen für Technologie im allgemeinen, indem ich argumentiere, daß sich diese Erklärungen durch das Eliminieren des symbolischen Status der Technologie zu einem Rädchen im Getriebe des sozialen System reduzieren. Von da wende ich mich der empirischen Untersuchung der sozialen Verständnisse des Computers zu, die in den letzten fünfzig Jahren auftauchten. Weit davon entfernt, zur Rationalisierung der Gesellschaft hin (oder von ihr weg) zu führen, ist dieser Prototyp moderner Technologie innerhalb eines festen und traditionellen kulturellen Netzes gefangen. Ich schließe damit ab, daß die Rationalisierungsthese eher eine Reflexion dieses Netzes des Symbolismus als seine Erklärung ist. Es kristallisiert die Vorbehalte und symbolischen Bedeutungen heraus, die dem unterliegen, was als das besonders Moderne an unserer Welt begriffen wird.

Die Bedeutung ernst nehmen

Zeitgenössische Soziologie ist fast ausschließlich das Studium sozialer Elemente aus der Perspektive ihres Platzes im Sozialsystem heraus. Das Versprechen einer Kultursoziologie lautet, daß dabei eine mehrdimensionalere Perspektive erlangt werden kann. Aus dieser mehrdimensionalen Perspektive heraus werden die sozialen Elemente nicht länger als naturalistisch angesehen, als Dinge also, die ohne die Vermittlung kultureller Codes in und aus sich selbst existieren könnten. Obwohl diese naturalistische Ansicht dadurch, wie wir die Welt tatsächlich erfahren, pragmatisch gerechtfertigt erscheint (Rochberg-Halton 1986), materialisiert sie tatsächlich Personen und Institutionen.
Eine solche Materialisierung steht offensichtlich in der theoretischen Tradition, die aus der Dichotomie der post-parsonianischen Welt entstanden ist (Alexander 1987: Kap.8–20). Mikrotheoretiker tendieren dazu, Akteure als allmächtige Schöpfer von Bedeutung, als sture Rationalisierer und als Teilnehmer in Netzwerken, die eine sofortige situative Relevanz haben, anzusehen. Makrotheoretiker sind geneigt, die Welt im Sinne von *Realpolitik*[1] zu betrachten. Diese pragmatische

1 Die Arbeit von Mann (1985) versucht, Mikro- und Makroseiten der postparsonsianischen Antwort miteinander zu mischen, obwohl er darüber hin-

Materialisierung hat auf subtilere Art den Beitrag von Theoretikern widerlegt, die dem Reich der Kultur größere Aufmerksamkeit geschenkt haben. Von Simmel bis Parsons haben Theoretiker exlusiv den Sozialsystembezug für die Soziologie durch die Festlegung von disziplinären Zuständigkeiten gerechtfertigt, ihre Selbstbeschränkung auf Institutionen, Interaktionen und institutionelle Werte. Anthropologie oder Literaturwissenschaften erklären symbolische Muster, Soziologen konzentrieren sich auf tatsächliche Handlungen[2].

Während Simmel und Parsons diese Spezialisierung als eine analytische beschrieben, ist die Streitfrage eng mit demjenigen Ansatz verbunden, der Kultur zu einer konkreten Variablen macht. Im schlechtesten Fall ist diese Variable die Hochkultur. Aus dieser Perspektive aus sind „Kultursoziologen" auf Forschungen über Kunstmuseen und Musikgeschmack beschränkt, und die Theoretiker der Massengesellschaft sprechen vom Niedergang der Kultur in der modernen Welt. Gängiger, aber genauso irreführend wird Kultur mit ideologischen Einstellungen gleichgesetzt und, gemessen an ihren Auswirkungen, mit ökonomischen Interessen kontrastiert, sie wird mit Werten gleichgesetzt und

ausgeht. Während ich glaube, daß die historischen Aspekte seiner Ansicht über die westliche Welt nicht nur hochoriginell, sondern auch weitgehend korrekt sind, leidet das Werk neben den signifikanten empirischen Zugeständnissen, die es an Religion macht, an einer antikulturellen theoretischen Neigung. Mann besteht darauf, daß man die Infrastrukturen der Ideen, die konkreten Netzwerke und Kommunikationssysteme, durch die Ideen ausgedrückt werden, eher untersuchen kann und sollte, als die Ideen selbst. Seine Prämisse ist, daß Ideen nicht nur in sich selbst legitime Gründe sind. Selbst eine der hauptsoziologischen Erklärungen für diese Infrastrukturen muß immer der Einfluß der Ideen selbst sein.

2 Ich habe Parsons wiederholte Anstrengung kritisiert, verschiedene Variablen auf verschiedene Disziplinen zu verteilen, vgl. Alexander (1983:272–276). In dieser Diskussion jedenfalls bezog ich diese Tendenz auf Parsons Idealismus, weil er der Soziologie die Spezialisierung in eher normative als in materielle Kräfte zuwies. (In seinem späteren Werk war es die Untersuchung des integrativen Subsystems der allgemeinen Handlung, die in Affekt spezialisiert). Hier kritisiere ich die disziplinäre Zuteilung, weil sie es Parsons erlaubt, von der tatsächlichen Konfrontation mit symbolischen Codes zu entfliehen. Obwohl Parsons eine Grundlinie für jeden gegenwärtigen Versuch, eine multidimensionale Kultursoziologie zu schaffen, vorgibt, blockiert er diese Entwicklung, indem er darauf besteht, daß sich Soziologie nur mit den institutionalisierten Segmenten der Kultur beschäftigt, in seinen Worten nicht das Kultursystem, sondern die Latenz oder Mustererhaltung oder ein Subsystem des Sozialsystems. Nur diese spezialisierten Elemente werden in Parsons Theorie Werte genannte, wie Bellah (1970b) in Teilen seines Werkes besonders deutlich macht. Jedoch, wie ich bereits anderswo argumentiert habe (1988a, 1990), sind Werte nur einer der vielen Bereiche, auf die sich die wahre Kultursoziologie konzentriert.

mit Normen kontrastiert. Sie wird mit Religion gleichgesetzt und gegen die Effekte politischer Positionen gewichtet. All diesen Ansätzen ist das „Alles-andere"-Argument gemeinsam. Ihre Anhänger unterstellen, daß andere als diese bestimmten Variablen Nicht-Kultur sind. Alles andere existiert in seiner Form des sozialen Systems.

Die Alternative zu solcher „Typenanalyse" ist ein analytischer Ansatz, der den symbolischen Status nicht in Disziplinen außerhalb der Soziologie verbannt. Anstatt symbolische und materielle Kräfte in einer pluralistischen und „großzügigen" Art zu verstehen, nimmt dieser Ansatz an, daß beide immer als analytische Dimensionen derselben empirischen Einheit präsent sind. Aus der analytischen Perspektive kann jedes soziale Objekt als kulturelles Objekt, jede soziale Struktur als eine „kulturelle Struktur" analysiert werden (für dieses Konzept siehe Rambo und Chan 1990; für eine generelle Verteidigung des analytischen Ansatzes zur Kultur, siehe Kane 1991). Ereignisse, Akteure, Rollen, Gruppen und Institutionen sind als Elemente einer konkreten Gesellschaft Teil eines sozialen Systems; gleichzeitig sind sie freilich auch Teil eines kulturellen Systems, das mit der Gesellschaft eine gemeinsame Schnittmenge hat, aber nicht mit ihr identisch ist. Ich definiere Kultur als ein organisiertes Set von bedeutungsvoll verstandenen symbolischen Mustern. Durch ihre Verortung in einem solchen organisierten Set kann jede soziale Interaktion auch als ein Text verstanden werden (Ricoeur 1971).

Nur wenn diese analytischen Transformationen gemacht sind, kann die Dichte des menschlichen Lebens (Geertz 1973), ihre Vielschichtigkeit und Nuance in die Sprache der Sozialwissenschaft eingehen. Dilthey (1976) hat uns darauf vorbereitet, diese Dichte zu respektieren, indem er darauf bestand, daß alle sozialen Handlungen auf dem Reservoir unserer inneren Erfahrungen beruhen. Die Welt ist bedeutungsvoll, weil wir die Welt eher erleben, als uns einfach nur in ihr zu verhalten. Als Sozialwissenschaftler müssen wir das Innenleben der Welt beschreiben, oder wir versagen darin, „es" überhaupt zu beschreiben. Wir können das Problem der Bedeutung jedenfalls nicht unbekümmert handhaben, indem wir seinen Charakter als etwas Offensichtliches voraussetzen und unsere Aufmerksamkeit auf die Gründe und Effekte verlagern, wie es der Kultur-als-Variable-Ansatz tut[3]. Wir müssen die Welt der Bedeutung bereitwillig bewohnen.

---

3 Eine solche Behandlung manifestiert sich z. B. in großen Teilen von Wuthnows (1987) letztem Werk.

Diese Welt zu bewohnen zu versuchen, heißt nicht, sich an den idiosynkratischen Einstellungen von Individuen zu orientieren. Dies ist der Ansatz „aus der Sicht des Handelnden", wie er von Mikrotheoretikern, insbesondere den symbolischen Interaktionisten, vertreten wird. Da Kultur die Umwelt jeder Handlung ist, meint ein Bewohnen Welt der Bedeutung, in ein organisiertes Set symbolischer Muster einzutreten, das die Handelnden in seiner Bedeutung verstehen. Dies bedeutet nicht, daß die Sozialwissenschaften darauf abzielen, kulturelle Muster mit und durch sich selbst zu beschreiben. Zum einen ist eine einfache Beschreibung unmöglich; kulturelle Analyse besteht aus Interpretation und Rekonstruktion. Zum anderen besteht der Versuch, ein komplexes Verständnis für bedeutungsvolle Sets zu erreichen, nicht in der Vermeidung eines kompletten Erklärungszieles. Tatsächlich behaupte ich hier genau das Gegenteil. Nur mit einem robusteren Verständnis von Kultur können wir ein reales, mehrdimensionales Verständnis der Beziehung zwischen symbolischen Systemen und traditionelleren soziologischen Referenzpunkten erreichen.

Wir können diese Welt der Bedeutungen nicht nur bewaffnet mit Methodologien unseren Sensibilitäten und hermeneutischen Zirkeln betreten. Das können wir nur mit starken Theorien darüber tun, wie das Kultursystem tatsächlich funktioniert. Hierauf ist die Hermeneutik, egal ob von Dilthey oder Gadamer, hoffnungslos unvorbereitet. Soziologische Theorien der modernen Kultur sind nicht viel besser. Darüber hinaus schlägt Weber (1958) ihre Aufteilung in autonome Sphären kognitiven, moralischen und ästhetischen Wissens vor. Diese Perspektive führt uns zu einem Verständnis des Antagonismus oder der Paradoxien zwischen verschiedenen Überzeugungen und widerstreitenden sozialen Handlungen (Schluchter 1979). Es führt uns nicht zu Muster-Interpretationen, der Anstrengung, diese Muster in sich und aus sich selbst heraus zu verstehen[4]. Diesbezüglich unterstützt Durkheim (1951) oft einen komplementären Blick auf die Auflösung der Bedeutung. In den bekanntesten Beispielen dagegen theoretisiert er die Generalisierung und wachsende Abstraktion des kollektiven Bewußtseins (1933, 1973). Dieser Ansatz gibt sich der Störung und Vereinfachung der symbolischen Muster in organisierten Sets hin, womit der Analyti-

---

4 Eher als die Textur einer neuen Bedeutungsfestlegung zu untersuchen, übernehmen die meisten gegenwärtigen Weberianer tatsächlich die idealtypischen Muster der Moderne, die Weber zu Beginn dieses Jahrhunderts identifizierte, z. B. Wertrationalität, Verantwortungsethik etc.

ker dahin geführt wird, auf Kultur von außen, in Form ihrer sozialen Effekte, zu sehen.

Parsons schöpft aus Webers und Durkheims Theorien, indem er diese (zum Beispiel Parsons 1966) in Ansätzen kultureller Differenzierung und Generalisierung von Werten transformiert. Die Präzision seines Theoretisierens macht die Implikationen dieses Ansatzes viel deutlicher als die klassischen Arbeiten. Parsons erklärt (zum Beispiel Parsons und Shils 1951), daß er sich nicht mit der inneren Geographie der kulturellen Struktur, die er *Symbolsystem* nennt, befaßt. Vielmehr, sagt er, Soziologie sollte nur die institutionalisierten Segmente der Kultur studieren, in seiner Terminologie also nicht das *Kultursystem*, sondern die *Latenz* oder *Mustererhaltung* oder das *Subsystem* des Sozialsystems. Diese spezialisierten Elemente werden in Parsons Theorie *Werte* genannt.[5] Parsons untersuchte Sozialisation und Spezifizierung, um die Art und Weise zu studieren, in der differenzierte und generalisierte Werte die Organisation des Sozialsystems beeinflussen: Die Unterstützung der Politik, die Motivation zur Arbeit, die Natur der Berufe und den Betrieb von Universitäten. Er untersuchte mit anderen Worten nicht die internen Strukturen des symbolischen Systems, sondern die Prozesse, durch die eine gegebene kulturelle Struktur in der Gesellschaft institutionalisiert wird[6].

Die gegenwärtige kritische Theorie ist in überraschenden Aspekten ähnlich, obwohl sie der Institutionalisierung kaum Wert beimißt. Für Habermas ist weder der Bedeutungsgehalt noch die kulturelle Struktur das tatsächliche Untersuchungsobjekt. Auf der Basis von Webers und Parsons Evolutionstheorie wird die Existenz einer kleinen Zahl ab-

---

5 Bellah betont diese Unterscheidung zwischen Symbolen und Werten in seiner frühen Arbeit über Japan (Bellah 1970b). Als er sich auf symbolischen Realismus und sein ziviles Religionskonzept zubewegte, wurde diese Unterscheidung verwischt, weil er sich weniger für institutionalisierte Systeme interessierte, sondern mehr für symbolische Bezüge in und auf sich selbst. In Bellahs letztem Werk hat die interne Untersuchung von Bedeutungssystemen weniger Aufmerksamkeit gefunden.

6 Eisenstadt ist einer der wenigen gegenwärtigen Kultursoziologen, die diese frühe parsonianische Konzentration auf Institutionalisierung weiterführen. Indem er Elemente von Shils eher kulturellem Programm aufnahm und die weberianischen Elemente, die in Institutionalsierungstheorie eingebettet sind, ausweitete, hat Eisenstadt das parsonianische Kulturprogramm erheblich ausgeweitet (siehe Alexander und Colomy 1985). Für eine Kritik Eisenstadts an gegenwärtigen makrosoziologischen Analysen, daß sie eher einen ontologischen als einen analytischen Ansatz auf Kultur nehmen (vgl. Eisenstadt 1987). Diese Kritik trifft sich mit meiner Diskussion des Problems mit der Kultur-als-Variable-Ansatz.

strakter, differenzierter und spezifisch normativer Muster angenommen (Habermas 1984). Es geht dabei nicht darum, normative Muster zu interpretieren, sondern herauszufinden, wie Akteure sich auf Muster beziehen und insbesondere, welchen Effekt diese Bezugnahme auf die Beziehung zwischen Akteuren und Institutionen hat. Die innere Welt moderner Objekte neu zu erschaffen, beinhaltet jedoch genauere und innerlich komplexere theoretische Ressourcen. Um an diese Ressourcen zu gelangen, müssen wir uns außersoziologischen Traditionen und den soziologischen Theorien des vormodernen Lebens zuwenden. Wenn wir mit der Feststellung beginnen, daß Kultur eine Form von Sprache ist, können wir von der konzeptuellen Architektur Gebrauch machen, die uns Saussures Semiotik mit ihrer „Wissenschaft der Zeichen" zur Verfügung stellt. Auch wenn sie vielleicht nicht so straff organisiert sind wie die realen Sprachen (siehe aber Barthes 1983), haben kulturelle Sets definitiv kode-artige Eigenschaften. Sie sind aus streng strukturierten symbolischen Beziehungen zusammengesetzt, die weitgehend unabhängig von der Willensäußerung oder Artikulation einzelner Handelnder sind. Kulturelle Codes sind wie linguistische Sprachen auf Zeichen aufgebaut, die sowohl Bedeutendes enthalten als auch bedeuten. Technologie zum Beispiel ist nicht nur ein Ding, ein signifiziertes Objekt, auf das sich andere beziehen, es ist auch ein Signifikant, ein Signal, eine innere Erwartung. Die Beziehung zwischen dem Signifikanten und dem signifizierten ist, darauf besteht Saussure, „zufällig". Wenn er schreibt (1964), daß das erste „keine natürliche Beziehung mit dem Bezeichneten hat", schlägt er vor, daß die Bedeutung oder Natur des Zeichens, sein Name oder seine innere Dimension, nicht als durch die Natur des Bezeichneten, also durch die äußere, materielle Dimension des Zeichens vorgeschrieben, verstanden werden kann.

Wenn die Bedeutung eines Zeichens nicht beobachtet oder aus der Untersuchung des Bezeichneten oder Objektiven geschlossen werden kann, wodurch wird sie dann festgelegt? Durch seine Beziehung zu anderen Signifikanten, betont Saussure. Systeme von Zeichen sind aus endlos vielen solcher Beziehungen zusammengesetzt. Im einfachsten Falle sind diese Beziehungen binär. In jedem aktuellen System kultureller Sets werden sie zu langen Ketten oder Netzen von ineinander verwobenen Analogien und Antithesen, was Eco (1979) die „Ähnlichkeit der Signifikanten" nennt, die das „globale semantische Feld" bilden. Die strukturelle Anthropologie hat die Nützlichkeit dieser Architektur

illustriert, besonders berühmt im Werk von Lévi Strauss (1967) und am nützlichsten im Werk von Sahlins (1976,1981) illustriert.
Doch auch in ihrer stärksten sozialen Einbettung kann Semiotik niemals ausreichen. Per definitionem abstrahiert sie von der sozialen Welt, indem sie organisierte symbolische Sets als psychologisch unmotiviert und sozial unbegründet annimmt. Im Gegensatz dazu müssen semantische Kodes für die Zwecke der Kultursoziologie in beides, soziale und psychologische Umgebungen und in die Handlung selbst, eingebunden werden. Ich will das Ergebnis dieser Spezifikation *Diskurs* nennen, in Anerkennung, aber nicht Übernahme des Phänomens, wie es von Foucault konzipiert wurde. Diskurse sind symbolische Sets, die klare Bezüge zu Sozialsystembeziehungen verkörpern, egal ob sie in Form von Macht, Solidarität oder anderen organisatorischen Formen definiert sind (vergleiche Sewell 1980; Hunt 1984)[7]. Als soziale Sprachen verbinden sie binäre soziale Verbindungen mit sozialen Formen. Indem sie das tun, stellen sie ihren Mitgliedern ein Vokabular zur Verfügung, mit dem diese anschaulich über die höchsten Werte der Gesellschaft, ihre relevanten Gruppen, ihre Grenzen angesichts von Konflikten, Kreativität und internen Dissens sprechen können. Diskurs sozialisiert semantische Codes und bringt eine Reihe von Erzählungen hervor (Ricoeur 1984), Mythen, die die Gründung und die Gründer einer Gesellschaft (Eliade 1959; Bellah 1970a), ihre kritischen Ereignisse (Alexander 1988b) und utopischen Vorstellungen (Smith 1950) spezifizieren und stereotypisieren.
In ihren Theorien über vormoderne Kulturen konstruierten klassische Soziologen eindrucksvolle Modelle darüber, wie diese soziale Konstruktion semiotischer Codes weitergehen kann. Sie taten dies in Form ihrer Theorien über Religion. Folglich argumentierte Durkheim (1964), indem er sich auf den primitiven Totemismus bezog, daß jede Religion soziale Dinge sowohl in binären Beziehungen als auch in tief gefühlten Antithesen zwischen dem Heiligen und dem Profanen organisiert. Weil heilige Objekte geschützt werden müssen, erhält die „Gesellschaft" einen Abstand zwischen ihnen und anderen Objekten aufrecht, seien diese Routine oder profan. Akteure versuchen nicht nur, sich selbst vor dem Kontakt mit verunreinigten (Douglas 1966) oder profanen (Callois 1959) Objekten zu schützen, sondern suchen auch einen realen,

[7] Foucault würde dies eher als die Art und Weise ansehen, in der Diskurs durch die diskursiven Beziehungen geformt wird, als eine Relation zwischen symbolischen und sozialen Systemen.

wenn auch mittelbaren, Kontakt mit dem Heiligen. Dies ist eine primäre Funktion rituellen Verhaltens (Turner 1969; vgl. Alexander 1988c). Obwohl Webers besser bekannte Religionstheorie sich mit Durkheims Theorie überlappt, ist sie historisch und vergleichsweise spezifisch. Mit dem Hervortreten einer mehr formalen und rationalisierten Religion wird die Erlösung vom weltlichen Leiden (Weber 1946a) zum Ziel der Gläubigen. Erlösung schafft das Problem der Theodizee, „von was" und „wofür" man gerettet werden will. Theodizee beinhaltet das Bild Gottes. Wenn die Götter oder der Gott immanent sind, suchen die Gläubigen Erlösung durch eine innere Erfahrung mystischen Kontaktes. Wenn Gott transzendent ist, wird die Erlösung eher asketisch durch eine korrekte Auslegung des göttlichen Willens und die Befolgung seiner Gebote erlangt. Jedes dieser Mandate kann entweder in eine weltliche oder eine jenseitige Richtung verfolgt werden.

Obwohl Durkheim und Weber die Anwendung dieser Kulturtheorie generell auf vormodernes religiöses Leben beschränkten, ist es möglich, sie auf säkulare Phänomene auszuweiten. Diese Möglichkeit wird deutlich, wenn wir Religionen als Typen semantischer Systeme definieren, als Diskurse, die enthüllen, wie die psychologische und soziale Strukturierung der Kultur vor sich geht[8].

In diesem Abschnitt habe ich kurz ein Modell zur Untersuchung der kulturellen Dimension des sozialen Lebens skizziert. Ich hoffe, daß diese Diskussion eine Einleitung für das folgende liefert.

Technologischer Diskurs und Erlösung

Wir müssen lernen, Technologie als einen Diskurs zu sehen, als ein Zeichensystem, das Gegenstand semiotischer Zwänge ist und auf soziale und psychologische Forderungen antwortet. Der erste Schritt zu

---

8 Unter den gegenwärtigen Sozialtheoretikern ist Shils (z. B. 1975) praktisch alleine in seinem Bemühen, die säkulare Erweiterung von Durkheims und Webers Religionstheorien auszuarbeiten. Shils argumentiert, daß moderne Gesellschaften immer noch „Zentren" heiliger und transzendenter Signifikanz enthalten und daß der soziale Status von der Verteilung von Charisma durch diese heiligen Zentren bestimmt wird. Die Stärke dieses Vokabulars zur Klärung der Kultursoziologie ist teilweise durch die unangenehme Konkretheit von Shils Vokabular neutralisiert, seine Konzentration auf Charisma, seine unerklärliche Ablehnung durkheimischer Theorie und seinem Versäumnis, mehr generelle Themen der semantischen Gedanken aufzunehmen.

dieser alternativen Konzeption moderner Technologie besteht darin, seine Einführung zu rekonzeptualisieren, so daß sie offen für metaphysische Begriffe ist. Ironischerweise hat Weber selbst den besten Hinweis dazu gegeben, wie dies geschehen kann.

Weber argumentiert, daß diejenigen, die die moderne Industriegesellschaft geschaffen haben, dies taten, um Erlösung zu erreichen. Die puritanischen Kapitalisten praktizierten das, was Weber (1958) *weltliche Askese* genannt hat. Durch harte Arbeit und Selbstverleugnung produzierten sie Wohlstand, als Beweis dafür, daß Gott auserwählt hat, gerettet zu werden. Weber (1969) demonstrierte, daß die Erlösung tatsächlich für Jahrhunderte ein zentrales Anliegen der Menschheit war. Egal, ob Himmel oder Nirwana, die großen Religionen versprachen den Menschen eine Flucht von Mühe und Leiden und eine Befreiung von weltlichen Zwängen, jedoch nur dann, wenn die Menschen die Welt in einer bestimmten Weise wahrnahmen und danach strebten, in bestimmter Weise zu handeln. Um dieses Konzept von Erlösung zu historisieren und seine vergleichende Erklärung zu ermöglichen, entwickelte Weber die Typologie des weltlichen versus des jenseitigen Pfades zur Erlösung, die er mit der Unterscheidung zwischen asketisch und mystisch verwob. Die disziplinierte, selbstverleugnende und unpersönliche Handlung, auf die die Modernisierung angewiesen war, argumentierte Weber, konnte nur durch die diesseitige, asketische Handlungsweise erreicht werden. Verglichen mit buddhistischen oder hinduistischen heiligen Männern, richteten die puritanischen Heiligen ihre Aufmerksamkeit vollständig auf diese Welt. Anstatt sich selber die direkte göttliche Erfahrung zu erlauben und zu versuchen, Gefäße seines Geistes zu werden, glaubten sie, daß sie dadurch erlöst würden, daß sie praktische Instrumente zur Ausführung seines Willens würden. Diesseitige Erlösung war der kulturelle Vorläufer für die unpersönliche Rationalität und die Objektivität, die nach Webers Ansicht (1958: S. 181–183) letztlich die Welt dominierten.

Obwohl Webers Religionstheorie von fundamentaler Bedeutung ist, hat sie zwei wesentliche Schwächen. Erstens, Weber verstand die moderne Art der Erlösung als eine Art Karikatur. Sie ist niemals so einseitig asketisch gewesen, wie er vorschlägt. Diesseitige Aktivität ist durchdrungen von den Wünschen, der Welt zu entfliehen, genauso wie die asketische Selbstverleugnung der Gnade mit Episoden mystischer Intimität durchsetzt ist. Während einer ungewöhnlichen Belastung in seinem Schreiben über Modernität (Alexander 1986) gibt Weber zu, daß die industrielle Gesellschaft mit „Fluchten vor der Welt“ durchdrungen ist, eine Kategorie, in die er solche Dinge wie die Kapitulation moderner Menschen vor religiösem Glauben oder ideologischen Fanatismus und die Flucht, die Erotizismus oder Asthetizismus ermöglichen, einschließt. Obwohl Weber diese Fluchten als unverantwortlich verurteilt, war er niemals in der Lage, diese in seine Soziologie des modernen Lebens einzugliedern. Sie repräsentieren eine Kraft, mit der seine historistische und über-idealtypische Theorie nicht umgehen konnte.

In Wahrheit sind moderne Versuche, Erlösung auf einem rein asketischen Weg zu erlangen, immer fehlgeschlagen, nicht nur in offen eskapistischen Formen, sondern auch in der alltäglichen Welt selbst. Aus Webers Darstellung selber würden wir zum Beispiel niemals erfahren, daß sich die Puritaner ihre Beziehung zu Gott so vorstellten, wie die Intimität der heiligen Ehe (Morgan 1958); noch wüßten wir, daß Ausbrüche eines mystischen „Antinomianismus“ eine ständig wiederkehrende Gefahr im puritanischen Leben war. Die post-puritanische Tradition des evangelischen Protestantismus, die sich in Deutschland, England und den Vereinigten Staaten im späten 18. und frühen 19. Jahrhundert entwickelte, zeichnete sich durch die signifikante Öffnung für mystische Erfahrungen aus. Eine seiner kulturellen Ableger, die moderne Ideologie der romantischen Liebe (Lewis 1983), reflektiert die andauernde Forderung nach sofortiger, transformativer Erlösung mitten im Herzen des industriellen Zeitalters.

Dieses letzte Beispiel weist auf das zweite, größere Problem in Webers Religionstheorie hin, seinen Historizismus. Weber glaubte, daß der Wunsch nach Erlösung die weltliche Erfahrung nur so lange durchdringen und organisieren konnte, wie das wissenschaftliche Verständnis die Möglichkeit, einen außerweltlichen, göttlichen Zweck für den Fortschritt auf der Erde anzunehmen, nicht unterminiert hatten. Wie ich bereits vorgeschlagen habe, kann dieser falsch verstandene Versuch, den gegenwärtigen Diskurs zu rationalisieren, durch die Einbeziehung des mehr strukturellen Verständnisses von Durkheims Religionssoziologie korrigiert werden. Durkheim glaubte, daß Menschen weiterhin die Welt in Heiliges und Profanes einteilen und daß auch moderne Männer und Frauen mystische Zentren direkt durch rituelle Begegnungen mit dem Heiligen erfahren müssen. Im modernen Kontext kann Webers Erlösungstheorie schließlich nur durch einen Bezug auf Durkheim erweitert und ausgearbeitet werden. Es paßt sogar noch besser, wenn wir in Durkheims Theorie diejenige Veränderung einführen, die Caillois (1959) vorgeschlagen hat. Dieser argumentierte, daß es neben dem Heiligen und dem Profanen einen dritten Begriff gäbe: *Routine*. Während routiniertes Leben kein Teil Erfahrung ist, werden heilige und profane Erfahrungen hoch bewertet. Wo das Heilige ein Bild Gottes zur Verfügung steht, mit dem soziale Akteure Gemeinschaft suchen und danach streben, sie zu beschützen, vermittelt das Profane ein Bild des Bösen, vor welchem die Menschen gerettet werden müssen. Dieses Konzept erlaubt es uns, Webers Verständnis der Theodizee näher zu kommen, auch wenn wir es auf den modernen Staat übertragen. Säkulare „Erlösungs-Religionen" ermöglichen Flucht nicht nur vom weltlichen Leiden im allgemeinen, sondern insbesondere vom Bösen. Jede Erlösungsreligion stellt sich nicht nur Gott und mit anderen Worten den Tod vor, sondern auch den Teufel.

In diesen Begriffen der so rekonstruierten Arena des symbolischen Diskurses wird unsere Untersuchung über die Einführung von Technologie weitergehen.

Die heilige und profane Informationsmaschine

Erlösungserwartungen sind untrennbar mit den technologischen Innovationen des industriellen Kapitalismus verbunden. Bahnbrechende Erfindungen, wie Dampfmaschine, Eisenbahn, Telegraph und Telephon (Pool 1983), wurden von den Eliten und den Massen als Vehikel für säkulare Transzendenz begrüßt. Ihre Geschwindigkeit und Kraft würde, so wurde weithin verkündet, die weltlichen Zwänge von Zeit, Raum und Teuerung untergraben. In ihren frühen, glücklichen Tagen wurden sie Vehikel für die Erfahrung ekstatischer Erlösung, Instrumente, um die Segnungen des Himmels auf die Erde zu bringen. Die Techniker und Ingenieure, die diese neuen Technologien verstanden, wurden in den Status weltlicher Priester erhoben. In diesem technologischen Diskurs war die Maschine jedoch nicht nur Gott, sondern auch der Teufel. Im frühen 19. Jahrhundert zerschlugen Ludditen Spinnmaschinen als wären sie die Götzen, die die hebräischen Väter verdammt hatten. William Blake brachte die „dunklen satanischen Mühlen" in Verruf. Mary Shelly schrieb *Frankenstein oder der moderne Prometheus* über die erschreckenden Ergebnisse von Viktor Frankensteins Versuch, die „gigantischste" Maschine der Welt zu bauen. Der Schauerroman präsentierte eine Revolte gegen das Zeitalter der

Vernunft und bestand darauf, daß dunkle Kräfte immer noch am Werk seien, Kräfte, die oft durch den Motor der Technologie selbst verkörpert wurden. Ironischerweise sollte von solchen Kräften das moderne Zeitalter gerettet werden. Es gibt eine direkte Verbindung von diesen Schauerromanen zu Spielbergs sehr populärem Film *Star Wars* (Pynchon 1984). Heutige Science Fiction vermischt Technologie mit mittelalterlichen Gruselthemen, konfrontiert Gut mit Böse und verspricht Erlösung von Raum, Zeit und sogar von der Sterblichkeit.

Der Computer ist die neueste und sicherlich eine der potentesten technologischen Innovationen des modernen Zeitalters, aber Symbolisierung war fast die gleiche. Die kulturelle Struktur des technologischen Diskurses ist festgelegt. In theoretischen Begriffen ähnelt die Einführung des Computers in die westliche Gesellschaft der sehr viel tumultartigeren Ankunft Captain Cooks auf den Sandwich-Inseln: Es war ein Ereignis, „dem durch das System am Ort Signifikanz und Wirkung gegeben wurde“ (Sahlins 1981: 21)[9].

Während es gewiß „Routine“-Einschätzungen des Computers zwischen 1944 und 1975 gab – Einschätzungen, die ein rationales wissenschaftliches und realistisches Niveau hatten – erblichen diese im Vergleich zu den transzendenten und mystischen Diskursen, die mit der wunschbeseelten Rhetorik von Erlösung und Verdammung erfüllt waren. In einem Bericht des *Time* Magazins über die erste Begegnung zwischen dem Computer und der Öffentlichkeit im Jahre 1944 wurde die Maschine als ein heiliges und mysteriöses Objekt behandelt. Was „enthüllt“ wurde, war eine verwirrende „fünfzig-Fuß-Tafel mit Knöpfen, Kabeln, Zählwerken, Schaltungen und Wechselschaltern“. Die Verbindung zu höheren, sogar kosmischen Kräften drängt sich sofort auf. *Time* schrieb, es sei „in der Gegenwart hoher Navy-Offiziere“ enthüllt worden, und versprach seinen Lesern, daß die neue Maschine Probleme lösen würde, „auf der Erde genauso, wie solche, die durch das himmli-

[9] Die Daten im folgenden sind Beispiele von den Tausenden von Artikeln, die von seiner Einführung im Jahre 1944 bis 1984 über den Computer geschrieben worden sind. Ich habe für die Analyse 97 Artikel aus zehn populären amerikanischen Massenmagazinen ausgewählt: *Time* (T), *Newsweek* (N), *Business Week* (BW), *Fortune* (F), *The Saturday Evening Post* (SEP), *Popular Science* (PS), *Reader's Digest* (RD), *U.S.News and World Report* (USN), *McCall's* (Mc) und *Esquire* (E). Beim Zitieren dieser Quellen nenne ich zuerst das Magazin, dann Monat und Jahr. Zum Beispiel T8/63 verweist auf einen Artikel im *Time* Magazin, der im August 1963 erschien. Diese gesammelten Artikel wurden nicht zufällig ausgewählt, sondern nach ihrer Relevanz für die interpretativen Themen dieser Arbeit. Ich möchte mich bei David Wooline für seine Mithilfe bedanken.

sche Universum gestellt werden" (T8/44). Dieser heilige Status wurde in den folgenden Jahren erweitert. Um heilig zu sein, muß ein Objekt deutlich vom Kontakt mit der alltäglichen Welt getrennt werden. Populäre Literatur erzählte kontinuierlich von der Distanz, die den Computer vom Laienpublikum trennt, und dem damit verbundenen Myterium. In einem anderen Bericht über die Enthüllung von 1944 beschreibt z.B. *Popular Science,* ein führendes Technikmagazin für Laien, den ersten Computer als ein „hinter seinen polierten Verkleidungen" schwirrendes, in einem „klimatisierten Keller" eingeschlossenes elektrisches Gehirn (PS10/44). Zwanzig Jahre später hat sich das Bild nicht verändert. 1965 wurde ein neuer und leistungsfähigerer Computer in derselben Art, als ein „isoliertes Wunder konzeptualisiert, das in einer klimatisierten Abgeschiedenheit des Firmencomputerraumes" arbeitet. In unmißverständlichen Begriffen weitet *Time* diesen Diskurs der heiligen Technologie aus.

„Angeordnet in Reihe um Reihe in klimatisierten Räumen, von knusprigen jungen Männern in weißen Hemden gewartet, die sich sanft zwischen ihnen bewegen wie Priester, die in einem Schrein dienen, gehen die Computer gehen ihrer Arbeit nach, still und zum größten Teil unsichtbar für die Öffentlichkeit" (T4/65).

Objekte sind isoliert, weil ihnen mysteriöse Kräfte unterstellt werden. Die Verbindung zwischen Computer und etablierten Zentren charismatischer Kraft wird in der populären Literatur ständig wiederholt. Gelegentlich wird eine Analogie zwischen dem Computer und heiligen Dingen auf der Erde hergestellt. In einem Bericht über die Enthüllung eines neuen und höher entwickelten Computers im Jahre 1949 nennt *Newsweek* diesen den „wahren Helden" des Anlasses und beschreibt ihn als königlich, als „in den Computerlaboratorien hofhaltend" (11/49). Häufig werden noch direktere Anspielungen auf die kosmischen Kräfte und den übermenschlichen Status des Computers gemacht. In einem Artikel über den ersten Computer berichtet *Popular Science*, daß „jedermanns Verständnis vom Universum und allen Dingen darin von den Tabellen, die dieses Monstrum ausdrucken wird, auf den Kopf gestellt werden wird" (PS10/44). Fünfzehn Jahre später verteidigt ein berühmter Technikexperte in einem weitverbreiteten Magazin, daß „Kräfte in Bewegung gesetzt werden, deren ultimative Auswirkungen auf Gut und Böse unkalkulierbar sind" (RD3/60).

Als die Maschine höher entwickelt und erschreckender wurde, wurden offen Anspielungen auf die göttlichen Kräfte gemacht. Die neuen

Computer „leisten durch Aussenden der monatlichen Rechnungen, was Caesars war und (...) durch das Auszählen der Stimmzettel der katholischen Bischöfe, was Gottes ist" (T4/65). Es zirkulierte ein Witz, in dem ein Wissenschaftler versucht, seinen Computer mit der Frage zu in Verlegenheit zu bringen: Gibt es Gott? „Der Computer war einen Moment still. Dann antwortete er: ‚jetzt gibt es einen.'" (N1/66). Nachdem sie den Computer in übermenschlichen Begriffen als „unfehlbares Gedächtnis, unglaublich schnell in Mathe und unparteiisch im Urteil" beschrieben hatte, machte eine große Wochenzeitung die offensichtliche Feststellung: „dieser Prophet kann der Kirche helfen, sich modernen spirituellen Bedürfnissen anzupassen" (T3/68). Der Führer einer nationalen Kirche beschrieb die Bibel als einen „Extrakt der menschlichen Erfahrung" und erklärte, daß Computer dazu fähig sind, eine noch größere Sammlung „von Erfahrung darüber, wie Leute sich verhalten sollten", ermöglichen. Die diesbezügliche Schlußfolgerung unterstrich die tiefe Verbindung zwischen Computern und kosmischen Kräften. „Wenn wir die Gottheit konsultieren wollen, gehen wir an den Computer, weil er das ist, was Gott am nächsten kommt" (T3/68).

Wenn ein Objekt heilig und von der profanen Welt abgeschlossen ist, wird der Zugang zu seinen Kräften ein Problem für sich. Priester tauchen als Vermittler zwischen der Gottheit und den Laien auf. Wie ein führender Experte feststellte, realisieren bisher nur Spezialisten, wie diese Elemente miteinander kombiniert werden und in wieweit sie soziale, ökonomische und politische Implikationen auslösen, während es viele gibt, die den Computer begrüßen (RD5/60). Typischer Weise wurden falsche Vorhersagen über den Computer den „Nichtspezialisten" zugeschrieben (BW3/65). Es wurde immer und immer wieder betont, daß Computerkenntnisse unbeschreibliches Training und Zurückgezogenheit erfordern. Schwierige neue Verfahrensweisen müßten entwickelt werden. Um zu erlernen, wie ein im Jahre 1949 eingeführter Computer funktioniert, mußten Spezialisten „im wahrsten Sinne des Wortes Tag und Nacht studieren" (N8/49). Die Zahl der Leute, die zu einem solchen rigorosen Training fähig waren, war sehr beschränkt. Das Zusammenschweißen von „Verbindungen zwischen der menschlichen Gesellschaft und dem Computergehirn" (N9/49) erforderte „eine neue Gattung von Wissenschaftlern". Der „neue Typ von Spezialisten, der im Umgang mit diesen Maschinen aufgewachsen ist", schrieb *Time* sechzehn Jahre später, „hatte sich selbst zu einer einsamen Priesterschaft des Computers geformt, die mit Absicht von den einfachen Laien getrennt ist und eine esoterische Sprache spricht, von der einige annehmen, daß sie nur zur Mystifizierung von Außenseitern dient“ (T4/65). Der Artikel sagte voraus: „Es wird eine kleine, in sich geschlossene Gesellschaft von Leuten in innigem Verhältnis zu dem fortschrittlichen Computer geben. Sie werden eine Beziehung zu ihren Maschinen aufgebaut haben, die nicht mit dem Durchschnittsmenschen geteilt werden kann. Diejenigen mit einem Talent für die Arbeit, werden dieses von Kindheit an entwickeln und werden genauso intensiv trainiert werden, wie die klassische Ballerina.“ Ist es erstaunlich, daß *Time* (1/74) bei der Berichterstattung über Computerneuigkeiten zehn Jahre später entschied, daß ihre Leser daran interessiert seien, zu erfahren, daß sich unter dieser esoterischen Gruppe von Programmierern ein neues und weithin populäres Computerspiel, genannt „Das Spiel des Lebens“, entwickelt hat? Die Identifizierung des Computers mit Gott und der Computeroperatoren mit heiligen Vermittlern kennzeichnet kulturelle Strukturen, die sich in vierzig Jahren nicht verändert haben.

Der Kontakt mit dem kosmischen Computer, den diese technologischen Priester versorgten, hat das Erdenleben sicherlich verändert. Wie die revolutionären Technologien, die ihm vorangegangen sind, verkörpert der Computer jedoch in sich selbst beides, das übermenschliche Böse und das übermenschliche Gute. Wie Lévi Strauss (1963) betonte, werden die kulturellen Codes, die ein Objekt definieren, zuerst durch Benennung konstruiert. In den Jahren, die direkt der Einführung des Computers folgten, waren die Anstrengungen intensiv, diese neue, denkende Maschine zu benennen, und sie folgten den binären Mustern, die Durkheim und Lévi Strauss beschrieben haben. Das Resultat war eine „Ähnlichkeit der Signifikanten“, eine ausgedehnte Reihe von heiligen und profanen Assoziationen, die ein dichtes semantisches Feld für den technologischen Diskurs kreierten. Eine Serie enthüllt entsetzliche Proportionen und schwerwiegende Implikationen. Der Computer wurde eine „kolossale Errungenschaft“ (T8/44, N8/49), eine „Zahlenfabrik“ (PS10/44), ein „Maschinenberg“ (PS10/44), ein „Ungeheuer“ (PS10/44, SEP2/50), ein „mathematisches Schlachtschiff“ (PS10/44), eine „unheilverkündende Vorrichtung“ (PS10/44), ein „Gigant“ (N8/49), ein „Mathematikroboter“ (N8/49), ein „wunderwirkender Roboter“ (SEP2/50), ein „Verrückter“ (SEP2/59) und das „Frankensteinmonster“ (SEP2/50) genannt. Bei der Ankündigung eines neuen und größeren Computers im Jahre 1949 bejubelte *Time* (9/49) die „großen Maschinen, die ihren Weg durch Ozeane von Zahlen wie Wale durch Plankton fressen", und beschrieb sie als „brummend, wie ein Schwarm mechanischer Insekten".

Im direkten Gegensatz zu diesem profanen Bereich benannten Journalisten und Techniker den Computer und seine Teile auch durch Analogien zu dem mutmaßlich unschuldigen und den nachgewiesenermaßen heiligen menschlichen Wesen. Er wurde ein „Supergehirn" (PS10/44) und ein „Gigantenhirn" (N8/49) genannt. An ein Hörgerät angeschlossen, wurde er beschrieben als „ein Gehirnkind mit einer temporären Stimme" und als „das einzige mechanische Gehirn mit einem weichen Herzen" (N10/49). Seine „Physiologie" (SEP2/50) wurde ein Gegenstand der Diskussion. Computern wurde eine „innere Erinnerung" (T9/49), „Augen", ein „Nervensystem" (SEP2/50), ein „schlagendes Herz" (T2/51) und ein „weibliches Temperament" (SEP2/50) zusätzlich zu dem Gehirn, mit dem sie bereits begabt waren, gegeben. Es wurde angekündigt, daß sie „Nachkommen" haben würden (N4/50) und in späteren Jahren „Familien" und „Generationen" (T4/65) entstehen würden. Letztlich war da noch das Entwicklungsvokabular. „Gerade aus den Kinderschuhen", kündigte *Time* an (T4/65), der Computer war dabei, in ein „furchterregendes Erwachsenalter" einzutreten. Er könnte dies auf eine so neurotische Art und Weise tun, weil seine Schöpfer „ein verwöhntes und verhätscheltes Kind" aus ihm (oder ihr) gemacht haben[10].

Die Periode der zwanghaften Benennung verblaßte schnell, aber die erschreckenden Kräfte für Gut und Böse, die die Namen symbolisieren, sind bis heute in einem tödlichen Wettstreit gefangen. Erlösungsrhetorik überwindet diesen Dualismus in eine Richtung, apokalyptische Rhetorik in eine andere. Beide Bewegungen können in strukturellen Begriffen als die binäre Opposition durch Annahme eines dritten Begriffes überwindend angesehen werden. Tiefergreifende emotionale und methaphysische Zwecke stehen jedoch ebenfalls auf dem Spiel. Der Computerdiskurs war echatologisch, weil der Computer als etwas betrachtet wurde, das auch Leben und Tod betrifft.

---

[10] Viele dieser anthropomorphen Beziehungen, die aus der charismatischen Phase des Computers stammen, sind seitdem zur Routine in der technischen Literatur geworden. Zum Beispiel solche Begriffe wie Memory und Generation.

Zunächst wurde die Erlösung in engen mathematischen Begriffen definiert. Der neue Computer würde diejenigen Probleme, die die „Menschheit seit Jahren beschäftigt haben" (PS10/44), „blitzschnell lösen" (T9/49). Um 1950 wurde Erlösung bereits wesentlich weiter definiert. „Es kommt die Revolution!" lautete die Überschrift über einer Geschichte über diese neuen Vorhersagen (T11/50). Ein breites und visionäres Fortschrittsideal wurde ausgebreitet: „Denkende Maschinen werden eine gesündere, glücklichere Gesellschaft bringen, als je zuvor gedacht war" (SEP2/50). Die Menschen würden jetzt fähig sein, „ihre Probleme auf dem schmerzlosen elektronischen Weg zu lösen" (N7/54). Flugzeuge z. B. würden ihren Bestimmungsort „ohne die kleinste Hilfe vom Piloten erreichen" (PS1/55).

Um 1960 war der öffentliche Diskurs um den Computer geradezu endlos. Ein führender Experte kündigte an, daß „ein neues Zeitalter in den menschlichen Beziehungen angebrochen ist" (RD3/60). Wie jede echatologische Rhetorik ist der Zeitrahmen für die versprochene Erlösung unpräzise: Es ist noch nicht eingetroffen, aber es hat bereits begonnen. Es kommt in fünf oder zehn Jahren, seinen Effekte werden bald zu spüren sein, die Veränderung ist eminent. Wie auch immer das Timing sein wird, das Endergebnis ist gewiß. „Es wird einen sozialen Effekt unglaublichen Ausmaßes geben" (RD3/60). „Durch Überwindung der letzten großen Barriere der Distanz" wird die Wirkung des Computers auf die Natur genauso groß wie diese (RD3/60). Der größte Teil der menschlichen Arbeit wird eliminiert werden, und die Menschen werden letztlich frei sein, um „gänzlich neue Aufgaben zu übernehmen, wovon sich die meisten auf Selbstverwirklichung beziehen, auf das Schaffen von Schönheit und das gegenseitige Verstehen" (MC5/65)[11].

Die Verurteilungen wurden in den späten sechziger und frühen siebziger Jahren in noch höheren Tönen bekräftigt. Die neuen Computer hatten solch „erschreckende Kraft" (RD5/71), daß sie, wie im Buch Genesis von Gott berichtet wird, „Ordnung in das Chaos" (BW7/71) bringen würden. Daß „das Zeitalter des Computers dämmert", ist gewiß. Ein Merkmal dieses Jahrtausends wird sein, daß „die allgemeine Art in Begriffen von Ursache und Wirkung zu denken, durch ein neues

[11] Der technische Diskurs hat immer eine Transformation bezeichnet, die die menschliche Arbeit eliminieren würde und den Menschen Perfektion, Liebe und inneres Verständnis erlauben würde, wie die Rhetorik von Marx' Beschreibung des Kommunismus deutlich macht.

Bewußtsein ersetzt werden wird" (RD5/71). Daß dies der Stoff war, aus dem „die Träume sind" (USN6/67), kann nicht geleugnet werden. Computer würden alle natürlichen Kräfte verändern. Sie würden Krankheiten heilen und ein langes Leben garantieren. Sie würden jedermann erlauben, jederzeit alles zu wissen. Sie würden allen Studenten ermöglichen, leicht zu lernen, und den besten, perfekt zu lernen. Sie würden eine Weltgesellschaft produzieren und den Krieg beenden. Sie würden die Gesellschaftsschichtung überwinden und die Gleichheit regieren lassen. Sie würden die Regierung verantwortlich und effizient, die Wirtschaft produktiv und profitabel, die Arbeit kreativ und die Freizeit unendlich befriedigend machen.

Und über die Apokalypse ließe sich genauso viel sagen. Die Maschine hat immer nicht nur die transzendentalen Hoffnungen, sondern auch die Angst und den Widerwillen, die von der Industriegesellschaft hervorgerufen worden sind, verkörpert. *Time* artikulierte diese tiefe Zweideutigkeit einmal in einer schauerlichen Art. Von vorne betrachtet, zeigen Computer eine saubere, friedliche Würde. Das täuscht jedoch, denn „dahinter verbirgt sich ein Alptraum von pulsierender, bewegender, blitzender Komplexität" 9/49).

Wo der Kontakt mit der heiligen Seite des Computers das Vehikel für die Erlösung ist, droht die profane Seite mit Zerstörung. Dies ist etwas, wovor die Menschheit gerettet werden muß. Erstens produziert der Computer die Angst vor der Degradierung: „Die Menschen sind heilig" (N8/48), weil der Computer die Kraft hat, „die Menschheit zu vermindern oder auszulöschen" (RD3/60). Die Leute fühlen „Wut und hilflose Frustration" (N9/69). Der Computer degradiert, weil er zum Objekt macht, und dies ist die zweite große Gefahr. Er wird zu „mechanischen Menschen, die die Menschen ersetzen werden" führen (T11/50). Studenten werden als „unpersönliche Maschinen" behandelt werden (RD1/71). Computer sind untrennbar mit dem „Bild der Sklaverei" (USN11/67) verbunden. Weil man von Computern annimmt, daß sie Menschen zu Objekten machen, werden sie als konkrete Gefahr gesehen. 1975 beschrieb ein populärer Autor seinen Personal Computer als ein „summendes Ding, das darauf ausgerichtet ist, mich in Stücke zu reißen" (RD11/75). Die typischere Gefahr ist jedoch nicht die Verstümmelung, sondern die Manipulation. Mit Computern „können Märkte wissenschaftlich manipuliert werden,..., mit einer Effizienz, die Diktatoren erröten lassen würde" (SEP2/50). Ihre Intelligenz kann sie in „Instrumente zur massiven Subversion" (RD3/60)

verwandeln. Sie könnten uns „zum ultimativen Horror, den Ketten aus Plastikband“ führen (N8/66).
Letztlich gibt es einen völligen Umsturz, das letzte Urteil über die weltliche technologische Verrücktheit, die von 1944 bis zum heutigen Tag vorhergesagt worden ist. Computer sind „Frankenstein-Monster,..., die die Grundfesten unserer Gesellschaft zerschlagen können“ (T11/50). Sie können zu „Unordnung, die [vielleicht] außer jede Kontrolle gerät“ (RD4/60) führen. Da „braut sich ein Sturm zusammen“ (BW1/68). Dort sind „alptraumartige Geschichten“ über das „verlöschende Licht“ (BW7/71). „Unfähig, den Irrtum zuzulassen“, ist das „christliche Verständnis von Erlösung unvereinbar mit dem Computer“ (N8/66). Der Computer wurde zum Antichristen.
Ich habe die Geschichte des Computers bis 1975 verfolgt. Dies war der Beginn des „Personalcomputers“, dessen Name selbst bereits verdeutlicht, wie die Schlacht zwischen dem Menschlichen und Unmenschlichen den Diskurs, der bereits die Geburt des Computers umgab, weiterführte. In dem Jahrzehnt der Diskussion, das dann folgte, blieben utopische und antiutopische Themen wesentlich (z. B. Turkle 1984: 165 bis 196). Enttäuschung und „Realismus“ wurden jedoch häufiger ausgedrückt. Heutzutage haben die Computernachrichten von der Titelseite der *Time* zu Anzeigen auf den Sportseiten der Tageszeitungen gewechselt. Das ist Routinisierung. Es könnte jedoch sein, daß wir tatsächlich beobachten, wie diese letzte Episode in der Geschichte des technologischen Diskurses zur Geschichte wird.

Schlußfolgerung

Sozialwissenschaftler haben den Computer durch den Rahmen ihres Rationalisierungsdiskurses der Moderne betrachtet. Für Ellul (1964:89) repräsentiert es eine Phase des „technischen Fortschritts“, die „grenzenlos erscheint“, weil sie „vorrangig in der effizienten Systematisierung der Gesellschaft und der Eroberung des Menschen besteht“. In der Analyse von Lyotard, der eine postmoderne Theorie vorschlägt, werden dieselben extravaganten Modernisierungsforderungen erhoben. Nach Lyotard (1984:4) ist „es allgemeines Wissen, daß die Verkleinerung und Kommerzialisierung von Maschinen bereits die Art und Weise, in der Wissen aufgenommen wird, klassifiziert, verfügbar gemacht und in Betrieb genommen wird, verändert“. Am Ende der

Computerisierung wird Wissen, das nicht in „Informationsmengen" übersetzt werden kann, aufgegeben werden. Im Gegensatz zur Undurchsichtigkeit traditioneller Kultur produziert die Computerisierung „die Ideologie der kommunikativen „Transparenz" (5), welche den Untergang der „großen Erzählung" signalisiert und zu einer Legitimationskrise führen wird (66–67).

Ich habe versucht, solches rationalistisches Theoretisieren erstens durch die Entwicklung eines Rahmens für Kultursoziologie und zweitens durch seine Anbindung an das technologische Feld zu widerlegen. In theoretischen Begriffen habe ich gezeigt, daß Technologie im Sozialsystem niemals alleine ist. Es ist auch ein Zeichen und besitzt einen internen subjektiven Referenten. Technologie ist mit anderen Worten ein Element, sowohl im Kultur- als auch im Persönlichkeitssystem. Es ist ebenso bedeutsam wie motiviert. In meiner Untersuchung der populären Literatur über den Computer habe ich gezeigt, daß diese Ideologie selten sachlich, rational oder abstrakt ist. Sie ist konkret, imaginär, utopisch und satanisch – ein Diskurs, der tatsächlich mit den großen Erzählungen des Lebens gefüllt ist.

Wollen wir zusammenfassend zurückkehren zum soziologischen Verständnis von Technologie, auf das ich oben eingegangen bin. Es ist weit davon entfernt, empirischer Nachweis zu sein, der auf objektiven Beobachtungen und Interpretationen beruht. Die Ausführungen repräsentieren einfach eine andere Dimension des technokratischen Diskurses. Die apokalyptische Linie dieses Diskurses fürchtet Degradierung, Objektivierung, Sklaverei und Manipulation. Hat die kritische Theorie diese Evaluation nicht bloß in die empirische Sprache der Sozialwissenschaft übersetzt? Das gleiche gilt für diejenigen soziologischen Analysen, die eine günstigere Form nehmen: Sie bieten sozialwissenschaftliche Übersetzungen des Diskurses über Erlösung[12].

Auf dem Spiel steht mehr als die Genauigkeit oder Entstellung sozialwissenschaftlicher Aussagen. Daß die Rationalisierungshypothese

---

[12] Während wir verschiedene neutrale Nennungen von Technologie untersucht haben, haben wir nicht viel Zeit mit günstigen Aussagen verbracht. Marx war der einzige Autor, den wir untersucht haben, der sich in dieser Kategorie qualifizierte und sein Bericht ist zweischneidig. Ein herausragendes jüngeres Beispiel für die sozialwissenschaftliche Übersetzung des Erlösungsdiskurses ist Turkels (1984) oft gelesene popsoziologische Diskussion. Ihr Bericht, als objektive Daten von ihren Informanten präsentiert, ist atemlos im Sinne eminenter Möglichkeiten.

falsch ist, macht Technologie nicht zu einer günstigen Kraft. Die große Gefahr, die Technologie für das moderne Leben darstellt, ist weder die Verflachung des menschlichen Bewußtseins noch seine Versklavung in Ökonomie oder politischer Realität. Im Gegenteil: Weil Technologie in den irrealen Phantasien von Erlösung und Apokalypse lebt, ist die Gefahr real.

Für Freud war die Psychoanalyse eine rationale Theorie des Irrationalen, obwohl sie keine endgültige Flucht vom unbewußten Leben versprochen hat. Psychoanalyse zielt darauf ab, eine Distanz von Irrationalität bereitzustellen, wenn nicht sogar den Boden des rationalen Bewußtseins selber. Kultursoziologie kann einen ähnlichen Abstand und einiges einer ähnlichen Kur geben. Nur durch das Verständnis der allgegenwärtigen Formung des technologischen Bewußtseins durch Diskurs können wird hoffen, Kontrolle über Technologie in ihrer materiellen Form zu gewinnen. Um das zu tun, müssen wird einigen Abstand von den Visionen der Erlösung und Apokalypse, in die Technologie so tief eingebunden ist, erlangen.

Literatur

Alexander ,Jeffrey C. 1982 – 1983. *Theoretical Logic in Sociology*. 4 Vols. Berkeley and Los Angeles: University of California Press.

Alexander, Jeffrey C.1983. *The Modern Reconstruction of Classical Thought: Talcott Parsons*. Berkeley and Los Angeles: University of California Press.

Alexander, Jeffrey C. 1986. „The Dialectic of Individuation and Domination: Max Weber's Rationalization Theory and Beyond." In Sam Whipster and Scott Lash (eds.),*Max Weber an Rationality*. London: Allan and Unwin.

Alexander, Jeffrey C. 1987. *Twenty Lectures: Sociolocal Theory Since World War II*. New York: Columbia University Press.

Alexander, Jeffrey C. 1988a. „Action and Its Enviroments." In J. Alexander (ed.) *Action and Its Enviroments: Towards a New Synthesis*, 301 – 333. New York: Columbia University Press.

Alexander, Jeffrey C. 1988b. „Culture and Political Crisis: ‚Watergate' and Durkheimian Sociology." In J. Alexander (ed.), *Durkheimian Sociology: Cultural Studies*, 187 – 244. New York: Cambridge University Press.

Alexander, Jeffrey C. 1988c. *Durkheimian Sociology: Cultural Studies*. New York: Cambridge Press.

Alexander, Jeffrey C. 1990. „Analytic Debates: Understanding the Autonomy of Culture." In J. Alexander and S. Seidman (eds.) *Culture and Society: Contemporary Debates*. New York: Cambridge University Press.

Alexander, Jeffrey C. and Paul Colomy, 1985. „Towards Neofunctionalism: Eisenstadt's Change Theory and Symbolic Interaction." In *Sociological Theory* 3 (2): 11 – 23.

Barthes, Roland, 1983. *The Fashion System*. New York: Hill and Wang. Dt: Die Sprache der Mode. Frankfurt a. M.: Suhrkamp, 1985.

Bell, Daniel, 1973. *The Coming of Post-Industrial Society*. New York: Basic Books. Dt: Die nachindustrielle Gesellschaft. Frankfurt a. M.: Campus, 1989.

Bell, Daniel, 1976. *The Cultural Contradictions of Capitalism*. New York: Basic Books. Dt.: Die kulturellen Widersprüche des Kapitalismus. Frankfurt a. M.: Campus, 1991.

Bellah, Robert, 1970a: „Civil Religion in America." In Bellah, *Beyond the Belief*, 168 – 189. New York: Harper and Row.

Bellah, Robert, 1970a: „Values and Social Change in Modern Japan." In Bellah, *Beyond the Belief*, 114 – 145. New York: Harper and Row.

Bohr, Niels, 1985 [1945]. „Energy from the Atom: An Opportunity and a Challenge." In A. P. French and P. J. Kennedy (eds.) *Niels Bohr: A Centenary Volume*, 261 – 265. Cambridge: Harvard University Press.

Callois, Roger, 1959 [1939]. *Man and the Sacred*. New York: Free Press.

Dilthey, Wilhelm, 1976. „The Construction of the Historical World in the Human Studies." In *Selected Writings*, 168 – 245. New York and Cambridge Cambridge University Press. Dt.: Der Aufbau der geschichtlichen Welt in den Geisteswissenschaften. Frankfurt a.M.: Suhrkamp, 1974.

Douglas, Mary, 1966. *Purity and Danger*. London: Penguin.

Durkheim, Emile, 1933. *The Division in Labor in Society*. New York: Free Press. Dt.: Über die Teilung der sozialen Arbeit. Frankfurt a.M.: Suhrkamp, 1977.

Durkheim, Emile, 1951. *Suicide*. New York: Free Press. Dt.: Der Selbstmord, Neuwied: Luchterhand, 1973.

Durkheim, Emile,1963. *The Elementary Forms of Religious Life*. New York: Free Press. Dt.: Die elementaren Formen des religiösen Lebens. Frankfurt a.M.: Suhrkamp, 1984.

Durkheim, Emile,1973. „Individualism and the Intellectuals" in Robert N. Bellah (ed.) Emile Durkheim, *On Morality and Society*, 48 – 56. Chicago: University of Chicago Press.

Eco, Umberto, 1979. „The Semantics of Metaphor." In Umberto Eco (ed.) *The Role of the Reader*. Bloomington: Indiana University Press.

Edles, Laura, 1990. „Political Culture and the Transition to Democracy in Spain." Unpublished Ph.D. Dissertation, Department of Sociology UCLA.

Eisenstadt, S. N. 1987. „Macrosociology and Sociological Theory: Some New Directions." *Contemporary Sociology* 16: 602 – 610.

Eisenstadt, S. N. 1987. *International Sociology*.

Eliade, Mircea, 1959. *The Sacred and the Profane*. New York: Harcourt, Brace and World. Dt.: Das Heilige und das Profane: Vom Wesen des Religiösen. Frankfurt a.M.: Insel, 1984.

Ellul, Jaques, 1964. *The Technological Society*. New York: Vintage.

Fine, Gary Alan, 1987. *With the Boys: Little League and Preadolescent Culture*. Chicago: University of Chicago Press.

Foucault, Michel, 1972. *The Archaeology of Knowledge*. New York: Pantheon Books. Dt.: Die Ordnung der Dinge: eine archäologische Humanwissenschaft. Frankfurt a.M.: Suhrkamp, 1974. (OrigTitel = Les mots es les choses)

Geertz, Clifford, 1973. „Thick Description: Toward an Interpretive Theory of Culture." In Geertz, *The Interpretation of Cultures*, 3 – 23. New York: Basic Books.

Gouldner, Alvin, 1979. *The Future of Intellectuals and the Rise of the New Class*. New York: Seabury. Dt.: Die Intelligenz als neue Klasse: sechzehn Thesen zur Zukunft der Intellektuellen der technischen Intelligenz. Frankfurt a.M.: Campus Verlag, 1980.

Greenfeld, Liah, 1987. „Sociology of Culture: Perspective Not Speciality." *Newsletter of the Culture Section of the American Sociological Association* 2 (1): 2.

Habermas, Jürgen, 1968a. „Technical Progress and the Social Life-World." In Habermas, *Towards a Rational Society*, 50 – 61. Boston, Beacon.

Habermas, Jürgen,1968b. „Technology and Science als ‚Ideology.'" In Habermas, *Towards a Rational Society*, 50 – 61. Boston, Beacon.

Habermas, Jürgen, 1981. *The Theory of Communicative Action, Vol. 1, Reason and the Rationalization of Society*. Boston, Beacon. Dt.: Theorie des kommunikativen Handelns, Bd.1: Handlungsrationalität und gesellschaftliche Rationalisierung. Frankfurt a.M.: Suhrkamp, 1981.

Hunt, Lynn, 1984. *Politics, Culture and Class in the French Revolution*. Berkeley and Los Angeles: University of California Press. Dt.: Symbole der Macht, Macht der Symbole: Die Französische Revolution und der Entwurf einer politischen Kultur. Frankfurt a.M.: S. Fischer, 1989.

Kane, Anne, 1991. „Culture Analysis in Historical Sociology: The Analytic and Concrete Forms of the Autonomy of Culture." *Sociological Theory* 9:1 (spring): 53 – 69.

Lamont, Michele, 1988. „The Power-Culture Link in a Comparative Perspective." Paper prepared für die Third German-American Theory Conference in Bremen, West Germany.

Lévi-Strauss, Claude, 1963. *Structural Anthropology*. New York: Basic Books. Dt.: Strukturale Anthropologie. 1. Aufl., Frankfurt a.M.: Suhrkamp, 1971.

Lévi-Strauss, Claude, 1967. *The Savage Mind*. Chicago: University of Chicago Press. Dt.: Das wilde Denken. Frankfurt a.M.: Suhrkamp, 1977.

Lewis, Jan, 1983. *The Pursiut of Happiness: Family and Values in Jefferson's Virginia*. New York: Cambridge University Press.

Lukács, Georg, 191. „Reification and die Consciousness of the Proletariat." In Lukács, *History and Class Consciousness*. Cambridge, Mass.: MIT Press. Dt.: Geschichte und Klassenbewußtsein: Studien über marxistische Dialektik. Berlin: Malik, 1923.

Lyotard, Jean-Francois, 1984. *The Postmodern Condition: A Report on Knowledge*. Minneapolis: University of Minnesota Press. Dt.: Das postmoderne Wissen: ein Bericht. Wien: Passagen-Verlag, 1992.

Mann, Michael, 1985. *The Origins of Social Power*, Vol. 1. New York: Cambridge University Press. Dt.: Geschichte der Macht. Frankfurt a.M.: Campus-Verlag, 1990

Marcuse, Herbert, 1963. One-Dimensional Man. Boston: Beacon. Dt.: Der eindimensionale Mensch. 10. Aufl., Neuwied, Luchterhand, 1978.

Marx, Karl, 1962. „Preface to a Contribution to the Critique of Political Economy." In K. Marx and F. Engels, *Selected Works*, 361 – 365. Moscow: International Publishing House.

Merton, Robert K. 1970. *Science, Technology and Society in Seventeenth Century in England*. New York: Harper and Row.

Morgan, Edmund, 1958. *The Puritan Dilemma*. Boston: Little, Brown.

Parons, Talcott, 1973. *The Structure of Social Action*. New York: Free Press.

Parsons, Talcott, 1951. *The Social System*. New York: Free Press. Dt.: Zur Theorie sozialer Systeme. Opladen: Westdeutscher Verlag, 1976.

Parsons, Talcott, 1960. „Some Principal Characteristics of Industrial Societies." In T. Parsons (ed.), *Structure and Process in Modern Societies*, 132 – 168. New York: Free Press.

Parsons, Talcott, 1966. *Societies: Evolutionary and Comparative Perspectives*. Englewood Cliffs, N.J. Prentice-Hall. Dt.: Gesellschaften: Evolutionäre und komperative Perspektiven. Frankfurt a.M.: Suhrkamp, 1975.

Parsons, Talcott, 1967. „Some Comments on the Sociology of Karl Marx." In T. Parsons (ed.), *Sociological Theory and Modern Society*. New York: Free Press.

Parsons, Talcott, and Edward Shils, 1951. „Values, Motives and Systems of Action." In T. Parsons and E. Shils, *Towards a General Theory of Action*. New York: Harper and Row.

Peirce, Charles, 1985. „Logic and Semiotic: The Theory of Signs." In Robert E. Innis (ed.), *Semiotics*, 1 – 23. Bloomington: Indiana University Press.

Pool, Ithiel de Sola, 1983. *Forecasting the Telephone*. Norwood, N.J.: Ablex.

Pynchon, Thomas, 1984. „Is It O.K. to Be a Luddite?" *New York Times Book Review*, 23. October, 1.

Rambo, Eric and Elaine Chan, 1990. „Text, Structure, and Action in Cultural Sociology: A Commentary on ‚Positive Objectivity' in Wuthenow and Archer." *Theory and Society* 19 (1990): 635 – 648.

Rhoades, Richard, 1987. *The Making of the Atomic Bomb*. New York: Simon and Schuster.

Ricoer, Paul, 1984. *Time and Narrative*, Vol. 1. Chicago: University of Chicago Press. Dt.: Zeit und Erzählung. München: Fink, 1988.

Ricoer, Paul, 1971. „ The Model of a Text: Meaningful Action Considered as a Text." *Social Research* 38: 529 – 562.

Rochberg-Halton, E. 1986. *Meaning and Modernity*. Chicago: University of Chicago Press.

Rueschemeyer, Dietrich, 1986. *Power and the Division of Labor*. Stanford: Stanford University Press.

Sahlins, Marshall, 1976. *Culture and Practical Reason*. Chicago: University of Chicago Press. Dt.: Kultur und praktische Vernunft. Frankfurt a.M.: Suhrkamp, 1994.

Sahlins, Marshall, 1981. Historical Metaphors and Mythical Realities: *Structure in the Early History of Sandwich Island Kingdom*. Ann Arbor: University of Michigan Press.

Saussure, Ferdinand de, 1964. *A Course in General Linguistics*. London: Owen. Dt.: Grundlagen der allgemeinen Sprachwissenschaft. Hrsg. Von Charles Bally, 2. Auflage mit neuem Reg. Und e. Nachwort v. Peter von Polenz. Berlin: de Gruyter, 1967.

Schluchter, Wolfgang, 1979. „The Paradoxes of Rationalization." In Guenther Roth and W. Schluchter (eds.), *Max Weber's Vision of History*, 11 – 64. Berkeley and Los Angeles: University of California Press.

Sewell, William Jr. 1980. *Work and Revolution in France*. New York: Cambridge University Press.

Shils, Edward, 1975. *Center and Perepheriy: Essays in Macrosociology*. Chicago: University of Chicago Press.

Smelser, Neil, 1950. *Social Change in the Industrial Revolution*. Chicago: University of Chicago Press.

Smith, Henry Nash, 1950. *Virgin Land*. Cambridge: Harvard University Press.

Swidler, Ann, 1986. „Culture in Action: Symbols and Strategies." *American Sociological Review* 51: 273 – 286.

Szelenyi, Ivan and Bill Martin, 1987. „Theories of Cultural Capital and Beyond." In Ron Eyerman, L.G. Svensson and T. Soderquist (eds.), *Intellectual Universities and the State in Western Modern Societies*, 16 – 49. Berkeley and Los Angeles: University of California Press.

Turkle, Sherry, 1984. *The Second Self: Computers and the Human Spirit*. New York: Simon and Schuster. Dt.: Die Wunschmaschine: vom Entstehen der Computerkultur. Reinbek bei Hamburg: Rowohlt, 1984.

Turner, Victor, 1969. *The Ritual Process*. Chicago: Aldine.

Weber, Max, 1946a. „Religious Rejections of the World and Their Directions." In Hans Berth and C. Wright Mills (eds.), *From Max Weber*, 323 – 359. New York: Oxford University Press.

Weber, Max,1946b. „The Meaning of Discipline." In Hans Berth and C. Wright Mills (eds.), *From Max Weber*, 253 - 264. New York: Oxford University Press.

Weber, Max,1958. *The Protestant Ethic and the Spirit of Capitalism*. New York: Scribners. Dt.: Die protestantische Ethik. Gütersloh: Verlag Hans Mohn, 1965.

Weber, Max, 1963. *The Sociology of Religion*. Boston: Beacon Press.

Wuthenow, Robert, 1987. *Meaning and Moral Order*. Berkeley and Los Angeles: University of California Press.

Übersetzung: Anna Frankus-Fachinger, Marion Beier, Dieter Bögenhold

Die soziologische Analyse des sozialen Wandels*

Maureen T. Hallinan

Dieses Papier fordert dazu auf, sozialen Wandel neu zu überdenken. Die meisten soziologischen Theorien gehen davon aus, daß der soziale Wandel einen kontinuierlichen Prozeß darstellt und daß dieser linear und vorhersagbar ist. Selbst diejenigen Theorien, die sich auf soziale Umwälzungen konzentrieren, charakterisieren sozialen Wandel selten explizit als einen nicht kontinuierlichen oder nicht linearen Prozeß.
Da ihre Annahmen auf Kontinuität und Linearität beruhen, beschreiben gegenwärtige Modelle von sozialem Wandel typischerweise nur bestimmte Zeitabschnitte im Leben eines sozialen Systems und sprechen andere kritische Phasen nur unzureichend an. Insbesondere tendieren Sozialtheorien dazu, verschiedene mögliche Antworten eines Systems auf eine größere Erschütterung zu ignorieren. Basierend auf unseren Theorien wissen wir nicht, ob wir erwarten können, daß ein System an den Nachwirkungen einer Erschütterung vollständig zusammenbricht, sich in einer Form erholt, die der vorherigen Struktur ähnelt, oder mit einer völlig neuen Sozialstruktur daraus hervorgeht.
Katastrophale gesellschaftliche Ereignisse, die Diskontinuitäten im sozialen System entweder auf der Makro- oder der Mikroebene verursachen, sind die größte Herausforderung für die gegenwärtigen Theorien über den sozialen Wandel. Solche Ereignisse charakterisieren einen bedeutenden teil der jüngeren Geschichte. Allein im letzten Jahrzehnt haben wir den Zusammenbruch des Kommunismus, Unterbrechungen der Friedensgespräche im Nahen Osten und in Nordirland, Terrorismus, die Demontage des Wohlfahrtssystems, den Aufstieg einer dritten politischen Partei in den Vereinigten Staaten, Revolution und Hungersnot in Afrika und Osteuropa, die Verbreitung von AIDS und die Computerrevolution erlebt. Dramatische soziale Ereignisse wie diese können, abhängig von der Situation, ein soziales System in den Kol-

* Ich bedanke mich bei verschiedenen Kollegen für hilfreiche Kommentare zu diesem Papier. Dies sind Mark Chaves, Robert Fishman, Arthur Grubert, David Hachen, Vladimir Khmelkov, Roger Schmidt, Robert Shelly und Nils Smelser. Ich bedanke mich auch bei Silvia Phillips für editorische Unterstützung.

laps treiben, es in eine neue Bahn lenken oder plötzlich eine Phase unberechenbaren Verhaltens auslösen. Soziologische Theorie braucht klare Modelle darüber, wie soziale Systeme auf größere Erschütterungen reagieren.

Während unsere gegenwärtigen Theorien von Veränderung einen wesentlichen Beitrag zu unserem Verständnis des sozialen Wandels in einer weniger dynamischen, langsamer schreitenden Periode der Geschichte geleistet haben, müssen sie sich nun dem sozialen Wandel in einer Zeit der beschleunigten Veränderung, der globalen Vernetzung, der Instantkommunikation und des technologisch hohen Entwicklungsstandes stellen. Es ist an der Zeit und unbedingt erforderlich, daß wir unsere Modelle des sozialen Wandels und die Annahmen, auf denen sie aufbauen, neu betrachten, um neue Modelle zu formulieren, die die komplexen, gegenwärtigen sozialen Ereignisse besser porträtieren und erklären. Wir müssen die Annahmen von Kontinuität, Linearität und stabilem Gleichgewicht, die die Grundvoraussetzungen für die meisten Modelle über den sozialen Wandel bilden, in Frage stellen und, wenn nötig, durch realistischere Annahmen ersetzen, die den veränderten Umständen Rechnung tragen.

Bevor neue Konzeptionen des sozialen Wandels diskutiert werden, ist es sinnvoll, die soziologischen Werke zu rekapitulieren, die uns bis hierher geführt haben. Nisbet (1972) definierte sozialen Wandel als „eine Abfolge von zeitlichen Unterschieden in einer festbleibenden Identität" (1972, S. 1). Diese Definition zeigt deutlich, daß eine notwendige Voraussetzung für die Erforschung des sozialen Wandels die Beschreibung dieser überdauernden Identitäten ist, das heißt eine Analyse der Sozialstruktur. Soziologen verbrachten den ersten Teil des zwanzigsten Jahrhunderts mit der Erforschung der Sozialstruktur.

Der Versuch, die Sozialstruktur zu konzeptualisieren und zu modellieren, war erstaunlich erfolgreich. Soziologen beschrieben die Struktur zahlreicher Sozialeinheiten, wie z. B. Organisationen, soziale Netzwerke, den Arbeitsmarkt und Städte, mit dem gleichen Enthusiasmus, wie ihn heute Wissenschaftler zeigen, die am „human genome project" beteiligt sind. Um formale Modelle sozialer Strukturen zu bilden, benutzten sie mathematische Konzepte von der Graphentheorie über die Boolesche Algebra, die Euklidische Geometrie sowie Projektionsgeometrie, die finite Mathematik und die komplexe Analysis.

Die statistische Arbeit von Lazarsfeld (1950) und Goodman (1965, 1969) über Kontingenztabellen beschrieb anschaulich diskrete soziale

Kategorien, während spätere Entwicklungen zur Abbildung von Mobilität soziale Strukturen durch die Analyse von Bevölkerungsverteilungen verglichen. Diese Methoden basierten auf Querschnittsdatenmaterial, das Soziologen begeistert sammelten.

Etwa in der Mitte des zwanzigsten Jahrhunderts war die grundlegende Arbeit an der Sozialstruktur weitestgehend beendet, und die Soziologen richteten ihre Aufmerksamkeit auf eine systematische Erforschung des sozialen Wandels. Dramatische soziale, politische und ökonomische Ereignisse intensivierten das Interesse der Soziologen an Veränderungsprozessen. Simon (1968) referierte die Ergebnisse einer Studie von über hundert Soziologen, die gewählte oder beauftragte Mitglieder der *American Sociological Association* waren oder die dem Herausgebergremium von Fachzeitschriften angehörten. Man befaßte sich mit der Frage nach der Wichtigkeit verschiedener soziologischer Teildisziplinen und setzte den sozialen Wandel an die erste Stelle sowohl bezüglich seiner Bedeutung als Forschungsbereich sowie als einen Bereich, in dem zu wenig gearbeitet würde. Indem er diese Überzeugung ausdrückte, stellte Swanson (1971) fest: „Die Erklärung des sozialen Wandels wird der größte Erfolg der Erforschung sozialer Organisationen sein und ... unsere Fähigkeit, den sozialen Wandel zu erklären, wird uns einen peinlich genauen Test zur Überprüfung der soziologischen Theorie zur Verfügung stellen“ (S. ii). Wiswede und Kutsch (1978) stellten fest, daß „die Analyse des sozialen Wandels den Prüfstein der Soziologie darstellt“ (S. vii).

Ein zweites Bündel von Umständen unterstützte die Erforschung des sozialen Wandels in den siebziger Jahren. Zu dieser Zeit waren die methodischen Werkzeuge zur Erforschung sozialer Strukturen wohl etabliert und lieferten die Grundlage zur Entwicklung von Modellen über Veränderung. Methodologen formulierten schnell ausgeklügelte deterministische und stochastische Modelle, um dynamische Prozesse abzubilden. Cox (1972) verband Regressionsansätze mit Sterbetafelanalysen. Hauser und Featherman (1976) zeigten, wie vergangene demographische Situationen den gegenwärtigen Prozeß sozialer Transformation glätten und verlängern können. Clogg (1981) entwickelte einen latenten Strukturansatz für die Analyse von Mobilitätsmatrixen, der es möglich macht, beim Übergang von einem Zustand in den anderen mit auftretenden, nicht beobachtbaren Zuständen zu rechnen. Tuma (1976) formulierte Methoden der Ereignisanalyse, bei denen die Zeit als eine Erklärungsvariable betrachtet wird und sich die Aufmerksam-

keit eher auf die Ursachen der Veränderung als auf die Kovarianz richtet. Raftery und Hout (1993) stellten ein Übergangsmodell vor, das eine Trennung der Effekte von sozialer Herkunft und Kohorte erlaubt. Mare (1966) entwickelte ein Modell, das die demographischen Faktoren mit der intergenerativen Weitergabe von Ungleichheit und der Entwicklung sozialer Hierarchien verbindet. Diese Methoden verbreiteten sich sehr schnell, und es gab viele Möglichkeiten, sie zu lernen.
Zur gleichen Zeit begannen Bundes- und Landeseinrichtungen sowie private Organisationen damit, beträchtliche Summen für die Sammlung national repräsentativer Längsschnittdatensätze zur Verfügung zu stellen. Diese Erhebungen wurden schnell zur öffentlichen Angelegenheit. Der leichte Zugriff auf Längsschnittdaten ermöglichte es Soziologen, empirische Analysen des sozialen Wandels vorzunehmen.
Die theoretische Forschung zum sozialen Wandel konnte mit der rapiden Entwicklung der Methodik in den Siebzigern und danach Schritt halten. Soziologen erweiterten und verbesserten frühere Theorien über den sozialen Wandel einschließlich Funktionalismus, Marxismus, Entwicklungsevolution und Konflikt. Alexander (1985, 1992) verband Veränderungsprozesse, die durch Krieg und Konflikt verursacht wurden, mit der Differenzierungstheorie. Calhoun (1992) argumentierte, daß eine Theorie des sozialen Wandels ein Konzept der sozialen Beziehungen einschließlich sekundärer und tertiärer Beziehungen als eine Dimension sozialer Integration beinhalten müsse. Inkeles und Smith (1974) schlugen ein sozialpsychologisches Modell der Modernisierungsprozesse in den Entwicklungsländern vor. Smelser (1968) stellte Veränderung als eine komplizierte Abfolge von Gleichgewichtsprozessen dar und identifizierte die Faktoren, die bestimmen würden, welcher Gleichgewichtsprozeß zu einem bestimmten Zeitpunkt dominierte.
Viele Soziologen sind zunehmend davon überzeugt, daß, trotz einer Reihe peinlich genau durchgeführter, theoretischer und methodischer Studien des sozialen Wandels während der letzten fünfzig Jahre, unsere Theorien über Veränderungen einige bedeutende soziale Ereignisse jüngeren Datums nicht adäquat erklären. Dieses Gefühl der Unzufriedenheit läßt zwei fundamentale Fragen zu diesem Thema des sozialen Wandels aufkommen, zum ersten, ob es überhaupt möglich ist, eine adäquate Theorie über den sozialen Wandel zu entwickeln. Die zweite Frage betrifft die Annahmen, auf denen die Theorien des sozialen Wandels aufbauen.

Diejenigen, die behaupten, es sei unmöglich, eine Theorie des sozialen Wandels aufzustellen, führen drei Argumente ins Feld. Das erste Argument wird von den historischen Relativisten vertreten. Sie behaupten, daß man nicht von Mustern, die in einer Umgebung zu einem Zeitpunkt existieren, auf eine andere Umgebung oder einen anderen Zeitraum schließen kann, weil es unwahrscheinlich ist, daß die Bedingungen, die die Veränderung in einer Situation bestimmen, sich in einem anderen Zusammenhang wiederholen. Andere Kritiker argumentieren, daß der soziale Wandel so komplex ist und daß die Beziehungen, die für die Veränderung verantwortlich sind, so vielfältig sind, daß sie nicht spezifiziert werden können. Das dritte Argument besagt, daß die Muster der Veränderung vom Betrachter aufgesetzt sind, d. h. die Veränderung findet in der Sichtweise des Betrachters statt, wie der ausgewiesene Historiker H. A. L. Fisher (1935) es ausdrückt: „Eine intellektuelle Erfahrung war mir nicht vergönnt. Weisere und gelehrtere Männer als ich haben in der Geschichte einen Handlungsfaden, einen Rhythmus, ein vorherbestimmtes Muster entdeckt. Diese Harmonie blieb mir verborgen. Ich kann nur einen Notfall entdecken, auf den der nächste folgt, so wie Welle auf Welle folgt, nur ein bedeutendes Faktum, das, weil es einmalig ist, nicht verallgemeinert werden kann ... das Spiel des Zufalls und des Unvorhergesehenen" (S. vii).

Die meisten Sozialwissenschaftler würden der Behauptung, daß Theorien des sozialen Wandels bedeutungslos sind, widersprechen, indem sie auf die existierenden Theorien verweisen, die einen signifikanten Beitrag zum Verständnis der Veränderungsprozesse leisten. Eisenstadt (1963) z. B. benutzt den Rahmen des strukturellen Funktionalismus, um einen der Haupttypen des sozialpolitischen Systems, das Empire, zu konzeptualisieren, und er beschreibt dieses als einen Aspekt der Weltgeschichte. Wallerstein (1974) betrachtet das System aus der globalen Perspektive und charakterisiert die kapitalistische Weltökonomie als eine Einheit und verfolgt die Geschichte des gesamten Systems von seinen Ursprüngen bis zu seiner projizierten Zukunft. Diese und verwandte Theorien haben einen brauchbaren Rahmen zur Untersuchung sozialer, ökonomischer und politischer Prozesse in einer zunehmend miteinander verbundenen Welt vorgegeben.

Für andere Soziologen ergeben sich die Theorien des sozialen Wandels aus historischen Fallstudien. Tilly (1984) versucht, tiefe Einsichten in Veränderungsprozesse durch konkrete historische Analysen großer Strukturen zu erreichen. Moore (1966) verallgemeinert sozialen Wandel auf der Basis von Fallstudien und Vergleichen von alternativen Wegen für Agrarstaaten in der modernen Welt. Skocpol (1979) entwickelt eine staatszentrierte Kritik am marxistischen Modell der Veränderung auf der Grundlage einer historischen Darstellung der französischen, russischen und chinesischen Revolutionen. Diese und andere Studien ermöglichen wichtige soziologische Einsichten über Prozesse des sozialen Wandels und steigern die Gültigkeit sozialer Theorien.

Eine zweite Frage zum sozialen Wandel bezieht sich auf die Annahmen, auf denen die entsprechenden Theorien basieren. Manche Theorien gehen von der Annahme aus, daß sozialer Wandel durchdringend und konstant ist, während andere annehmen, daß Veränderungen sich nur kurzfristig deutlich zeigen und in einer langfristigen Betrachtung schwierig zu identifizieren sind. Einige Theorien betrachten Veränderungen als eine Abweichung oder Unterbrechung, während konkurrierende Theorien Veränderungen als einen kontinuierlichen Zustand betrachten, der Wachstum und Entwicklung fördert. Es ist wichtig, die Annahmen, auf deren Grundlage die Theorien der Veränderung aufbauen, ausdrücklich zu nennen, um die Relevanz der Theorie besser beurteilen zu können und um zu verstehen, warum Forscher bestimmte Schlüsse aus ihren Analysen von Veränderungsprozessen ziehen.

Globale und spezifische Theorien des sozialen Wandels

Soziologische Theorien des sozialen Wandels sind entweder global oder spezifisch. Globale Theorien erklären Veränderung auf einer abstrakten Ebene. Sie identifizieren die Triebkräfte der Veränderung, beschreiben, wie Veränderungen stattfinden, und sagen ihre möglichen Konsequenzen voraus. Spezifische Veränderungstheorien entwickeln sich typischerweise aus allgemeineren Theorien und führen die umfassenden Ideen der allgemeinen Theorien detaillierter aus. Spezifische Theorien werden oftmals den allgemeinen Theorien vorgezogen, weil sie soziale Ereignisse besser erklären können, obgleich sie eingeschränkter sind. Historische Sozialwissenschaft enthüllt Zyklen, in denen auf die Formulierung einer allgemeinen Theorie der Veränderung ihre Anwendung in bestimmten Situationen folgt. Danach werden die Anwendungen integriert und verallgemeinert, um eine modifizierte, neue, besser verständliche Theorie hervorzubringen.

Frühe globale Theorien des sozialen Wandels bevorzugten Einfachheit und konzentrierten sich auf einen oder eine geringe Anzahl von Faktoren als auslösende Elemente. Diese Theorien waren selten nützlich. Man bemühte sich mehr und mehr, komplexere globale Theorien zu formulieren, aber auch diese haben ihre Beschränkungen. Die Aufgabe, eine große Zahl von Determinanten, die die Veränderung bestimmen, zu identifizieren und zu spezifizieren, wie diese funktionieren, ist komplex und schwierig.

Ein Schwachpunkt vieler existierender Theorien des sozialen Wandels ist ihr Versagen bei der Spezifizierung der Beziehung zwischen Makro- und Mikroprozessen. Coleman (1990) argumentiert, daß die nächste große Aufgabe für Soziologen darin besteht, Mikro- und Makroebenenanalysen miteinander zu verbinden. Wir haben Theorien, wie Webers Theorie des Kapitalismus, die gesellschaftliche Charakteristika mit sozialen Ergebnissen verbinden, und Theorien, wie die Rational-Choice-Theorie, die das individuelle Verhalten erklären. Aber wir finden selten Beispiele für Theorien, die auf der systemischen Ebene Thesen aufstellen, die kausale Verbindungen durch eine Theorie über Handlung und Handelnden auf der Mikroebene erklären und dann beide Ebenen miteinander verbinden. Globale Theorien ignorieren oft einfach die Prozesse auf der Mikroebene, die eine hypothetische Kausalität verursachen könnten, oder nehmen einfach an, daß die Mikroprozesse in einer ganz bestimmten Form ablaufen.

Das Versagen der gegenwärtigen globalen Theorien des sozialen Wandels, die Reaktion sozialer Systeme auf erschütternde gegenwärtige Ereignisse zu erklären, mag daran liegen, daß unsere Theorien darin versagen, die Verbindungen zwischen Makro- und Mikroprozessen zu spezifizieren. Wenn man zugibt, daß eine Periode von Diskontinuität in einigen Sozialsystemen inhärent sein könnte, muß die Quelle für die Diskontinuität entweder auf der Makro- oder auf der Mikroebene gesucht werden. Wenn die Ursache eines Umbruchs erst einmal identifiziert ist, muß spezifiziert werden, wie die Makro- und Mikroebenenprozesse sich gegenseitig beeinflussen, um eine Hypothese aufstellen zu können, wie das gesamte System auf Erschütterungen reagieren wird.

Spezifische Theorien des sozialen Wandels spezialisieren sich auf bestimmte Bereiche und analysieren die sozialen Systeme innerhalb dieser Bereiche. Verallgemeinerungen basieren auf dem Verständnis, das in den untersuchten Fällen erworben wurde. In jüngerer Zeit haben die Entwicklungen in Zentraleuropa eine Anzahl nationenspezifischer

Veränderungstheorien motiviert, wie Ekierts (1996) Studie über Osteuropa, Kennedys (1991) Analyse über Polen, und McFalls (1995) Forschung über Ostdeutschland. Lipset's (1996) Erklärung der Unverwüstlichkeit der amerikanischen Demokratie kann ebenfalls in diesem Zusammenhang gesehen werden.

Eine spezifische Theorie des sozialen Wandels muß sich gegen den Historismus abgrenzen, d. h. eine Theorie auf Annahmen aufbauen, die mit einer normativen oder politischen Agenda verbunden sind. Goldthorpe (1992) kritisiert von daher sowohl liberale industrielle als auch marxistisch-proletarische Theorien der Veränderung in der Struktur der Beschäftigung in fortgeschrittenen westlichen Gesellschaften. Er weist darauf hin, daß liberale Theorien eine kontinuierliche Aufwertung der Arbeit in den industrialisierten Ländern vorhersagen, die durch die Erfordernisse von hochentwickelten technologischen Fertigkeiten hervorgebracht wurde, während marxistische Theorien eine Reduzierung der Facharbeit vorhersagen, begleitet von einem wesentlichen Verlust der Arbeitsautonomie und Abwertung. Die widersprüchlichen Vorhersagen dieser zwei Theorien, die aus ihrer historistischen Natur entstammen, mindern ihre Gültigkeit.

Einige globale und spezifische Theorien des sozialen Wandels versagen darin, eine Handlungstheorie aufzunehmen, die dauerhafte Charakteristiken von Individuen in sozialen Situationen beschreibt. Die „Rational-Choice"-Theorie ist ein Beispiel für eine individuelle Handlungstheorie, die eine Varianz zwischen normativen, sozialen und politischen Kontexten zuläßt. Theorien der Veränderung, die Verhaltensmuster wie „Rational-Choice" oder ähnlicher, auf individueller Ebene ablaufende Muster erklären, sind besser zu verallgemeinern, als diejenigen, die eher durch Zeit, historische Ereignisse und Persönlichkeiten eingegrenzt sind.

Letztlich neigen beide, die globalen und die spezifischen Theorien des sozialen Wandels, dazu, Diskontinuitäten im Veränderungsprozeß zu ignorieren oder inadäquat zu erklären. Die meisten Theorien tendieren dazu, den Wandel auf der gesellschaftlichen Ebene in Form von identifizierbaren Variationsmustern entweder zyklisch oder entwicklungsmäßig abzubilden. Diejenigen, die sozialen Wandel als einen zyklischen Prozeß sehen, beschreiben gesellschaftliche Ereignisse in drei Stadien: Wachstum, Reife und Verfall. Theorien der zyklischen Veränderung (z. B. Spengler (1926–1928), Toynbee (1934–1961), Sorokin (1937–1941)) kommen der Version, den sozialen Wandel als potenziell nicht kontinuierlich zu beschreiben, am nächsten. Letztlich neigen auch die zyklischen Theorien dazu, der Frage, ob der Niedergang permanent sein wird oder ob er eine Wiedergeburt beschleunigen und einen neuen zyklischen Prozeß des Wandels verursachen wird, wenig Aufmerksamkeit zu schenken. Diejenigen, die den sozialen Wandel als einen Entwicklungsprozeß betrachten, neigen dazu, Veränderung als linear und sich in die Richtung größerer Komplexität, wachsender technologischer Verfeinerung und ausgedehnterer sozialer Organisation und Differenzierung bewegend, darzustellen. Entwicklungstheorien widmen der Tendenz einiger Systeme, in frühere Entwicklungsstadien zurückzufallen oder sich aufzulösen, wenig Aufmerksamkeit.

Globale und spezifische Theorien des sozialen Wandels könnten durch die Konzeption der Faktoren, die den nicht kontinuierlichen Wandel bestimmen, verbessert und gestärkt werden. Ungeachtet des Niveaus der theoretischen Entwicklung müssen die differenzierten Reaktionen sozialer Systeme auf sozialen Wandel berücksichtigt werden. Einige Systeme scheinen eine inhärente Tendenz zur Selbstzerstörung zu haben. Andere lösen sich auf, bilden sich aber neu und nehmen die sozialen Prozesse wieder auf, durch die sie vor den Umwälzungen charakterisiert waren. Noch andere wiedererschaffen sich selbst mit einem neuen Image und bilden neue Beziehungen und Muster von Veränderung. Theorien des Wandels müssen die Bedingungen, die zu Diskontinuitäten im sozialen Wandel führen, identifizieren, und die Prozesse konzeptualisieren, die verschiedene gesellschaftliche Reaktionen auf soziale Ereignisse beeinflussen.

Formale Modelle des sozialen Wandels

Theorien des sozialen Wandels können mit Hilfe der Mathematik oder der Statistik formalisiert werden. Die Wahl eines formalen Modells, um eine Theorie der Veränderung darzustellen, ist mehr als eine methodologische Entscheidung. Sie ist von erheblicher theoretischer Signifikanz. Die Auswahl eines Modells macht die Annahmen, auf denen eine Theorie aufbaut, deutlich und kann bestimmen, was bei der Konzeption eines Veränderungsprozesses betont und was ignoriert wird.

Ein deterministisches Modell ist eine Möglichkeit, sozialen Wandel darzustellen. In einem solchen Modell wird angenommen, daß ein sozialer Prozeß einem bestimmten Muster folgt und ein festgelegtes Ergebnis hat. Anzunehmen, daß ein sozialer Prozeß durch ein determistisches Modell dargestellt werden kann, heißt, den Veränderungsprozeß als durch soziale Gesetze gelenkt zu charakterisieren und Abweichungen von diesem Gesetz weniger zu betonen.

Ein deutlicher Vorteil eines deterministischen Modells besteht darin, daß die relativ einfache Mathematik, beschrieben durch mathematische Gleichungen oder Verlaufskurven, es dem Forscher erlaubt, das Modell komplexer zu formen, ohne dabei den Schwierigkeitsgrad der Mathematik zu einem nicht mehr handhabbaren Maß ansteigen zu lassen. Während man weiß, daß der Veränderungsprozeß sich nicht an die Gesetze hält, die er abbildet, kann das Modell als eine Annäherung an die Daten angenommen werden, und uns dazu bringen, die Konsequenzen der modellierten Beziehungen zu analysieren. Theoretiker, die soziale Veränderungen als kontinuierlich und stabil im Zeitablauf sehen, neigen dazu, deterministische Modelle zu bevorzugen. Sie werden ebenso von denjenigen bevorzugt, die mehr an der Weiterentwicklung der Theorien über sozialen Wandel interessiert sind als am Testen der empirischen Annahmen von Modellen.

Eine zweite Methode, den sozialen Wandel zu formalisieren, besteht in der Darstellung stochastischer oder probabilistischer Modelle. Obwohl das stochastische Modell denselben Basisprozeß wie ein deterministisches Modell abbilden kann, liefert das stochastische Modell eine genauere Annäherung an die empirischen Daten. Das deterministische Modell liefert den Erwartungswert einer Bevölkerungsverteilung, während das stochastische Modell die gesamte Verteilung berücksichtigt. Um eine genauere Annäherung an die Daten zu erreichen, muß das stochastische Modell allerdings einige schwer handhabbare mathematische Gleichungen beinhalten. Die größere mathematische Komplexität des stochastischen Modells spricht gegen eine größere konzeptionelle Komplexität.

Eine Gefahr bei der Benutzung stochastischer Modelle zur Erforschung des sozialen Wandels ist, daß die Benutzung dieser Modelle es uns zu vermeiden ermöglicht, die Natur des Veränderungsprozesses festzulegen. Coleman (1964) behauptet, daß das stochastische Modell oftmals keine zusätzlichen Informationen zu einer Theorie gibt und im Grunde unsere Ignoranz formalisiert. Atheoretisch angewandt können stochastische Modelle keine kausalen Beziehungen enthüllen oder die Interaktionen zwischen Variablen spezifizieren. Dieser falsche Gebrauch des stochastischen Modells ähnelt der gedankenlosen Anwendung der Faktoranalyse in Abwesenheit eines konzeptuellen Rahmens oder unserer alten Faszination im Modellieren der Informationsverwirrung oder der Teilnahmeraten in Gruppendiskussionen. Da das Studium des sozialen Wandels ein extrem komplexer Prozeß ist und sich erst in den Anfängen befindet, besteht die Gefahr, die schwierigen Prozesse der Konzeption der Veränderung zu vermeiden und den leichteren Weg der Benutzung stochastischer Modelle als eine Kurvenanpassungsübung zu nehmen. Das wäre ein bedauerlicher Umweg in unserem Fortschritt zum Verständnis des sozialen Wandels.

Wachsende ausgereifte Computertechnologie ermöglicht eine dritte Art formaler Modellierung des sozialen Wandels in Form einer Computersimulation. Ein Modell kann programmiert werden, ein großer Bereich von Parametern kann festgesetzt werden und der Computer kann die numerischen Berechnungen ausführen. Die Grenzen dieser Art des Modellierens bestehen selbstverständlich darin, daß das konzeptionelle Modell außerordentlich schwierig zu programmieren ist und daß die Lösung nicht verallgemeinert werden kann, sondern von den speziellen Werten der ausgewählten Parameter abhängt. Trotzdem ist es leicht, ein Programm mehrere Male laufen zu lassen, um eine Verteilung von Ergebnissen zu erhalten. Außerdem erlaubt die berechenbare Einfachheit, die der Computer schafft, eine konzeptionelle Komplexität, die beim mathematischen Modellieren ausgeschlossen ist. Computersimulation ist ein zunehmend nützliches methodisches Werkzeug bei der schwierigen Aufgabe, sozialen Wandel zu konzeptionalisieren.

Eine neue Konzeption des sozialen Wandels

Die bedeutsamen Fortschritte, die wir in den letzten Jahrzehnten in der soziologischen Erforschung des sozialen Wandels gemacht haben, haben uns auf den nächsten Schritt in diesem schwierigen wissenschaftlichen Vorhaben vorbereitet. Glücklicherweise können uns neue Entwicklungen in den Naturwissenschaften gute Dienste leisten, wenn wir versuchen, die existierenden Theorien zu verbessern, neue Theorien zu formulieren und die Methodik zur Erforschung des sozialen Wandels zu erweitern.

Mathematiker sind sich seit langem bewußt, daß ein Satz von einer oder zwei einfachen genau spezifizierten Differentialgleichungen ein

System beschreiben kann, daß an einem oder mehreren Punkten in seinem Bestehen dramatische Veränderungen in seinem Verhalten zeigt. Modelle dieser Art werden als Katastrophenmodelle bezeichnet. Sie bringen eine Vielfalt von komplexen Antworten über eine Reihe von Parametern oder Bedingungen einschließlich Diskontinuitäten im Veränderungsprozeß hervor.

In den 1970ern begannen Forscher der angewandten Mathematik und andere Wissenschaftler, speziell solche, die sich mit der Dynamik chemischer Reaktionen, Flüssigkeitsmechanik, Quantenphysik, Pflanzen- und Tierbevölkerungsdynamik befassen, damit, Katastrophenmodelle zu benutzen, um bestimmte Veränderungsprozesse zu studieren (May, 1974; Woodcock und Davis, 1978). Sie identifizierten Systeme, die mehr als einen stabilen Zustand haben. Eine Katastrophe tritt auf, wenn das System von einem Gleichgewichtszustand in einen anderen wechselt.

Einen Prozeß, der einen Gleichgewichtszustand verändert, könnte man durch einen Ball auf einer Grasebene auf einem Hügel veranschaulichen. Solange er sich auf der Ebene befindet, ist der Ball im Zustand des Gleichgewichts und bewegt sich auf einem voraussagbaren Weg in Abhängigkeit von Wind, Reibung und anderen Faktoren. Aber wenn der Wind den Ball vom Hügel weht und treibt, wird er hinunterrollen, bis er am Fuße des Hügels einen neuen Gleichgewichtszustand erreicht hat. Wenn die Bedingungen am Fuße des Hügels denen oben auf dem Hügel, bevor der Wind wehte, entsprechen, wird sich der Ball unten auf dieselbe voraussagbare Weise bewegen, wie er es oben getan hat. Ein weiteres Beispiel ist unser Schlafrhythmus. Normalerweise ist dieser Rhythmus stabil, kann aber, z.B. durch eine Flugreise, gestört werden. Nach einer Periode unregelmäßigen Schlafens kehrt das System zu seinem ursprünglichen oder einem neuen Gleichgewichtszustand zurück. Andere Systeme, die durch Katastrophenmodelle beschrieben werden können, sind z.B. die Verbreitung von Masern und das Fließen von Wasser von einem Kanal in einen anderen.

Mathematiker und andere Wissenschaftler haben sich lange mit dem Studium nichtlinearer Differentialgleichungen beschäftigt, die regelmäßige oder periodische Schwankungen hervorrufen. Kürzlich haben sie sich auf eine andere Gruppe nicht-linearer deterministischer Differentialgleichungen konzentriert, die ein System beschreiben, das unter bestimmten Bedingungen in eine Periode des unberechenbaren oder chaotischen Verhaltens fällt, das zweckmäßigerweise mit dem Verhalten eines Zufallsgenerators verglichen werden kann. Diese Modelle werden Chaosmodelle genannt (Prigogine und Stengers, 1984). Bis vor kurzem erhielten die Chaosmodelle in der angewandten Mathematik oder den Naturwissenschaften nur wenig Aufmerksamkeit, weil man annahm, daß nur wenig Beispiele von Systemen, die dieses Verhalten zeigen, existieren würden. In den vergangenen Jahren wurden jedoch, mit verbesserter Technologie und verstärkten Computern zahlreiche Beispiele von chaotischen Systemen sowohl in den Natur- als auch den Sozialwissenschaften identifiziert.

Lernpsychologen haben die Chaostheorie benutzt, um die Beziehung zwischen dem Wissen eines Schülers, der Länge der Instruktionen und der Zeit zwischen den Lektionen zu modellieren. Eine Erhöhung der Zeitdauer der Instruktionen oder eine Verkürzung der Zeit zwischen den Lektionen können das Maß dessen erhöhen, was ein Schüler während einer Unterrichtsstunde lernt. An einem bestimmten Punkt jedoch, z.B. bei langen und häufigen Unterrichtsstunden, kann der Schüler leicht entmutigt oder überhäuft werden und die Menge dessen, was er lernt, kann sich von Stunde zu Stunde sprunghaft verändern.

Beispiele für die Anwendung von Chaosmodellen in der Ökonomik beinhalten die Verbindung zwischen Wechsel und Wert am Aktienmarkt und der Beziehung zwischen technologischen Wachstumsmustern und der Höhe der Investitionen. Psychologen haben Chaosmodelle dazu benutzt, um das Verhalten einer Person zu studieren, bevor und nachdem Suchtprobleme in ihrem Leben aufgetreten sind. Soziologen haben Ideen aus der Chaostheorie benutzt, um die Entwicklung von antiakademischen, normativen Systemen in weiterführenden Schulen zu erklären, um den Fortschritt kooperativen Verhaltens zu untersuchen, um Antworten auf öffentliche Politik und Unternehmenspolitik zu studieren und um die Kraft zu erklären, die von Bürgerbewegungen hervorgebracht wird.

Katastrophenmodelle, vor allem solche, die Systeme abbilden, die Diskontinuitäten oder Perioden regelmäßiger Schwankungen zeigen, versprechen, als ein methodisches Werkzeug für die Analyse sozialer Prozesse brauchbar zu sein. Chaosmodelle, die ein System beschreiben, das über einen Zeitraum ohne einen sich wiederholenden Zyklus schwankt, sind vermutlich wegen der Datenerfordernisse zumindest kurzfristig weniger nützlich. Chaosmodelle zeigen nicht-periodische Bewegungen und extreme Sensibilität gegenüber schwankenden Anfangsbedingungen. Kritiker argumentieren, daß Messungsprobleme in den Sozialwissenschaften die Schwierigkeit vergrößern, Chaosmodelle zum Studium sozialer Prozesse zu benutzen. Zeitreihen-Daten zum Beispiel neigen dazu, kurze Perioden abzudecken und machen es so schwierig, Chaos deterministisch zu beweisen. Außerdem folgen soziale Daten üblicherweise keiner stochastischen Verteilung und machen es so schwierig, zwischen Chaos und Zufallsfluktuation zu unterscheiden (LeBaron, 1994).

Anhänger der Chaostheorie begegnen diesen Argumenten, indem sie betonen, daß es zwischen Chaosmodellen und den zentralen, wesentlichen Anliegen des sozialen Wandels Übereinstimmungen gibt. Sie argumentieren, daß diese Kongruenz Sozialwissenschaftler motivieren wird, dem Problem der Datenbeschaffung zu begegnen und die Messungsprobleme zu lösen. Des Weiteren weisen sie darauf hin, daß der Impuls für viele Arten des sozialen Wandels dem beobachteten Sozialsystem inhärent ist und beide, Katastrophen- und Chaosmodelle, zu geeigneten Werkzeugen ihrer Analyse macht.

Katastrophen- und Chaostheorien können auf theoretischer Ebene wesentlich dazu beitragen, sozialen Wandel zu konzeptualisieren. Die Möglichkeit, unerwarteten und unerklärbaren sozialen Wandel als eine natürliche soziale Entwicklung anzunehmen, stellt eine radikale Änderung im soziologischen Denken dar. Es fordert uns dazu heraus, Leibniz' Überzeugung, daß sich die Natur niemals in Sprüngen voran bewegt, in Frage zu stellen. Kontinuität ist ein fundamentales Konzept in Darwins Evolutionstheorie, in unseren Entwicklungstheorien und in fast allen unseren anderen Theorien des sozialen Wandels. Selbst zyklische Theorien der Veränderung, von denen man annehmen könnte, daß sie Diskontinuität vorhersagen, konzentrieren sich auf Veränderungsprozesse vor einer größeren Störung und nicht auf die spätere Reaktion des Systems.

Die Annahme von Kontinuität verursacht Schwierigkeiten beim Studium bestimmter sozialer Prozesse sowohl auf der Makroebene, wie z.B. bei Revolutionen oder sozialen Bewegungen, als auch auf der Mikroebene, wie z.B. beim Kommunikationsfluß und bei altruistischem oder abweichendem Verhalten. Nisbet (1972) argumentiert, daß die Idee der Kontinuität eines der größten Hindernisse beim richtigen Verständnis weitreichender Veränderungen sei. Katastrophen- und Chaostheorien können uns dazu motivieren, die manchmal störenden Annahmen von Kontinuität und Linearität des sozialen Wandels beiseite zu schieben und andere Modelle der Veränderung zu untersuchen, die

Annahmen von Nicht-Linearität, Diskontinuität und Perioden irregulären Verhaltens beinhalten.

Darüber hinaus können uns Katastrophen- und Chaostheorien demonstrieren, wie zwei oder mehr fast identische Systeme, die in fast identischen Umgebungen lokalisiert sind, dramatisch unterschiedliches Verhalten zeigen können, das selbst von der kleinsten Veränderung in der Umgebung verursacht wird. Diese Einsicht sollte uns darüber aufklären, warum manche Theorien in einer bestimmten Umgebung unterstützt werden und in einer anderen nicht. Es könnte unseren Ansatz zu Vergleichen zwischen verschiedenen Kulturen und Ländern verändern, indem es uns für die Bedingungen sensibilisiert, die dramatisch unterschiedliche Reaktionen in ähnlichen Systemen produzieren könnten.

Auf der methodischen Ebene liefern Katastrophen- und Chaostheorien Implikationen, wie wir den sozialen Wandel erforschen sollten. Zunächst demonstriert die Chaostheorie die Notwendigkeit, sowohl quantitative als auch qualitative Methoden beim Studium des sozialen Wandels anzuwenden. Chaosmodelle erfordern eine große Menge von Längsschnittdaten über einen langen Zeitraum, um Muster und Perioden erratischen Verhaltens aufzuzeichnen. Da es normalerweise schwierig ist, vor allem mit großen Systemen diesen erheblichen Datenanforderungen zu genügen, können qualitative Methoden, einschließlich Interviews und Beobachtungen, wichtige zusätzliche Informationen liefern über Schocks, die das System erfährt, und ihren wachsenden Einfluß, das System zu dramatischen sozialen Veränderungen hinzubewegen. Dieser Ansatz verbindet Charles Tillys (1984) Vorliebe für das Detailstudium einer kleinen Anzahl großer Strukturen und großer Prozesse mit der Vorliebe der Umfrageforscher für extensive statistische Analysen einer großen Anzahl von Fällen. Unabhängig vom jeweils analysierten Thema erweitert eine Kombination qualitativer und quantitativer Methoden normalerweise unser Verständnis sozialer Ereignisse.

Letztendlich wird uns durch Katastrophen- und Chaostheorien nahegelegt, bei unseren Modellen des sozialen Wandels eher die Erklärung zu betonen als die Vorhersage. Die gegenwärtigen Theorien haben bei der Vorhersage der jüngeren sozialen und politischen Ereignisse wie dem Fall des Kommunismus wenig getaugt. Mit nur wenigen Ausnahmen einschließlich denen von Szelenyi (1988, 1989) und Collins (1986) waren Soziologen nicht auf den Zusammenbruch des Kommunismus vorbereitet. Dieses Versagen der Vorhersagen wird verständlich, wenn wir realisieren, daß wir versehentlich angenommen haben, daß sich die politischen, sozialen und ökonomischen Strukturen der Sowjetunion kontinuierlich verändern würden, während sich der Veränderungsprozeß tatsächlich dem Chaos näherte. Chaos-Modelle schlagen vor, daß das sowjetische politische und ökonomische System den kritischen Punkt erreicht haben könnte, an dem eine geringfügige Störung des Systems ausreichte, um es in Aufruhr zu versetzen. Der exakte Punkt, an dem dies geschehen würde, war praktisch unmöglich vorauszusagen.

Die Möglichkeit, daß eine Katastrophe oder Chaos einem System inhärent sind, führt uns dazu, nach einem Auslösemechanismus zu suchen, der das System auf den Weg zum Umsturz bringt. Der Versuch, den Einfluß des Auslösemechanismusses des Systems auf dem Weg zum Umsturz zu verfolgen, erscheint geeigneter, unser Verständnis des sozialen Wandels zu vergrößern, als der Versuch vorherzusagen, wann eine ähnliche Unterbrechung im gleichen oder einem anderen System in Zukunft auftauchen könnte.

Gregersen und Sailor (1993) weisen darauf hin, daß auch bessere Messungen, größere Stichproben oder ausgefeiltere statistische Modelle die Vorhersagekraft von Theorien, die versuchen, Chaos-Systeme zu beschreiben, nicht verbessern werden. Verbesserte Datensammlungen und Messungen können jedoch dabei behilflich sein, die Bedingungen und Ereignisse, die zu einer bestimmten Periode der Unordnung führten, zu identifizieren.

Kurz gesagt, Katastrophen- und Chaostheorien versorgen uns mit konzeptionellem und methodischem Werkzeug, das uns hilft, den Prozeß des sozialen Wandels zu überdenken und Theorien zu formulieren, die einen breiteren Bereich von Ereignissen beschreiben, als bisher in Erwägung gezogen wurde. Sie sensibilisieren uns für dynamische Interaktionen unter den einzelnen Komponenten eines sozialen Systems und die Möglichkeit, daß bestimmte Beziehungen ein System zu völlig unerwarteten Veränderungen antreiben können. Letztlich erinnern uns die Theorien daran, daß unerwartete Veränderungen in einem sozialen System inhärent sein können, und nicht immer von externen Bedingungen verursacht werden.

Zusammenfassung

Thomas Kuhn (1962) weist auf zwei Arten von Wissenschaft hin, nämlich die normale Wissenschaft und die außergewöhnliche Wissenschaft. Normale Wissenschaft beschreibt die langsame Akkumulation von Wissen, die durch minimale Modifikation von Hypothesen, durch winzige Veränderungen von Theorien, geringe Umorganisation von Daten, größere Spezifizierung von Parametern oder, wie Kuhn sagt: „durch ständige Erweiterung des Umfanges und der Präzision des wisenschaftlichen Wissens" stattfindet. „Normale Wissenschaft zielt nicht auf Neuheiten von Fakten oder Theorien ab" (S. 52). Es ist offensichtlich, daß ein Großteil dessen, was wir in der Soziologie machen, als normale Wissenschaft angesehen wird.
Im Gegensatz dazu produziert die außergewöhnliche Wissenschaft Durchbrüche, die die Art und Weise, wie wir die Welt betrachten, fundamental verändern. Eine wissenschaftliche Revolution tritt auf, wenn eine oder mehrere Personen wahrnehmen, daß ein bestimmtes Paradigma nicht mehr geeignet oder sinnvoll ist. Eine neue Wahrnehmung der Welt entsteht nicht aus der Akkumulation von Wissen innerhalb der bestehenden Paradigmen, sondern aus einem Gefühl für deren Inadäquatheit. In der Vergangenheit gab es Paradigmenwechsel als Antwort auf die Theorien von Kopernikus, Newton, Darwin, Mendel und Einstein.
Befindet sich die Soziologie auf der Schwelle zu einer wissenschaftlichen Revolution oder einem Paradigmenwechsel? Diese Vorstellung mag grandios erscheinen, insbesondere da die Soziologie noch eine junge Disziplin ist. Darüber hinaus wurde diese Idee bereits geäußert, als Soziologen sich zum ersten Mal mit dem allgemeinen linearen Modell vertraut machten. Trotzdem, die bemerkenswerten Fortschritte, die von Soziologen im letzten Jahrhundert beim Studium der Möglichkeiten und Zwänge, die das menschliche Verhalten in der Gesellschaft beeinflussen, gemacht wurden, deuten darauf hin, daß dies ein wichtiger Moment für die Soziologie ist. Wir haben jetzt eine feste Grundlage, auf der eine komplexere und realistischere Wissenschaft aufgebaut werden kann. Die bestehenden, wertvollen Theorien des sozialen Wandels werden weiterhin ihren Beitrag zum Verständnis der Veränderungsprozesse leisten. Es gibt jedoch einen Bedarf an neuen Theorien und neuen Modellen, um die jüngsten, umwälzenden gesellschaftlichen Veränderungen zu erklären.

Wenn Soziologen feststellen, daß die gegenwärtigen Theorien die dramatischen sozialen Umwälzungen des letzten Jahrzehnts nicht mehr erklären können, und wenn wir vermuten, daß unsere Annahmen zum sozialen Wandel keine universelle Gültigkeit haben, dann könnte unser Gefühl für dieses theoretische Versagen tatsächlich zu einem fundamentalen Wechsel in der Art und Weise führen, wie wir Veränderungsprozesse betrachten. Es werden neue Theorien gebraucht, um den sozialen Wandel einer Gesellschaft zu beschreiben, die unmittelbar global verbunden, ökonomisch wechselseitig voneinander abhängig, hochentwickelt technologisch ist und in der die Verteilung der Ressourcen zunehmend ungleichmäßig erfolgt. Überzeugende neue Modelle, wie die Katastrophen- und Chaosmodelle, könnten uns dazu anregen, unsere Annahmen zu überdenken und unsere Perspektiven zum sozialen Wandel zu erweitern.
Zu Beginn des 21. Jahrhunderts versorgen globale Ereignisse und bemerkenswerte Leistungen der Natur- und Sozialwissenschaften Soziologen mit den Bausteinen und Möglichkeiten, um einen bedeutenden Durchbruch im Verständnis des sozialen Wandels zu erreichen. Dies stellt eine doppelte Herausforderung an die Soziologen dar: zum einen, Eigenschaften zu demonstrieren wie intellektuelle Wißbegier, Aufrichtigkeit und Disziplin, die uns in die Lage versetzen, unsere Bemühungen, die Prozesse und Muster des sozialen Wandels in der heutigen Gesellschaft zu verstehen, wiederaufzunehmen, und zum anderen, Popper's (1994) Empfehlung zu folgen, „bereit zu sein, unsere Ideen für uns sterben zu lassen", d.h. den Mut zu haben, unsere bisherigen größten Anstrengungen zu verwerfen, wenn neue Informationen und Ereignisse uns innovative und unentdeckte Richtungen weisen.

Literaturverzeichnis

Alexander, Jeffrey C., ed. 1985. *Neofunctionalism.* Los Angeles, CA: Sage. Dt.: *Soziale Differenzierung und kultureller Wandel: Essay zur neofunktionalistischen Gesellschaftstheorie.* Ffm., N.Y.: Campus-Verlag, 1993.
Alexander, Jeffrey C., 1992. „Durkheim's Problem and Differentiation Theory Today." Pp. 179 –204 in *Social Change and Modernity,* edited by H. Haferkamp and N. J. Smelser. Berkeley, CA: University of California Press.
Calhoun, Craig. 1992. „The Infrastructure of Modernity." Pp. 205-236 in *So-*

cial Change and Modernity, edited by H. Haferkamp and N. J. Smelser. Berkeley, CA: University of California Press.

Clogg,Clifford C. 1981. „Latent Structure Models of Mobility." *American Journal of Sociology* 86:836–868.

Coleman, James S. 1964. *Introduction to Mathematical Sociology.* New York: Free Press.

Coleman, James S. 1990. *Foundations of Social Theory.* Cambridge, MA: Belknap Press. *Dt.: Grundlagen der Sozialtheorie. München: Oldenbourg, 1991, (mehrbändig).*

Collins, Randall. 1986. *Weberian Sociological Theory.* New York: Cambridge University Press. Reprinted: 1990

Cox, David R. 1972. „Regression Models and Life-Tables." *Journal of the Royal Statistical Society, Series B* 34:187-220.

Eisenstadt, Shmuel N. 1963. *The Political Systems of Empires.* New York: Free Press.

Ekiert, Grzegorz. 1996. *The State Against Society: Political Crises and their Aftermath in East Central Europe.* Princeton, NJ: Princeton University Press.

Fisher, Herbert A. L. 1935. *A History of Europe.* Boston, MA: Houghton Mifflin.

Goldthorpe, John H. 1992. „Employment, Class and Mobility." Pp. 122-146 in *Social Change and Modernity* edited by H. Haferkamp and N. J. Smelser. Berkeley, CA: University of California Press.

Goodman, Leo A. 1965. „On the Statistical Analysis of Mobility Tables." *American Journal of Sociology* 70:564–585.

Goodman, Leo A. 1969. „ How to Ransack Social Mobility Tables and Other Kinds of Cross-Classification Tables." *American Journal of Sociology* 75:1–40.

Gregersen, Hal and Lee Sailer. 1993. „Chaos Theory and ist Implications for Social Science Research." *Human Relations* 46:777–802.

Hauser, Robert M. and David L. Featherman. 1976. „Equality of Schooling: Trends and Prospects." *Sociology of Education* 49:99–120.

Inkeles, Alex and David H. Smith. 1974. *Becoming Modern: Individual Change in Six Developing Countries.* Cambridge, MA: Harvard University Press.

Kennedy, Michael D. 1991. *Professionals, Power, and Solidarity in Poland: A Critical Sociology of Sviet-type Society.* Cambridge, England: Cambridge University Press.

Kuhn, Thomas S. 1962. *The Structure of Scientific Revolutions.* Chicago,IL: University of Chicago Press. *Dt.: Die Struktur der wissenschaftlichen Revolution. Frankfurt a. M.: Suhrkamp, 1993.*

Lazarsfeld, Paul F. 1950. „The Interpretation and Computation of Some Latent Structures." Pp. 413-472 in *Measurement and Prediction,* vol. 4, *Studies in Social Psychology in World War II,* edited by S. A. Stouffer. Princeton, NJ: Princeton University Press.

Lipset, Seymour M. 1996. *American Exceptionalism: A Double-edged Sword.* New York: W.W. Norton.

Mare, Robert D. 1996. „Demography and the Evolution of Educational Inequality." Pp. 117-151 in *Social Differentiation and Social Inaquality: Theoretical and Empirical Inquiries, Essays in Honor of John C. Pock,* edited by J. Baron, D. Grusky, and D. Treiman. Boulder, CO: Westview Press.

May, Robert M. 1974. „ Biological Populations with Nonoverlapping Generations: Stable Points, Stable Cycles, and Chaos." *Science* 186:645–647.

McFalls, Laurence H. 1995. *Communism's Collapse, Democracy's Demise?: The Cultural Context and Consequences of The East German Revolution.* New York: New York University Press.

Moore, Barrington. 1966. *The Social Origins of Dictatorship and Democracy.* Boston, MA: Beacon. *Dt.: Soziale Urspünge von Diktatur und Demokratie: die Rolle der Grundbesitzer und Bauern bei der Entstehung der modernen Welt. Ffm.: Suhrkamp, 1974.*

Nisbet, Robert A. 1972. *Social Change.* New York: Harper & Row.

Popper, Karl R. 1994. *Knowledge and the Body-Mind Problem: In Defence of Interaction.* London, England: Routledge.

Prigogine, Ilya and Isabelle Stengers. 1984. *Order Out of Chaos.* New York: Bantam Books.

Raftery, Adrian E. and Michael Hout. 1993. „Maximally Maintained Inequality: Expansion, Reform, and Opportunity in Irish Education, 1921–75." *Sociology of Education* 66:41–62.

Skocpol, Theda.1979. *States and Social Revolutions.* New York: Cambridge University Press.

Simon, Rita J. 1968. „What is Important in Sociology," *Sociological Quarterly* 9:405–409.

Smelser, Neil J. 1968. *Essays in Sociological Explanation.* Englewood Cliffs, NJ: Prentice-Hall.

Sorokin, Pitirim A. 1937-1941. *Social and Cultural Dynamics.* 4 vols. New York: American Book Company.

Spengler, Oswald. 1926–1928. *The Decline of the West.* 2 vols. New York: A. A. Knopf. *Dt.: Der Untergang des Abendlandes: Umrisse einer Morphologie der Weltgeschichte. München: Beck, 1919, 1963 (mehrbändig).*

Swanson, Guy E. 1971. *Social Change*. Glenview, IL: Scott, Foresman.

Szelenyi, Ivan. 1988. *Socialist Entrepreneurs*. Madison, WI: University of Wisconsin Press.

Szelenyi, Ivan. 1989. „Eastern Europe in an Epoch of Crisis: Toward a Socialist Mixed Economy?" Pp. 208-232 in *Remaking the Economic Institutions of Socialism* edited by V. Nee and D. Stark. Stanford, CA: Stanford University Press.

Tilly, Charles. 1984. *Big Structures, Large Processes, Huge Comparisons*. New York: Russell Sage Foundation.

Toynbee, Arnold J. 1934-1961. *A Study of History*. 12 vols. London, England: Oxford University Press.

Tuma, Nancy B. 1976. „Rewards, resources and the rate of mobility: a non-stationary multivariate stochastic model." *American Sociological Review* 41:338–360.

Wallerstein, Immanuel. 1974. *The Modern World System*. New York: Academic Press.

Wiswede, Gunter and Thomas Kutsch. 1978. *Sozialer Wandel*. Darmstadt, Germany: Wissenschaftliche Buchgesellschaft.

Woodcock, Alexander and Monte Davis. 1978. *Catastrophe Theory*. New York: E.P. Dutton.

Übersetzung: Anna Frankus-Fachinger, Marion Beier, Dieter Bögenhold

Ökonomische Institutionen als soziale Konstruktionen – Ein Analyserahmen

Mark Granovetter

Die institutionelle Ökonomik hat sich von der Position des eklektischen Heranziehens verschiedener anderer Disziplinen am Anfang des zwanzigsten Jahrhunderts zu einer Haltung hinbewegt, ihre Argumente fast ausschließlich auf neoklassischer Grundlage aufzubauen. Dieser Beitrag legt dar, daß dieser Standpunkt keine überzeugende Erklärung ökonomischer Institutionen geben kann, und regt ein breiteres Fundament an, basierend auf den klassischen soziologischen Diskussionen über das Eingebettetsein von ökonomischen Zielen und wirtschaftlichen Vorgängen in gesamtgesellschaftliche Ziele und Strukturen. Besonders betont wird, wie ökonomisches Handeln eher von Interessengruppen als von isoliert handelnden Individuen koordiniert wird. Unternehmen in Entwicklungsländern, wirtschaftliche Geschäftsverbindungen und die Ursprünge der Elektrizitätsversorgungsindustrie in den Vereinigten Staaten werden als Fallstudien der „sozialen Konstruktion ökonomischer Institutionen" vorgestellt. Obwohl eine angemessene Analyse solcher Fallstudien ein hohes Maß an Zufälligkeiten enthält, wird dargelegt, daß diese Zufälligkeiten in einer systematischen theoretischen Argumentationsweise berücksichtigt und historizistische Fallgruben vermieden werden können. Eine solche theoretische Vorgehensweise wird als das unverkennbare Arbeitsprogramm für eine neue Wirtschaftssoziologie vorgestellt.

I. Die neue Wirtschaftssoziologie

Die Wirtschaftswissenschaft hat in den letzten zwanzig Jahren zwei starke und sich auf den ersten Blick gegenseitig ausschließende Trends erlebt: eine Rückkehr zur Dominanz einer puren neoklassischen Tradition nach einer Periode des Streits mit konkurrierenden Paradigmen und einen Versuch von Ökonomen, ihren Themenbereich enorm zu erweitern. Dies merkwürdige, gleichzeitige Verengen und Erweitern der Perspektive ergab sich aus dem praktischen Absterben des institutio-

nellen Zweigs der Wirtschaftswissenschaft in ihrer bis zur Mitte des Jahrhunderts praktizierten Form.
Früherer Widerspruch hatte sich aus der Unfähigkeit der neoklassischen Synthese ergeben, das breite institutionelle Umfeld zu erklären, innerhalb dessen ökonomische Transaktionen stattfinden. Das hieraus resultierende theoretische Vakuum wurde durch die „institutionelle" Wirtschaftswissenschaft ausgefüllt, deren Erklärungen sich aus historischen, politischen und rechtlichen Faktoren mit einem minimalen Aufwand an formal-ökonomischer Argumentation ableiten. So vielbeachtete amerikanische Persönlichkeiten wie Thorstein Veblen, John Commons, Wesley Clair Mitchell und John Dunlop schienen oft ebenso stark anderen Disziplinen verbunden zu sein wie der Wirtschaftswissenschaft.
Ein Gegenangriff auf breiter Front begann in den späten sechziger Jahren, angeführt von Gary Becker, dem sich später einige der klügsten mathematischen Ökonomen anschlossen. Sie wandten die rigorose neoklassische Denkweise erfinderisch auf zuvor den Institutionalisten überlassene Probleme an. Die Expansion von Bildungsinstitutionen, lange als kulturelles Phänomen betrachtet, wurde nun als Ergebnis rationaler Individuen, die in ihre eigenen Fähigkeiten investieren, deklariert (vgl. Becker, 1964). Es folgte hier eine wahre Flut von Literatur über „Humankapital" (zu beachten ist in diesem Zusammenhang der kritische Literaturbericht von Blaug, 1976). Feste Gehälter und lange Beschäftigungsverhältnisse auf innerbetrieblichen Arbeitsmärkten wurden nicht ursächlich mit sozialem Druck oder einem „neuen industriellen Feudalismus" (eine Bezeichnung aus der Arbeitsökonomik der fünfziger Jahre) in Verbindung gebracht, sondern mit „impliziten Vertragsbedingungen" begründet, die optimal strukturiert und von rationalen Arbeitgebern und -nehmern geschlossen wurden, die sich sonst mit schwierigen Problemen des Hintergangen-Werdens und Mißtrauens konfrontiert gesehen hätten (vgl. die ausführliche Diskussion dazu in Granovetter (1988)). Immense Lohnunterschiede von einer Berufsgruppe zur anderen resultierten nicht aus Restriktionen des Zugangs basierend auf ungleich verteilter Macht von Gruppen, sondern aus optimalen Arrangements zur Verteilung von Fertigkeiten in der Gesellschaft (vgl. z. B. Rosen, 1982). Vertikale Integration fand nicht auf Grund von „Verschwörungen der Anbieter gegen die Öffentlichkeit", wie Adam Smith es nannte, statt, sondern als ein Arrangement zur Verringerung von Transaktionskosten auf Märkten, wo die Ge-

schäfte zu komplex geworden waren, um von unabhängigen Einheiten betrieben zu werden (vgl. insbesondere Williamson, 1975).

Diese „Neue Institutionenökonomik" – unterschieden von der alten durch ihr Vertrauen auf die ökonomische Effizienz der betrachteten Institutionen – war eng verwandt mit der „Neuen Wirtschaftsgeschichte", die ähnliche Behauptungen über die historischen Gegebenheiten aufstellte. Eigentumsrechte, Landprivatisierungen und die verschiedenen Arten politischer und rechtlicher Institutionen wurden dort als das effiziente Ergebnis rationaler, ihrem Eigeninteresse folgender Individuen interpretiert (vgl. z.B. North und Thomas, 1973 oder Random und Sutch, 1982). Und diese neuen Interpretationen wurden sogar auf Gebieten angewandt, die weit entfernt von der traditionellen ökonomischen Domäne lagen, solchen wie Familie, Kriminalität, Altruismus und dem Verhalten von Tieren (vgl. Becker, 1976 und 1981). Repräsentativ für den Anspruch dieser optimistischen neuen Schule ist eine Bemerkung von Jack Hirschleifer in einem Artikel aus dem Jahre 1985 mit dem Titel „Das expandierende Feld der Ökonomik", in dem er sagt, daß „die Wirtschaftswissenschaft tatsächlich die universale Grammatik für die Sozialwissenschaften darstellt" (S. 53).

Ein übergreifendes Thema meiner gegenwärtigen Arbeit ist, daß der neue ökonomische Imperialismus versucht, einen enormen Überbau auf einer engen und zerbrechlichen Basis aufzubauen. Ein weitaus solideres Fundament kann auf Grund von drei klassischen soziologischen Annahmen errichtet werden: (1.) die Verfolgung ökonomischer Ziele wird normalerweise begleitet von Zielen nicht-ökonomischer Art, zu denen Geselligkeit, soziale Anerkennung, Status und Macht gehören; (2.) ökonomisches Handeln ist (wie jedes Handeln) sozial situiert und kann nicht allein durch individuelle Motive erklärt werden; es ist eingebettet in bestehende Netzwerke persönlicher Beziehungen und wird nicht von atomisierten Akteuren ausgeführt (eine frühere programmatische Stellungnahme findet sich in: Granovetter, 1985); (3.) ökonomische Institutionen entstehen (wie alle Institutionen) nicht automatisch in irgendeiner Form unvermeidlich aufgrund äußerer Umstände, sondern sie sind „sozial konstruiert" (Berger und Luckmann, 1966).

Die extreme Version des methodologischen Individualismus, der einen großen Teil der modernen Wirtschaftswissenschaft dominiert, macht es schwer zu erkennen, wie ökonomisches Handeln durch Strukturen sozialer Beziehungen begrenzt und geprägt wird, in denen alle realen ökonomischen Akteure verankert sind. Ökonomen mit dem Anspruch, die Disziplin zu reformieren, greifen typischerweise die ihr innewohnende Psychologie an, indem sie ein realistischeres Entscheidungsmodell anbieten (vgl. z. B. Leibenstein, 1976). Mag die Psychologie neoklassischer Modelle auch noch so naiv sein, ich bestehe darauf, daß die eigentliche Schwierigkeit anderswo liegt, nämlich in der Vernachlässigung sozialer Strukturen. Der psychologische Revisionismus findet zum Teil Anhänger, weil er Ökonomen nicht zwingt, ihre Annahme aufzugeben, daß atomisierte Akteure Entscheidungen isoliert von weit verzweigten sozialen Einflüssen treffen.

Die Wirtschaftssoziologie zur Mitte des Jahrhunderts operierte an den Rändern des Kernbereichs ökonomischer Handlungen und überließ die zentralen Themen der Produktion, Distribution und Konsumtion den Ökonomen. Die jüngere Generation der Wirtschaftssoziologen, die das abgeben, was ich „Neue Wirtschaftssoziologie" nenne, hat weit mehr auf Institutionen im Herzen der Ökonomie geschaut und ist damit ihren intellektuellen Vorbildern wie Emile Durkheim und Max Weber näher – die ökonomisches Handeln als einen Spezialfall sozialen Handelns ansahen – als der bequemen Haltung der Soziologen zur Mitte des Jahrhunderts[1].

Eine wichtige Rolle spielt in diesem Zusammenhang die soziologische Theorie der Konstruktion ökonomischer Institutionen. Eine solche Theorie muß die Dynamik in den Mittelpunkt rücken, ganz im Gegensatz zu den meisten Arbeiten der neoklassischen Ökonomik über Institutionen, die (wie viele Schulen der Ökonomik) die komparative Statik von Gleichgewichtszuständen betonen. Ohne eine ausdrücklich dynamische Argumentationsweise sind wir mit dem paradoxen Tatbestand konfrontiert, daß die Wirtschaftswissenschaft sich trotz ihrer Hingabe zum methodologischen Individualismus nicht in der Lage sieht, Institutionen als das Ergebnis individuellen Handelns zu erklären, und deshalb auf überzogene Vorstellungen vom Einfluß der Umwelt zurückgreift. Zwei der verbreitetsten Erklärungsmuster bestehen in Kulturalismus und Funktionalismus.

Kulturalistische Begründungen erklären ökonomische Institutionen als aus den kulturellen Überzeugungen entstehend, die das beobachtete Gruppenverhalten prägen. Dies findet sich beispielsweise in der Be-

---

1 Für eine detailreichere historische Berücksichtigung der ökonomischen Argumente von Durkheim und Weber, und des Austauschs zwischen Soziologen und Ökonomen im Verlauf des zwanzigsten Jahrhunderts, vgl. Granovetter, 1990.

hauptung wieder, daß die Betonung „organischer" Einheit und hierarchischer Loyalität in der japanischen Kultur eine konfliktfreie industrielle Organisationsform herbeiführt. Der funktionalistische Begründungsweg führt rückwärts von den Eigenschaften der Institution zur Erklärung ihrer Existenz. Andrew Schotter benutzt dieses Prinzip in seiner „*The Economic Theory of Social Institutions*" (1981) auf ungewöhnlich offenherzige (und der Soziologe möchte hinzufügen, vor-Merton'sche) Art, nämlich daß wir, um irgendeine soziale Institution zu verstehen, aufgefordert sind, das evolutionäre Problem zu schließen, das existiert haben muß, damit sich die Institution so entwickelt hat, wie wir sie vor uns sehen. Jedes evolutionäre ökonomische Problem verlangt möglicherweise nach einer sozialen Institution, um es zu lösen (Schotter, 1981, S. 2). Dies setzt implizit einen Gleichgewichtszustand voraus, da eine in der Entwicklung befindliche Institution bei einer Untersuchung kaum enthüllen dürfte, zur Lösung welchen Problems sie entstand. Diese hochgradig zirkulären und häufig tautologischen kulturalistischen und funktionalistischen Erklärungsansätze werden überflüssig, sobald die soziale Konstruktion von Institutionen richtig verstanden wird.

Aber es reicht nicht aus, die Unvollkommenheiten neoklassischer Wirtschaftswissenschaft nur aufzudecken. Eine theoretisch überzeugende Wirtschaftssoziologie muß außerdem eine attraktive Alternative anbieten, die die Erklärungskraft und Prognosefähigkeit bestehender Ansätze verbessert. Obwohl ich mich wiederholt gegen den reduktionistischen methodologischen Individualismus der modernen Wirtschaftswissenschaft wende, finde ich wenig Geschmack an den historizistischen Ansichten einiger ihrer anderen Gegner, die annehmen, jeder Fall sei einzigartig, und alles wäre möglich. Ich betone die Zufälligkeiten, die mit historischem Hintergrund, sozialer Struktur und kollektivem Handeln verbunden sind, und die Beschränkungen, die durch bereits existierende Institutionen errichtet sind. Aber mein Ziel bleibt immer noch das Entdecken genereller Prinzipien, die für alle Orte und Zeiten gültig sind. Dies setzt voraus, daß die Zufälligkeiten selbst systematisch erforscht und in die theoretische Struktur einbezogen werden. Außerdem erfordert es von uns ein Verständnis, unter welchen Umständen ökonomische Institutionen durch Kräfte der Sozialstruktur oder kollektiven Handelns formbar oder in einer Weise blockiert sind, daß diese Kräfte größtenteils irrelevant werden. Schließlich und eng verbunden mit der letztgenannten Problematik wird eine ausgefeilte

Wirtschaftssoziologie weder den wertvollen Apparat ökonomischen Denkens aus dem Fenster werfen, noch seiner Verführung zu einer reinen „Rational-Choice"-Argumentation erliegen, die den Bezug zur klassischen soziologischen Tradition verliert. Eher wird sie bemüht sein zu verstehen, wie die moderne Wirtschaftswissenschaft in eine konstruktivistische Sichtweise ökonomischer Institutionen integriert werden kann, und wie die Arbeitsteilung zwischen Soziologie und Wirtschaftswissenschaft hierfür aussehen könnte.

II. Über- und untersozialisierte Konzeptionen menschlichen Handelns

Bevor ich die Institutionen als solche diskutiere, möchte ich einige allgemeine Bemerkungen über die Konzeptionen menschlichen Handelns machen. Ich beziehe mich zunächst auf Dennis Wrongs Artikel „Die übersozialisierte Konzeption des Menschen in der modernen Soziologie"[2] (1961). Wrong beklagte, daß Soziologen Menschen als *so* empfindsam gegenüber den Meinungen anderer ansahen, daß sie automatisch den verbreiteten Verhaltensnormen gehorchten. Diese „übersozialisierte" Sichtweise resultierte aus dem Versuch, die *Vernachlässigung* sozialer Effekte in der (von Talcott Parsons 1937 so genannten) utilitaristischen Tradition zu kompensieren, deren Blick auf wirtschaftliches Handeln ich „untersozialisiert" nennen würde (für weitere Ausführungen zu dieser Unterscheidung, vgl. Granovetter, 1985). Wie Albert Hirschman (1982) hervorgehoben hat, sind in der klassischen und neoklassischen Wirtschaftswissenschaft Händler auf Konkurrenzmärkten Preisnehmer und deshalb austauschbar. Die Eigenheiten ihrer sozialen Beziehungen sind irrelevant.

Die klassischen Ökonomen betrachteten diese Beziehungen also nur als Hemmnis für den vollkommenen Wettbewerb. In einer berühmten Passage in „Der Wohlstand der Nationen" prangerte Adam Smith den Gebrauch sozialer Zusammenkünfte für Preisabsprachen durch die Händler an. Stillschweigend erkannte er an, daß sein Bild von Konkurrenzmärkten inkonsistent mit einer Welt ist, in der ökonomische Akteure sich persönlich gut genug kennen, um geheime Absprachen zu

[2] Im Original: „The Oversocialized Conzeption of Man in Modern Sociology" (1961)

treffen. In den letzten Jahren tauchte eine andere Tendenz der Behandlung sozialer Einflüsse auf, nämlich die sozialen Einflüsse ernst zu nehmen, jedoch in Begriffen, die eng an Dennis Wrongs „übersozialisierte" Konzeption angelehnt sind, wie z. B. James Duesenberrys Bonmot aus dem Jahre 1960, daß „Wirtschaftswissenschaft sich darum dreht, wie die Leute ihre Entscheidungen treffen; Soziologie befaßt sich damit, daß sie überhaupt gar nichts zu entscheiden haben", oder E. H. Phelps-Browns Beschreibung der „soziologischen Herangehensweise an einmal gefaßte Entschlüsse", indem sie annehmen, daß Menschen auf eine bestimmte Weise handeln, weil es eine Sitte oder Pflicht oder ein „natürliches Verhalten" oder recht und billig oder gerecht und fair ist (1977).

Diese Konzeption der „sozialen Einflüsse" ist übersozialisiert, denn sie setzt voraus, daß Menschen ihren Sitten, Angewohnheiten oder Normen automatisch und bedingungslos folgen; beinahe jedes Bezugnehmen auf Normen seitens der Ökonomen hat diesen Beigeschmack, und auch Diskussionen über „Konventionen" drohen in eine übersozialisierte Betrachtungsweise abzugleiten. Dies jedoch deutet auf ein Paradox von großer theoretischer Bedeutung hin: Der übersozialisierte Ansatz hat mit dem untersozialisierten eine Konzeption der Handlung gemein, die von den existierenden sozialen Beziehungen der Menschen unbeeinflußt ist.

In der untersozialsisierten Herangehensweise resultiert die Atomisierung aus einem engen Verfolgen des Eigeninteresses; in der übersozialisierten – ursprünglich Korrektiv zur untersozialisierten – erfolgt ebenfalls die Atomisierung, aber diesmal deshalb, weil Handlungsmuster so behandelt werden, als seien sie internalisiert und also völlig unbeeinflußt von bestehenden sozialen Beziehungen.

Diese erstaunliche Übereinstimmung von unter- und übersozialisierten Anschauungen hilft zu erklären, warum Ökonomen, die versuchen, soziale Einflüsse auf ökonomisches Handeln zu integrieren, so einfach in eine übersozialisierte Argumentationsweise verfallen. Genauso ist es auch üblich, unterschiedlichen Stile der Entscheidungsfindung mit den Mitgliedern unterschiedlicher sozialer Klassen zu verbinden, als Ergebnis entweder von Klassenkulturen oder von unterschiedlichen Erfahrungen jeder Klasse im Bildungssystem (vgl. Piore, 1975; Bowles und Gintis, 1982). Aber diese Konzeption davon, wie die Gesellschaft individuelle ökonomische Handlungen beeinflußt, ist zu mechanisch: Sobald wir wissen welcher sozialen Klasse jemand angehört, ist alles andere an seinem Verhalten ein Automatismus, weil er so gut sozialisiert wurde – ich würde sagen „übersozialisiert“. Daraus folgt, daß ich in meiner Arbeit versuche, meinen Weg zwischen den unter- und übersozialisierten Ansichten zu finden, indem ich analysiere, wie Handeln in konkrete bestehende Systeme sozialer Beziehungen eingebettet ist.

III. Die soziale Konstruktion ökonomischer Institutionen

Ich fahre nun fort, die Wirkung dieser „Einbettung“ auf die soziale Konstruktion ökonomischer Institutionen zu diskutieren, indem ich mich auf ein Problem konzentriere, dem traditionell in der ökonomischen Theorie wenig Aufmerksamkeit geschenkt worden ist: Wie und warum werden ökonomische Handlungen nicht durch isolierte Individuen ausgeführt, sondern durch Gruppen, die von Unternehmern dazu gebracht werden, in solch großen Einheiten wie Firmen, Industrien oder industrieübergreifenden Gruppen zu kooperieren? In anderen Worten: Ich reformuliere das Problem der ökonomischen Institutionen als eines, das die Mobilisierung von Ressourcen der kollektiven Handlung beinhaltet, wodurch es für einen wahren Strom von Gedanken aus der Soziologie und Politologie geöffnet wird, die zuvor für irrelevant gehalten wurden.

Folgt man Schumpeter (1926), könnte man all jene, die die Handlungen von ansonsten vereinzelten Individuen koordinieren, „Unternehmer“ nennen. Aber die neoklassische Theorie des Unternehmens ignoriert den Unternehmer, weil, wie William Baumol betont, ihr Modell hauptsächlich ein Instrument der Optimalitätsanalyse von klar definierten Problemen ist, und es sind genau diese Probleme, die für ihre Lösung keinen Unternehmer benötigen (1968, S. 67). Diese Bemerkung legt nahe, daß der Schwerpunkt, den ökonomische Theorie auf die vergleichende Analyse von Gleichgewichtszuständen legt, von der Beschäftigung mit dem Unternehmertum wegführt, an das höchstens in Situationen gedacht werden kann, in denen es mit Märkten zu tun hat, die sich nicht im Gleichgewicht befinden[3]. Verknüpft mit dem Mangel der fehlenden Berücksichtigung von Dynamik, ist die Tendenz, von Institutionen zu abstrahieren und von der Grundlage auszugehen, daß Gelegenheiten zum Profit automatisch wahrgenommen

3 Für die Ausarbeitung dieser Thesen, vgl. Blaug, 1986 und Kirzner, 1973.

werden. Wenn institutionelle oder andere Barrieren dafür bestehen sollten, solchen Profit einzustreichen, so werden sie durchbrochen, und da man sich darauf verlassen kann, daß dies passieren wird, ist der tatsächliche Prozeß, durch den es stattfindet, nicht von großem theoretischen Interesse. Entsprechend werden Institutionen, die Unternehmertum ermutigen oder behindern, vernachlässigt, da angenommen wird, es werde sich schon entwickeln, wenn Gewinne zu machen sind[4].

Dies hilft, die bemerkenswerte Tatsache zu erklären, daß in der jüngst aus dem Boden sprießenden ökonomischen Literatur darüber, *warum* es Firmen gibt[5], Unternehmer immer noch nicht auftauchen, und der Frage, *wie* Firmen entstehen, keine Beachtung geschenkt wird. Stattdessen wird angenommen, Unternehmen erscheinen auf der Bildfläche, sobald sie gebraucht werden, um die Transaktionskosten zu senken. Im funktionalistischen Stil der Neuen Institutionellen Ökonomik wird dieses Erscheinen als ein Automatismus angenommen.

Aber ökonomische Institutionen erscheinen nicht einfach als Antwort auf ökonomische Notwendigkeiten. Vielmehr werden sie von Individuen konstruiert, deren Handlungen durch die erhältlichen Strukturen und Ressourcen in den sozialen Netzwerken, in die sie eingebettet sind, sowohl erleichtert als auch begrenzt werden. Wir können dies in vielen Studien aus Entwicklungsländern beobachten, wo Firmen die Transaktionskosten erheblich senken würden, aber diese trotzdem nicht entstehen. Was sind die Schwierigkeiten?

Die traditionelle Entwicklungstheorie mißbilligte soziale Strukturen dort, wo ökonomische Aktivität in nichtökonomische Verpflichtungen eingebunden war, weil sie annahm, daß dies effizientes Handeln verhindern würde. Wo jedoch diese Verankerung tatsächlich fehlt, und viele Individuen anscheinend rationale Nutzenmaximierer sind – angenähert an das „untersozialisierte" Modell menschlichen Handelns, das ich oben beschrieben habe – ist die ökonomische Aktivität zumeist durch den Mangel an gegenseitigem *Vertrauen* vereitelt, das nötig ist, um Autorität oder Ressourcen an andere zu delegieren (vgl. z. B. Dewey, 1962; Geertz, 1963; Davis, 1973 und D. Szanton, 1971). Wenn

---

4 Für eine detailliertere Betrachtung der Höhe- und Tiefpunkte in der Behandlung des Unternehmertums durch Ökonomen, vgl. Kap. 4 , in: Granovetter, 1991.

5 Stellvertrend stehen hier Oliver Williamsons Arbeiten über die „Ökonomie der Transaktionskosten" (1975 und 1985).

aber dieser Vertrauensmangel überwunden wird, tritt tatsächlich das Problem ein, das die traditionellen Theorien voraussagen: Die flügge gewordene Firma wird überschwemmt mit Gefälligkeits- und Unterstützungsansprüchen durch Freunde und Verwandte. Wie ein abgedankter König in Bali dem Anthropologen Clifford Geertz erläuterte, verwandelten Firmen sich in Hilfsorganisationen anstatt in Geschäfte (1963, S. 123). Das heißt, die Wohlfahrt der lokalen Gemeinschaft wird der des Geschäftes als solchem vorgezogen.

Bestimmte Gruppen aber, wie zum Beispiel die Auslands-Chinesen in Südostasien, überwinden beide Probleme beständig. Vertrauen ist vorhanden, weil die Gemeinschaft so eng verwoben ist, daß Verstöße nicht nur schwer zu verbergen und durchzuführen, sondern häufig kaum vorstellbar sind. Viele Studien weisen also darauf hin, daß chinesische Geschäftsbeziehungen den Kreditrahmen erweitern, Kapital zusammenführen und Leitungsfunktionen delegieren, und das ohne Zahlungsversäumnisse und Betrug. Wie schaffen es nun diese Unternehmungen, das zweite Problem zu vermeiden, nämlich das der überzogenen Forderungen auf Grund von nichtökonomischen Verbindungen?

Ein Teil der Antwort ist, daß die Auslands-Chinesen typischerweise eine kleine Minderheit sind, und es einfach nicht *genug* von ihnen gibt, damit solche Ansprüche Schwierigkeiten bereiten. Aber auch die Organisation der sozialen Netzwerke begrenzt diese Forderungen, weil die Menschen zu sich nicht überschneidenden Gruppen gehören. Verwandtschaft ist so scharf abgegrenzt, daß die Zahl von Verwandten, die Ansprüche an ein Geschäft stellen kann, klein und wohldefiniert ist. Die Menschen verteilen sich auch auf Gruppen, deren Zusammensetzung mit dem Zeitpunkt ihrer Einwanderung und ihrer Herkunftsregion in China verbunden ist. Bestimmte Geschäftsbeziehungen werden entlang solcher Verwandten- und Organisationsstränge organisiert, und es ist also auch genau definiert, welche Individuen Ansprüche stellen können. Im Gegensatz dazu sind die meisten nicht-chinesischen südostasiatischen Verwandtschaftsmuster viel diffuser, so daß es schwerfällt, die Anzahl der Verwandten mir legitimen Ansprüchen zu begrenzen. Die Menschen gehören gewöhnlich vielen sich überlappenden Interessengruppen an, so daß, wenn eine den Kern des Unternehmens bildet, sie immer noch den Forderungen befreundeter Mitglieder anderer Gruppen ausgesetzt ist (Geertz, 1963; Dewey, 1962; Davis, 1973; Lim und Gosling, 1983).

Kurz gefaßt, die Sozialstruktur der Auslands-Chinesen hat ein Muster des Koppelns und Entkoppelns, das stark kohärente Gruppen erzeugt, die scharf voneinander abgegrenzt sind. Vertrauen ist also verfügbar, aber nichtökonomisch begründete Ansprüche jenseits dieser Gruppengrenzen sind illegitim. Diese Mechanismen des Koppelns und Entkoppelns, die die Grenzen von Vertrauen und sozialen Bindungen definieren, müssen zentrale Angelegenheiten einer Theorie der ökonomischen Institutionen werden. Es wäre eine gerechtfertigte Verallgemeinerung zu sagen, daß die ökonomischen Akteure über diese Grenzen hinweg dem untersozialisierten Handlungsmodell zu folgen scheinen und innerhalb derselben, als ob sie übersozialisiert seien, indem sie den Diktaten der Gruppe folgen. Diese Sichtweise zeigt jedoch, daß die eigentliche Aufgabe nicht darin besteht, das richtige Modell individuellen Handelns zu finden, sondern vielmehr darin, genau zu verstehen, wie Variationen in der Sozialstruktur ein Handeln kreieren, das dem einen oder anderen Modell folgt. Der Fokus der Erklärung wandert weg vom isolierten Individuum hin zu einem umfassenderen und sozialen Referenzrahmen.

Bleiben wir in dieser Logik, so impliziert das Argument bezüglich der chinesischen Firmen, daß es unter bestimmten Bedingungen möglich ist, Verwandtschafts- und Freundschaftsverbindungen dazu zu benutzen, effiziente Fimen aufzubauen. Es ist jedoch zu erwarten, daß die daraus folgende überwältigende Bedeutung des Vertrauens in solchen Unternehmen deren Wachstum erheblich beeinträchtigt, selbst wenn es ökonomisch einträglich wäre. Wie können solche Beeinträchtigungen überwunden werden? In vielen Ländern geschieht dieses, indem Familienallianzen zu „Geschäftsgruppen" werden. Dieses weitverbreitete Phänomen firmiert unter verschiedenen Bezeichnungen: Das alte Zaibatsu und seine modernen Nachfolger in Japan, das Chaebol in Korea, die Grupos Economicos in Lateinamerika, die „Zweiundzwanzig Familien" in Pakistan und so weiter und so fort.

Obwohl es Analysen solcher Gruppierungen in bestimmten Ländern und Regionen gibt, haben wir bis heute keine anerkannte Studie ober das Phänomen in seiner Gänzlichkeit und nur ein geringes Bewußtsein dafür, daß es sich dabei um einen zentralen Aspekt des modernen Kapitalismus handelt. Die Gruppierungen variieren in Größe, Struktur und formalrechtlicher Organisation, und sie sind auf unterschiedliche Arten entstanden. Eine Dimension der Variation ist zum Beispiel der Grad, in dem diese Gruppen sich aus einer einzigen Familie heraus entwickelt haben, die ihr Betätigungsfeld dann durch Ankauf und Allianzen erweitert hat (wie zum Beispiel in Japan oder Korea). Oder diese Gruppierungen sind aus einer Koalition mehrerer starker Familien oder anderer Gruppen heraus entstanden, die zunächst unabhängig von einander begannen und sich später zusammengeschlossen haben, wie es in Lateinamerika eher der Fall ist. Aber wie auch immer die Wurzel ihrer Entstehung und Struktur ist, gemeinsam haben sie die Kontrolle über eine Anzahl von Firmen und Branchen, und die Koordination über deren Investitions- und Produktionsentscheidungen, häufig dabei durch eine Bank, die aus der Gruppierung hervorgegangen ist und eng mit ihr identifiziert wird. Gruppierungen dieser Art spielen eine starke und gelegentlich dominierende Rolle in der Wirtschaft und Politik ihrer Länder.

Außerdem ist es trotz der Variationen in Geschichte und Struktur typisch für solche Gruppen aus Mitgliedern zusammengesetzt zu sein, die, um einen Ökonomen zu zitieren, der sie erforscht hat: „verbunden sind durch Beziehungen interpersonellen Vertrauens auf der Basis eines ähnlichen persönlichen, ethnischen oder kommunalen Hintergrunds" (Leff, 1979: 663). In einigen Fällen wird das Netzwerk persönlicher Beziehungen, auf dem die Gruppe anfänglich aufgebaut ist, zu institutionalisierten Mustern formalisiert, so wie die Holding-Gesellschaften in Nicaragua (Strachan, 1979) oder Verflechtungen durch gegenseitigen Aktienbesitz wie in Japan (Gerlach, 1991). Überdies resultiert die Form dieser Institutionen eher aus der Originalstruktur der persönlichen Beziehungen als aus den Bedürfnissen des Marktes – sie sind tatsächlich verfestigte soziale Netzwerke.

Wirtschaftswissenschaftler, die diese Gruppierungen in Entwicklungsländern erforschen, interpretieren sie als Antworten auf Marktversagen und behaupten, diese werden mit der Etablierung entwickelter Märkte verschwinden (z. B. Leff, 1979). Wenn Ökonomen jedoch in entwickelten Volkswirtschaften mit ihnen konfrontiert werden, wie in Japan, Korea, Frankreich, Westdeutschland und anderen Ländern, behaupten sie entweder, sie seien atavistisch und verschwänden demnächst – wie gewöhnlich im Fall Japans argumentiert wurde, obwohl dies nun zunehmend unplausibel wird – oder daß sie unter eben jenen wirtschaftlichen Umständen entstehen, die sie effizient machen. Sowohl die Argumente für unterentwickelte wie auch für etablierte Volkswirtschaften muten wie funktionalistische Tautologien an, die der zentralen Aufgabe des Verstehens ausweichen, *wie* solche Allianzen konstruiert werden können und *weshalb* kapitalistische Ökonomien trotz ihrer großen Unterschiede selten aus einzelnen beziehungslosen Firmen bestehen.

Genau wie bei Firmen und Geschäftsgruppierungen vertrete ich die Auffassung, daß es eine soziale Konstruktion ist, ob und wie sich ein Industriezweig organisiert. Ich werde dies anhand der Branche der Stromversorger in den USA zwischen 1880 und 1930 zeigen. Wir wollen erklären, warum bestimmte plausible Alternativen zu den durch private Investoren betriebenen Versorgungsunternehmen, die jetzt in den USA dominieren, nicht in Erscheinung traten, so z. B. öffentliche Eigentümer oder private Stromerzeugung durch die einzelnen Haushalte und große Industriebetriebe, die den Versorgungsbetrieben eine geringe Bedeutung gegeben hätten.

Wir haben eine Reihe von Stadien der Entwicklung gefunden, in denen die persönlichen Netzwerke einiger weniger Individuen bedeutend waren. Von 1880 bis 1932 mobilisierte Thomas Edison eine bemerkenswerte persönliche Gefolgschaft, darunter auch substantielles Kapital des deutschen Reiches, in seinem erbitterten Kampf gegen die Vision des Bankiers J. P. Morgan von einem Industriezweig, der nicht Elektrizität sondern Generatoren anbietet, mit deren Hilfe Haushalte und Unternehmen ihren eigenen Strom vor Ort hätten produzieren können, die Art von System also, nach dem in den USA normalerweise Häuser beheizt werden.

Edison hatte immer zentrale Einheiten vorgezogen, und obwohl er schließlich 1892 aus General Electric und der Elektrizitätsversorgung durch J. P. Morgan herausgedrängt wurde, war die Dominanz zentraler Einheiten bis dahin so verfestigt, daß selbst Morgan diesen Trend nicht mehr umkehren konnte. Beachtlich ist, daß Edison diese Schlacht nicht gewonnen hat, weil seine Lösung die technologisch korrekte gewesen wäre, sondern eher, weil es ihm gelungen war, eine siegreiche Koalition von Akteuren in Schlüsselpositionen zu schmieden.

Einer von Edisons Haupthelfern in dieser Schlacht war sein persönlicher Sekretär, der Engländer Samuel Insull. 1892 zog Insull nach Chicago, um eine kleine neue Firma, Chicago Edison, zu übernehmen und brachte ein einzigartiges Knäuel persönlicher Verbindungen mit: zum Finanzkapital in Chicago, New York und London, zu führenden Lokalpolitikern und zu Erfindern sowohl in den USA als auch in Großbritannien. Viele dieser Verbindungen waren während seiner langen Zusammenarbeit mit Edison geschmiedet worden. Seine Kombination

aus finanzieller und technischer Expertise sowie politischen Beziehungen erlaubte es ihm, Kapital, politische Gefälligkeiten und Verfahrenstechniken so zusammenzubringen, wie andere Versorgungsunternehmen es nicht schafften, obwohl ihnen deren inhärentes Potential bekannt war. Das heißt, seine Erfolge waren eher seinen politischen und unternehmerischen Fähigkeiten als technischen oder organisatorischen Innovationen zuzuschreiben.
Eine genaue Untersuchung der Art und Weise, wie Insull das Unternehmen mit Hilfe ausgedehnter Verbindungen und technischer Kenntnisse organisiert hat, zeigt, daß die Struktur der gesamten Branche aus den anfänglichen Organisationsentscheidungen dafür erwuchs, was einmal zur größten und erfolgreichsten Firma wurde. Insull prägte zudem die Versorgungsindustrie, indem er die Regulierung durch die Staaten (und nicht durch die Bundes- oder lokale Regierungen) ermutigte und die Form der Holding entwickelte, die die Beziehungen zu den lokalen Industriezweigen und Regulatoren stabilisierte. Bald verfestigten sich diese Netzwerke aus Firmen, Holdings und staatlichen Regulatoren. Persönliche Netzwerke hatten immer noch Bedeutung, aber nur die der führenden Persönlichkeiten in den Holdings. Zur Zeit der Zwanziger Jahre dieses Jahrhunderts waren die institutionellen Formen bereits installiert und das Ergebnis, das wir jetzt in der Branche beobachten können, war bereits sichtbar.

IV. Diskussion

Im Falle der Entstehung eines Industriezweiges wie auch der Entwicklung von Firmen und Geschäftspartnerschaften beginnen stabile ökonomische Institutionen als ein Zusammenwachsen von Aktivitätsmustern um persönliche Netzwerke herum. Ihre Struktur reflektiert die der Netzwerke und selbst wenn es diese nicht mehr gibt, fangen die Institutionen an, ein Eigenleben zu führen, das die Formen eingrenzt, die zukünftige Institutionen annehmen können, sie werden „fest verankert“[6]. Folglich rufen ökonomische Probleme und Technologie nicht

[6] Die Idee, daß Institutionen trotz der größeren Effizienz anderer denkbarer Formen „fest verankert“ werden, ist eine Verallgemeinerung der Argumentation entlang verfestigter ineffizienter Technologien durch Paul David (1986) und Brian Arthur (1989). Ihre Argumentationslinie gleicht der des „Zuerst-am-Zuge-Seins“ in der industriellen Organisation.

automatisch und bedingungslos ein bestimmtes organisatorisches Ergebnis hervor. Stattdessen begrenzen diese ökonomischen Bedingungen die bestehenden Entwicklungsmöglichkeiten. Sodann bestimmen individuelles und kollektives Handeln, kanalisiert durch bestehende persönliche Netzwerke, welcher der möglichen Entwicklungspfade tatsächlich beschritten wird. Daraus folgt, daß selbst unter identischen ökonomischen und technischen Bedingungen die Ergebnisse dramatisch von einander abweichen können, wenn die sozialen Strukturen unterschiedlich sind. Während Firmen in gewissem Sinne durch Marktbedingungen „hervorgerufen" werden, können sie trotzdem noch nicht entstehen, wenn keine Struktur von sozialen Gruppierungen aufrecht erhalten würde. Branchenübergreifende „Gruppen" können unter günstigen wirtschaftlichen Begleitumständen entstehen oder nicht, abhängig von der Stuktur der Verbindungen zwischen den wichtigen Familien; und Industriezweige können auf ziemlich unterschiedliche Art und Weise gestaltet sein, abhängig von den Formen der sozialen Netzwerke der führenden Akteure.

Es besteht also bei dieser Argumentationsweise ein hohes Maß an Zufälligkeit der Ergebnisse. Dieses ähnelt Situationen ökonomischer Dynamik, die durch multiple, stabile Gleichgewichtspunkte charakterisiert sind. Tatsächlich glaube ich, daß ein sozial-konstruktivistischer Ansatz helfen kann, solche dynamischen ökonomischen Modelle weiter auszudifferenzieren. Diese Modelle sind frustrierend, weil es kaum einen überzeugenden Weg gibt, ihre Unbestimmtheit zu überwinden. Wie in physikalischen Fallbeispielen mit multiplen Gleichgewichten kann man den gegenwärtig erreichten Zustand eines Systems nur verstehen, indem man dessen Geschichte betrachtet. Aber die Zufälle, die in diese Geschichte eingehen, befinden sich typischerweise außerhalb des ökonomischen Erklärungsrahmens und erscheinen Wirtschaftswissenschaftlern deshalb als ad hoc aufgegriffen und unbefriedigend; in einem soziologischen Erklärungsrahmen können sie dagegen systematisch behandelt werden.

Zu beachten ist, daß solche multiplen Gleichgewichtsmodelle, selbst wenn sie vage formuliert sind, weit von der historizistischen Argumentation entfernt sind, wonach jeder Fall einzigartig und alles möglich ist. In allen meinen Fallbeispielen gibt es nur einige weniger Hauptentwicklungsmöglichkeiten. Im Falle der Stomversorger z. B. sehen wir effektiv drei mögliche Systemgleichgewichte – öffentliches Eigentum, private dezentralisierte Stromerzeugung oder Kraftwerke in Privatbesitz. Was wir sagen wollen, ist, daß selbst bei gegebenen Beschränkungen durch bestimmte politische, technische und ökonomische Parameter, die im späten neunzehnten Jahrhundert in Amerika bestanden, andere Ergebnisse der Entwicklung unwahrscheinlich waren, aber daß jedes dieser drei hätte eintreten können. Individuelles und kollektives Handeln, kanalisiert durch existierende Netzwerke von persönlichen und politischen Beziehungen, bestimmte letztlich, welche Möglichkeit wirklich eintrat.

Ein wichtiger Teil der generellen Argumentationsline in diesen Fragen wäre es, die Umstände zu charakterisieren, unter denen tatsächlich multiple Gleichgewichte eintreten, und Netzwerke kollektiven Handelns das determinieren, was herauskommt. Ein Teil meiner Argumentation anhand der Stromversorger bestand darin, daß andere Entwicklungsmöglichkeiten ausgeschlossen waren, als sich der Industriezweig einmal fest verankert hatte. In diesen Phasen hätten weniger ergebnisoffene theoretische Erklärungsansätze ausgereicht.

Ebenfalls zentral für das Projekt ist es, einige theoretische Prinzipien bezüglich der Sozialstruktur zu formulieren, die im Gegensatz zu den oben genannten Fällen stehen und einige Erklärungskraft bieten. Eines dieser generellen Prinzipien ist, daß der Grad an Fragmentierung und Dichte des Netzwerks oder auch Koppelung und Entkoppelung eine Hauptdeterminante der Ergebnisse ist. Dies stand im Mittelpunkt der Diskussion über die Auslands-Chinesen und die Geschäftspartnerschaften.

Eine solche Argumentation ist auch auf den Fall der Stromversorger anwendbar. Wenn Samuel Insull z. B. sozial in ein Netzwerk von engen Geschäftspartnern verstrickt gewesen wäre, so wäre es für ihn wahrscheinlich unmöglich gewesen, die Ergebnisse herbeizuführen, die er erreichte. Stattdessen hatte er relativ schwächere Verbindungen zu verschiedenen institutionellen Sphären – finanziellen, politischen und technischen -, die voneinander entkoppelt waren, was der Grund für seinen Erfolg war. Das generelle Prinzip könnte sein, daß der Akteur mit den meisten Sozialkontakten in relevanten institutionellen Bereichen einen enormen Vorteil haben wird. Es könnte als eine Anwendung dessen dienen, was ich „die Stärke der schwachen Verbindungen“ (1973) genannt habe. Dies bezieht sich auch auf die Arbeit des norwegischen Anthropologen Frederic Barth, der die Fähigkeit, traditionell abgeschlossene Sphären des Austauschs zu überbrücken, als die Essenz des Unternehmertums ansieht (Barth, 1966).

Das letztliche Ziel ist hiernach, eine theoretische Auseinandersetzung mit einem hohen Grad an Ergebnisoffenheit ins Leben zu rufen, die trotzdem wissenschaftliche Standards der Allgemeingültigkeit erfüllt und nicht der immer vorhandenen Versuchung des Historizismus anheimfällt. Solch ein Forschungsprogramm ist – so lautet mein Argument – zentral für die Vitalität einer neuen Wirtschaftsoziologie.

Literatur

Arthur, W. B 1989. Competing Technologies and Lock-In bei Historical Events. *Economic Journal* 99, Nr. 394 (März), 116–131.

Barth, F. 1966. *Models of Social Organization. Royal Anthropological Institute Occasional Paper No. 23*. London: Royal Anthropological Institute of Great Britain und Ireland.

Baumol, W. 1968. Entrepreneurship in Economic Theory. *American Economic Review* (Papers und Proceedings of the 80th Annual Meeting) 58 (Mai), 64–71.

Becker, G. 1964. *Humal Capital: A Theoretical and Empirical Analysis*. New York: Columbia University Press.

Becker, G. 1976. *The Economic Approach to Human Behavior*. Chicago: University of Chicago Press. Dt.: Der ökonomische Ansatz zur Erklärung menschlichen Verhaltens. 2. Auflage, Tübingen: Mohr, 1993.

Becker, G. 1981. *Treatise on the Family*. Cambridge MA: Harvard University Press.

Berger, P. & Luckmann T., 1966. *The Social Contruction of Reality.* New York: Doubleday. Dt: Die gesellschaftliche Konstruktion der Wirklichkeit. 5. Auflage. Frankfurt a.M.: Fischer Taschenbuch Verlag, 1980.

Blaug, M. 1976. The Empirical Status of Human Capital Theory: A Slightly Jaundiced Survey. *Journal of Economic Literature* 14 (Dezember).

Blaug, M. 1986. *Economic History und the History of Economics*. New York: New York University Press.

Bowles, S. & Gintis, H. 1976. *Schooling in Capitalist America*. New York: Basic. Dt.: Pädagogik und die Widersprüche der Ökonomie: Das Beispiel USA. Frankfurt a.M.: Suhrkamp, 1978.

David, P. 1986. *Understandig the Necessity of QERTY: the Necessity of History. Economic History and the Modern Economist*. In W. N. Parker (ed.). London: Blackwell.

Davis, W. G. 1973. *Social Relations in a Philippine Market: Self-Interest and Subjectivity*. Berkeley, CA: University of California Press.

Dewey, A. 1962. *Peasant Marketing in Java*. Glencoe, IL: Free Press.

Duesenberry, J. 1960. Comment in ‚A Economic Research (ed.), *Demographic an Economic Change in Developed Countries*. Princeton: Princeton University Press.

Geertz, C. 1963. *Peddlers und Princes*. Chicago: University of Chicago Press.

Gerlach, M. 1991. *Alliance Capitalism: The Social Organization of Japanese Business*. Berkeley: University of California Press.

Granovetter, M. 1973. The Strength of Weak Ties. *American Journal of Sociology 78*, 1360–1380.

Granovetter, M. 1985. Economic Action and Social Structure: The Problem of Embeddedness. *American Journal of Sociology* 91, 481–510.

Granovetter, M. 1988. The Sociological and Economic Approach to Labor Markets: A Social Structural View. In G., Farkas u. P. England (eds.), *Industries, Firms and Job: Sociological and Economic Approaches*. New York: Plenum Press.

Granovetter, M. 1990. The Old and the New Economic Sociology: A History and an Agenda. In: R. Friedland & A. F. Robertson (eds.) *Beyond the Marketplace: Rethinking Economy and Society*. New York: Aldine.

Hirshleifer, J. 1985. *The Expanding Domain of Economics*. American Economic Review 85, 53–68.

Hirschman, A. 1982. Rival Interpretations of Market Society: Civilizing, Destructive or Feeble? *Journal of Economic Literature 20*, 1463–1484.

Kirzner, I. 1973. *Competition and Entrepreneurship*. Chicago: University of Chicaco Press. Dt.: Wettbewerb und Unternehmertum. Tübingen: Mohr, 1978.

Leff, N. 1979. Entrepreneurship and Economic Developement: The Problem Revisited. *Journal of Economic Literature 17 (März)*. 46–64.

Leibenstein, H. 1976. *Beyond Economic Man*. Cambridge. MA: Harvard University Press.

Lim, Y. C. & Gosling, L. A. (eds.) 1983. *The Chinese in Southeast Asia. Volume I: Ethnicity and Economic Activity*. Singapore: Maruzen Asia.

McGuire, P. 1986. *The Control of Power: The Political Economy of Electric Utility Developement in the United States 1870–1930*. PhD Dissertation, Departement of Sociology, State University of New York at Stony Book.

North, D. & Thomas R. 1973. *The Rise of the Western World: A New Economic History*. New York: Cambridge University Press.

Parsons, T. 1937. *The Structure of Social Action*. New York: McGraw Hill.

Phelbs, B. & Henry E. 1977. *The Inequality of Pay*. Berkeley: University of California Press.

Piore, M. 1975. Notes of a Theory of Labor Market Stratitifacation. In: R. Edwards, M. Reich & D. Gordon (eds.): *Labor Market Segmentation*. Lexington, MA: D. C. Heath.

Ransom, R., Sutch, R. & Walton, G. 1982. *Explorations in the New Economic History: Essays in Honor of Douglas C. North*. New York: Academic Press.

Rosen, S. 1982. Authority, Control and the Distribution of Earnings. *Bell Journal of Economics 13*, S. 311–323.

Schotter, A. 1981. *The Economic Theory of Social Institutions*. New York: Cambridge University Press.

Schumpeter, J. 1979 [1926]. *The Theory of Economic Developement*. Second Edition. New Brunswick, NJ: Transaction Press. Dt: Theorie der wirtschaftlichen Entwicklung: eine Untersuchung über Unternehmer, Gewinn, Kapital, Kredit, Zins und den Konkunkturzyklus, 2. neubearb. Aufl.. Tübingen: Mühr, 1976.

Smith, A. 1776 (1976). *The Wealth of the Nations*. Chicago: University of Chicago Press. Dt.: Der Wohlstand der Nationen: Eine Untersuchung seiner Natur und seiner Ursachen, für die Taschenb.ausg. rev. Fassung. München: deutscher Taschenbuchverlag, 1978.

Strachan, H. 1979. Nicaragua's Grupos Economicos: Scope und Operations. In: S. Greenfield, A. Strickon & R. Aubey (eds.), *Entrepreneurs in Cultural Context*. Albuquerque, NM: University of New Mexico Press.

Weber, M. 1921 (1968). *Economy and Society*. Edited and translated bei Guenther Roth und Claus Wittich. New York: Bedminster Press. Dt.: Wirtschaft und Gesellschaft: Grundriß der verstehenden Soziologie, 5. rev. Aufl. Tübingen: Mohr, 1976.

Williamson, O. 1975. *Markets and Hierarchies*. New York: Free Press.

Williamson, O. 1985. *The Economic Institutions of Capitalism*. New York: Free Press. Dt.: Die ökonomischen Institutionen und der Kapitalismus: Unternehmen, Märkte, Kooperationen. Tübingen: Mohr, 1990.

Wrong, D. 1961. The Oversocialized Conception of Man in Modern Sociology. *American Sociological Review 26*, 183–196.

Übersetzung: Stefan Kesting, Marion Beier, Dieter Bögenhold

Globalisierung, McDonaldisierung und Amerikanisierung

George Ritzer

Seit einigen Jahren ist das Phänomen der Globalisierung zu einem zentralen Anliegen der Soziologie sowie anderer Sozialwissenschaften geworden. Während Globalisierungstheoretiker in der Regel einen auf den Gesamtzusammenhang der Welt gerichteten Fokus haben und die damit verbundenen Fragestellungen begrüßen, so haben viele unter ihnen doch vorschnell andere bedeutende Brennpunkte und alternative theoretische Orientierungen verworfen, wie nicht nur meine Arbeit zu Fast-Food-Restaurants und dem McDonaldisierungsprozeß deutlich macht, sondern auch eine jüngere Arbeit zum Thema Kreditkarten und zum Prozeß der Amerikanisierung. Gegenstand der vorliegenden Arbeit ist nun, einige Grundannahmen der Globalisierungstheorie zu überprüfen, und zwar nicht nur vor dem Hintergrund der o.g. Arbeiten, sondern auch dem meines gegenwärtigen Projektes, das die Analyse der revolutionären neuen „Konsummittel" beinhaltet, die größtenteils von den Vereinigten Staaten aus in die Welt gehen.

Wenn auch signifikante Unterschiede unter den Globalisierungstheoretikern bestehen, so würden doch die meisten, wenn auch nicht alle, Robertson (1992: 61, 64) zustimmen, der die Meinung vertritt, daß Sozialwissenschaftler von „einer spezifisch ganzheitlichen Sichtweise der Welt" ausgehen und „die Verhältnisse in der Welt als solche" untersuchen. An anderer Stelle spricht Robertson (1990: 18) vom „Studium der Welt als Ganzes." Konkreter werdend plädiert Robertson dafür, daß wir uns mit weltweit stattfindenden Prozessen befassen müssen, die relativ unabhängig von gesellschaftlichen und soziokulturellen Prozessen wirksam sind. Entsprechend heißt es bei Robertson (1992: 60), „dem Globalisierungsprozeß, der sich relativ unabhängig von rein gesellschaftlichen und anderen soziokulturellen Prozessen vollzieht, die von jeher Gegenstand der Forschung waren, wohnt eine generelle Autonomie und ‚Logik' inne". Ganz ähnlich diskutiert Featherstone (1990: 1) das Interesse an Prozessen, die „auf globaler Ebene an Autonomie gewinnen".

Nahezu alle Globalisierungstheoretiker und selbst viele, die von anderen theoretischen Orientierungen ausgehen, finden allgemein gehaltene Aussagen wie diese akzeptabel. Anders sieht die Sache jedoch aus, wenn man nähere Einzelheiten solcher Ansätze betrachtet. Hier kommt es zu Auseinandersetzungen und ernsthaften Meinungsverschiedenheiten, und das nicht nur von außen her, sondern auch in den Reihen der Globalisierungstheoretiker selbst (so stößt etwa die Wallerstein'sche Weltsystem-Version der Globalisierungstheorie auf Kritik bei Robertson).

Für unseren Gedankengang hier ist jedoch die genaue Beschaffenheit der Globalisierungstheorie nicht so wichtig wie der Umstand, daß sie vieles auszugrenzen scheint. Zuweilen könnte man wirklich den Eindruck haben, daß Globalisierungstheoretiker eher die Kritik an alternativen Sichtweisen und Fokussen beschäftigt, als die Weiterentwicklung des theoretischen Ansatzes. Denn mögen die Globalisierungstheoretiker auch hinsichtlich der Spezifika ihres Ansatzes uneins sein, so kommen sie doch viel leichter darüber überein, wofür ihr Ansatz *nicht* steht. Darunter fällt unter anderem:

1. Der auf einen einzigen Nationalstaat beschränkte Fokus;
2. der auf den Westen im allgemeinen und die USA im besonderen beschränkte Fokus;
3. die Beschäftigung mit dem Einfluß des Westens (Verwestlichung) oder dem der USA (Amerikanisierung) auf die übrige Welt;
4. die Beschäftigung mit Homogenisierung (statt Heterogenisierung);
5. die Beschäftigung mit der Moderne (im Gegensatz zur Postmoderne);
6. die Auseinandersetzung mit dem Bereich, der früher als Modernisierungstheorie bezeichnet wurde (Tiryakian, 1991).

Im folgenden wollen wir diese Punkte einzeln betrachten und dabei die Ergebnisse der Arbeit zu Fast-Food-Restaurants und Kreditkarten (sowie zu den neuen Konsummitteln) berücksichtigen.

Zu allererst muß dabei festgehalten werden, daß der Analysefokus, der das Weltganze im Auge hat, im allgemeinen mit der Ablehnung des auf den Nationalstaat (und verwandte Phänomene) gerichteten Fokus einhergeht.[1] Es handelt sich hierbei um ein Resultat des Durkheim'-

---

[1] Nicht allein der auf den Nationalstaat beschränkte Fokus, sondern alle Ansätze, die eine globale Untereinheit an erste Stelle setzen, treffen auf Ablehnung; „Ethnien, Nationen, Staaten, Organisationen, Bewegungen oder Religionen [werden] heute nicht mehr als logischerweise vorauszusetzende Einheiten betrachtet" (Beyer, 1994:14). Hierzu sei an Featherstone's Definition (1991: 146) von Ethnie erinnert, die er versteht als „Ensemble

schen Verständnisses von Emergenz oder um eine Folge der Ansicht, daß „es sich bei dem Weltganzen um mehr handelt als nur ein kunterbuntes Sammelsurium von Besonderheiten" (Beyer, 1994: 14).

Demzufolge involviert die Globalisierungstheorie „eine Verlagerung des Analysegegenstandes" (Beyer, 1994: 14). In Abgrenzung formuliert Beyer an anderer Stelle (1994: 2; Hervorhebung von mir), es gelte das System des Weltganzen zum vorrangigen Untersuchungsgegenstand zu machen und „*nicht* etwa ihm untergeordnete Systeme wie etwa die *Nation,* den *Staat* oder die *Region*". Und noch pointierter heißt es bei Beyer (1994: 7; Hervorhebungen von mir): „Globalisierung bedeutet auch, daß wir das Ganze *nicht* von seinen Teilen, wie etwa der Ersten oder Dritten Welt, her verstehen können, es vielmehr als ein homogenes System verstehen müssen, das logischerweise Nationalstaaten zur Voraussetzung hat".

Dieser Wechsel des Analysegegenstands wird zuweilen dem Umstand angelastet, daß ein historischer Wandel stattgefunden hat, dem zufolge der Nationalstaat in der Welt nicht mehr die Hauptrolle spielt. Smith (1990: 174) geht sogar soweit, das Zeitalter der Nationalstaaten für beendet zu erklären. Als Folge dieser Veränderung versteht man nun die Verlagerung des Hauptgegenstandes der Soziologie. So bedeutet Globalisierung der *Gesellschaft* etwa nach Archers (1991: 133) Ansicht, daß die einzelnen „*Gesellschaften* nicht länger den Hauptgegenstand der Soziologie darstellen". Und sowohl die klassische wie die zeitgenössische Soziologie wird ja wegen ihrer Beschäftigung mit der Nation unter Ausschluß von globalen Prozessen des Tragens von Scheuklappen bezichtigt. Die Globalisierungstheoretiker scheinen entschlossen, diesen Fehler wiedergutzumachen, indem sie den Fokus nicht mehr auf die Nation, sondern auf den Weltzusammenhang richten. Globalisierungstheoretiker mögen nun die traditionell vorgegebene Unausgewogenheit soziologischer Fragestellungen sowie die derzeitige Bedeutung globaler Prozesse richtig erkennen, doch sollte nicht der Schluß gezogen werden, daß der Nationalstaat seine große, wenn nicht sogar überragende Bedeutung für unsere Welt verloren hätte.

In verwandter, jedoch allgemeinerer Manier behauptet Appadurai (1990: 301), daß Deterritorialisierung „in der modernen Welt eine der zentralen Kräfte darstellt". In einer deterritorialisierten Welt „befinden sich Gelder, Güter und Menschen auf einer unaufhörlichen Jagd

von Symbolen, Mythen, kollektiven Erinnerungen, Helden, Ereignissen und Identitätsangeboten ..., das die Basis für kulturelle Zugehörigkeit schafft."

rund um den Globus“ (Appadurai, 1990: 303). Diese Sichtweise ist sicherlich zutreffend für Fast-Food-Restaurants und Kreditkarten, jedoch liegt auf der Hand, daß sowohl das „Herkunfts-Territorium“, überwiegend die Vereinigten Staaten, als auch das „Ziel-Territorium“ seine zentrale Bedeutung behält.

Es ist nun nicht so, daß Globalisierungstheoretiker nichts zum Thema Territorien und Nationalstaaten beizusteuern hätten, im Gegenteil, jedoch geht der Trend hin zur Beschäftigung mit *anderen* Territorien und Staaten als in der traditionellen Soziologie üblich. Das bedeutet, um es mit den Begrifflichkeiten Immanuel Wallersteins (1974, 1980, 1989) näher zu erläutern: Während die traditionelle Soziologie ihr Augenmerk auf die Nationen (und Territorien) des „Zentrums“ und deren Einfluß auf Nationen der „Peripherie“ richtete, sind Peripherie-Nationen und die Art und Weise, wie sie dem von den Zentrums-Nationen ausgehenden Einfluß widerstehen bzw. diesen modifizieren, für Globalisierungstheoretiker anscheinend von größerem Interesse (Smart, 1994).[2]

Demnach ist und bleibt der Nationalstaat, wie sogar viele Globalisierungstheoretiker implizit bestätigen, auch heute noch von Bedeutung. Dies gilt jedoch gewiß nicht nur für die Randnationen, sondern in hohem, ja höchstem Maße auch für Kernnationen wie die Vereinigten Staaten. Von daher sollten wir in unserem Drang, die ganze Welt in Fokus zu nehmen, *weder* die Bedeutung der einen *noch* der anderen Gruppe von Nationalstaaten aus den Augen verlieren.

Bei Fast-Food-Restaurants und Kreditkarten handelt es sich um ausgesprochen charakteristische Erzeugnisse der USA, d. h. um Produkte eines einzelnen Nationalstaates. Dort öffnete 1955 zwar nicht die allererste, aber die erste wirklich wichtige Fast-Food-Kette, nämlich McDonald’s, ihre Türen. Auch die erste moderne und „universelle“ Kreditkarte, Diners Club, wurde 1950 in den Vereinigten Staaten erstmalig ausgegeben, wiewohl auch diese ihre Vorläufer hatte, und 1951 bot die Franklin National Bank of Long Island die erste moderne Scheckkarte an. 1958 brachte die Bank of America in Kalifornien die BankAmericard (später Visa), 1966 mehrere große Chicagoer Banken die Master Charge (später MasterCard) in Umlauf. Es gibt viele Gründe dafür, daß diese Innovationen im Bereich der „Konsummittel“ (wie

---

2 Die Terminologie der Weltsystemtheorie wurde hier aufgegriffen, obwohl diese, wie oben erwähnt, von anders orientierten Globalisierungstheoretikern häufig nachdrücklich angefochten wird.

auch noch weitere, die im folgenden diskutiert werden sollen – etwa der Supermarkt, das Einkaufszentrum, der Freizeitpark, das Teleshopping, Tele-Marketing, ‚*cybermall*') überhaupt nur von einer ganz bestimmten Nation, nämlich den Vereinigten Staaten, ausgehen konnten. Sie verdanken ihre Entstehung dem Wohlstand und der (vor allem automobilbedingten) Mobilität, die man mit den USA nach dem 2. Weltkrieg assoziiert. So dürfen wir also über der Beschäftigung mit globalen Prozessen die charakteristische Eigenart einer zur Debatte stehenden Nation weiterhin nicht aus den Augen verlieren, wenn wir ihren Stellenwert in der globalen Gesellschaft ausmachen wollen. Und wir müssen uns sowohl mit peripheren als auch mit zentralen Nationen beschäftigen.

Wenngleich Fast-Food-Restaurants und Kreditkarten einer bestimmten Nation ihre Entstehung verdanken, so gewinnen sie doch zunehmend globalen Charakter, da die amerikanischen Binnenmärkte ja immer enger und gesättigter werden und die Fast-Food- und Kreditkartengesellschaften folglich auf Expansion im Ausland setzen. So eröffnet etwa McDonald's pro Jahr mehr aus- als inländische Zweigstellen, und die Hälfte des Profits wird heute bereits in den internationalen Niederlassungen gemacht. Ähnlich konzentrieren sich die Kreditkartengesellschaften angesichts der zunehmenden Sättigung des Binnenmarktes auf die Expansion ins Ausland. So handelt es sich bei Fast-Food-Restaurants und Kreditkarten zwar um globale Phänomene, doch ihre Heimat war, ist und wird noch einige Zeit lang US-amerikanisch sein. Die Beschäftigung mit US-amerikanischen Produkten, selbst wenn diese auf dem globalen Markt vertreten sind, läuft Gefahr, sogar bei solchen Globalisierungstheoretikern auf Ablehnung zu stoßen, die sich in ihrer Arbeit mit den Vereinigten Staaten oder dem Westen allgemein beschäftigen sowie mit dem Prozeß der Amerikanisierung oder dem der Verwestlichung (Robertson, 1992; Friedman, 1994). Featherstone (1991: 127) kritisiert zum Beispiel die folgende Vorstellung, daß: „die Ausbreitung einer ‚Konsum-Kultur' global gesehen parallel zur Machterweiterung der USA über die Weltwirtschaftsordnung verläuft. Die Konsum-Kultur wird hier als die zur universellen Kultur vorherbestimmte gesehen, die die ursprüngliche Nationalkultur der einzelnen Länder zerstört". Selbst eine allgemeiner gehaltene Beschäftigung mit dem Westen stößt bei Featherstone (1991: 142) auf Kritik, denn „wenn wir auf globaler Ebene die Beziehungen zwischen Nationalstaaten und Machtblöcken betrachten, so kann man sagen, daß sich derzeit eine Abwendung vom Westen vollzieht". Pieterse (1994: 163) kritisiert hingegen den Begriff der Verwestlichung, weil dieser in „historischer und kultureller Hinsicht nur ein ganz enges Fenster zur Welt" biete. Kritische Einwände wie diese können auf den Umstand zurückgeführt werden, daß dem Nachdenken über internationale Prozesse eine gewisse Voreingenommenheit zugunsten Amerikas und des Westens eigen war, zugunsten von Amerikanisierung und Verwestlichung. Von seiten der Globalisierungstheoretiker erfolgt nun der Einwand, daß solche Perspektiven irregeleitet und ethnozentrisch seien.

Selbst wenn die Globalisierungstheoretiker zu dem Zugeständnis bereit wären – was sie nicht sind –, daß die Begriffe Amerikanisierung und Verwestlichung historische Prozesse zutreffend beschreiben, so käme aus ihren Reihen noch immer der Einwand, daß die Welt sich verändert hat, enger geworden ist und zunehmend von multidimensionalen und verschieden ausgerichteten Prozessen bestimmt wird. Entsprechend findet man bei Smith (1990: 177; Hervorhebung von mir) die These, daß die globale Kultur von heute kein Zentrum mehr besitze: „Die Weltkultur, die heute im Begriff ist, sich herauszubilden, ist an *keinen* Ort und an keine Zeit gebunden. Sie ist kontextlos, ein bloßes Allerlei, das seine verschiedenen Bestandteile von überall und nirgends bezieht und das durch die Kanäle moderner Telekommunikationssysteme in die Welt strömt".[3] Nach dem Zerfall des kommunistischen Machtblocks besteht für Friedman (1994: 99) eine Krise, die den Zusammenbruch der Weltordnung und die „zunehmende Schwäche der Zentren des Weltsystems zum Inhalt hat". In den Augen der Globalisierungstheoretiker ist demnach der auf Amerika und den Westen (bzw. auf Amerikanisierung und Verwestlichung) beschränkte Fokus sowohl zu restriktiv als auch zu weit entfernt von den gegenwärtigen globalen Realitäten.

Diese Argumentation hat zwar viel für sich, doch bleibt wiederum die Tatsache bestehen, daß die Zahl an Waren, Informationssystemen und anderen kulturellen Erzeugnissen, die von den USA und dem Westen aus in die Welt gehen, unverhältnismäßig viel größer ist als die, die den

---

[3] Es steht zu vermuten, daß ihr auf Telekommunikation beschränkter Fokus das Urteilsvermögen der Globalisierungstheoretiker trübt, da diese sich für den Nachweis von Globalisierung geradezu anbietet. Bei anderen internationalen Prozessen, wie sie z.B. in der Fast-Food- und der Kreditkartenindustrie stattfinden, liegt der Fall jedoch anders, zumindest entsprechen sie dem Konzept der Globalisierungstheoretiker nur in modifizierter Form.

umgekehrten Weg gehen. Allgemeiner gesagt unterliegen weite Teile der Welt nach wie vor dem Prozeß der Verwestlichung und Amerikanisierung. Man könnte sogar so weit gehen zu sagen, daß nach dem Zerfall des kommunistischen Machtblocks auch die einzige voll entwickelte Alternative zum Kapitalismus des westlichen bzw. amerikanischen Typus verschwunden ist, und damit die Welt anfälliger für den Einfluß der Verwestlichung und Amerikanisierung geworden ist als je zuvor. Der Hauptwiderstand gegen diese Einflüsse wird von den lokalen Kulturkreisen ausgehen, und es bleibt abzuwarten, wieviel Widerstandskraft sie entwickeln werden.

Denn Fast-Food-Restaurants tragen ja nicht nur „Big Mac's" und Pommes in die Welt, sondern vor allem auch den schnellen Imbiß amerikanischen Stils. Überall in der Welt ist die Nahrungsaufnahme ein wichtiges kulturelles Phänomen, doch Fast-Food-Restaurants verbreiten die Vorstellung (plus der Möglichkeit, diese in die Tat umzusetzen), daß Essen etwas ist, was so schnell und unaufwendig wie möglich betrieben werden sollte. Ganz ähnlich bedeuten Kreditkarten nicht nur eine weitere Möglichkeit, Levis und Pepsi[4] und andere amerikanische Produkte zu erwerben, sondern erschließen viel allgemeiner auch die Teilhabe an der amerikanischen Konsumentenkultur. Wenn Fast-Food-Restaurants und Kreditkarten als amerikanische Produkte den Weltmarkt zu überschwemmen beginnen, so bewirkt dies also die Amerikanisierung der lokalen Kulturkreise. Diese Einschätzung steht in Einklang mit der Schlußfolgerung, die Dezelay (1990:281) auf anderem Gebiet vorlegte, daß nämlich „die Globalisierung des Marktes für juristische Dienstleistungen überwiegend ein Beispiel für Amerikanisierung darstellt". Die weltweite Ausbreitung von Fast-Food-Restaurants und Kreditkarten bedeutet also, um an Dezelay anzuknüpfen, vor allem die Amerikanisierung der Welt.

Jedoch sollte man über der Beschäftigung mit Amerikanisierung und Verwestlichung die eigenständige Bedeutung lokaler Kulturkreise nicht aus den Augen verlieren. McDonald's paßt sich zum Beispiel routinemäßig den lokalen Märkten an, und die Einheimischen wiederum integrieren diese Restaurants in ihre jeweilige Kultur. So verkauft McDonald's zwar seine Produkte wie „Big Mac's" und Pommes Frites in der ganzen Welt, doch werden gleichzeitig Produkte angeboten, die

---

4 So ist immerhin nicht zu bestreiten, daß Kreditkarten auch für den Erwerb einheimischer Produkte und Dienstleistungen verwandt werden.

den Bedürfnissen und Nachfragen des lokalen Marktes angepaßt sind. Man betrachte dazu die folgenden Beispiele:

- In Norwegen wird der *McLaks* angeboten, ein Vollkornsandwich mit gegrilltem Lachs und Dillsauce.
- In den Niederlanden steht der *Groenteburger* (oder vegetarische Burger) auf der Speisekarte.
- Die Uruguayaner lockt McDonald's mit *McHuevo* (Hamburger mit pochierten Eiern) und mit *McQuesos* (überbackenen Käsesandwichs).
- In Thailand bietet McDonald's seinen Kunden in Teriyakisauce mariniertes Schweinefleisch als *Samurai-Burger* an.
- In Japan finden wir das *Chicken Tatsuta Sandwich* – das aus gebratenem und mit Sojasauce und Ingwer gewürztem Hühnerfleisch mit Kohl und Senfmayonnaise besteht.
- Und als letztes: Auf den Philippinen ist ein *McSpaghetti* im Angebot, sowohl mit Tomatensauce als auch mit einer Fleischsauce aus kleingeschnittenen Frankfurter Würstchen (Sullivan, 1995).

Die lokalen Kulturkreise ihrerseits haben eigene Fast-Food-Restaurants hervorgebracht, wie etwa *Lebanon's Juicy Burger* und *India's Nirula's*, wo unter anderem Lammfleischburger verkauft werden. Überdies kann das amerikanische Fast-Food-Restaurant in anderen Gesellschaften eine ganz andere Bedeutung erlangen. So kann McDonald's als erste Adresse für elegante und teure Abendessen verstanden werden oder als Ziel für einen Familienausflug, auf den hin monatelang gespart werden muß.

Appadurai (1990: 295) vertritt die These, daß das „Hauptproblem der derzeit stattfindenden globalen Interaktionen in dem Spannungsfeld zwischen kultureller Homogenisierung einerseits und kultureller Heterogenisierung andererseits angesiedelt ist". Die meisten Globalisierungstheoretiker gehen dabei jedoch von einem Überwiegen der Heterogenisierungstendenz aus (wohingegen die Ausbreitung von Fast-Food-Restaurants und Kreditkarten vielmehr auf die wachsende Homogenisierung hinweist). So widmet Featherstone (1991) ein ganzes Kapitel der „Globalisierung von Mannigfaltigkeit". Pieterse (1994: 161) verwirft den einseitig auf Homogenisierung beschränkten Fokus und spricht sich dafür aus, „Globalisierung als einen Vorgang zu betrachten, der zur Bildung von Mischformen führt und eine globale Vermengung hervorbringt". Als Beispiele für eine solche kulturelle

Hybridisierung (denn er beschäftigt sich auch mit struktureller Hybridisierung) nennt Pieterse: „Marokkanische Mädchen, die in Amsterdam Thai-Boxen betreiben, asiatischer Rap in London, irische Bagels, chinesische Tacos und indianischer Fastnachtsdienstag in den Vereinigten Staaten“ (Pieterse 1994: 169).

Doch genau betrachtet, schließt das eine das andere ja nicht aus. Das heißt, daß in einigen Lebensbereichen Homogenisierung und in anderen Heterogenisierung vorherrschend sein kann. Ein Standpunkt, der von Giddens (1990: 64) geteilt wird: „Globalisierung kann demzufolge verstanden werden als die Intensivierung weltweiter sozialer Beziehungen, wodurch weit auseinanderliegende Gebiete so miteinander verbunden sind, daß das lokale Geschehen von Ereignissen mitgestaltet werden kann, die meilenweit entfernt stattfinden – und umgekehrt“. Robertson (1992: 132) sieht die Sache ähnlich: „Meine idealtypische Sichtweise der globalen Lebenszustände erlaubt es, sowohl der Einzigartigkeit der einzelnen Gesellschaft als auch dem, was allen Menschen gemein ist, den gleichen Wert beizumessen“. Friedman (1990: 311) stellt eine ähnliche Behauptung auf: „Ethnische und kulturelle Fragmentierung und modernistische Homogenisierung sind zwei Grundtendenzen der globalen Realität“. Bei Smart (1994: 157) liest man zum gleichen Thema, daß „die weltweit zu beobachtenden Veränderungen einerseits die Verbreitung etlicher allen gemeinsamen Formen, Güter und Ideen bedingen, andererseits wird das, was da an Neuem in sie eindringt, in den einzelnen Kulturkreisen jeweils anders und womöglich völlig unterschiedlich rezipiert, interpretiert, adaptiert und utilisiert, so daß die Vielfalt und Unterschiedlichkeit in der Welt erhalten bleibt oder erneuert wird“.

Mehr ins Detail gehend äußert sich Beyer (1994: 3) zu demselben Thema: Das weltumspannende System korrodiert überlieferte und konstruierte kultur- und personenbezogene Identitäten, fördert jedoch gleichzeitig die Schaffung und Wiederbelebung von Partikularidentitäten als ein Mittel, die Kontrolle über die systemische Macht zu erlangen. Im Zusammenhang mit diesem letztgenannten Gesichtspunkt sollte nicht außer acht gelassen werden, daß bei der Entwicklung, Gestaltung und Problematisierung des Globalsystems, die Religion eine ihrer bedeutendsten Rollen spielt.

King (1990: 410) kommt zu dem Schluß, daß die Städte der Welt „sich immer ähnlicher werden und sich gleichzeitig immer mehr voneinander unterscheiden“. Und wir haben dargelegt, daß eine ganze Anzahl

von Globalisierungstheoretikern die Ansicht vertritt, daß Homogenisierung als Gegenreaktion Heterogenisierung hervorrufen kann.
Die Koexistenz von Homogenisierung und Heterogenisierung schlägt sich im Begriff „Glokalisation" nieder, der die zunehmend komplexe und wechselseitige Beziehung zwischen dem Globalen und dem Lokalen widerspiegelt (Robertson, 1992:173). Und ganz ähnlich fokussiert Friedman die „derzeitig stattfindende Verzahnung globaler und lokaler Prozesse". Und in Zuspitzung findet sich bei ihm die Formulierung: „Das Lokale ist ein globales Produkt" (Friedman, 1994: 198). Entsprechend stellt er die Behauptung auf, daß sowohl die „kulturelle Pluralisierung der Welt" gegeben sei als auch die „Herausbildung einer einzigen Weltkultur ... (da) die Objekte und Symbole der westlichen Kultur bei vielen Völkern alltäglich geworden sind" (Friedman, 1994: 100).
So hat nach Robertsons Sicht der Dinge sowohl die „Partikularisierung des Universalismus" (hier wird die Welt als *ein* Ort verstanden) stattgefunden als auch die „Universalisierung des Partikularismus" (hier geht es um die weltweit verbreitete Erwartungshaltung, daß jede Gesellschaft ihre unverwechselbare Identität besitzen solle). Mit seiner Ansicht, daß lokale Kulturkreise von globalen Phänomenen nicht einfach zerstört werden, hat Robertson recht. Jedoch deutet die Ausbreitung von Fast-Food-Restaurants und Kreditkarten darauf hin, daß solche globalen Prozesse einen stark homogenisierenden Einfluß auf die lokalen Kulturen ausüben. Ich würde also Friedman's (1994: 239) Argument beipflichten, daß westliche Produkte nicht etwa zu Homogenisierung geführt, „sondern Rohstoffe für neue lokale Variationen geliefert haben". Friedman nennt zwar einige wichtige Beispiele, doch fällt es mir schwer, *McHuevos*, *McLaks* und Luxusdinners in Fast-Food-Restaurants als bedeutsame lokale Variationen zum Thema „McDonaldisierung als Homogenisierungsprozeß" zu verstehen.
Zutreffend verweist Robertson allgemeiner auf die globale Bedeutung von globalen Faktoren wie Ethnizität, Nationalismus, Rasse und Geschlecht, die die fortschreitende McDonaldisierung und Amerikanisierung verlangsamen können.[5] Doch die treibenden Kräfte hinter diesen Prozessen suchen derartige widrige Faktoren zu neutralisieren, indem

[5] Es gilt festzuhalten: Die Entstehung der McDonaldisierung hat auch extraamerikanische Ursachen, und Amerikanisierung ist ein viel umfassenderer Prozeß als der der McDonaldisierung; die beiden dürfen nicht gleichgesetzt werden

sie sie einfach ins System einbeziehen. So wird Werbung zum Beispiel den jeweilen Bedürfnissen und Interessen einer bestimmten Zielgruppe maßgeschneidert, sei diese nun nach Ethnie, Nation, Rasse oder Geschlecht ausgewählt.

Es besteht unter den Globalisierungstheoretikern ferner die Tendenz, Theorien der Moderne abzulehnen und stattdessen postmoderne Ansätze (Smart, 1994) zu bevorzugen. So vertritt Beyer (1994: 8) die Ansicht, daß „globale Ausbreitung eine neue soziale Einheit hervorgebracht hat, die weit mehr beinhaltet als die bloße Expansion westlicher Modernität". Es läßt sich nun nicht leugnen, daß es sich bei Fast-Food-Restaurants und Kreditkarten um höchst moderne Phänomene handelt, denn sie erfüllen beispielsweise das im Zusammenhang mit der Moderne am häufigsten genannte Kriterium der Rationalität, indem sie den Zugang zu Mahlzeiten, Waren, Dienstleistungen und Krediten auf eine möglichst rationale Weise ermöglichen. Zudem sind diese und andere rationale Phänomene im Westen und von dort ausgehend in der übrigen Welt zunehmend von Bedeutung, was im Gegensatz zu diversen Vorstellungen steht, die mit der Postmoderne in Verbindung gebracht werden. Aus deren Ecke käme wohl eher der Hinweis, daß die Welt an Rationalität eher verliert als gewinnt und daß lokalen Kulturkreisen mehr Gewicht beizumessen ist als Homogenisierungstendenzen, wie z.B. der zunehmenden Rationalisierung. Darüber hinaus impliziert die Rationalisierungsthese *eine* große Erzählung und wird schon deshalb von den Vertretern der Postmoderne zugunsten lokaler oder auch nur individuell gegebener Interpretationsmodelle abgelehnt.

Bei Featherstone (1990: 2) ist zu lesen, daß die Postmoderne auch bestreitet, daß „als Folge der ökonomischen und politischen Vorherrschaft des Westens eine Proto-Universalkultur in der Welt entsteht". Damit wird nicht nur die Existenz von Verwestlichung und Amerikanisierung bestritten, sondern auch die Vorstellungen von einem Kulturimperialismus und dem Export einer Massenkonsumkultur. Doch repräsentieren die Kreditkarten- und Fast-Food-Industrien genau solche Bestrebungen, da sie die US-amerikanische Kultur zu Lasten der einheimischen zu exportieren trachten. Genau genommen sind sie darauf aus, Amerikas Massenkonsumentenkultur zu exportieren. Vergleicht man diesen Vorgang mit dem der einstigen Coca-Cola-Kolonisierung (Kuisel, 1993), so liegt ein wichtiger Unterschied darin, daß heute nicht bloß gewisse Erzeugnisse exportiert werden, sondern auch, was viel wichtiger ist, die Mittel zu deren Konsum. Fast-Food-Restaurants und Kreditkarten sollten besser als zum Konsum geeignete Mittel denn als für den Verbraucher bestimmte Produkte bezeichnet werden, denn sie erfüllen ja den Zweck, alles Mögliche konsumierbar zu machen. Damit geht ihr Stellenwert auf den internationalen Märkten weit über den ihrer Vorgänger wie etwa Coca Cola und Levis hinaus. Sie bedeuten eine Veränderung nicht nur hinsichtlich dessen, was konsumiert wird, sondern auch dessen, wie konsumiert wird – und insofern ist ihr weitreichender Einfluß wesentlich wichtiger.

Nach Featherstone (1990: 3) geht die Postmoderne ferner davon aus, „daß wir die Logik der universalen Rationalisierung des Lebens, die den Menschen in ihren eisernen Käfig zwängt“, schon weit hinter uns gelassen haben. Natürlich geht es in meiner Arbeit über Fast-Food-Restaurants ja gerade um den Beleg der Gegenthese, daß uns der eiserne Käfig im Lauf der Zeit immer näher rückt. Ähnlich bedeuten Kreditkarten die rationalisierte Form des Gewährens von Darlehen, und als solche fördern sie die Rationalisierung aller nur denkbaren Konsumweisen.

Schließlich grenzen die Vertreter der Globalisierungstheorie ihren Ansatz von dem der Modernisierungstheorie ab, die vor einigen Jahrzehnten viele Anhänger fand (Archer, 1990). Diesbezüglich ist beispielsweise bei Featherstone (1990) zu lesen, daß sich die Modernität des Westens erschöpft hat – und damit – implizit – auch die Modernisierungstheorie. Die zunehmende Verbreitung von Fast-Food-Restaurants und Kreditkarten scheint jedoch ein Argument für die Modernisierungstheorie zu sein. Zwar gibt es zwischen dieser Theorie und der These vom Zunehmen jener Phänomene gewisse Überschneidungen, doch darf dabei nicht übersehen werden, daß es auch mindestens einen entscheidenden Unterschied gibt: Während Modernisierungstheoretiker westlichen Entwicklungen positiv gegenüberstehen und sie der übrigen Welt zur Nachahmung empfehlen, resultiert meine Arbeit über Fast-Food-Restaurants und Kreditkarten in einer höchst kritischen Einschätzung derselben. Die meisten meiner kritischen Einträge finden sich unter der Rubrik „Die Irrationalität der Rationalität“, da mit diesen Systemen viel Irrationalität einhergeht, insbesondere Enthumanisierung. Denn aus der globalen Perspektive betrachtet haben solche rationalen Systeme häufig Homogenisierung zur Folge – und eine zunehmend homogene Welt ist eine weniger menschliche Welt. Folglich sollten andere Nationen entsprechenden Vorstößen fremder Einflüsse Widerstand entgegensetzen oder zumindest deren Anpassung an die lokale Kultur zu leisten versuchen. Mit seiner Kritik und seinem auf formale Rationalität gerichteten Fokus steht mein Ansatz, genau betrachtet, dem antiamerikanischen Denken und der Kritischen Theorie näher als der Modernisierungstheorie.

Gegenstand der Kritischen Theorie war das Aufkommen der instrumentellen Rationalität und deren Kompetenzausweitung vom Bereich der Produktion auf den des Konsums. Man könnte nun den Schluß ziehen, daß meine Arbeit diesen Kritikansatz von den Konsumgütern auf die Konsummittel ausweitet, was im Einklang mit der postmodernen Kritik an der Konsumentenkultur stünde, doch es gibt einen wesentlichen Unterschied: Die Vertreter der Postmoderne, wie etwa Baudrillard, beschäftigen sich mit dem Konsum von Zeichen und nicht von Gebrauchswerten, im Sinne von Gebrauchsgegenständen. Im Gegensatz dazu besteht mein Hauptanliegen darin zu untersuchen, wie sich solche handfesten Gegebenheiten wie Fast-Food-Restaurants und Kreditkarten (und andere Konsummittel) auf den Konsum auswirken. Während in den Sozialwissenschaften einer kulturalistischen Tendenz gehuldigt wird, macht meine dazu konträre Position die Bedeutung der materiellen Gegebenheiten wieder geltend.

Bisher wurde mein Argumentationsgang weitgehend in negativer Abgrenzung entwickelt, indem ich die Ablehnung verschiedener Perspektiven und sozialer Gegebenheiten seitens der Globalisierungstheoretiker einer kritischen Analyse unterzogen habe. In Form einer Zusammenfassung soll mein Anliegen jetzt positiv gefaßt werden:

1. Wie meine Arbeit über Fast-Food-Restaurants und Kreditkarten zeigt, muß bei soziologischen Untersuchungen der Nationalstaat nach wie vor berücksichtigt werden.
2. Insbesondere kommt dem Westen im allgemeinen und den USA im besonderen bei Globalanalysen nach wie vor eine zentrale Stellung zu.
3. In ökonomischer, politischer und kultureller Hinsicht ist nach wie vor der tiefgreifende Einfluß von Verwestlichung im allgemeinen und Amerikanisierung im besonderen weltweit zu verzeichnen.
4. Die Verbreitung von Fast-Food-Restaurants und Kreditkarten macht deutlich, daß zwar in der heutigen Welt äußerst starke Homogenisierungstendenzen wirksam sind, es jedoch parallel dazu auch die Tendenz zur Heterogenisierung gibt.
5. Die Eigenschaften der hier diskutierten Entwicklungen sind höchst rationaler Natur, was ein Indiz dafür ist, daß wir nach wie vor in ei-

ner sehr modernen Welt leben. Der Ruf „Die Moderne ist tot, es lebe die Postmoderne!“ wäre somit verfrüht.

6. Die hier aufgezeigten Entwicklungen scheinen Denkansätze zu unterstützen, die man früher als Modernisierungstheorie bezeichnete. Doch man muß sich darüber im Klaren sein, daß nicht zwangsläufig von erfreulichen Entwicklungen die Rede ist, wenn man von Modernisierung spricht. Denn nur zu oft hat der Modernisierungsprozeß unangenehme und sogar irrationale Konsequenzen.

Übereinstimmungen

Während bisher solche Aspekte im Vordergrund standen, die von den Globalisierungstheoretikern und mir unterschiedlich gesehen werden, so sollen jetzt die zur Sprache kommen, bei denen Übereinstimmung herrscht. So kann ich mich Featherstone's (1990: 12) Einsicht anschließen, daß wir „anhaltenden Auseinandersetzungen um die begriffliche Abgrenzung der kulturellen Weltordnung“ entgegengehen. Akzeptabel ist für mich auch Robertson's Behauptung, daß die Weltordnung derzeit „ein herrenloses Gut“ sei. Jedoch unterscheidet sich meine Einschätzung dieser anstehenden Auseinandersetzungen von der Featherstones und Robertsons, da in meinen Augen der Westen im Allgemeinen und die USA im Besonderen am längeren Hebel sitzen. Nach dem Zerfall des kommunistischen Machtblocks steht der internationale Kapitalismus konkurrenzlos da. Lokale Kulturkreise werden nach wie vor ihre Bedeutung haben und werden nicht nur eigenständige Lebensweisen hervorbringen, sondern auch die Einflüsse aus anderen Gesellschaften, insbesondere aus den USA, modifizieren und abändern. Vielleicht werden einige sogar signifikante Elemente ihrer Kultur erfolgreich in weite Teile der übrigen Welt exportieren, doch das ständige Bombardement mit Exportgütern des Westens, vor allem aus den USA, wird einschneidende Veränderungen mit sich bringen. Von daher erscheint mir Featherstone's Behauptung (1990: 10) plausibel, daß „derzeit von einer einheitlichen Weltkultur kaum die Rede sein kann, man vielmehr im Plural, also vom Vorhandensein von Weltkulturen, sprechen muß“. Bei Smith (1990: 171) heißt es entsprechend: „(...) die Idee der Weltkultur ist schlechterdings nicht in die Praxis umsetzbar.“ Und Hannerz trifft genau den Kern des Problems, wenn er sagt: „Heute besitzen wir eine Weltkultur.... Diese ist allerdings eher dadurch gekennzeichnet, daß sie

Vielfalt in einen Ordnungszusammenhang bringt, als daß sie Gleichförmigkeit reproduziert. Bislang hat keine *vollständige* Homogenisierung von Bedeutungs- und Ausdrucksmustern stattgefunden und nichts spricht für die Wahrscheinlichkeit, daß dies bald geschehen könnte. Aber die Welt ist zu einem Netzwerk sozialer Beziehungen zusammengewachsen, und zwischen ihren unterschiedlichen Regionen spielt sich ein ständiges Hin und Her von Deutungen, Menschen und Waren ab" (Hannerz, 1990: 237).

Wir werden zwar weiterhin weltweit eine kulturelle Vielfalt bilanzieren können, jedoch werden viele, die meisten und letztlich wohl alle Kulturen unter den Einfluß amerikanischer Exporte geraten; Amerika wird, wie an früherer Stelle bereits dargelegt, jedermann mit einer Art „Zweitkultur" versorgen.

Derzeit ist in der Welt zwar eine starke Tendenz zur Amerikanisierung zu beobachten, doch kann ich mir kaum vorstellen, daß diese Tendenz ewig anhalten wird. In seiner diesbezüglichen Abhandlung sieht Dezelay Amerikanisierung als den dominierenden Faktor, der den Weltmarkt für juristische Dienstleistungen bestimmt, er gibt jedoch auch zu bedenken, daß es sich hierbei lediglich um ein „historisches Zwischenspiel" handelt, das eine Folge des Startvorteils amerikanischer Juristen darstellt (Dezelay, 1990: 287). Der Schluß läge nahe, daß die amerikanische Vorherrschaft in Sachen Fast-Food-Restaurants, Kreditkarten und anderer *Konsummittel* ein ähnliches Zwischenspiel bedeutet. Nach und nach wird die übrige Welt in dieser Hinsicht aufholen (wie das im Bereich der Produktion schon der Fall ist), und man wird dann nicht nur die jeweils eigene Gesellschaft besser bestimmen können, sondern auch eigene Erzeugnisse in andere Gesellschaften zu exportieren beginnen.

Wenn ich bisher auch die Unterschiede zwischen der Globalisierungstheorie und meiner Arbeit über Fast-Food-Restaurants und Kreditkarten betont habe, so läßt sich jedoch nicht leugnen, daß die hier genannten Phänomene unter der Überschrift „Globalisierungstheorie" abgehandelt werden könnten. So versteht die Globalisierungsdefinition von Robertson (1992: 8) diese als einen Prozeß, der „das engere Zusammenrücken der Welt" und „das wachsende Gewahrwerden der Welt als eines Ganzen" mit einschließt. Das weltweite Vorhandensein von Fast-Food-Restaurants und Kreditkarten hat dazu beigetragen, die Welt zu komprimieren, und beider Nutznießer werden sich des globalen Systems sicher zunehmend bewußt.

Von seiten der Globalisierungstheoretiker wird häufig darauf hingewiesen, daß sich innerhalb des globalen Systems Drittkulturen entfalten (Robertson, 1992). Diese teilweise autonomen Kulturen lassen nationale Grenzen hinter sich und existieren auf einer weltweiten Basis. Einige solcher Drittkulturen wurden von Appadurai (1990) nachgewiesen. So existiert z.B. eine globale „finanscape", die sich mit der „blitzschnellen Passage von Unsummen von Geldern durch nationale Drehtüren" befaßt (Appadurai, 1990: 298). Es liegt auf der Hand, daß die Kreditkartenindustrie Teil dieser „*finanscape*"[6] ist. Zusammen mit der Fast-Food-Industrie ist das Kreditkartenwesen überdies auch Teil der „*ethnoscape*", die via Tourismus die Mobilität großer Bevölkerungsanteile mit sich bringt. Und beide Industriezweige, jedoch besonders das Kreditkartenwesen, sind Teil der „technoscape", in der weltumspannende Technologien zum Einsatz kommen.

Wiewohl Globalisierungstheoretiker die Bedeutung ökonomischer und politischer Faktoren anerkennen, ihr besonderes Augenmerk gilt doch den kulturellen Faktoren und dem Auftauchen einer „globalen Kultur" (Robertson, 1992: 114). Für Robertson (1992: 135) besitzt die globale Kultur jedoch keine normative Verbindlichkeit, sondern lediglich einen „allgemeinen Diskursmodus, was die Welt als Ganzes und in ihrer Vielfalt angeht". Ganz offensichtlich sind Fast-Food-Restaurants und Kreditkarten nicht nur in ökonomischer Hinsicht von Belang, auch auf kultureller Ebene spielen sie eine wichtige Rolle. Sicherlich beeinflussen sie den Diskursmodus der Welt, aber anders als Robertson denke ich, daß durch sie auch normative Zwänge bezüglich des Eß- und Konsumverhaltens geschaffen werden.

Friedman (1994: 103) vertritt die These, daß es sich beim Konsumverhalten um „einen Aspekt weitläufiger kultureller Strategien der Identitätsfindung und Identitätswahrung" handelt. Durch Kreditkarten erfährt die Art und Weise, wie Dinge konsumiert werden, eine tiefgreifende Veränderung. Friedman greift sich als zentrales kulturelles Anliegen die Nahrungsaufnahme heraus, und Fast-Food-Restaurants sind im Begriff, die Eßgewohnheiten in vielen Kulturräumen radikal zu verän-

[6] a) Auch die Fast-Food-Industrie paßt in diesen Argumentationszusammenhang, da ein Teil des Profits, der in anderen Ländern gemacht wird, in die USA zurückfließt
b) Bei dem Wort „finanscape" handelt es sich um eine Wortschöpfung des Verfassers, gebildet aus den unterstrichenen Teilen der Wörter „finance" und „landscape" (Landschaft); ähnlich bei den Begriffen „ethnoscape" und „technoscape") – d. Übers.

dern. Indem Kreditkarten und Fast-Food-Restaurants nun verändernd in Eß- und Konsumgewohnheiten eingreifen, verändern sie auch, und sei es nur um ein weniges, das Selbstverständnis der Betreffenden.

Mittel des Konsums

Bislang habe ich mich schwerpunktmäßig mit Fast-Food-Restaurants und Kreditkarten beschäftigt, doch sind diese ja bei weitem nicht die einzigen amerikanischen Exporte, die unsere Welt radikal verändern. Zudem werden ja nicht nur aus den Vereinigten Staaten Verbrauchsgüter in alle Welt exportiert. Die McDonaldisierung und Amerikanisierung von heute unterscheiden sich beträchtlich von der Cola-Kolonisierung der Vergangenheit. Anhand von Fast-Food-Restaurants und Kreditkarten wird deutlich, daß die Vereinigten Staaten mittlerweile die Entwicklung und Produktion sowie den Export von geradezu überwältigenden neuen Konsummitteln als ihr Geschäft betreiben.[7] Galten die USA früher als das Zentrum für die neue und revolutionäre Entwicklung von Produktionsmitteln, so sollten sie heute eher als das Zentrum für die Schaffung neuer und revolutionärer Konsummittel bezeichnet werden. Der bloße Warenexport fällt an Bedeutung weit hinter den Export von Konsummitteln – oft im Verbund mit den zu konsumierenden Waren – zurück. Und der derart bewirkte radikale Veränderungsprozeß betrifft nicht allein, was konsumiert wird, sondern auch die Art und Weise wie konsumiert wird.

Es liegt auf der Hand, daß der Begriff Konsummittel sich vom Marxschen Terminus ‚Produktionsmittel' herleitet, worunter Werkzeuge, Maschinen, Rohstoffe etc. verstanden werden, die, im Besitz der Kapitalisten befindlich, vom Proletariat für Produktionszwecke benötigt werden. Unter Konsummittel sollen nun die Dinge verstanden werden, die der Kapitalist besitzt und dem Kunden als für Konsumzwecke nötig nahelegt. Restaurantketten für Fast-Food und das Kreditkartenwesen entsprechen eindeutig dieser Konsummitteldefinition. Wie die Marxschen Produktionsmittel sollten auch Konsummittel als materielle Phänomene verstanden werden.

---

7 Man muß den Unterschied zu Featherstone im Auge behalten (1991: 16), der von „Konsummodalitäten" spricht oder von „sozial abgesegneten Mitteln und Wegen, wie Produkte zur Reviermarkierung sozialer Beziehungen eingesetzt werden können".

Fast-Food-Restaurants und Kreditkarten sind weder die einzigen noch die ersten oder die letzten neuen Konsummittel, die von den Vereinigten Staaten hervorgebracht werden. Wir können unter diesen Begriff ja auch solche Vorläufer wie den Supermarkt (Walsh, 1993) und das Einkaufszentrum (Kowinski, 1985) fassen. Von größerem Interesse sind allerdings die Konsummittel, die in den USA in Erscheinung treten und deren Export in die übrige Welt noch in den Kinderschuhen steckt. Man denke hier beispielsweise an die speziellen Einkaufsprogramme im Fernsehen, wie etwa das Home Shopping Network (HSN). Falls Sie so etwas noch nicht kennen sollten, es handelt sich bei HSN um einen Sender, der 24 Stunden am Tag und 7 Tage die Woche nichts anderes tut, als zu verkaufen. Waren werden erst präsentiert und dann wird den Zuschauern eine Rufnummer angezeigt, unter der sie ihre Bestellungen aufgeben können. Erst die Existenz der Kreditkarten und deren weite Verbreitung ermöglichten solche Innovationen und machten diese Art des Einkaufens realisierbar. HSN (und vergleichbare Sender) sind insofern revolutionär, als sie räumliche und zeitliche Konsumbeschränkungen überwinden. Jetzt können zu jeder Tages- und Nachtzeit Güter aus aller Welt erworben werden, vorbei ist es mit dem Frusterlebnis, vor verschlossener Ladentür zu stehen. Es ist wohl nur noch eine Frage der Zeit, bis wir die erste global orientierten Versionen von HSN erleben werden.

Auch der derzeitig stattfindenden Fusion von Konsum und Unterhaltung sollte Beachtung geschenkt werden, denn mittlerweile ist der Konsum zum Ziel von Unterhaltung geworden, und daher muß Konsum zunehmend Spaß machen. In gewisser Hinsicht ist das ein alter Hut. So sind zum Beispiel Messen lange Zeit hindurch sowohl Märkte als auch Vergnügungsstätten gewesen. Auch gab es die vorindustrielle Volksfesttradition, die sich längst zum festen Bestandteil der modernen Welt gemausert hat. Doch hat die Fusion von Konsum und Amüsement dabei auch ihr Wesen verändert, sie hat viel weitere Verbreitung gefunden und ist jetzt industriell gefertigt, keimfrei und homogenisiert, kurz gesagt: rationalisiert. Von der alten „Ordnung der Unordnung" auf den Messen ist sehr viel Ordnung und, wenn überhaupt, nur betrüblich wenig Unordnung geblieben.

Untersucht man etwa Freizeitparks wie Disneyland und Disneyworld näher, die oberflächlich betrachtet dem reinen Vergnügen dienen, so stellt man fest, daß es sich in Wirklichkeit um verkappte Einkaufszentren für die schier endlose Reihe von Disneyprodukten handelt (Fjellman, 1992). So muß man sich nach dem Betreten eines dieser Parks erst einmal den Weg durch die „Main Street“ (Hauptstraße) bahnen, was so gut wie ein Spießrutenlauf durch eine Gasse von Geschäften ist, die alle Disneywaren präsentieren. Weitere Geschäfte wurden überall im Park strategisch günstig in Stellung gebracht. Darüber hinaus bieten Disneyfilme den geeigneten Vorwand für ein wahres Trommelfeuer an neuen Produkten und für großangelegte Werbekampagnen. Und dann gibt es natürlich noch die Disneyläden (und vergleichbare von anderen Filmgesellschaften) in Einkaufszentren, die einzig auf das Marketing von Disneyprodukten abzielen.

Die Einkaufszentren ihrerseits ähneln allmählich immer mehr den Freizeitparks. Dies gilt besonders für die großen Zentren in Bloomington (Minnesota) und Edmonton (Canada) mit ihren Achterbahnen und Riesenrädern, deren Angebot das von Freizeitparks sogar noch übertrifft. Die Attraktionen locken die Kunden an, und sind sie erst einmal da, erledigen sie Einkäufe, gehen ins Kino oder besuchen ein Fitness-Center, entwickeln Hunger und Durst etc. Bei Featherstone (1991: 103) findet sich die Beschreibung einer englischen Version des Metrocentre bei Gateshead: „Das Metrocentre hat sich das Profil einer Touristenattraktion zu geben gewußt, mit seinem ‚Antiques Village', seinem märchenhaften ‚Kingdom of King Wiz', seiner Galerie zum ‚Ancient Roman Forum' ...“.

Die Einkaufszentren verändern ihren Charakter des weiteren dadurch, daß sie immer mehr Geschäftszweige, zumeist Ladenketten beherbergen, die sich ausschließlich der Unterhaltung widmen (Pressler, 1995a). Dabei handelt es sich oft um Spielecken im Franchise-System (z.B. *Discovery Zone*), wo Eltern während des Einkaufs ihre Kinder lassen können. Die größte Wachstumsrate jedoch verzeichnen die Spielhallen für Erwachsene (in den USA etwa „*Dave and Buster's*“ und „*Q-Zar*“), deren verschiedene Varianten sich in den amerikanischen Einkaufszentren ausbreiten (Pressler, 1995b). Bei „*Dave and Busters*“ geht es um Vergnügen für Erwachsene im Stil der 90er Jahre, mit ein paar Dutzend Billardtischen (alles Sonderanfertigungen), Glücks- und Geschicklichkeitsspielen, hochmodernen elektronischen Simulatoren und virtuellen Realitäten, in denen die Spieler virtuelle Flugdinosaurier oder auch einander bekämpfen können (Pressler, 1995a: D1). *Q-Zar* ist ein Spiel von 15 Minuten Spieldauer, bei dem es um Laserstrahlentreffer geht und das von zwei Mannschaften mit je höchstens 20 Spielern gespielt wird. Jeder Mitspieler hat eine Laserpistole und trägt eine Weste, in die auf Laserstrahlen reagierende Streifen eingearbeitet sind.

„Während über ihren Köpfen laute Musik dröhnt, laufen die Spieler hin und her, stürzen auf die andere ‚home-base' zu und suchen den Feind ... Ein Spieler weiß, daß er einen aus der Gegenmannschaft getroffen hat, wenn aus seiner Laserpistole heraus die Computerstimme ‚Guter Schuß!'15 jubelt. Das Vibrieren der Weste hingegen zeigt an, daß man getroffen worden ist. Die Computer registrieren auch den Munitionsverbrauch und die Trefferquote" (Pressler, 1995b: D1).

Die Spielhallen der Einkaufszentren locken die Erwachsenen an, und sie verspielen dort viel Geld. Doch danach gehen sie nicht gleich wieder, sondern geben sogar noch mehr Geld in den vielen Läden drumherum aus.

Einige frühe Innovatoren der Konsummittelbranche hatten übrigens schon längst erkannt, daß der Spaß an der Freud verkaufsfördernd ist. Supermärkte etwa setzen Spiele, Clowns und „Spaßessen" gezielt ein, um ihre Waren abzusetzen. Die Fast-Food-Restaurants haben schon längst erkannt, daß ihr eigentlicher Verkaufsschlager, denn die angebotenen Speisen sind ja eher banal, der „Spaß an der Sache" ist. Typisch sind daher für sie die gute Ausleuchtung und die knalligen Farben, Auftritte von Clowns (wie etwa Ronald McDonald) und von Figuren aus Comics – und vor allen Dingen ein Angebot an Speisen, die man, wie im Freizeitpark, aus der Hand essen kann. Entsprechend sind diese Gerichte auch als „gesalzene Naschereien" bezeichnet worden (Luxenberg, 1985).

Featherstone (1991: 103) bietet folgenden Überblick über die Entwicklungen in Einkaufszentren und Kaufhäusern an: „In diesen Verkaufsstätten wird deutlich, daß es sich beim Einkaufen selten um eine auf reiner Kalkulation basierende ökonomische Transaktion mit dem rationalen Ziel der Utilitätsmaximierung handelt, sondern in erster Linie um eine Freizeitaktivität, bei der man sich durch eine spektakuläre Kulissenwelt bewegt, deren sorgfältige Inszenierung Schwelgerei und Luxus suggeriert oder auch exotische Traumwelten in weiter Ferne und die Sehnsucht nach der heilen Welt einer fernen Zeit beschwört. Kurz gesagt: Einkauf wird zum Erlebnis."

Nun beschwören Fast-Food-Restaurants und Supermärkte nicht gerade Vorstellungen von Prunk und Luxus herauf, aber sie versuchen auf ihre Weise doch, den Besuch zum „Erlebnis" werden zu lassen.

In dieser neuen Erlebniswelt sind Kreditkarten das ideale Zahlungsmittel. Sie sind wie ein „Sesam öffne dich" für die Tür zu wundersamen Erlebnissen. Sie geben einem nicht nur die Möglichkeit alles mitzumachen, sondern es scheint, jedenfalls im Moment, auch noch alles kostenfrei zu sein. Kreditkarten sind ein Konsummittel, das in den anderen – früher besprochenen – Konsummitteln Verwendung findet. So gesehen sind sie eine Art Metamittel, d.h. ein Mittel, das dazu dient, andere Konsummittel zu ermöglichen. Wir werden wohl noch die zukünftige Verbreitung anderer Metakonsummittel (Debitkarten, elektronische Abbuchungsverfahren) erleben.

Man kann heute sogar schon das Auftreten von Meta-Metamitteln beobachten, wie etwa das Hospitality Franchise System, das ist eine Organisation, die im Hotelwesen Dienstleistungen auf Franchisebasis betreibt. Den Hotelketten in ihrem Besitz (z.B. Ramada Inn, Days Inn) stellt diese Organisation beispielsweise Marketinghilfen und ein zentralisiertes Reservierungssystem zur Verfügung. Kürzlich hat sie ein Abkommen über den Kauf der größten Wohnungs-Immobilien-Kette in den Vereinigten Staaten (*Century 21*) abgeschlossen und will dort ein ähnliches Dienstleistungsnetz einrichten (McDowell, 1995).

Für den stetig fließenden Strom von Konsummittelinnovationen, der in den nächsten Jahren von den USA zu erwarten ist, stellen Fast-Food-Restaurants und Kreditkarten, um auf unser eigentliches Thema zurückzukommen, nur zwei frühe Beispiele dar. Insofern handelt es sich bei ihnen nicht etwa um vereinzelte und abwegige Phänomene, vielmehr sind sie Teil eines langfristigen Prozesses, der jetzt schon Amerikas Konsumgewohnheiten und Lebensstil verändert und der sich in zunehmendem Maße auf viele andere Gesellschaften ähnlich auswirken wird.

Dem Leser, der noch weiter in die Zukunft schauen möchte, sei zum Schluß noch ein weiteres Beispiel für eine Revolution in der Konsummittelbranche angeführt, nämlich die Entwicklung von *„cybermalls"* im Internet, die allerdings noch in den Anfängen steckt. Noch müssen einige Schwachstellen überwunden werden (Visa und Mastercard etwa sind derzeit dabei, Möglichkeiten auszutüfteln, wie bei Einkäufen im Internet die Geheimhaltung der Kreditkartengeheimnummer zu gewährleisten sei), doch ist es nur eine Frage der Zeit, bis immer mehr Käufer die cybermalls im Internet nutzen werden. Bemerkenswert sind hierbei die globalen Implikationen. Denn das bedeutet, daß die Zeit kommen wird, wo jeder Computernutzer ins Internet und dort in die *cybermall* gehen kann. So werden wir in einem noch nie dagewesenen

Maße die weltweite Homogenisierung von Konsum erleben, die Welt wird damit quasi ihr eigenes Einkaufszentrum haben. Als amerikanisches Erzeugnis, das zumindest in seiner Anfangsphase zweifellos von amerikanischer Technologie und amerikanischen Firmen dominiert wird, werden die *cybermalls* einen noch höheren Grad an Amerikanisierung und Homogenisierung zur Folge haben.

Literaturverzeichnis

Appadurai, Arjun (1990) „Disjunction and Difference in the Global Cultural Economy", in Mike Featherstone (ed.),*Global Culture: Nationalism, Globalization and Modernity.* London: Sage. pp. 295–310.

Archer, Margaret (1990) „Theory, Culture and Post-Industrial Society", in Mike Featherstone (ed.), *Global Culture: Nationalism, Globalization and Modernity.* London: Sage. pp. 97–120.

Beyer, Peter (1994) *Religion and Globalization.* London: Sage.

Dezelay, Yves (1990) „The Big Bang and the Law: The Internationalization and Restructuration of the Legal Field", in Mike Featherstone (ed.), *Global Culture: Nationalism, Globalization and Modernity.* London: Sage. pp. 279-94.

Featherstone, Mike (1990) „Global Culture: An Introduction", in Mike Featherstone (ed.), *Global Culture: Nationalism, Globalization and Modernity.* London: Sage. pp. 1-14.

Featherstone, Mike (1991) *Consumer, Culture and Postmodernism.* London: Sage.

Fjellman, Stephen (1992) *Vinyl Leaves: Walt Disney World and America.* Boulder, CO: Westview Press.

Friedman, Jonathan (1990) „Being in World: Globalization and Localization", in Mike Featherstone (ed.), *Global Culture: Nationalism, Globalization and Modernity.* London: Sage. pp. 311-28.

Friedman, Jonathan (1994) *Cultural Identity and Global Process.* London: Sage.

Giddens, Anthony (1990) *The Consequences of Modernity.* Stanford, CA: Stanford University Press.

Hannerz, Ulf (1990) „Cosmopolitans and Locals in World Culture", in Mike Featherstone (ed.), *Global Culture: Nationalism, Globalization and Modernity.* London: Sage. pp. 237-52.

King, Anthony (1990) „Architecture, Capital and the Globalization of Culture", in Mike Featherstone (ed.) *Global Culture: Nationalism, Globalization and Modernity.* London: Sage. pp. 397-411.

Kowinski, William Severini (1985) *The Malting of America: An Inside Look at the Great Consumer Paradise.* New York: William Morrow.

Kuisel, Richard (1993) *Seducing the French: The Dilemma of Americanization.* Berkeley, CA: University of California Press.

Luxenberg, Stan (1985) *Roadside Empires: How the Chains Franchised America.* New York: Viking.

McDowell, Edwin (1995) „Hotel Franchise Company Looks to House Sales", *New York Times,* 17 June: 35.

Pieterse, Jan Nederveen (1994) „Globalisation as Hybridisation", *International Sociology,* 9: 161-84.

Pressler, Margaret Webb (1995a) „New Lease on Life in the Great Indoors", *Washington Post,* 14 March: D1, D6.

Pressler, Margaret Webb (1995b) „Putting a new Tag on Retailing", *Washington Post,* 13 June: D1,D5.

Robertson, Roland (1990) „Mapping the Global Condition: Globalization as the Central Concept", in Mike Featherstone (ed.), *Global Culture: Nationalism, Globalization and Modernity.* London: Sage. pp. 15-30.

Robertson, Roland (1992) *Globalization: Social Theory and Global Culture.* London: Sage.

Smart, Barry (1994) „Sociology, Globalisation and Postmodernity: Comments on the ‚Sociology for One World' Thesis", *International Sociology,* 9: 149–59.

Smith, Anthony D. (1990) „Towards a Global Culture", in Mike Featherstone (ed.) *Global Culture: Nationalism, Globalization and Modernity.* London: Sage. pp. 171-92.

Sullivan, Barbara (1995) „McDonald's Sees India as Golden Opportunity", *Chicago Tribune,* 5 April: Business section, p. I.

Tiryakian, Edward A. (1991) „Pathways to Metatheory: Rethinking the Presuppositions of Macrosociology", in George Ritzer (ed.), *Metatheorizing.* Newbury Park, CA: Sage. pp. 69-87.

Wallerstein, Immanuel (1974) *The Modern World-System: Capitalist Agriculture and the Origins of the European World-Economy in the 16th Century.* New York: Academic Press.

Wallerstein, Immanuel (1980) *The Modern World-System II: Mercantilism and the Consolidation of the European World-Economy, 1600–1750.* New York: Academic Press.

Wallerstein, Immanuel (1989) *The Modern World System III: The Second Era of Great Expansion of the Capitalist World-Economy, 1730-1840*. New York: Academic Press.

Walsh, John P. (1993) *Supermarkets Transformed: Understanding Organizational and Technological Innovations*. New Brunswick, NJ: Rutgers University Press.

Übersetzung: Johanna Völkel, Ulrike Pusch, Dieter Bögenhold

Ethnizität und Unternehmertum

Howard E. Aldrich und Roger Waldinger

Einleitung

Das Wachstum neuer ethnischer Populationen in Europa seit 1945 ebenso wie die Wellen von Immigranten in die Vereinigten Staaten nach der Reform der Einwanderungsgesetze von 1965 haben ethnische Unternehmen zu einem Thema von internationaler Bedeutung gemacht. Die neuen ethnischen Populationen wachsen zu einer Zeit der Restrukturierung in den westlichen Ökonomien, und viele Immigranten und ethnische Minoritäten finden sich selbst im Auf und Ab wechselnder Bedingungen gefangen. Mitglieder einiger Gruppen haben sich in einer Anzahl, die proportional nicht ihrer Gruppengröße entspricht, selbständig gemacht, während Angehörige anderer ethnischer Gruppierungen unternehmerische Aktivitäten vermieden haben.

In diesem Kapitel stellen wir einen allgemeinen Rahmen vor, innerhalb dessen die Beiträge von verschiedenen Erklärungsansätzen zum ethnischen Unternehmertum verstanden werden können. Der von uns vorgeschlagene Rahmen basiert auf dem Zugang ethnischer Gruppen zu Möglichkeiten, ihrer Gruppenzugehörigkeit, Gruppencharakteristiken und den sich herausschälenden Strategien, die alle in den wechselnden historischen Bedingungen verwurzelt sind. Innerhalb dieses Rahmens betrachten wir die Ansätze und Forschungsergebnisse der letzten Jahrzehnte.

Kernpunkt unserer Betrachtungsweise

„Ethnisch" ist ein Adjektiv, das sich auf die Unterschiede zwischen Kategorien von Personen bezieht (Peterson 1980). Wenn „ethnisch" mit „Gruppe" verbunden wird, impliziert dies, daß die Mitglieder ein Bewußtsein ihrer Gruppenzugehörigkeit, einer gemeinsamen Kultur und Herkunft haben oder daß andere von ihnen denken, daß sie diese Eigenschaft besitzen (Yinger 1985). Wir nehmen an, daß das, was an einem ethnischen Unternehmen „ethnisch" ist, mitunter nicht mehr sein könnte, als eine Anzahl von Verbindungen oder regulären Verhaltensmustern zwischen Personen, die einen gemeinsamen nationalen

Hintergrund oder gemeinsame Migrationserfahrung teilen. Wir betonen die subkulturelle Dimension der Ethnizität – die Sozialstruktur, durch welche die Mitglieder einer ethnischen Gruppe in der einen oder anderen Weise miteinander verbunden sind, und in welcher diese Sozialstrukturen benutzt werden.

Unternehmertum im klassischen Sinne ist die Kombination von Ressourcen auf neue Art, um etwas von Wert zu produzieren. Vieles der neueren Managementliteratur zum Unternehmertum konzentriert sich auf Unternehmensgründungen, aber der Begriff ist in den letzten Jahrzehnten so ausgedehnt worden, daß er fast sämtliche Stationen im Lebenszyklus von Unternehmen umfaßt (Bird 1980). Die unternehmerischen Dimensionen von *Innovation* und *Risiko* sind besonders hervorstechend, wenn wir ethnische Unternehmen untersuchen. Die meisten Unternehmen reproduzieren und wiederholen eher einfach alte Formen, anstatt neue Produkte, Verfahren oder Verwaltungsformen zu entwickeln. Einfache Reproduktion ist vor allem im Einzelhandel und Dienstleistungssektor wahrscheinlich, wo die meisten ethnischen Unternehmen gegründet werden. Die Risiken jedenfalls sind für die meisten Unternehmen hoch, auch wenn sie nicht innovativ sind (Aldrich & Auster 1986). Die besondere Anfälligkeit bei Neuheit und Kleinheit gilt für alle Unternehmen, egab ob ethnisch oder nicht.

Viele Autoren haben vorgeschlagen, eine Unterscheidung zwischen Unternehmern und Eigentümern/Managern auf der Basis ihrer Innovativität oder ihres Risikos vorzunehmen, aber wenige konnten bisher überzeugen. Weder Ökonomen (Baumol 1968: 66) noch Soziologen (Wilken 1979: 60) sind in der Lage gewesen, den Unterschied so zu operationalisieren, daß „Unternehmer" klar von „Eigentümern" oder sogar nur Selbständigen getrennt sind. In diesem Überblick folgen wir deshalb der anthropologischen Linie und definieren Unternehmer als Eigentümer und Betreiber von Geschäftsunternehmen (Greenfield et al. 1979). Diese Definition umfaßt selbständige Personen, die Familienmitglieder beschäftigen, genauso wie diejenigen, die Fremde beschäftigen.

Unser Überblick basiert auf der Beobachtung, daß einige ethnische Gruppen, besonders innerhalb der ersten oder zweiten Generation, höhere Quoten an Unternehmensgründungen und -besitz haben als andere. Der historische Vergleich zeigt beachtliche Unterschiede in der Selbständigkeit zwischen den verschiedenen europäischen ethnischen Gruppen in den USA, und auch unter den gegenwärtigen Immigranten in den Vereinigten Staaten und Europa variieren die Raten für Beteiligungen an Unternehmen nicht weniger. In dem Umfang, in dem Unternehmertum nicht alleine mit der persönlichen Charakteristik der Eigentümer erklärt werden kann, müssen wir uns den Sozialstrukturen und kulturellen Bedingungen zuwenden, um zu einer diesbezüglichen Erklärung zu kommen.

Begrenzungen der gegenwärtigen Forschung

Welche empirische Forschung ist verfügbar, auf der man zuverlässige, internationale, historisch fundierte Verallgemeinerungen aufbauen kann? Idealerweise suchen wir Informationen über vielfältige Gruppen, die lange Perioden überspannen und aus vielen verschiedenen Gesellschaften stammen. Solche Informationen sollten individuelle, gruppenspezifische und soziale Charakteristika von Zusammenhängen enthalten, wobei gerade dem Wiederholen und Aufbauen der bisherigen Forschung besondere Aufmerksamkeit gezollt werden sollte.

In der Praxis kommen die Informationen über ethnische Unternehmen aus drei Quellen, und zwar amtlichen Statistiken, der Umfrageforschung und aus Feldstudien. Die Nutzung von amtlichen Statistiken ist wegen politischer Empfindlichkeiten gegenüber Fragen zum „ethnischen Ursprung" in staatlich finanzierten Datenerhebungen kompliziert. In Großbritannien und Westdeutschland gab es in den letzten zehn Jahren wesentliche Auseinandersetzungen darüber, ob solche Fragen enthalten sein sollten und, wenn ja, in welcher Form. In den Vereinigten Staaten hat die Regierung, anders als in den anderen industrialisierten Nationen, eine Umfrage über von Minderheiten und Frauen geführte Unternehmen[1] durchgeführt, die in den letzten zwei Jahrzehnten alle fünf Jahre erhoben worden ist. Diese Quelle ist begrenzt, weil die soziologische Definition von „ethnischem Unternehmen" – ein Unternehmen, dessen Eigentümer durch Selbstdefinition oder Zuschreibung durch andere eine ausdrückliche Gruppenzugehörigkeit besitzt – noch umfassender ist, als die offizielle Definition von „Minderheiten", die nur Schwarze, Hispanics, Asiaten und amerikanische Ureinwohner umfaßt.

Die alle zehn Jahre durchgeführte Volkszählung war eine fruchtbare Quelle für Daten zu dieser weit gefaßten Gruppe ethnischen Unterneh-

---

[1] Anm. d. Übers.: Diese Erhebung ist der „Survey of Minority and Women-Owned Businesses"

mertums (Light & Sanchez 1987), vor allem mit der Ergänzung gegenüber der 1980er Erhebung durch die Frage nach den Vorfahren (Fratoe 1986, Lieberson & Waters 1988). Trotzdem hat der US-Census einen gewaltigen Mangel – dem Census-Büro ist es gesetzlich verboten, Fragen zur Religion zu stellen. Auf diese Weise gibt es keine offizielle Statistik über ethnisch-religiöse Gruppen – Juden, Moslems usw. –, die für das Verständnis ethnischen Unternehmertums wesentlich sind. Die kanadische Volkszählung, die Fragen über Religion und ethnischen Status enthält, ist eine ergiebigere Quelle, obwohl sie selten für diesen Zweck ausgewertet worden ist.
Mit diesen Beschränkungen im Sinn, haben sich viele Forscher den Gemeindeerhebungen zugewendet und ausgiebige Fallstudien zur Erlangung tiefergehender Informationen über spezifische Gruppen durchgeführt. Forscher, die längere historische Perioden betrachten, sind gezwungen, sich auf unvollständige und inkonsistente Informationen zu verlassen oder dynamische Schlußfolgerungen aus Umfrageergebnissen zu ziehen, die mehrere Generationen einer Gruppe einbeziehen (Bonacich & Modell 1980). Umfragegestützte Forschung hat wertvolle Informationen bereitgestellt, aber, wie in anderen Gebieten der Soziologie, wird das Individuum de facto zur Analyseeinheit und der soziale Kontext für Verhalten ist damit verloren.

Ein Grundgerüst zum Verständnis ethnischen Unternehmertums

Unser Grundgerüst zur Entwicklung ethnischen Unternehmertums beruht auf drei interaktiven Komponenten: Möglichkeitsstrukturen, Gruppencharakteristiken und Strategien (Waldinger et al. 1990). *Möglichkeitsstrukturen* bestehen aus Marktbedingungen, die Produkte und Dienstleistungen, orientiert an Mitgliedern der gleichen ethnischen Gruppe bevorzugen könnten, und Situationen, in denen ein größerer nicht-ethnischer Markt bedient wird. Möglichkeitsstrukturen beinhalten auch die Leichtigkeit, mit der der Zugang zu Geschäftsgelegenheiten ermöglicht wird, und der Zugang ist in hohem Maße abhängig vom Grad des interethnischen Wettbewerbs und der staatlichen Politik. *Gruppencharakteristika* beinhalten Prädispositionen wie selektive Migration, Kultur und Anpassungsniveau. Sie beinhalten auch die Möglichkeiten von Ressourcenmobilisation, ethnisch-sozialen Netzwerken, allgemeiner Organisationsfähigkeit und staatlicher Politik, die

Ressourcenakquisition behindert oder ermöglicht. Ethnische *Strategien* erwachsen aus der Interaktion zwischen Möglichkeiten und Gruppencharakteristika, wie die ethnischen Gruppen sich ihrer Umgebung anpassen.

Möglichkeitsstrukturen

Die Struktur und Verteilung von Möglichkeiten, die potentiellen ethnischen Unternehmensgründern offen sind, sind durch historische Umstände geformt worden. Gruppen können nur mit den Ressourcen arbeiten, die ihnen durch ihre Umgebung zugänglich gemacht werden, und die Struktur der Möglichkeiten verändert sich in modernen Industriegesellschaften ständig. Marktbedingungen können z. B. nur Unternehmen begünstigen, die die Bedürfnisse einer ethnischen Gesellschaft befriedigen, in welchem Fall die unternehmerischen Möglichkeiten begrenzt sind. Oder die Marktbedingungen begünstigen kleinere Unternehmen, die die nicht-ethnische Bevölkerung bedienen, in welchem Fall die Möglichkeiten wesentlich größer sind. Selbst wenn die Marktbedingungen günstig sind, müssen die Einwandererminderheiten Zugang zu den Geschäften erlangen und ein solcher Zugang wird oftmals von Nichtmitgliedern dieser Gruppe kontrolliert. Politische Faktoren können behindern oder, weniger häufig, die Arbeit von Unternehmensmärkten erweitern.

Marktbedingungen: Während sich die Weltökonomie entfaltet hat, haben sich die Möglichkeitsstrukturen verändert und ethnische Immigrantengruppen fanden sich sehr unterschiedlichen Marktbedingungen ausgesetzt. In einigen Geschäftssektoren wurden Märkte eröffnet und in anderen geschlossen. In fast allen Märkten haben kleine Geschäfte, die einst zum Untergang verurteilt waren, bemerkenswerte Überlebensfähigkeit gezeigt und ziehen immer wieder neue Besitzer an. Viele Immigranten und ihre Kinder haben sich kleinen Geschäftsunternehmen zugewandt, einige in neuen ethnischen Enklaven und andere in Geschäften, die einen größeren Markt bedienen.

Produkte für ethnische Verbraucher: Um ein Geschäft zu eröffnen, braucht es einige Nachfrage für die Dienste, die es anbietet. Die „Hypothese des geschützten Marktes" (Light 1972) postuliert, daß der anfängliche Markt für ethnische Unternehmer typischerweise in der ethnischen Gesellschaft selbst entsteht. Wenn ethnische Gesellschaften ein bestimmtes Set an Bedürfnissen und Vorlieben haben, die am besten von denjenigen bedient werden, die diese Bedürfnisse teilen und damit vertraut sind, dann haben ethnische Unternehmer einen Vorteil. Die Bedürfnisse dieser speziellen ethnischen Konsumenten zu befriedigen, erfordert eine direkte Verbindung mit dem Heimatland der Immigranten, Kenntnisse des Geschmacks und der Kaufgewohnheiten, also Eigenschaften, die normalerweise von den einheimischen Wettbewerbern nicht geteilt werden (Aldrich et al. 1985).

Immigranten haben außerdem spezielle Probleme, die durch die Mühen der Niederlassung und Assimilation verursacht und durch ihre Entfernung von den Regierungsmechanismen des Dienstleistungsangebots verstärkt werden. Folglich sind Geschäfte, die sich auf die Probleme der Immigrantenanpassung spezialisieren, ein anderer früher Weg ökonomischer Aktivität. Der Geschmack ethnischer Konsumenten sorgt für eine geschützte Marktposition, teilweise, weil die Mitglieder der Gesellschaft eine kulturelle Vorliebe für den Umgang mit Landsleuten haben könnten, und teilweise, weil die Kosten oder der Aufwand zum Erlernen der Wünsche und geschmacklichen Vorlieben einheimische Firmen davon abhält, dies zu tun, vor allem in einem frühen Stadium, wenn die Gemeinschaft klein und für Außenstehende nicht ohne weiteres transparent ist.

Ethnische Wohnkonzentration hat für viele ethnische Unternehmer für eine starke Konsumentenkonzentration gesorgt, vor allem für Immigrantengruppen im Frühstadium ihrer Niederlassung im Gastgeberland. Muster von Kettenmigration und Gruppendiskriminierung durch die Majorität führten zur Bildung ethnischer Wohngebiete, boten den Unternehmern einen abgeschlossenen Markt und führten so dem Begriff des „geschützten Marktes“ eine zweite Bedeutung zu (Aldrich et al. 1985). Die ursprüngliche Ballung von Migranten in Städten hat oftmals zu einer langfristigen Konzentration geführt, die die Bildung von Netzwerken für ethnische Anbieter und Arbeiter erleichterte.

Wenn ethnische Unternehmen sich auf den ethnischen Markt beschränken, ist ihr Wachstumspotential stark eingeschränkt (Aldrich et al. 1983, Mohl 1985). Das Wachstumshemmnis ist der ethnische Markt selbst, der nur eine kleine Anzahl von Unternehmen stützen kann, da er quantitativ klein ist und weil die ethnische Bevölkerung oft zu verarmt ist, um ausreichende Kaufkraft zu entwickeln die ausreichendes Wachstum nährt. Darüber hinaus ist die Umgebung, die dem ethnischen Unternehmer gegenübertritt, schwierig: Weil der Ausschluß von Arbeitsmöglichkeiten viele Immigranten dazu bringt, nach Geschäftsmöglichkeiten zu suchen, neigen die Geschäftsbedingungen im ethnischen Markt zur Vermehrung kleiner Einheiten, intensivem Wettbewerb und einer hohen Versagerquote, wobei die überlebenden Geschäfte winzige Gewinne für ihre Besitzer erbringen.

Trotzdem, unter bestimmten Bedingungen kann der ethnische Markt als eine Exportplattform dienen, von der aus ethnische Firmen expandieren können. Ein Beispiel für diesen Punkt ist die Erfahrung der kubanischen Flüchtlinge in Miami/Florida (Portes 1987). Die ersten Flüchtlinge ließen sich in einem heruntergekommenen Gebiet der Innenstadt nieder, wo die Lebenshaltungskosten gering waren und freier Wohnraum zu geringen Mieten verfügbar war. Als die Flüchtlingsbevölkerung wuchs und sich damit die Kundenbasis vergrößerte, vermehrten sich die Einzelhandelsgeschäfte schnell (Mohl 1985). Die Verfügbarkeit einer billigen Arbeitskräftereserve in der Nähe, die durch informelle Netzwerke miteinander verbunden war, ermöglichte es kubanischen Unternehmern, sich in andere Industrien, wie Bekleidungsindustrie und Baugewerbe auszudehnen, wo sie sich einer nicht-ethnischen Kundschaft versicherten. Einmal etabliert, dienten diese „Exportindustrien" als Basis für eine zusätzliche Expansion der ethnischen Ökonomie: Die Exportindustrien erwirtschafteten einen Überschuß, der bis zu den Händlern, die die lokalen spezialisierten Bedürfnisse der kubanischen Gemeinschaft bedienen, zurückfloß. Die Exportindustrien ermöglichten es den ethnischen Unternehmern, durch Vor- oder Rückschritte in verwandte Industrien zu diversifizieren. Die lebhafte kubanische Ökonomie verwandelte Miami in ein Zentrum für lateinamerikanische Investitionen sowie in einen Umschlagplatz für Handel mit dieser Gegend, und kubanische Unternehmer konnten sich so in höherentwickelte und profitablere Felder bewegen (Levine 1985).

Ungeachtet dieses Beispiels stellen wir fest, daß das Wachstumspotential von Einwandererunternehmen von seinem Zugang zu Konsumenten jenseits der ethnischen Gemeinschaften abhängt. Die entscheidende Frage betrifft also die Typen eines ökonomischen Umfelds, daß neu eingewanderte Unternehmer unterstützen kann.

Nicht ethnische Märkte: Die Struktur der Industrie, d. h. die Anzahl der Unternehmen, Kapital- und Technologieerfordernisse, ist eine wesentliche Beschränkung bei der Bildung neuer Unternehmen. Neue Firmen entstehen gewöhnlich nicht in Industrien, die durch extensive Skalenerträge und hohe Einstiegskosten charakterisiert werden. Jedoch enthalten die meisten westlichen Ökonomien Nischen, in denen die Techniken der Massenproduktion oder Massenverteilung *nicht* vorherrschen. Forscher haben vier Umstände identifiziert, unter denen kleine ethnische Unternehmen in einem offenen Markt wachsen können: unterversorgte oder vernachlässigte Märkte, Märkte, die durch niedrige Skalenerträge gekennzeichnet sind, Märkte mit instabiler oder unsicherer Nachfrage und Märkte für exotische Güter.

Eine solche Nische besteht aus den von den großen Massenmarktorganisationen *unterversorgten Märkten*. In den Vereinigten Staaten und einigen westeuropäischen Nationen konzentrieren sich Immigranten in hohem Maße in den Kerngebieten der Stadtzentren, die für die technischen und organisatorischen Bedingungen der großen Unternehmen schlecht gelegen *und* günstig für kleine Unternehmen sind. In Paris, London, New York und Los Angeles wird der innerstädtische Markt von den großen Lebensmittelketten in zunehmendem Maße aufgegeben, die so eine erhebliche Konsumentenbasis für kleine lokale Immigrantenunternehmer zurücklassen.

Märkte, in denen die *Skalenerträge* niedrig sind, sind ein anderes fruchtbares Feld für Immigrantenunternehmen. In Abwesenheit von kapitalintensiven hochvolumigen Wettbewerbern können kleine Immigrantengeschäftspersonen in innerstädtischen Lagen erfolgreich eine Strategie der Selbstausbeutung betreiben. Wie Ma Munk & Gillon (1986) beobachteten, bieten die von Einwanderern betriebenen Geschäfte in Pariser Wohngebieten dieselben Produkte an, wie ihre französichen Konkurrenten, aber sie bieten einen anderen Service, nämlich längere Geschäftszeiten, Ganzjahresöffnung, einfache Kreditgewährung und Verkauf in sehr kleinen Mengen.

Eine Nische für Einwandererunternehmen ergibt sich auch in Märkten, die durch *Instabilität oder Unsicherheit* beeinträchtigt sind. Wenn die Nachfrage in stabile und instabile Teile zerfällt und diese Komponenten voneinander getrennt werden können, können diese Industrien in nicht-konkurrierende Branchen geteilt werden (Piore 1980): Ein Zweig wird dominiert durch große Firmen, die Massenware handeln, ein zweiter, zusammengesetzt aus kleinen Firmen, versorgt den unvorhersehbaren und/oder veränderlichen Teil der Nachfrage. Von Einwanderern geführte Bekleidungsfirmen, allgegenwärtig in vielen der großen Einwandererstädte im Westen, gedeihen von der Verfügbarkeit

kurzlebiger Produkte, die größere Firmen nicht effektiv handhaben können (Morokvasic et al. 1990).
Eine letzte Nische im allgemeinen Markt entsteht, wenn die Nachfrage für *exotische Güter* unter der einheimischen Bevölkerung es den Immigranten erlaubt, die Inhalte und Symbole der Ethnizität in profitable Bedingungen umzuwandeln. Der Verkauf exotischer Güter und Dienstleistungen ermöglicht einen fruchtbaren Weg der Geschäftserweiterung, weil Immigranten ein spezielles Produkt haben, das nur sie liefern, oder zu Bedingungen anbieten können, die annähernd authentisch erscheinen (Palmer 1984). Es fehlen nicht nur die Wettbewerber in „exotischen Märkten", Immigranten können ihre Produkte auch zu relativ niedrigen Preisen anbieten und daher eine Klientel erobern, die von einheimischen Unternehmern nicht konkurrenzfähig bedient werden können (Ma Munk und Guillon 1986).
Marktbedingungen können für ethnische Unternehmen dann unterstützend sein, wenn ethnische Besitzer entweder eine geschützte Marktposition innehaben oder wenn die Umgebung auf jeden „neuen" Kapitalisten, der höhere als normale Risiken (vernachlässigte Märkte, niedrige Skalenerträge und instabile Nachfrage) eingeht, unterstützend wirkt. In diesem Sinne sind ethnische Besitzer wahrhaft Unternehmer, da sie unter bestimmten Bedingungen höhere Risiken eingehen.

Zugang zu Besitz: Ist die Existenz eines Marktes gegeben, brauchen die potentiellen ethnischen Unternehmer immer noch Zugang zu den Eigentumspositionen. Zwei Bedingungen, die diesen Zugang bestimmen, sind identifiziert worden: (a) der Grad des interethnischen Wettbewerbs für Arbeitsplätze und Unternehmen; und (b) staatliche Politik, die sich in traditionellen, kolonialen, nationenbildenden und modernen Nationalstaaten erheblich unterschieden hat.

Interethnischer Wettbewerb auf freie Stellen: Die Wahrscheinlichkeit, eine tragfähige Geschäftsnische zu finden, hängt stark von Grad und Natur des interethnischen Wettbewerbs um Arbeitsplätze und Geschäftsmöglichkeiten ab. Der Wettbewerb kann direkt sein, in welchem Fall Immigranten oder ethnische Minderheiten den Zugang zu erstrebenwerten Märkten vermutlich verlieren, oder er kann durch Prozesse der Niederlassungs- und Beschäftigungsabfolge abgemildert sein, in diesem Falle eröffnen sich die Möglichkeiten in einem vorhersehbaren und vorbestimmten Weg.

Die Forschung ist zu zwei Ergebnissen für direkten interethnischen Wettbewerb über Geschäftsmöglichkeiten gekommen: (a) wenn der Wettbewerb stark ist, konzentrieren sich ethnische Gruppen in einem beschränkten Bereich von Industrien, und (b) auf einem sehr hohen Grad des Wettbewerbs kann eine Gruppe aus den lukrativeren Aktivitäten herausgedrängt werden und entweder in interstitielle Bereiche gepreßt oder gänzlich aus dem Geschäft gestoßen werden.

Zwei natürliche Experimente, das eine betrifft Japaner, das andere Chinesen, dokumentieren die Kraft interethnischen Wettbewerbs und staatlicher Politik. Zunächst führte strenger Wettbewerb mit Weißen in Kanada im späten 19. und frühen 20. Jahrhundert zum fast völligen Ausschluß der Japaner von allen wesentlichen sozialen Institutionen (Makabe 1981). So verloren sie den Zugang zu den meisten Berufen, als die kanadische Regierung ihnen das Wahlrecht nahm. In Brasilien zu Beginn dieses Jahrhunderts bedeutete das Fehlen eines spürbaren interethnischen Wettbewerbs, daß Diskriminierung und Ausschluß nicht in Erscheinung traten und die Japaner in verschiedene Industrien erfolgreich eindrangen. Unterstützt von den freundlichen Beziehungen der japanischen Regierung mit Brasilien entwickelten die Japaner wichtige soziale und finanzielle Fähigkeiten. Zum zweiten betrachten wir die sehr gegensätzlichen Erfahrungen von Chinesen, die aus derselben Provinz stammen, die sich zu Beginn des 20. Jahrhunderts in Lima, Peru und New York City niederließen. Nach Wong (1978) war der Grad der Diskriminierung in den Vereinigten Staaten wesentlich höher als in Peru. So ist z. B. der amerikanische „Chinese Exclusion Act" von 1882 nicht vor 1943 aufgehoben worden und die US-amerikanischen „Miscegenation Laws" wurden vom obersten Gerichtshof erst 1967 aufgehoben. Peru dagegen setzte wenig Schranken gegen die chinesische Einwanderung, hatte keine „Miscegenation Laws", was eine hohe Rate interethnischer Heiraten erleichterte. Anders als die Chinesen in New York, die sich sehr stark auf wenige Industrien in China-Town konzentrierten, waren die Chinesen in Lima in vielfältige Geschäftsbereichen involviert. Die Vereinigungsstruktur in der chinesichen Gemeinschaft in Peru war schwach, weil sie nicht gezwungen war, sich mit demselben Grad interethnischen Wettbewerbs auseinanderzusetzen wie in New York, wo ethnische Identität ein herausragendes Thema für Immigranten war.

Diese Gegensätze leiten die Aufmerksamkeit auf die Beziehung zwischen Umfeld und Gruppenantwort. Im allgemeinen verstärkt ökonomischer Ausschluß den Gruppenzusammenhalt, wobei er die Dichte ethnischer Netzwerke verstärkt und dabei im Gegenzug den Zugang zu Gruppenressourcen erhöht. Ähnlich beeinflussen Arbeitsmarktnachteile die Prädisposition gegenüber Geschäftsmöglichkeiten. Diese Ergebnisse werden weiter entwickelt, wenn wir die Gruppencharakteristiken diskutieren.

Interethnischer Wettbewerb kann nicht nur die Weite der zugänglichen ökonomischen Aktivitäten bestimmen, sondern kann auch zur Vertreibung und Verdrängung aus gewinnträchtigeren Nischen führen. In diesen Fällen können dominante Gruppenmitglieder Strategien des sozialen Ausschlusses verfolgen, um den Zugang von Minoritäten zu Geschäften oder zum Arbeitsmarkt zu reduzieren (Parkin 1979). Weil ethnische Monopole für einige Teile der dominanten Bevölkerungsgruppe, und zwar entweder Arbeitgeber, Arbeiter oder Kunden, teuer sind, wird oftmals der Rückgriff auf staatliche Intervention gesucht.

Chinesische Einwanderer in Kalifornien im 19. Jahrhundert begegneten einem heftigen Wettbewerb von Weißen. Nach dem Niedergang des Bergbaus in Kalifornien in den späten 1860ern gingen die chinesischen Arbeiter zurück in die Städte, wo sie versuchten, in Baugewerbe, Herstellung oder andere besser zahlende Sektoren einzudringen. „Verführt von den Führern der gerade entstehenden Gewerkschaften und politischen Demagogen begannen weiße Arbeiter, eine gewalttätige und letztlich erfolgreiche Kampagne, um die ‚Kulis' zu verdrängen...", und ließen so den Chinesen das Wäschereiwesen und herzlich wenig anderes (Ong 1981:100).

Die Auswirkung des Wettbewerbs waren für Schwarze in den USA noch stärker als für Chinesen (Lieberson 1980). Nach der Abschaffung der Sklaverei entwickelten sich schwarze Geschäfte langsam, anfänglich in solchen Bereichen wie Lebensmittelhandel, Schneiderei, Friseurwesen, wobei sie den Mustern folgten, die vor 1863 bereits etabliert waren. Diese Geschäfte wurden hauptsächlich von einer kleinen Mulattenelite betrieben, die von Verbindungen zu einer weißen Klientel abhingen. Im ausgehenden 19. Jahrhundert trieb das wachsende Bedürfnis der Weißen nach physischem und sozialem Abstand von Schwarzen kombiniert mit einem verschärften Wettbewerb durch Immigranten die Schwarzen aus ihren traditionellen Gewerben, zurück in die Bedienung überwiegend schwarzer Kunden (Aldrich 1973).

Theorien der *Wohnsegregation und Nachfolge* weisen auf Kräfte hin, die den interethnischen Wettbewerb um die freien Geschäftsmöglichkeiten *reduzieren*, obwohl wir erkennen, das die Segregation den Erfolg der dominanten Gruppe, sich selbst von der Minoritätsgruppe zu isolieren, wiederspiegelt. Auf der Nachbarschaftsebene entstehen die Ersatzmöglichkeiten für Einwanderer, die an ihre Nachbarn mit derselben Ethnizität verkaufen, als Resultat ökologischer Nachfolge. Wenn die einheimische Gruppe in einem Wohngebiet sich nicht länger selbst ersetzt, suchen einheimische Unternehmer Geschäftsmöglichkeiten außerhalb des lokalen Bereichs. Eine hohe Sterberate unter allen kleinen Geschäften vorausgesetzt, ergibt das Fehlen von Mitgliedern der ursprünglich etablierten Gruppe, die bereit sind, neue Firmen zu eröffenen, in „veränderten" Nachbarschaften freie Möglichkeiten für potentiell einwandernde Geschäftsbesitzer (Aldrich & Reiss 1976, Aldrich et al. 1989).

Letztlich stellen wir fest, daß das klassische Muster der *Beschäftigungsnachfolge*, daß in anderen Bereichen des Arbeitsmarktes beobachtet werden konnte, auch die Möglichkeiten des Zugangs für ethnische Unternehmer beeinflußt. In der Gesamtwirtschaft reproduziert das Kleinbürgertum sich oftmals nicht selbst, sondern überlebt durch die Rekrutierung von Ladenbesitzern aus niedrigeren sozialen Schichten (Bechhofer & Elliot 1982). In einem gewissen Ausmaß ist es die Marginalität der Geschäftsposition, die Erben davon abhält, die Unternehmen ihrer Eltern zu übernehmen (Bertaux & Bertaux-Vianne 1981).

In den Innenstädten der Vereinigten Staaten, wo sich Kleingeschäfte auf europäische Immigranten und ihre Nachkommen konzentriert haben, hat die sich verändernde Sozialstruktur italienischer, jüdischer oder anderer europäischer Vorfahrensgruppen die Anziehungskraft für Kleinunternehmen weiter geschmälert. In dem Maße, wie diese nationalen Gruppen in ihrer Rekrutierung kleiner Geschäfte versagt haben, hat ihr Anteil am Sektor der kleinen Geschäfte unweigerlich abgenommen, teilweise auch wegen der für kleine Geschäfte typischen hohen Geschäftsaufgabenquote. Der Exodus jüdischer oder italienischer Kleinkaufleute hat Ersatzmöglichkeiten für koreanische, chinesiche oder arabische Geschäftsinhaber geschaffen, die fast ausschließlich von einer nicht-ethnischen Kundschaft abhängen (Kim 1981).

Aktuell scheint indirekter Wettbewerb die Beziehung zwischen eingewanderten Unternehmern und den Mitgliedern der dominanten ethnischen Gruppen in den meisten Industriegesellschaften zu charakterisieren. Während die Beschäftigungsnachfolge Immigranten dazu führt, in

Positionen vorzurücken, die von Weißen verlassen worden sind, sind die gleichen Geschäftsbereiche oft für die Mitglieder der nicht dominanten ethnischen Gruppen verlockend. So ist in den Vereinigten Staaten der interethnische Wettbewerb zwischen nicht-dominanten ethnischen Gruppen ein zunehmend verbreitetes Phänomen, wie z.B. in der Auseinandersetzung zwischen Schwarzen und Koreanern (Kim 1987, Light & Bonacich 1988).

Staatliche Politik: Eliteförderung durch *„middleman minorities"*[2], ist ein Charakteristikum von traditionellen, staatsbildenden und kolonialen Situationen. Die Rolle der Griechen und Armenier im ottomanischen Reich sowie deutscher und jüdischer Kapitalisten im zaristischen Rußland (Armstrong 1976) verdeutlichen den traditionellen, staatsbildenden Kontext: In diesen Beispielen wurden *„middleman minorities"* wegen ihrer Fähigkeiten und für ihr Netzwerk familialer und persönlicher Beziehungen, welche ihnen Kommunikation und Transaktionen über weite Entfernungen erleichterten und auf diese Weise den Zugang zu Kapital vergrößerten, geschätzt. In Südostasien und Afrika führten ähnliche Bedingungen zum Wachsen indischer und chinesicher Handelsnetzwerke (Curtin 1984), deren Rolle später durch die Integration dieser Gebiete in die europäische Weltwirtschaft transformiert und erweitert wurde (Yambert 1981).

Soziologische Berichte betonen oft, daß die unterstützenden Eliten von der Verletzlichkeit der *„middleman minorities"* profitieren (Stone 1985), aber die „middleman minorities" sind nicht notwendigerweise einfach abgefertigt worden. Obwohl im Zusammenhang mit der dritten Welt entwickelt, gilt das Argument, daß „Geschäftsrivalen eine Voraussetzung für Geschäftsrivalitäten sind" (Horowitz 1985:116) auch für Europa: *„middleman minorities"* haben überlebt, wo sie wertvoll für die dominanten Eliten waren, wo es nur eine verhältnismäßig kleine Anzahl einheimischer Herausforderer gab und wo die exterritoriale Diaspora von *„middleman"* keine politische Bedrohung darstellte.

---

[2] Anm. d. Übers.: „Middleman Minorities" ist ein Begriff, der auf den folgenden Seiten häufiger auftritt. Er wurde hier im amerikanischen Original belassen, weil sich keine direkte Übersetzung findet. Der Begriff bezieht sich auf eine gesellschaftliche Gruppierung, die zwischen einer herrschenden Elite und niedrigeren Bevölkerungsschichten steht. So fungiert sie als eine Art Brücke zwischen verschiedenen gesellschaftlichen Schichten, womit der Begriff eine weitreichendere Bedeutung als der deutsche Begriff „Mittelstand" hat.

Wenn diese Bedingungen nicht länger bestehen, ersetzt die Mobilisierung niedriger Schichten der dominanten ethnischen Gruppe die Allianz zwischen „*middleman*" und dominanten Gruppen, vor allem unter Bedingungen einer späten und ungleichen Modernisierung (Armstrong 1976). Auf diese Weise ist die staatliche Förderung von *mittelständischen Minoritäten* oftmals durch eine Politik, die dazu dienen sollte, den *Mittelstand* durch einheimische Kapitalisten zu ersetzen, abgelöst worden. In den Zwischenkriegsjahren gab es in Europa mehrere solcher Fälle, so z.B. als die polnische Regierungspolitik in den 1930ern daran arbeitete, die Polen auf Kosten aller anderen Minoritäten zu fördern (Goldscheider & Zuckerman 1984). Ähnliche Aktionen fanden in den neueren unabhängigen Staaten in der dritten Welt statt. Analytisch gesehen paßt das Konzept der „*middleman minorities*" nicht zu modernen multiethnischen Nationalstaaten, da die größere Separation, oder vielleicht die mehr subtilen und indirekten Verbindungen, von politischer und ökonomischer Macht in den Vereinigten Staaten und anderen kapitalistischen Ländern die Möglichkeit direkter Eliteförderung beschränkt (Jain 1988, Kashima 1982). Trotzdem gibt es eine enge *deskriptive* Parallele zwischen den klassischen „*middleman minorities*" und den gegenwärtigen ethnischen Gruppen, wie z. B. Koreaner in den Vereinigten Staaten, Ostinder in Großbritannien, Marokkaner in Frankreich, deren Geschäfte grundsätzlich von kommerziellen Transaktionen mit Nichtgruppenmitgliedern abhängen. Wie bereits festgestellt ergibt sich diese letzte Möglichkeit als eine Konsequenz aus Beschäftigungsnachfolge, und die jüngste Forschung hat keine Ansätze dafür ergeben, daß diese neueren Immigrantenunternehmer in signifikanter Weise von einer Eliteförderung profitiert haben. Deswegen schlagen wir den Begriff „*pseudo-middleman minorities*" vor, um die gegenwärtigen ethnischen Gruppen, die sich auf Handel spezialisieren, von den *klassischen Mittelständlern* früherer Perioden zu unterscheiden.

Zur Zeit ist der Haupteinfluß der Regierungspolitik auf ethnisches Unternehmertum in Nordamerika, Australien und Westeuropa von einer weitgefaßten Einwanderungs- und Arbeitsmarktpolitik abgeleitet. Es kann eine grundsätzliche Unterscheidung gemacht werden zwischen Ländern, in denen die Arbeitskräfterekrutierung der dominante Faktor in der Einwanderungspolitik war, und Ländern, in denen andere Themen, wie z.B. Bevölkerungswachstum und Familienzusammenführung eine höhere Priorität hatten. Im ersten Fall sind die Einwanderer in hohem Maße Subjekte einer hochgradigen Arbeitsmarktkontrolle, die das Unternehmertum der Immigranten eher behindert als fördert (Blaschke et al. 1990). In Deutschland z. B. können eingewanderte Arbeiter kein Geschäft eröffnen, bevor sie eine Aufenthaltsgenehmigung haben, die sie nur erlangen können, wenn sie mehr als acht Jahre als Gastarbeiter im Lande waren. Im Vergleich dazu bauen Einwanderungsländer, wie die Vereinigten Staaten keine formalen Barrieren für die geographische oder ökonomische Mobilität der Immigranten auf und vergrößern auf diese Weise die potentielle Geschäftsgründungsrate. Alle westlichen Gesellschaften erhalten darüber hinaus eine Politik aufrecht, die implizit die Entwicklung ethnischer Geschäfte *verhindert*. Politik, die Geschäfts- und Arbeitsmarkt durch Genehmigungs- und Ausbildungserfordernisse, Gesundheitsstandards, Mindestlohngesetze u. ä. reguliert, erhöht die Einstiegs- und Betriebskosten für kleine Firmen, ob nun ethnisch oder nicht. Die Auswirkung dieser Politik ist in Ländern wie Deutschland und den Niederlanden sehr schwerwiegend, wo der Kleingewerbesektor nach wie vor die Zeichen seiner traditionell bäuerlichen oder zünftischen Vergangenheit trägt. In anderen Ländern, so wie den Vereinigten Staaten, sind die Einschränkungen des kommerziellen Wettbewerbs schwach und die Ausbildungserfordernisse lasch, mit dem Ergebnis, daß ethnische Unternehmer sehr viel leichter in unterstützende Märkte vordringen können.

Weniger signifikant als diese indirekten Politikeffekte sind solche Programme, die entwickelt wurden, um Immigranten und ethnischen Minoritäten ökonomische Hilfestellungen zu geben. In den Vereinigten Staaten wurden Geschäfte von Minoritäten bis in die sechziger Jahre von der Bundesregierung ignoriert, bis der „schwarze Kapitalismus" als Antwort auf die schwarze Protestbewegung entstand. Minoritätenförderungsprogramme wurden in die staatlichen Vertragsverfahren eingeführt und spezielle Investmentprogramme zur Förderung von Minoritätenunternehmen wurden geschaffen. Die Summe der verteilten Gelder war nie sehr groß, aber die Bemühungen waren ein wichtiges Symbol für die Bedeutung der Unternehmen von Minoritäten in Amerikas Gesellschaft. Programme, die kubanische und indochinesische Flüchtlinge unterstützen, gaben ebenfalls finanzielle und andere Hilfe für zukünftige Geschäftsbesitzer. Trotzdem war der ökonomische Langzeiteffekt dieser verschiedenen Programme klein, und in den achtziger Jahren waren wenig konkrete Beweise ihrer Konsequenzen zu finden.

Gruppencharakteristik

Möglichkeitsstrukturen stellen die Nischen und Zugangswege für potentielle Unternehmer zur Verfügung, aber dies ist nur das halbe Bild. Von den Forschern, die sich damit beschäftigen, warum bestimmte ethnische Gruppen in ethnischen Unternehmen überproportional vertreten sind, werden Gruppencharakteristiken betont (Portes 1987). Wir haben zwei Dimensionen von Gruppencharakteristiken identifiziert: prädisponierende Faktoren und Ressourcenmobilisation.

Prädisponierende Faktoren: Unter prädisponierenden Faktoren werden die Fähigkeiten und Ziele verstanden, die Individuen und Gruppen als potentielle Unternehmer haben. Hirschman (1982) argumentiert, daß die sozio-ökonomischen Errungenschaften einer ethnischen Gruppe teilweise Funktion des Humankapitals von Individuen sind und die sozio-kulturelle Orientierung – Motive, Ambitionen – ist von der Gruppenmitgliedschaft abgeleitet. Selektive Migration war für ethnische Gruppen in den USA besonders wichtig und sozio-kulturelle Orientierungen sind oftmals eine Reaktion auf Bedingungen, denen in einer neuen Situation begegnet wird.

Selektive Migration: Die selektive Natur der Migration lenkt unsere Aufmerksamkeit auf das Humankapital, das Immigranten in die Gastgesellschaften mitbringen. So war z. B. die ursprüngliche kubanische Migration in die Vereinigten Staaten hochgradig selektiv, da Kubaner der Mittelklasse und oberen Mittelklasse, viele davon mit Bildung, Geschäftserfahrung und Kapital, vor Castros Politik flohen (Perez 1986). Ähnlich war es bei dem Einwanderungsstrom nach 1965, wo die Mehrheit der Koreaner vor ihrer Auswanderung in die Vereinigten Staaten in akademischen oder Angestelltenberufen arbeitete (Min 1988). Bevor wir Erklärungen auf Gruppenniveau versuchen, schlagen die Humankapital-Theoretiker vor, das Niveau der Begabung auf individueller Ebene zu betrachten.

Frazier (1949) betonte die Wichtigkeit vorheriger Kaufs- und Verkaufserfahrungen für geschäftseröffnende Immigranten. Sein Argument stützte sich auf die negativen Konsequenzen, die *das Fehlen* solcher Erfahrung für schwarze Amerikaner hatte, wohingegen die meisten Autoren sich auf Gruppen konzentriert haben, die von vorherigen Geschäftserfahrungen profitiert haben. Kapital, soziale Verbindungen und spezifische Geschäftskenntnisse beschleunigten die rapide Aus-

breitung einer chinesichen Sub-Ökonomie in Paris nach der Ankunft chinesischer Flüchtlinge aus Vietnam in der Mitte der 70er Jahre (Guillon & Taboada-Leonetti 1986). Senegalesische Händler haben europäische und amerikanische Städte erobert, obwohl ihnen eine co-ethnische Klientel, höhere Bildung und Ausbildung fehlten, weil sie sich auf vorherige Geschäftserfahrung beziehen konnten (Salem 1981).
Ob Erfahrung in der Kunst des Handelns und Verkaufens eine *notwendige* Bedingung für Geschäftserfolg ist, ist schwer zu entscheiden. Viele Autoren haben häufig die Bedeutung der vorherigen Geschäftserfahrung für die jüdischen Immigranten in Westeuropa und in den Vereinigten Staaten zur Jahrhundertwende betont. Wie auch immer, die jüdische Immigration aus den Siedlungsrandgebieten war hochgradig selektiv, und es verließen hauptsächlich Handwerker, und keine Geschäftsleute oder Händler Rußland. Kaufleute und Händler zählten zu dem Drittel der in Rußland einträglich beschäftigten Juden, aber nur sechs Prozent der Auswanderer zwischen 1899 und 1910 waren Kaufleute oder Händler (Rubinow [1905] 1975). Der Fall der griechischen Einwanderer ist noch auffällliger, da sie seit dem frühen 20. Jahrhundert in städtischen Restaurants in den USA präsent sind (Fairchild 1911), obwohl sie ursprünglich hauptsächlich aus Fischerdörfern und ländlichen Gegenden stammten (Herman 1979).
Mitglieder einiger Immigrantengruppen waren nicht in der Lage, ihre vorherige Bildung und Erfahrung in Positionen umzusetzen, die denjenigen vergleichbar waren, die sie vor der Immigration hatten, weil sie Sprachschwierigkeiten hatten oder ihnen die richtigen Referenzen fehlten. Weil sie ihren Weg in gut bezahlte Angestelltenbeschäftigungen versperrt fanden, haben sich diese Personen verschiedentlich dem Unternehmertum zugewendet (Min 1988).

Niederlassungscharakteristika: Niederlassungscharakteristika, zu denen als wichtigste vermutlich Gruppengröße und Wohnkonzentration gehören, beeinflussen die Entwicklung der Geschäftswege in einer komplizierten Art. Zwei Geschäftsmuster sind bereits erwähnt worden: der lokale ethnische Markt, der sich als Konsequenz einer gehäuften Niederlassung ergibt und der hauptsächlich dominiert wird von Einzelhandel- und Dienstleistungsgeschäften, die eine co-ethnische Klientel mit Lebensmittel versorgen, und die *„pseudo-middleman minorities"* Situation, in welcher ethnische Geschäfte räumlich verstreut eine nicht-ethnische Klientel bedienen. Ein drittes Muster ist die „ethnische Enklave" (wir folgen der Terminologie von Portes). Obwohl die Enklave in ihrer räumlichen Konzentration und in der Unterstützung, die sie von den nahe gelegenen co-ethnischen Einkäufern erhält, eine Ähnlichkeit mit dem lokalen ethnischen Markt aufweist, unterscheidet sie sich hiervon in zwei Aspekten. Erstens ist die industrielle Struktur der Enklave über die lokale Ökonomie der Industriecharakteristik eines lokalen ethnischen Marktes hinaus diversifiziert. Zweitens ist die Industrie der Enklave mit dem allgemeinen nicht-ethnischen Markt verbunden (Portes & Bach 1985). Darüber hinaus sind Bevölkerungsgröße und -konzentrationen notwendige und wesentliche Bedingungen lokaler Märkte, nicht aber ethnische Enklaven.

Die Gemeinschaft jüdischer Immigranten zur Jahrhundertwende in Manhattans Lower Eastside mit seiner unglaublichen Konzentration von Einzelhandelsgeschäften und produzierenden Firmen in vielen Geschäftsbereichen stellt eine ethnische Enklave in ihrer klassischen Form dar (Rischin 1962). Moderne Varianten beziehen die Chinatowns von New York (Wong 1987) und San Francisco (Godfrey 1988) genauso wie die kubanische Subökonomie in Miami ein, die die größte Einzelansammlung ethnischer Firmen im Jahre 1982 enthielt (US Dept. of Commerce 1982).

Die hier skizzierte Typologie ist natürlich eine Verallgemeinerung. In der Praxis überwiegen vielfältige sich überschneidende Muster. In Los Angeles z. B. scheint Koreatown die Bedingungen einer ethnischen Enklave zu erfüllen. Trotzdem ist die Mehrheit der koreanischen Geschäftsinhaber in einer *„pseudo-middleman minorities"* Situation, da die Kundenbasis, die gebraucht wird, um die koreanischer Selbständigkeitsrate von 21 Prozent aufrechtzuerhalten, nicht in einer koreanischen Kundschaft allein gefunden werden kann (Light & Bonacich 1988: 164). San Franciscos Chinatown kann als Enklave klassifiziert werden, aber die auftauchenden Satelliten-Chinatowns in Richmond und Sunset passen besser in die Beschreibung lokaler ethnischer Märkte, und die vielen chinesichen Restaurants und Wäschereien fallen in die *„pseudo-middleman minorities"* Kategorie (Godfrey 1988: 103 –104). Diese Muster könnten als zusammengehörige Stufen einer Entwicklungssequenz beschrieben werden (Waldinger et al. 1990, Kapitel 4). Die ersten koreanischen Kaufleute, die die ersten Geschäfte in den sich entwickelnden hispanischen Wohngebieten in New York eröffneten, waren z.B. Veteranen einer früheren koreanischen Migration nach

Lateinamerika (Kim 1981). Als die koreanische Bevölkerung in New York im Laufe der 70er und 80er Jahre wuchs, versorgte sie nach und nach die Kundenbasis mit einem dynamischen, diversifizierten lokalen ethnischen Markt (Kim 1987). Im Gegensatz dazu dauerte die jüdische ethnische Enklave der Lower Eastside knapp eine Generation. In den zwanziger Jahren mit ihrem Niedergang der jüdischen Arbeiterklasse verkauften jüdische Kleinunternehmer zunehmend an nicht jüdische Klientel oder beschäftigten eine nicht-jüdische Arbeitskraft und produzierten dadurch eine *„pseudo-middleman minorities"* Situation.
Die Interaktion zwischen solchen vorherbestimmenden Faktoren als Niederlassungscharakteristik und Möglichkeitsstrukturen taucht mit einer gewissen Auffälligkeit auf, wenn wir die Unterschiede der Geschäftsaktivitäten innerhalb einer Gruppe untersuchen. Obwohl die jüdische Lower Eastside ein Musterbeispiel für eine ethnische Enklave abgibt, war die Selbständigkeitsrate russisch-jüdischer Immigranten außerhalb New Yorks sogar wesentlich höher. Zur Jahrhundertwende waren hohe Selbständigkeitsraten für russische Juden positiv korreliert mit kleinen jüdischen Bevölkerungen und geringer Beschäftigung in der Bekleidungsindustrie (Perlman 1988). Tatsächlich waren russisch-jüdische Migranten in kleinen Städten und Gemeinden fast vollständig von kommerziellen Transaktionen mit Außenstehenden abhängig, wobei sie die traditionellen Muster Osteuropas reproduzierten (Morawska 1988). So ergibt in großen ethnischen Konzentrationen ein intensiver Wettbewerb zwischen Mitgliedern derselben ethnischen Gruppe für eine von Natur aus begrenzte Zahl von kleinen Geschäftsmöglichkeiten zwangsläufig, einen wesentlich begrenzenden Effekt, unabhängig davon daß andere Gruppeneigenschaften einen starken Anreiz auf Unternehmertum bieten.

Kultur und Anpassungsniveau: Viele Forscher glauben, daß einige ethnische Traditionen ökonomisch brauchbare Praxis enthalten. Andere warnen jedoch, daß Kultur in Bewegung ist und sich ändernden Umständen anpaßt: „Eine Analyse, die kulturelle Eigenschaften als unwandelbar ansieht, ... kann die verschiedenen sozio-ökonomischen Errungenschaften chinesicher und japanischer Amerikaner vor und nach dem Zweiten Weltkrieg nicht erklären, noch die Unterschiede zwischen asiatischen Amerikanern und anderen ethnischen oder Minoritätengruppen erläutern" (Nee & Wong 1985: 287). Streng kulturelle Argumente verleugnen auch die strukturellen Bedingungen, die für ökonomische Errungenschaften günstige Eigenschaften fördern und stützen.

Aufmerksamkeit für den Zusammenhang verdeutlicht die Beweglichkeit ökonomischer Orientierungen und ihre Reaktionsfähigkeit auf wechselnde Bedingungen. Einwandernde Arbeiter beginnen oft als Zeitarbeiter in kleinen Geschäften, wobei sie Jobs suchen, die ihnen die Möglichkeit geben, lange zu arbeiten und Ersparnisse anzusammeln. Wenn ihre Pläne zur Rückkehr einmal aufgeschoben oder aufgegeben sind, haben die Immigranten vielleicht Fähigkeiten erworben, die gleichsam verstecktes darstellen und dadurch den Anreiz bieten, selbständig zu werden (Bailey 1987). Einheimische Arbeiter, die kein verborgenes Kapital haben, erwerben in der Regel wesentlich weniger unternehmerische Fähigkeiten in Geschäften wie Restaurants und Bekleidung, wo die relativen Kapitalrückflüsse in Humankapital gering sind. Immigranten werden aufgrund der Lohndifferenz zwischen ihrem Ursprungs- und Aufenthaltsland außerdem mit geringen Profiten für kleine Geschäfte sehr viel zufriedener sein als einheimische Arbeiter (Light 1984).

Das klassische Modell der *„middleman minorities“*, wie es von Bonacich (1973) und anderen definiert wurde, beinhaltet drei Eigenschaften, die die kulturellen Muster einer Gruppe charakterisieren: Erstens eine Aufenthaltsorientierung in ihrem Gastland, zweitens ausgesprochene soziale und kulturelle Charakteristiken, die solidarische Gemeinschaften fördern und drittens spezifische ökonomische Eigenschaften einschließlich der Konzentration auf unternehmerische Rollen, eine Tendenz, Kapital flüssig zu halten und eine Vorliebe für verwandtschaftliche oder co-ethnische Arbeitskräfte (O'Brien & Fugita 1982).

Das *„middleman minorities“* Modell wird an vielen Punkten kritisiert. Erstens ist das Modell ahistorisch und schreibt Eigenschaften zu, die von den sozialen und ökonomischen Strukturen abstrahiert sind, in denen entweder klassische oder die *„pseudo-middleman minorities“* gefunden worden sind. Jain (1988) zeigt zum Beispiel, daß der britische Kolonialismus viel mit der Vorliebe indischer Händler für Bargeld zu tun hatte, weil die britische imperiale Politik es Südasiaten nicht erlaubte, Land für landwirtschaftliche Zwecke zu besitzen. So konzentrierten sie sich aus Notwendigkeit auf Handel und kommerzielle Aktivitäten. Zweitens ist das Argument, daß Immigranten, die als Ansiedlungswillige kommen, sich eher für Selbstständigkeit als für abhängige Beschäftigung als bestem Weg zur schnellen Akkumulation tragbaren investierbaren Kapitals entscheiden, sowohl aus logischen als auch aus empirischen Gründen angreifbar. Ein Geschäft zu eröffnen, ist ein wesentlich riskanteres Unternehmen, als für jemand anderen zu arbeiten. Mit der Alternative konfrontiert, in Ruhe sein Schäfchen ins Trockene zu bringen oder in ein Unternehmen zu investieren, dessen Erfolgschance jederzeit zweifelhaft ist, wird jeder umsichtige Wanderer weiterhin für jemand anderen arbeiten. Tatsächlich ergab Wards (1987) Studie über Südasiaten in Großbritannien, daß sie sich nur in denjenigen Städten, in denen die vorhandenen Jobs relativ schlecht bezahlt wurden, Geschäften zuwendeten, und in Gegenden mit hohen Löhnen die abhängige Beschäftigung vorzogen. Andere Forschung fand heraus, daß eine Verweilorientierung keinen Unterschied im Geschäftsgebaren von Briten und Asiaten zur Folge hatte (Aldrich 1977, Aldrich et al 1983) und daß koreanische „pseudo-middleman-minorities" Ladenbesitzer weitaus weniger verweilen würden als ihre hispanischen Nachbarn, die ausschließlich eine co-ethnische Kundschaft beliefern (Waldinger 1989). Drittens betont das Modell ausgesprochene ökonomische Eigenschaften, wie eine Bevorzugung der Beschäftigung co-ethnischer Arbeiter oder die Aufrechterhaltung kleiner Firmen, obwohl die Marktbedingungen eine Expansion erlauben würden, basierend auf der Annahme, das die „middleman minorities" keine „moderne kapitalistische Ausrichtung" hätten (Bonacich & Modell 1980:32). Die empirischen Befunde sprechen jedoch stark für das Gegenteil, so beschäftigten zum Beispiel deutsch-jüdische Kaufhäuser in den Zwischenkriegsjahren nicht-jüdische Frauen (Gross 1975) und die Eigentümer koreanischer Bekleidungsfirmen in New York und Los Angeles beschäftigen gegenwärtig hispanische Arbeiter (Min 1989).

Diese speziellen Kritikpunkte leiten unsere Aufmerksamkeit auf eine weitere Beobachtung: zu jeder Studie, die die Kultur einer ethnischen Gruppe als Schlüsselfaktor für ihr ökonomisches Fortkommen bewertet, gibt es eine andere Studie, die die oftmals radikalen kulturellen Veränderungen betont, die sich innerhalb weniger Generationen ereignen. Es ist extrem schwierig, die Effekte der kulturellen Werte, mit denen eine Gruppe im Gastland ankommt, von denjenigen zu trennen, die nach der Migration erworben werden. Einige ethnische Gruppen haben deutlich eine hohe Unternehmerrate, die über mehrere Generationen konstant bleibt. Aber, wie Steinberg (1981) argumentiert hat, strukturelle Faktoren begrenzen die Fähigkeit ethnischer Gemeinschaften, „traditionelle" ethnische Gebräuche und Werte zu bewahren und weiterzugeben. Wir bleiben skeptisch, wenn es um das übersozialisierte Konzept des kulturellen Erbes einer ethnischen Gruppe geht, unabhängig von der Sozialstruktur und den Institutionen, die sie innerhalb des Kontextes einer größeren Gesellschaft bildet. Deshalb bewerten wir in unserem Überblick die Ressourcenmobilisation höher als die kulturellen Faktoren.

Ressourcenmobilisation: Gründung und Betrieb eines Geschäftes, wie klein es auch sein mag, ist eine fordernde Aufgabe, und nur ein Bruchteil derer, die dies beginnen, sind letztlich auch erfolgreich. Die benötigten Grundbedingungen, Arbeit und Kapital, unterscheiden sich nicht von denen anderer. Persönliche und familiäre Bindungen sind in allen kapitalistischen Gesellschaften Teil des Geschäftslebens (Zimmer & Aldrich 1987). Bechhofer & Elliot (1981) haben darüberhinaus festgestellt, daß die generellen Merkmale des Kleinbürgertums überall dieselben sind, besonders die Abhängigkeit von der Mitarbeit der Familie und die Verwendung gemieteter Arbeitskraft eher als Erweiterung denn als Ersatz für die Arbeitskraft des Eigentümers.

Klasse versus ethnische Ressourcen: Light (1984) unterscheidet bei dem Versuch, die rein ethnische von der allgemeinen Ressourcenmobilisation zu trennen, zwischen „Klassen-" und „ethnischen" Ressourcen. Eine verstärkte Aufmerksamkeit für die Klassenressourcen, im Gegensatz zu den ethnischen Ressourcen, wurde teilweise durch die Zunahme von Mittelklasseunternehmern unter neu Eingewanderten wie Kubanern und Koreanern herausgefordert. Light definierte Klassenressourcen als Privatbesitz im Sinne von Produktion und Verteilung, Humankapital, Investitionsgeld und bürgerliche Werte, Einstellungen, Wissen und Kenntnisse, die zwischen den Generationen übermittelt werden. Ethnische Ressourcen sind in Lights Modell alle Merkmale einer ethnischen Gruppe, die potentielle Ladeninhaber benutzen können, solche wie kulturelle Begabungen, reaktive Solidarität und eine Verweilorientierung. In der Praxis haben sich nur wenige Forscher an diese Unterscheidung gehalten, aber in der Theorie ist diese Unterscheidung kritisch, da sie die starke Kontinuität zwischen den Studien über kleine Geschäfte im allgemeinen und ethnischen Unternehmen im besonderen betont.

Wir würden erwarten, daß sich *lebensfähige* Unternehmen unabhängig vom Eigentümer sehr ähneln. Theorien über ethnische Geschäfte behaupten, daß sich solche Unternehmen aufgrund der Sozialstruktur, innerhalb derer Ressourcen mobilisiert wurden, von anderen unterscheiden. Forscher haben sich auf die ethnische Ressourcenmobilisation als eine kollektive statt eine rein individuelle Aktivität konzentriert, da ethnische Unternehmer sich für Arbeit und Kapital auf Familie, Verwandtschaft und co-ethnische Beziehungen beziehen. Viele Forscher haben dazu geneigt, die ethnische Komponente bei der Ressourcenmobilisation vollständig überzubewerten, weil sie ihre Ergebnisse nicht mit den Geschäftsoperationen einer nicht-ethnischen Gruppe verglichen haben.

Ethnische Sozialstrukturen: Soziale Netzwerke und Organisationskapazität. Ethnische Sozialstrukturen bestehen aus den Netzwerken von Verwandtschaft und Freundschaft, um die herum ethnische Gemeinschaften angeordnet sind, und der Verflechtung dieser Netzwerke mit Positionen in der Ökonomie (Jobs), im Raum (Wohnen) und in der Gesellschaft (Institutionen). Bretons Konzept (1964) der *institutionellen Vollständigkeit* fängt viel von dem Geist der Forschung zum ethnischen Unternehmertum ein, da es sich auf die relative Zahl formaler Organisationen innerhalb einer ethnischen Gemeinschaft und die daraus resultierende Komplexität von Beziehungen zwischen Personen derselben ethnischen Gruppe bezieht. Wir konzentrieren uns auf die Rolle der ethnischen Institutionen bei der Kapitalbeschaffung, der Arbeitskräftebeschaffung und den Umgang mit Lieferanten und Kunden. Informationen über Erlaubnisse, Gesetze, Managementpraktiken, verläßliche Lieferanten und vielversprechende Geschäftswege werden typischerweise über die persönlichen Netzwerke der Besitzer und viele verschiedene indirekte Beziehungen, die sich speziell auf die ethnische Gemeinschaft beziehen, verschafft. Die Strukturen solcher Netzwerke unterscheiden sich in Abhängigkeit von den Charakteristiken der Gruppe. Einige Gruppen haben sehr hierarchisch organisierte Familien und ein eindeutiges Gefühl für Familienloyalität und -verpflichtung, während andere unklarer organisierte Familien haben. Ritualisierte Anlässe und großangelegte Zeremonien stellen ebenfalls Möglichkeiten zur Verfügung, um Informationen zu erlangen, und manche Gruppen haben spezialisierte Zusammenschlüsse und Medien, die Informationen verbreiten. Die Verbreitung solcher Informationen führt oftmals zur Überkonzentration einer ethnischen Gruppe innerhalb einer begrenzten Anzahl von Industrien. Neuankömmlinge, die sofort Beschäftigung bei Angehörigen der gleichen ethnischen Gruppe in dieser Kleinindustrie finden, haben automatisch Zugang zu Kontakten, die Möglichkeit, angelernt zu werden, und Rollenvorbilder. Für sie besteht in Folge dessen eine höhere Wahrscheinlichkeit eines späteren Aufstiegs zu Eigentum als für andere, die in großen Firmen zwischen Angehörigen der dominanten ethnischen Gruppe arbeiten.

Genossenschaftliche Gemeinschaften werden in vielen ethnischen Gruppen benutzt, um Kapital zu beschaffen (Ardener 1964). Light (1972) argumentierte, daß die traditionellen Genossenschaften unter Japanern und Chinesen regionale Gruppen dazu befähigten, das Kapital für Kleingeschäfte aufzubringen, während Schwarzamerikaner nicht über solche Institutionen verfügten und insofern im Nachteil waren. Ethnische Kreditassoziationen basieren auf dem Niveau der ethnischen Verantwortlichkeit und Genügsamkeit (Woodrum 1981) und sind in verschiedenen Gestalten unter Immigranten in den Vereinigten Staaten gegründet worden. Solche Vereinigungen waren besonders für Gruppen wichtig, die von den regulären Finanzsituationen diskriminiert wurden (Gerber 1982).

Genossenschaften sind wichtig, aber drei Forschungsergebnisse legen nahe, daß ihre Bedeutung überbewertet sein könnte. Erstens sind Unternehmer oft sehr innovativ bei ihrer Suche nach Kapital, und ethnische Unternehmer haben viele andere Möglichkeiten der Kapitalbeschaffung neben den Genossenschaften entwickelt (Russell 1984). Zweitens kennen einige Gruppen Genossenschaften, nutzen sie aber nicht, um Geschäfte zu gründen (Bonnett 1981). Drittens hat die neuere Forschung ergeben, daß die große Mehrheit der ethnischen Besitzer ihre Geschäfte mit ihren persönlichen Ersparnissen und Geld von ihren Familien gegründet hat (Min 1988).

Familien sind zusätzlich zu ihrer Kapitalbeschaffungsfunktion oftmals der Arbeitskräftekern für kleine Unternehmen. Insofern haben Immigranten, die mit intakten Familien in einem Land ankommen oder ihre Familie sehr schnell durch Familiennachzug wieder zusammenführen können, einen Vorteil gegenüber denjenigen, die dies nicht können. Genauso haben ethnische Gruppen mit großen Familien und mit Normen, die das kollektive Fortkommen betonen, Vorteile gegenüber anderen.

Einige Forschungen deuten an, daß eine starke Familienstruktur für den Erfolg ethnischer Unternehmen weder erheblich noch überhaupt notwendig ist. In ihrer Studie über mexikanisch-amerikanische und anglo-amerikanische Familien in südkalifornischen Städten fand Keefe (1984) Beweise für eine stark ausgedehnte Familienstruktur bei den mexikanisch-amerikanischen Familien, aber keinen Hinweis darauf, daß diese Stärke in Geschäftsaktivitäten kanalisiert würde. Chan & Cheung (1985) fanden heraus, daß die meisten chinesischen Geschäfte in Toronto entweder gar keine Angestellten hatten oder keine Familienmitglieder als Angestellte. Zimmer & Aldrich (1987) fanden in ihrer Forschung über südasiatische und weiße Geschäftsleute in drei englischen Städten wenige Unterschiede zwischen diesen beiden Gruppen in der Verwendung von Familienarbeit.

Jüngere theoretische Aufsätze über Ethnizität haben die Vorteile der ethnischen gegenüber anderen Formen der sozialen Organisation betont (Glazer & Moynihan 1975, Olzak 1983), und einige Forschungen über ethnische Unternehmen unterstützen diese Idee. Beträchtliche Aufmerksamkeit ist vertikalen und horizontalen Verbindungen zwischen Firmen gewidmet worden, die anscheinend die Transaktionskosten verringern und den intra-ethnischen Wettbewerb vermindern (Wilson & Martin 1982). Im Gegensatz zu den historischen Ergebnissen (Light 1972), ergibt die Forschung über gegenwärtige Immigrantengruppen wenig Hinweise auf Preis- oder Eintrittsbegrenzungen vertikale Integration oder andere monopolistische Aktivitäten. Forschungen über koreanische Einzelhändler in den Vereinigten Staaten (Min 1988) zeigen, daß rückwärtsgerichtete Verbindungen zu Lieferanten der gleichen Ethnizität vorteilhaft sein können: Transaktionen werden in der Muttersprache gemacht, Großhändler geben flexibleren Kredit und führen den Typ von Ware, der den Kunden koreanischer Händler zusagt. Trotz dieser Vorteile nutzen die koreanischen Händler zu gleichen Teilen koreanische und nicht-koreanische Lieferanten. Die allgemeine Unfähigkeit ethnischer Handelsverbindungen, den Wettbewerb zwischen Personen gleicher Ethnizität zu kontrollieren, ist ein zusätzlicher Beweis für die Schwäche kultureller Zwänge angesichts ökonomischer Möglichkeiten (Bailey 1987: 55).

Ethnische Institutionen, wie Kirchen und Freiwilligenverbindungen, werden oftmals von ethnischen Unternehmern sowohl aus Geschäftsgründen als auch aus einem Gefühl der Loyalität unterstützt. So haben z. B. brüderliche gegenseitige Unterstützungsgesellschaften unter Polen und Slaven, die durch die katholische Kirche gesponsort worden sind, oftmals indirekt zum ethnischen Geschäft beigetragen (Cummings 1980). Bonacich & Modell (1980) merken an, daß diejenigen Nisei, die soziale Bindungen an ihre ethnische Gruppe in vielfältiger formeller und informeller Weise hatten, eher an der ethnischen Ökonomie teilhatten und umgekehrt. Boswell (1986: 346) argumentiert, daß „chinesische Händler traditionelle chinesische kulturelle und Klanaktivitäten teilweise unterstützen, um ihr Handelsmonopol aufrecht zu erhalten."

Wie Bonacich (1973) beobachtete, ist Gruppensolidarität oftmals eine Reaktion auf Feindseligkeit seitens der Gastgesellschaft. So sind z. B. Chicano-Gebrauchtwagenhändler im amerikanischen Südwesten in ihrer Fähigkeit, interpersonelle Beziehungen mit Personen, die ihnen Zugang zu besseren Automobilen ermöglichen könnten, zu entwickeln, aufgrund der Feindschaft weißer Händler und ethnischer Stereotypisierung beschränkt. Infolgedessen können Chicano-Händler „nicht das nötige Kapital akkumulieren, um ihren Kreditrahmen zu erweitern und auf diese Weise in dem Umfange handeln, der sie zu einer Konkurrenz für weiße Händler machen würde" (Valdez 1984:236). Stattdessen verkaufen sie an Angehörige der gleichen ethnischen Gruppe im Barrio, die Kredit brauchen.

Die verfügbaren Beweise legen die Annahme nahe, daß viele ethnische Gruppen ein Maß an institutioneller Vollständigkeit und interner Solidarität haben, das einigen ihrer Mitglieder einen Vorteil bei der Mobilisierung von Ressourcen gibt. Die Ressourcen selber sind der Geschäftsgründung und dem Überlebensprozeß angepaßt, aber Modelle des ethnischen Unternehmertums haben wahrscheinlich den einzigartigen Vorteil bestimmter Gruppen übertrieben, weil nur wenige Studien tatsächlich vergleichbar sind, indem sie ethnische und nicht ethnische Unternehmen im Detail vergleichen. Die Bedingungen, die die Ressourcenmobilisation erleichtern, sind historisch gleichbleibend, stark abhängig von der individuellen Initiative und Subjekt für Manipulationen durch dominante Gruppen.

Ethnische Strategien

Strategien entstehen aus der Interaktion von Möglichkeitsstrukturen und Gruppencharakteristiken, so wie die ethnischen Unternehmer sich an die Ressourcen, die ihnen zur Verfügung stehen, anpassen, wobei sie auf die Charakteristiken ihrer Gruppen aufbauen (Boissevain et al. 1990, Boissevain & Grotenbreg 1986). Wir benutzen den Begriff „Strategien", um Handlungen ethnischer Unternehmer zu charakterisieren, in demselben Sinne wie Hamilton, um Muster der gegenwärtigen Migration zu erklären: Strategie ist ein „technischer Begriff, der den eigenen Standpunkt zur Erreichung der Ziele im Vergleich zu anderen bedeutet. Obwohl die Gründe für die eigenen Handlungen subjektiv und absolut persönlich sein können, ist die Strategie durch soziale Umstände geformt..., die Strategie wird insofern sozial, als die Individuen ihren tatsächlichen oder möglichen Einfluß auf andere, deren Ziele und Handlungen für ihre eigenen Ziele erkennen" (Hamilton, 1985: 408).

Ethnische Geschäftsbesitzer sind bei der Gründung und dem Betrieb ihrer Geschäfte im allgemeinen mit einer Anzahl von Problemen konfrontiert, und zwar zusätzlich zu denen, die wir bereits betrachtet haben: Der Erwerb von *Übung* und *Fertigkeiten*, die gebraucht werden, um ein kleines Geschäft zu führen, effiziente, ehrliche und billige *Arbeiter* anwerben und anzuleiten, die Beziehungen mit *Kunden* und *Lieferanten* bewältigen, anstrengende Geschäfts*konkurrenz* überleben, sich selbst vor *politischen Angriffen* schützen.

Übung und Fertigkeiten werden typischerweise beim Job erworben, oftmals während der potentielle Besitzer selbst Angestellter in dem Betrieb ist, der einer Person gleicher ethnischer Zugehörigkeit oder einem Familienmitglied gehört. Verbindungen innerhalb der ethnischen Ökonomie erweitern Arbeitskontakte, vergrößern die Wahrscheinlichkeit des Aufstiegs durch verschiedene Jobs und Firmen, in welchen Fertigkeiten erworben werden (Portes & Bach 1985, Waldinger 1986). Die Arbeitskraft von Familien und Personen der gleichen ethnischen Zugehörigkeit ist für die meisten kleinen ethnischen Geschäfte kritisch. Solche Arbeit ist weithin unbezahlt, und Verwandte und Angehörige der gleichen ethnischen Gruppe machen Überstunden im Dienst ihrer Arbeitgeber. Ethnische Unternehmer manipulieren die Ausdauer und Loyalität ihrer Familie und Personen gleicher ethnischer Zugehörigkeit zu ihrem eigenen Vorteil, aber sie laden sich hierdurch auch Verpflichtungen auf.

Kunden und Klienten spielen eine zentrale Rolle im Rahmen der Strategien der Besitzer, da der Aufbau einer loyalen Gefolgschaft ein Weg ist, den hohen Grad an Unsicherheit, dem ein kleines ethnisches Geschäft gegenüber steht, zu beseitigen. Einige Besitzer bieten spezielle Dienstleistungen an, erweitern Kredite und gehen neue Wege, um individuelle Dienstleistungen für die Kunden zu erbringen. Oftmals jedoch bedeutet das Erbringen spezieller Dienstleistungen an Personen derselben ethnischen Zugehörigkeit Ärger für die Besitzer, da sie dann mit der Bitte konfrontiert werden, niedrigere Profite für ihre Bemühungen zu fordern (Aldrich et al. 1983).

Dem intensiven Wettbewerb, der in den Nischen besteht, die von den ethnischen Geschäften belegt werden, wird mindestens auf vier Arten begegnet: (a) durch Selbstausbeutung, (b) durch Ausdehnung des Geschäftes, durch Vor- und Rückverlagerungen in der Produktionskette oder durch Eröffnung neuer Geschäfte (Werbner 1984), (c) durch Gründung und Unterstützung ethnischer Handelsverbindungen (Light & Bonacich 1988) und (d) durch Verfestigung der Verbindung zu anderen Familien durch Heirat (Sway 1988). Letzlich brauchen ethnische Unternehmer häufig Schutz vor Regierungsvertretern, ebenso wie vor Rivalen außerhalb ihrer ethnischen Gemeinschaft. Mit der Regierung gehen ethnische Eigentümer in der gleichen Weise um, wie nicht-ethnische Besitzer es immer getan haben: Bestechung, Zahlung von Bußgeldern, Suchen von Hintertürchen und Organisation von Protest.

Ethnische Strategien reflektieren dann insofern beides, die Möglichkeitsstrukturen, innerhalb derer die ethnischen Unternehmen operieren, *und* die speziellen Charakteristika der Gruppe des Besitzers. Entsprechend könnte man die ethnischen Strategien als das *Zentrum* unseres Rahmens betrachten, indem man ihren aufstrebenden Charakter betont. Die Strategien, die von den verschiedenen ethnischen Gruppen innerhalb der kapitalistischen Gesellschaften auf der ganzen Welt adaptiert worden sind, sind sich bemerkenswert ähnlich.

Zusammenfassung

Um die neueren Forschungen zur Entwicklung ethnischen Unternehmertums zu betrachten, haben wir einen Rahmen benutzt, der auf drei interaktiven Komponenten beruht: Möglichkeitsstrukturen, Gruppencharakteristika und Strategien. Aus der Notwendigkeit heraus warfen wir ein weites Netz bei unserer Suche nach relevanten Forschungen, so sind Anleihen bei Forschern aus vielen Disziplinen und von vielen Ansätzen gemacht worden. Ein gemeinsames Thema durchzieht diese Arbeiten: ethnische Gruppe passen sich den Ressourcen an, die ihnen durch ihre Umgebung zugänglich gemacht werden und welche sich in verschiedenen Gesellschaften und Zeiträumen erheblich unterscheiden.

Von den vielen Themen, die größere Aufmerksamkeit verdienen, haben wir die folgenden einbezogen: die reziproke Beziehung zwischen Ethnizität und Unternehmertum, die vorsichtigere Verwendung ethnischer Etiketten, die Notwendigkeit mehr vergleichender Forschung zwischen mehreren verschiedenen Gruppen und die Notwendigkeit prozeßorientierterer Forschungsdesigns. Erstens ist Ethnizität, definiert als Selbstidentifikation mit einer bestimmten ethnischen Gruppe oder als von anderen verliehenes Etikett, weder ursprünglich noch vor dem Kontakt mit einer Gastgesellschaft importiert. Stattdessen ist Ethnizität das mögliche Ergebnis von Mustern, durch die Interaktionen in und zwischen Gruppen strukturiert sind. Das Auftauchen ethnischer Gemeinschaften und Netzwerke könnte eine Infrastruktur und Ressourcen für ethnische Unternehmen erzeugen, *bevor* sich ein Gruppenbewußtsein entwickelt. Umgekehrt könnte eine Nische für ein ethnisches Unternehmen das Gruppenbewußtsein erwachen lassen oder fördern. Ethnische Grenzen als soziales Konstrukt sind ständig im Fluß.

Zweitens paßt auf große Teile der Forschung zum ethnischen Unternehmertum die Beschreibung von Yingern (1985: 158) aus einem anderen Forschungsfeld im Bereich der ethnischen Studien, daß es aufgebaut ist „auf dem einfachen Fakt eines ethnischen (oder ursprungsstaatlichen) Etiketts mit wenig Aufmerksamkeit für die Bedeutung des Etikettes auf die Stärke der Identifikation mit der ethnischen Gruppe, verglichen mit anderen Identitäten oder auf die Unterscheidung zwischen Ursprungsland und Ethnizität". Ein Vertrauen auf Daten der amtlichen Statistik, die zu anderen Zwecken erhoben worden sind ist in den meisten Fällen Schuld daran, und ein Heilmittel könnten mehr Studien sein, speziell dafür entworfen worden, verschiedene Indikatoren für die ethnische Identifikation einer Person sowie ihrer Beteiligung am Unternehmertum zu messen.

Drittens brauchen wir, wie Miyamoto (1986) betont hat, genauere, detailliertere vergleichende Daten zu verschiedenen Gruppen über die gleiche Periode und mit vergleichbaren Informationen über jede Gruppe. Gegenwärtig beziehen die Studien, die Daten der amtlichen Statistik benutzen, viele Gruppen ein, aber da die amtliche Statistik wenig Informationen über unternehmerische Aktivitäten und fast nichts zu ethnischen Prozessen sammelt, haben sie nur begrenzten Wert zur Untersuchung der meisten interessanten Fragen. Die Modalstudien, die Erhebungs- oder Feldarbeitsdaten benutzen, beinhalten nur eine Gruppe mit nur impliziten Vergleichen zu anderen.

Viertens hat fast keine Studie über ethnisches Unternehmertum die Entwicklung im *Zeitablauf* untersucht, und so haben wir wenig Wissen über den Anteil der ethnischen Gruppenstrukturen und -strategien am unternehmerischen Erfolg. Dynamischere Forschungsdesigns sowie Panelstudien sind dringend notwendig.

Danksagungen

Die Anordnung der Autorenschaft ist alphabetisch, da dies wahrhaftig eine gemeinschaftliche Anstrengung war. Anmerkungen von Melanie Archer, Judith Blau, Pyong Gap Min, David Torres, W. Richmond Scott, Catherine Zimmer, und zwei anonymen Referenten halfen uns beim Überarbeiten des Manuskriptes. Wir danken Greg Floyd und Jane Scott für ihre bibliographische Hilfe, und Sharon Byrd und Deborah Tilley für Vorbereitung des Endmanuskriptes. Howard Aldrichs Arbeit an diesem Artikel wurde durch ein Stipendium vom Institute for Research in Social Science, University of North Carolina, Chapel Hill, unterstützt. Roger Waldingers Arbeit wurde ermöglicht, teilweise, durch ein Stipendium von Robert F. Wagner, Sr., Institute on Urban Public Policiy, Graduate Center, City University of New York.

Literatur

Aldrich, H. E. 1973. Employment effects of white-owned business in the black ghetto. *Am. J. Sociol.* 78: 1403 – 1426.

Aldrich, H. E. 1977. *Testing the middleman minority model of Asian entrepreneurial behavior: Preliminary results from Wandsworth, England.* Pap. Pres. Ann. Meet. Am. Sociol. Assoc., Chicago.

Aldrich, H. E., Cater, J., Jones, T., McEvoy, D. 1983. From perephery to peripheral: The south Asian petit bourgeoisie in England. In *Research in the Sociology of Work*, Vol. 2, ed. I.H. Simpson and R. Simpson, pp. 1–32. Greenwich, Conn.: JAI.

Aldrich, H. E., Reiss, A. J. Jr. 1976. Continuities in the study of ecological succession: Changes in the race composition of neighborhoods and their businesses. *Am. J. Sociol.* 81: 846–866.

Aldrich, H. E., Cater, J., Jones, T., McEvoy, D., Velleman, P. 1985. Ethnic residential concentration and the protected market hypothesis. *Soc. Forc.* 63: 996–1009.

Aldrich, H. E., Zimmer, C., McEvoy, D. 1989. Continuities in the study of ecological succession: Asian business in three Englissh cities. *Soc. Forc.* 67: 920–944.

Aldrich, H. E., Auster, E. R. 1986. Even dwarfs started small: liabilities of age and size in their strategic implications. In *Research in Organizational Behavior*, vol. 8, ed. B. M. Staw and L. L. Cummings, pp. 165–98. Greenwich, Conn.: JAI.

Ardener, S. A. 1964. The comparative study of rotating credit associations. *J. R. Anthropol. Inst.* 94: 201–209.

Armstrong, J. A. 1976. Mobilized and proletarian diasporas. *Am. Polit. Sci. Rev.* 9: 393–408.

Bailey, T. 1987. *Immigrant and Native Workers: Contrasts and Competition.* Boulder, Colo.: Westview.

Baron, S. 1975. *The Economic History of the Jews*. New York: Schocken.

Baumol, W. J. 1968. Entrepreneurship in economic theory. *Am. Econ. Rev*. 85: 64–71.

(eds.) 1981. *The Petite Bourgeoisie: Comparative Studies of the Uneasy Stratum*. London: Macmillan.

Bertaux, D., Berteaux-Wiame, I. 1981. Artisanal bakery in France: How it lives and why it survives. In *The Petite Bourgeoisie: Comparative Studies of the Uneasy Stratum, ed.* F. Bechhofer, B. Eliot, pp. 155–181. London: Macmillan

Bird, B. J. 1989. Entrepreneurial Behavior. Glenview, Ill.: Scott, Foresman.

Blaschke, J., Boissevain, J., Grotenbreg, H., Joseph, I., Morokvasic, M., Ward, R. 1990. European Trends in ethnic business. See Waldinger et al. 1990.

Boissevain, J., Blaschke, J., Grotenbreg, H., Joseph, I., Light, I., Sway, M., Waldinger, R., Ward, R. 1990. Ethnic entrepreneurs and ethnis strategies. See Waldinger et al. 1990.

Boissevain, J., Grotenbreg, H. 1986. Culture, structure and ethnic enterprise: the Surinamese of Amsterdam. *Ethnic and Racial Stud.* 9 (1): 1–23.

Bonacich, E. 1973. A theory of middleman minorities. *Am. Sociol. Rev.* 38: 583–594.

Bonnett,A. W. 1981. Structured adaption of black migrants from Caribbean: An examination of an indigenous banking system in Brooklyn. *Phylon* 42: 346–355.

Boswell, T. E. 1986. A split of labor market analysis of discrimination against Chinese immigrants, 1850–1882. *Am. Sociol. Rev.* 51: 352–371.

Breton, R. 1964. Institutional completenexx of ethnic communities and the personal relations of immigrants. *Am J. Sociol.* 70: 193–205.

Chan, J., Cheung, Y. W. 1985. Ethnic resources and business enterprise: A stduy of Chinese business in Toronto. *Hum. Organ.* 44: 142–154.

Cummings, S. 1980. *Self-Help in Urban America: Patterns of Minority Economic Developement*. Port Washington, NY: Cambridge University Press.

Curtin, Philip. 1984. *Cross-Cultural Trade in World History*. Cambridge: Cambridge University Press.

Fairchild, H. S. 1911. *Greek Immigration to the United States*. New Haven: Yale.

Fratoe, F. 1986. A sociological analysis of minority business. *Rev. Black Polit. Econ.* 15: 5–30.

Frazier, E. F. 1949. *The Negro in America*. New York: Macmillan.

Gerber, D. 1982. Cutting out Shylock: Elite anti-semitism and the quest for moral Order in the mid-nineteenth century in American market plache. *J. Am. Hist.* 9: 615–637.

Glazer, N., Moynihan, D. P. (eds.) 1975. *Ethnicity*. Cambridge, Mass.: Harvard.

Goldschneider, C., Zuckerman, A. 1984. *The Transformation of the Jews*. Chicago: University of Chicago Press.

Greenfield, S. M., Strickon, A., Aubey, R. T. 1979. *Entrepreneurs in Cultural Context*. Albuquerque: Un. N. Mex. Press.

Gross, N. 1975. *The Economic History of the Jews*. New York: Schocken.

Guillon, M., Taboada-Leonetti, I. 1986. *Le Triangle de Choisy: Un Quartier Chinois a Paris*. Paris: Ciemi L'Harmattan.

Hamilton, G. 1985. Temporary migration and the institutionalization of strategy. *Int. J. Intercultural Relat.* 9: 405–425.

Herman, H, 1979. Dishwashers and proprietors: Macedonias in Toronto's restaurant trade. In *Ethnicity at Work* ed. S. Wallman, 71–92. London: Macmillan.

Hirschman, C. 1982. Immigrants and minorities: Old questions for new directions in research. *Int. Migr. Rev.* 16: 474–490.

Horowitz, D. 1985. *Ethnic Conflict*. Berkeley: Univ. Calif. Press.

Jain, P. C. 1988. Towards class analysis of race-relations-overseas Indians in colonial Post-colonial societies. *Econ. Polit. Weekly* 23: 95–103.

Kashima, T. 1982. Book review of Bonacich and Modell. *Am. Hist. Rev.* 87: 1476.

Keefe, S. E. 1984. Real and ideal extendes familism among Mexican-Americans and Anglo-Americans: On the meaning of ‚close' family ties. *Hum. Organ.* 43: 65–70.

Kim. I. 1981. *The New Urban Immigrants: The Korean Community in New York*. Princeton: Princeton University Press.

Kim I. 1987. The Koreans: snall business in an urban frontier. In *New Immigrants in New York City*, ed. N. Foner, pp. 219–242. New York: Columbia University Press.

Levine, B. B. 1985. The capital of Latin America. *Wilson Q*. 9: 47–69.

Lieberson, S. 1980. *A Piece of the Pie*. Berkeley: Univ. Calif. Press.

Lieberson, S., Waters,M. 1988. *From Many Strands: Ethnic and Racial Groups in Contemporary America*. New York: Russell Sage.

Light, I. 1972. *Ethnic Enterprise in America*. Berkeley: Univ. Calif. Press.

Light, I., Sanchez, A. 1987. Immigrant entrepreneurs in 272 SMSAs. *Sociol. Perspect*. 30: 373–399.

Light, I. 1984. Immigrant and ethnic enterprise in North America. *Ethnic Racial Stud*. 7: 195–216.

Light, I. Bonacich, E. 1988. *Immigrant Entrepreneurs*. Berkeley: Univ. Calif. Press.

Makabe, T. 1981. The theory of the split market labor market: a comparison of the Japanese experience in Brazil and Canada. *Soc. Forc*. 59: 789–809.

Ma Mung, E., Guillon, M. 1986. Les commercants etrangers dans l'agglomeration Parisienne. *Rev. Europenee des Migrations Int*. 2: 105–135.

Min, P. G. 1988. *Ethnic Business Enterprise: Korean Small Business in Atlanta*. New York: CMS.

Min, P. G. 1989. *Some positive functions of ethnic business für an immigrant community: Korean immigrants in Los Angeles*. Final report submitted to the National Science Foundation, Washington D.C.

Miyamoto, S. F. 1986. Book review of Ward und Jenkins. *Contemp. Sociol*. 15: 142–143.

Mohl, R. 1985. An ethnic ‚boiling pot': Cubans and Haitians in Miami. *J. Ethnic Stud*. 13: 51–74.

Morawska, E. 1988. A Replica of the ‚old-country' relationship in the ethnic niche: Eastern European Jews and Gentiles in small-town western Pennsylvania. *Am. Jewish Hist*. 77: 87–105.

Morokvasic, M., Waldinger, R., Phizachklea, A. 1990. Business on the ragged edge: immigrant and minority business in the garment industries of Paris, London and New York. See Waldinger et al. 1990.

Nee, V., Wong, H. Y. 1985. Asian American socioeconomic achievement. *Sociol. Perspect*. 28: 281–306.

O'Brien, D. J., Fugita, S. S. 1982. Middleman minority concept: Ist explanatory value in the case of Japanese in California agriculture. *Pac. Sociol. Rev*. 25: 185–204.

Olzak, S. 1983. Contemporary ethnic mobilization. *Annu. Rev. Sociol.* 9: 355–374.

Ong, P. 1981. An ethnic trade: The Chinese laundries in early California. *J. Ethnic Stud.* 8: 95–113.

Palmer, R. 1984. The rise of the Britalian culture entrepreneur. In *Ethnic Communities in Business*, ed. Robin Ward and Richard Jenkins, pp. 89–104. Cambridge: Cambridge Univ. Press.

Parkin, F. 1979. *Marxism: A Bourgeois Critique*. New York: Columbia.

Perlman, J. 1983. Beyond New York: The occupations of Russian Jewish immigrants in Providence, R.I., and other small Jewish Communities, 1900–1915. *Am. Jew. Hist.*, 72: 369–394.

Perez, L. 1986. Immigrant economic adjustment and family organization: The Cuban success story reexamined. *Int. Migrat. Rev.* 20: 4–20.

Petersen, W. 1980. Concepts of ethnicity. In *Harvard Encyclopedia of American Ethnic Groups*, ed. S. Thernstrom, pp. 234–242. Cambridge, Mass.: Harvard.

Piore, M. J. 1980. The technological foundations of dualism and discontinuity. In *Dualism and Discontinuity in Industrial Society*, ed. S. Berger and M. J. Priore, pp. 55–81. Cambridge: Cambridge Univ. Press.

Portes, A., Bach, R. 1985. *Latin Journey*. Berkeley: Univ. Calif. Press.

Portes, A., 1987. The social origins of the Cuban enclave economy of Miami. *Sociol. Perspect.* 30: 340–372.

Rischin, M. 1962. The Promised City. Cambridge, Mass.: Harvard.

Rubinow, I. 1975 [1905] The Condition of the Jews in Russia. New York: Arno.

Russell, R. 1984. The role of culture and ethnicity in the degeneration of Democratic firms. Econ. Indust. Dem. 5: 73–96.

Salem, G. 1981. De la brousse senegalaise au Boul' Mich: le systeme commercial mouride en France. Les Cahiers d'etudes africaines 81–83: 267–288.

Steinberg, S. 1981. The Ethnic Myth: Race, Ethnicity and Class in America. New York: Atheneum.

Stone, J. 1985. Ethnic Conflict in Contemporary Society. Cambridge: Harvard Univ. Press.

Sway, M. 1988. Familiar Strangers: Gypsy Life in America. Urbana, Ill.: Univ. Ill. Press.

United States Department of Commerce. 1982. Survey of Minority and Women-Owned Businesses. Washington, D.C.: US Govt. Printing Off.

Valdez, A. 1984. Chicano used car dealers: A social world in microcosm. Urban Life 13: 229–246.

Waldinger, R. 1989. Structural opportunity or ethnic advantage: immigrant business developement in New York. Int. Mig. Rev. 23: 48–72.

Waldinger, R. Aldrich, H. E., Ward, R. 1990. Immigrant Entrepreneurs: Immigrant and Ethnic business in Western Industrial Societies. Beverly Hills, CA: Sage.

Ward, R. 1987. Small retailers in inner urban areas. In Business Strategy and Retailing, ed. Gerry Johnson, pp. 275–287. New York: Wiley.

Werbner, P. 1984. Business on trust. Pakistani entrepreneurship in the Manchester garment industry. In Ethnic Communities in Business: Strategies for Economic Survival, ed. Robin Ward and Richard Jenkins, pp. 166–188. Cambridge: Cambridge Univ. Press.

Wilken, K., Martin, W. A. 1982. Ethnic enclaves. A comparison of Cuban and Black economies in Miami. Am. J. Sociol. 88: 135–160.

Wong, B. 1978. A comparitive study of the assimilation of the Chinese in New York City und Lima, Peru. Comp. Stud. Soc. Hist. 20: 335–358.

Woodrum, E. 1981. An Assessment of Japanese American assimilation, pluralism and subordination. Am. J. Sociol. 87: 157–169.

Yambert, K. 1981. Alien traders in ruling elites: the overseas Chinese in Southeast Asia und the Indians in East Africa. Ethnic Groups 3: 173–198.

Yinger, J. M. 1985. Ethnicity. Annu. Rev. Sociol. 11: 151–180.

Zimmer, C. Aldrich, H. 1987- Resource mobilization through ethnic networks: Kinship and friendship ties of shopkeepers in England. Sociol. Perspect. 30: 422–455.

Übersetzung: Anna Frankus-Fachinger, Marion Beier, Dieter Bögenhold

Gesellschaftliche Systeme der Produktion im Internationalen Vergleich

Rogers Hollingsworth

Im Kapitalismus des zwanzigsten Jahrhunderts hat es einige Wandlungen in der Wahrnehmung der relativen Effektivität von spezifischen Managementstilen und Formen der Arbeitsorganisation gegeben. Veränderungen der Technologie, der relativen Preise und der Präferenzen von Konsumenten vermittelten diesen Wandel der Wahrnehmung, warum ein bestimmter Managementstil oder eine bestimmte Arbeitsweise den existierenden Formen überlegen ist und die bestehenden Formen durch diese ersetzt werden sollten. Wirtschaftliche Akteure verteidigen nicht nur spezifische Formen des Managements und Arbeitsweisen als Mittel, bestimmte ökonomische Ziele und Leistungen zu erreichen, sondern sie versuchen auch, aus anderen Gesellschaften das zu entleihen, was sie für deren „beste Praktiken" halten.

Dieser Aufsatz behauptet, daß Formen der ökonomischen Koordination und Leitung *nicht* einfach von einer Gesellschaft in die andere transferiert werden *können*, da sie in gesellschaftliche Systeme der Produktion eingebettet sind, die für die bestimmte Gesellschaft bezeichnend sind. Gesellschaften leihen sich ausgewählte Prinzipien fremder Managementstile und Arbeitsweisen, aber deren Effektivität ist grundsätzlich begrenzt. „Performance"[1] ist durch das gesamte soziale System der Produktion geformt, in das Firmen eingebettet sind, und nicht einfach durch spezielle Prinzipien bestimmter Management- und Arbeitsstile. Außerdem tendiert das soziale System der Produktion einer Gesellschaft dahin, die Menge der Güter zu begrenzen, die es produzieren und mit denen es erfolgreich auf internationalen Märkten konkurrieren kann.

Dieser Beitrag weist anhand von empirischen Belegen aus Japan und den USA darauf hin, daß das soziale System der Produktion einer Gesellschaft sehr pfadabhängig und systemspezifisch ist. Da sich die Modalitäten der ökonomischen Leitung und Koordination einer Gesell-

[1] Anm. d. Übers.: „Performance" wäre wörtlich entsprechend mit „Leistungsfähigkeit" zu ersetzen. In vielen Fällen entschlossen wir uns, den englischen Terminus beizubehalten, da er sprachlich schon relativ „eingebürgert" ist.

schaft entlang der ihr eigenen Logik entwickelt und systemspezifisch ist, ist der Leitgedanke dieses Textes, daß es ernstzunehmende Grenzen für das Ausmaß gibt, in dem eine Gesellschaft die Formen der wirtschaftlichen Leitung und Leistungserstellung anderer Gesellschaften übernehmen kann. Der Schwerpunkt wird dabei im Verlauf des Aufsatzes insbesondere beim produzierenden Gewerbe liegen.

Gesellschaftliche Systeme der Produktion: Weitere Klarstellungen und zwei Beispiele

In den letzten Jahren haben einige Wissenschaftler angenommen, daß die Verbreitung bestimmter Formen von Management- und Arbeitsstilen über die Gesellschaften zu einer Konvergenz ihrer „Performance" führen könnte. Die Argumentation dieses Beitrags besteht jedoch gerade darin, daß auch wenn britische, französische und amerikanische Firmen bestimmte Aspekte von japanischen Managementstilen übernehmen, wie z. B. Just-in-time-Produktion, Teamproduktion, Qualitätszirkel, das Benutzen statistischer Prozeßkontrolle, oder irgendeine Variante des deutschen Systems der dualen Berufsausbildung, daraus nicht gefolgert werden kann, daß damit ihre Volkswirtschaften transformiert werden. Die Finanzmärkte einer Nation, ihr Bildungssystem, ihr System der wirtschaftlichen Interessensvertretung und andere sozio-politische Faktoren beeinflussen die sektorale und nationale ökonomische Performance. Um zu verstehen, wie und warum die Wirtschaft einer Gesellschaft funktioniert, ist es erforderlich, ihr gesamtes soziales System der Produktion zu begreifen. Wenn eine Gesellschaft die Leistungsfähigkeit ihrer Wirtschaft verbessern will, so muß sie mehr tun, als nur einige Management- und Arbeitspraktiken ihrer ausländischen Konkurrenten zu übernehmen. Sie muß ihr gesamtes soziales System der Produktion umstellen. Aus diesen Gründen sollte das Konzept des sozialen Systems der Produktion einen wichtigen Platz im Forschungsprogramm der Sozialwissenschaften einnehmen.

Ein soziales System der Produktion ist eine Konstellation der folgenden institutionellen Arrangements: die der Gesellschaft zugrundeliegenden Werte, die ihre Normen, moralischen Prinzipien, Regeln und Handlungsrezepte prägen. Diese beeinflussen wiederum Ordnungsarrangements wie die folgenden: das Ausbildungssystem einer Gesellschaft für Arbeiterschaft und Management (z. B. Bildungssparten, die

Verbesserung von Fertigkeiten), ihr System der industriellen Beziehungen, ihre Arbeitsmärkte, die Struktur und das Verhalten ihrer Firmen inklusive der strukturellen Beziehungen der Firmen untereinander, zu ihren Lieferanten und Zwischenhändlern. Denn es ist gerade dieser Knotenpunkt institutioneller Arrangements in einer bestimmten Gesellschaft, der die im folgenden beschriebenen Weisen prägt, in denen Marktgesellschaften handeln ob sie (1) kurzfristige oder langfristige Zeitrahmen haben, ob (2) ihre Institutionen sich schnell oder langsam an die Veränderungen in der Weltwirtschaft anpassen, oder ob sie eher starr sind und eine geringere Leistungsfähigkeit haben, ob (3) ihre Institutionen eine hohe oder niedrige Kapazität haben, die Entwicklung kollektiver Güter zu erleichtern, ob (4) ihre institutionellen Konfigurationen zu wirtschaftlichem Wandel ermutigen, indem sie die Qualität bestehender Ressourcen erhöhen oder bestehende Ressourcen durch neue ersetzen, ob (5) ihre institutionellen Konfigurationen ausreichende Beschränkungen, Regeln, und Vertrauen unter den Akteuren bereitstellen, so daß die gesamte Gesellschaft ein Gefühl für Fairness, soziale Gerechtigkeit und ökonomischer Gleichheit durchdringt.

In der Geschichte des modernen Kapitalismus gibt es eine Logik, nach der sich Institutionen zu einem sozialen System der Produktion verbinden (Hollingsworth, 1991a, 1991b). Diese entsteht teilweise, weil Institutionen in eine Kultur eingebettet sind, in der ihre Logik symbolisch verwurzelt, organisatorisch strukturiert, technisch und materiell beschränkt, politisch geschützt und historisch durch bestimmte Regeln und Normen geprägt ist. Obwohl Institutionen sich ständig verändern, bestehen aufgrund ihrer Verbindungen mit anderen Institutionen doch scharfe Begrenzungen der Art und der Richtung der Veränderung, die irgendeine Institution durchläuft. Die Wirtschaftsunternehmen einer Gesellschaft, ihr Bildungssystem, die Kapitalmärkte, das System der industriellen Beziehungen etc. können sich deshalb nur auf ernsthafte Restrukturierungen einlassen, wenn sich die Normen und Regeln sowie die meisten der mit ihnen verknüpften Institutionen ebenfalls ändern.

In jedem sozialen System existiert ein gewisser Druck in Richtung der Konsistenz von Regeln und Normen über die Grenzen der institutionellen Sektoren hinweg, obwohl soziale Systeme in einer komplexen Gesellschaft offensichtlich unvollständig integriert sind. Tatsächlich ist der Grad, bis zu dem institutionelle Normen und Regeln, aus denen ein soziales System der Produktion besteht, locker oder fest gekoppelt sind, eine Variable von beachtlicher Bedeutung. Im allgemeinen sind die Institutionen, aus denen ein soziales System der Produktion besteht, jedoch interdependent, und Veränderungen in einer Institution ziehen für gewöhnlich Veränderungen in anderen Institutionen nach sich. Jede institutionelle Sphäre hängt von anderen ab, von denen sie verschiedene Arten von Ressourcen bezieht, es besteht also eine Interdependenz zwischen unterschiedlichen institutionellen Sphären. Darüber hinaus hat jede Gesellschaft ihre eigenen Normen, moralischen Prinzipien, Regeln und Gesetze und Handlungsrezepte, ebenso wie ihre eigenen sensiblen Sitten, Traditionen und Gerechtigkeitsprinzipien.

Es gibt inhärente Hindernisse für eine Konvergenz zwischen sozialen Systemen der Produktion verschiedener Gesellschaften, denn ein System ist – zu welchem Zeitpunkt auch immer – von seinem Ausgangszustand beeinflußt. Für Systeme mit unterschiedlichen Ausgangspunkten ist es unwahrscheinlich, sich in ihren institutionellen Praktiken anzunähern. Bestehende institutionelle Arrangements blockieren bestimmte institutionelle Innovationen und erleichtern andere. Daraus folgt, daß die Institutionen, aus denen ein soziales System der Produktion zusammengesetzt ist, Kontinuität bereitstellen, obwohl institutionelle Arrangements sich ständig wandeln, aber eben gemäß einer systemspezifischen Logik. Während Williamson (1975, 1985) nahelegt, daß Akteure dahin tendieren, sich für die Institutionen zu entscheiden, die am effizientesten sind, kommt North (1990) der Sache um einiges näher, wenn er argumentiert, daß die meisten Institutionen aus Sitten und Gewohnheiten heraus entstanden und deshalb ineffizient sind. Zu jedem Zeitpunkt erscheint die Welt den Akteuren als sehr komplex und unsicher. Deshalb lassen sich Akteure häufig auf sich widersprechende Formen eines Verhaltens ein und verfolgen unterschiedliche Strategien, um sich gegen das Risiko dessen zu schützen, was als unsichere Welt begriffen wird. Und diese absichernden und sich widersprechenden Formen des Handelns können zu irgendwie unterschiedlichen gesellschaftlichen Entwicklungen führen, aber zu solchen, die durch das institutionelle Netz begrenzt werden, in das die Akteure eingebettet sind.

Trotz der Betonung der Logik der institutionellen Kontinuität ist das kein Argument dafür, daß Systeme sich entlang eines vorgegeben Pfads verändern. Es gibt kritische Wendepunkte in der Geschichte von hochindustrialisierten Gesellschaften, aber die Wahlmöglichkeiten sind beschränkt durch das existierende institutionelle Terrain. In seiner

Pfadabhängigkeit schreitet ein soziales System der Produktion einer bestimmten Logik folgend voran bis – oder sofern – eine fundamentale gesellschaftliche Krise dazwischen kommt..
In der folgenden Darstellung liegt der Schwerpunkt auf zwei sozialen Systemen der Produktion: dem sozialen System der standardisierten Massenproduktion und Varianten eines sozialen Systems der flexiblen Produktion. Ein Hauptargument in der Diskussion ist, daß sich im Kern jedes sozialen Systems der Produktion ein Satz sozialer Institutionen befindet, die systemspezifisch sind und deren Verbreitung in andere Gesellschaften unwahrscheinlich ist. Auf der anderen Seite mag es innerhalb des sozialen Systems eines Landes Teilaspekte seines Managementstils, seiner Arbeitsorganisation, Politik und Praktiken geben, die mobiler sind als andere. Abhängig vom sozialen System der aufnehmenden Gesellschaft können diese von einem anderen System der Produktion angenommen werden. Aber selbst wenn einige Teilaspekte des sozialen Systems der Produktion einer Gesellschaft dafür zugänglicher sind, von einer Gesellschaft auf die andere überzugehen, so sind doch alle Bauteile eines sozialen Systems der Produktion gesellschaftlich konstituiert, kontextuell definiert und durch historische Umstände geprägt.
An dieser Stelle ist es wichtig, noch einmal einen Punkt zu betonen, der bereits an früherer Stelle erwähnt wurde. Einige entwickelte Industriegesellschaften haben mehr als ein soziales System der Produktion. Wo dies jedoch vorkommt, tendiert eines dazu, dominant zu sein, und für gewöhnlich setzt es seinen Stempel, seine Beschränkungen und Möglichkeiten auf die anderen Systeme. In anderen Worten, das dominante System besteht aus den Arbeitspraktiken, Finanzen und der Art und Weise, wie der Staat in andere Bereiche der Gesellschaft interveniert. Daraus ergibt sich über die Zeit eine Tendenz zu einer gewissen Integration und/oder Diffusion der sozialen Systeme der Produktion innerhalb eines Nationalstaats.

Massenstandardisierte soziale Systeme der Produktion

Bis in die Sechziger Jahre dieses Jahrhunderts wurde das Modell der Massenproduktion von amerikanischen Wissenschaftlern für das unumstittene Mittel zur Verbesserung der industriellen Effizienz gehalten. Für fast ein ganzes Jahrhundert nahmen die meisten amerikanischen Industrieökonomen an, daß die effizientesten Mittel der Kostenreduzierung darin bestanden, economies of scale und ein standardisiertes System der Produktion zu nutzen. Massenproduktion wurde die Strategie, um den Markt einer Firma zu erweitern, und expandierende Märkte wurden das Mittel, um die Kosten zu minimieren. Viele Beobachter nahmen an, daß dies die Richtung sei, in der Industiesektoren sowohl innerhalb als auch über die Ländergrenzen hinweg konvergieren würden (Kerr, Dunlop, Harbison, and Myers, 1960).

Die weitverbreitete Übernahme der Massenproduktion hatte gravierende Folgen für das Verhältnis der Herstellerfirmen zu ihren Zulieferern. Da Maschinen für einen bestimmten Zweck sich in relativ stabilen Märkten bewegten, integrierten die Firmen entweder die Zulieferung oder sie befanden sich in der strategischen Position, ihre Zulieferer dazu zu zwingen, in ergänzende Vorprodukte und Ausrüstung zu investieren. Sobald die Firmen ihren Bedarf an bestimmten Komponenten anmeldeten, mußten die Zulieferer zu geringen Kosten produzieren oder aus dem Geschäft ausscheiden. Im Laufe der Zeit neigten die in der Massenproduktion erfolgreichen Firmen dazu, ein hierarchisches Managementsystem zu entwickeln, Strategien der Dequalifikation ihrer Mitarbeiter zu betreiben, nur einem Zweck dienliche, hochspezialisierte Maschinen zu installieren und distanzierte Geschäftsbeziehungen mit Zulieferern und Händlern primär auf der Preisebene aufzubauen. Langfristig wurde der Produktionsprozeß umso rigider, je mehr die Firma einen standardisierten Output produzierte, so wurde es z. B für die Firma schwieriger, irgendetwas zu produzieren, das von der programmierten Kapazität ihrer auf einen bestimmten Zweck ausgerichteten Maschinen abwich. Auf der anderen Seite waren solche Firmen außerordentlich flexibel im Umgang mit dem externen Arbeitsmarkt. Da Angestellte in Firmen mit standardisierter Produktion eine relativ niedrige Berufsqualifikation hatten, konnte ein Arbeiter leicht durch einen anderen ersetzt werden. Für das Management bestand kaum ein Anreiz, langfristige Verträge mit ihren Arbeitern einzugehen oder in die Fähigkeiten ihrer Angestellten zu investieren.

Diese Produktionsform war abhängig von großen, stabilen und relativ gut definierten Märkten für Produkte, die grundsätzlich niedrig in ihrer technischen Komplexität und relativ langsam in der Rate ihrer technischen Veränderung waren. Den Transaktionskosten-Ansatz anwendend argumentierten manche, daß hierarchische Strukturen besonders gut geeignet für Massenproduktion und Massendistribution seien. Wenn die Transaktionskosten der Zusammenarbeit mit externen Zulieferern und Einzelhändlern zu hoch wurden, gingen die Firmen häufig zurück zur vertikal integrierten Struktur und führten verschiedene Funktionen unter einem Dach zusammen (Chandler, 1962, 1977; Williamson, 1975, 1985).

Selbst in einem Land, in dem die standardisierte Massenproduktion das dominierende technologische Paradigma war, gab es immer Industriezweige, die anders organisiert waren. Da heterogene Märkte für viele Produkte existierten, konkurrierten viele Firmen häufig mit Massenproduzenten, manchmal indem sie ihre traditionellen Fähigkeiten beibehielten und sorgfältig differenzierte Produkte mit hoher Qualität herstellten. Es gibt eine bemerkenswerte historische Literatur mit Beispielen des Nebeneinanders von Massenproduktion und flexiblen Produzenten, die in derselben Gesellschaft existierten, obwohl viele Beobachter diejenigen, die keine Massenproduktion betrieben, als „vormoderne" Zentren der Produktion ansahen.

Nicht jedes beliebige Land kann ein System der standardisierten Massenproduktion als seine dominante Produktionsform haben. Damit ein solches soziales System dominant ist, müssen die Firmen in eine bestimmte Umwelt eingebettet sein, nämlich eine mit einem bestimmten Typ von industriellen Beziehungen, eines Bildungssystem und Finanzmärkten, eine Umwelt, in der eine Marktmentalität stark verbreitet und die Zivilgesellschaft schwach entwickelt war. Da Firmen, die die standardisierte Massenproduktion betreiben, große und stabile Märkte benötigen, neigen sie historisch gesehen dazu, in großen Gesellschaften am erfolgreichsten zu sein. Je weitläufiger sich jedoch das räumliche Gebiet erweist, in das diese Produktionsform eingebettet ist, umso größer ist die Heterogenität der Interessen von sowohl Arbeit als auch Kapital.

Viele Historiker haben gezeigt, wie Schulen historisch in ein soziales System der standardisierten Massenproduktion integriert wurden, und wie das Bildungssystem qualitativ angepaßt wurde. In einem solchen System tendierten Schulen dazu, für den Großteil der arbeitenden Bevölkerung besonderen Wert auf Qualitäten und Persönlichkeitsmerkmale zu legen, die wichtig für das Erfüllen von Aufgaben für angelernte Arbeiter sind: Pünktlichkeit, Gehorsam sowie durchschnittliche und ordentliche Arbeitsgewohnheiten. Weil Arbeitsmärkte in einem solchen System jedoch segmentiert sind, tendiert das Bildungssystem ebenfalls dazu zu segmentieren, wobei beide aber kompliziert miteinander verbunden sind. Dieses System hatte also einige Schulen für wohlhabende Kinder, die die Mitbestimmung der Schüler und weniger ihre direkte Überwachung durch Lehrer und Schulverwaltung betonten. Hogan (1982: 163) weist darauf hin, daß Schulen in einem System der standardisierten Massenproduktion Fähigkeiten vermitteln, die weniger technisch als eher sozial orientiert sind und weniger die Entwicklung von kognitiven Fertigkeiten und das Urteilsvermögen hervorheben als bestimmte Einstellungen und Verhaltensweisen, die für die Organisationen und ihren Arbeitsablauf angemessen erscheinen. Offensichtlich ist ein solches Bildungssystem sehr nützlich für ein soziales System der Produktion, das keine Arbeitskräfte mit hochtechnologischen Fertigkeiten oder einem hohen Grad an Arbeitsautonomie benötigt.

Ein soziales System der standardisierten Massenproduktion ist mit hoher Wahrscheinlichkeit in einer Gesellschaft dominant, in der die Wirtschaft Religion, Politik und/oder anderen sozialen Arrangements nur schwach untergeordnet ist. Wo die nichtökonomischen Aspekte der Gesellschaft schwach entwickelt sind, wie z. B. eine schwache Zivilgesellschaft, tendiert die Marktmentalität dazu sich zu verbreiten. Außerdem neigen die institutionellen Arrangements, die die Wirtschaft einer Gesellschaft koordinieren, dazu, Märkte, betriebliche Hierarchien und ein regulativ schwach strukturierter Staat zu sein (Polanyi, 1944).

Soziale Systeme der flexiblen Produktion

Für den Zweck dieser Diskussion soll von einer flexiblen Produktion ausgegangen werden, die lediglich das Gegenteil von Massenproduktion ist. Sie besteht gegenüber der letztgenannten in der Produktion von Gütern mittels allgemein verwendbarer Ressourcen, sie ist also ein System der Produktion, das sich flexibel an unterschiedliche Marktnachfragen anpassen kann. In Systemen, in denen die flexible Produktion dominant ist, gibt es eine sich dauernd verändernde Palette von Gütern mit individuell gestalteten Designs, die spezialisierte Geschmacksrichtungen ansprechen.

In der heutigen Welt verändern sich die Märkte für viele Güter mit hoher Geschwindigkeit, und in den Sektoren, wo dies der Fall ist, ist es für die Firmen weniger geeignet, in produktspezifische Maschinen und Arbeitskräfte zu investieren, die nur zur Erfüllung einer bestimmten

Aufgabe fähig sind. Produktionssysteme sind eng verbunden mit und beeinflußt von der zur Verfügung stehenden Technologie, und in zahlreichen Industrien hat das Erscheinen von mikroelektronischen Kreisläufen sehr zur Revolutionierung des Produktionssystems und zu einer Zunahme dessen beigetragen, was für gewöhnlich „economies of scope" genannt wird. Die Flexibilität von mikroelektronischen Kreisläufen erlaubt nun großen und kleinen Firmen gleichzeitig, Qualität und Variation in sowohl kleinen als auch großen Produktionseinheiten einzuführen. Da Angestellte und vielseitig einsetzbare Maschinen in einem flexiblen Produktionssystem für unterschiedliche Zwecke genutzt werden können, ist die Flexibilität der Fertigungssysteme in zunehmendem Masse definiert durch das Ausmaß, in dem ihre verschiedenen Teile kombiniert und rekombiniert werden können, und durch die Einfachheit, mit der Maschinen und Arbeitskräfte bestimmten Aufgaben und Produkten zugewiesen werden können. Im Gegensatz zur standardisierten Massenproduktion benötigt die flexible Produktion Arbeitskräfte, die einen hohen Grad an Fertigkeiten besitzen und selbständig Veränderungen vornehmen können. Dies bedeutet, daß es hier wesentlich weniger Überwachung der Arbeit gibt als in Firmen, die die Massenproduktion betreiben. Aufgrund der Notwendigkeit, die Produktionsstrategien schnell zu verschieben, muß das Management von Firmen, die flexible Produktion anwenden, sich auf Angestelle verlassen können, die selbst die Initiative ergreifen, die die Beschreibung von Aufgaben mit ihrer Ausführung verbinden und die spezifische Folgerungen aus allgemeinen Anweisungen ableiten. Außerdem tendieren Firmen, die flexible Produktionsmethoden verwenden, dazu, eher spezialisiert und weniger vertikal integriert zu sein als Firmen, die Massenproduktion betreiben. Als ein Ergebnis müssen sich solche Firmen in engem Kontakt mit anderen Firmen befinden. Zusammenfassend läßt sich sagen, daß flexible Produzenten gut ausgebildete Arbeitskräfte, die mit einem Minimum an Überwachung arbeiten, sowie allgemeinverwendbare Maschinen und eine intensive Koordination, ja sogar häufige Zusammenarbeit mit anderen Produzenten, benötigen.

Ein Schlüsselindikator für die Entwicklung eines sozialen Systems der flexiblen Produktion in einer Gesellschaft ist ihr System der industriellen Beziehungen. Hoch institutionalisierte soziale Systeme der flexiblen Produktion brauchen Arbeiter mit einem breit angelegten Spektrum an Fähigkeiten und der wie auch immer gearteten Sicherheit, daß sie ihren Arbeitsplatz nicht verlieren. Tatsächlich ist die Arbeitsplatzsicherheit in der Tendenz notwendig für die Arbeitgeber, damit sie ausreichende Anreize haben, langfristig in die Entwicklung der Fertigkeiten ihrer Arbeiter zu investieren. Um Technologien der flexiblen Produktion am effektivsten einzusetzen, muß das Management gewillt sein, zu kooperieren und vertrauensvolle Beziehungen mit ihren Konkurrenten, Zulieferern, Kunden und Arbeitern zu unterhalten. Der Grad, in dem diese Vertrauensbeziehungen bestehen können, ist jedoch abhängig von der institutionellen Umwelt, in die die Firmen eingebettet sind (vergleiche Tabelle (1) für die Charakteristika der sozialen Systeme der flexiblen Produktion).

Soziale Systeme der standardisierten Massenproduktion neigen dazu, Firmen zu haben, die in eine Umwelt eingebettet sind, die bezüglich kollektiver Formen der Steuerung, – z. B. Gewerkschaften, Handelskammern und Unternehmerverbände usw. – verarmt sind, und sie sind in Gesellschaften, in denen die Marktmentalität weit verbreitet und akzeptiert ist. Firmen in sozialen Systemen der flexiblen Produktion sind dagegen in einer Umwelt mit hochentwickelten institutionellen Formen kollektiver Natur eingebettet, die die langfristige Kooperation von sowohl Arbeit und Kapital als auch zwischen Firmen und Zulieferern fördert. Außerdem ist die Marktmentalität in der Gesellschaft weniger akzeptiert und verbreitet. Die kollektive Natur des Umfeldes erleichtert auch die Kooperation zwischen den Konkurrenten. Die ökonomische Bedeutung der institutionellen Ordnung für fruchtbare und langfristige Beziehungen zwischen Arbeit und Kapital, Anbietern, Kunden, Konkurrenten, Regierungen, Universitäten und/oder Banken besteht darin, daß solche Arrangements ökonomische Akteure verbinden, die über einen relativ hohen Grad gegenseitigen Vertrauens zueinander und über unterschiedliche Wissensquellen verfügen, eine Form der Koordination also, die zunehmend wichtig wird, da Technologie und Wissen sehr komplex werden und sich sehr schnell verändern.

Diese Bemerkungen können darauf hindeuten, daß ein soziales System der flexiblen Produktion auf einer freiwilligen, vertraglichen Basis existieren kann, das heißt, ökonomische Akteure müssen lediglich ihr System der Arbeitsbeziehungen und die Beziehungen zu ihren Anbietern und Kunden auf die beschriebene Weise strukturieren, und ein soziales System der flexiblen Produktion wird folgen. Die Prozesse sind allerdings viel komplexer. Damit ein soziales System der flexiblen Produktion floriert, müssen die Firmen in eine *Gemeinschaft*, *Region* oder ein *Land* eingebettet sein, in dem viele andere Firmen die gleiche oder vergleichbare Produktionsformen teilen. Firmen, die an den Prinzipien des sozialen Systems der Produktion über einen längeren Zeitraum festhalten, neigen entweder aufgrund von Kommunikationsverpflichtungen oder irgendeiner Form des externen Zwangs dazu. Außerdem müssen Firmen in eine Vielfalt von redundanten Ressourcen investieren, damit ein soziales System der flexiblen Produktion sich erhält. Solche Redundanzen ergeben sich nur, wenn die Firmen in eine Umwelt eingebettet sind, in der assoziative Organisationen und/oder der Staat diese Investitionen einfordern. Für Firmen, die freiwillig und in erster Linie gemäß einer hochgradig rationalen Kalkulation ihrer Investitionsbedürfnisse agieren, ist es sehr unwahrscheinlich, langfristig solche brachliegenden Kapazitäten aufzubauen. Firmen des verarbeitenden Gewerbes, die die flexiblen Formen der Produktion nutzen, benötigen Arbeitskräfte, die breitgefächert und gut ausgebildet sind sowie die Fähigkeit besitzen, von einer Aufgabe zur anderen zu wechseln und ständig neue Fähigkeiten dazu zu lernen. Firmen aber, die ausgesprochen rational im Abschätzen ihres Bedarfs an Qualifikation sind, werden höchstwahrscheinlich sehr vorsichtig bei ihren Investitionen in die Qualifikation ihrer Mitarbeiter vorgehen, in solchen Firmen werden die Buchhalter und Kosten-Nutzen-Analytiker darauf bestehen, daß nur solche Investitionen getätigt werden, die vorhersagbare Rücklaufquoten erzielen werden. In einer Welt der sich schnell verändernden Technologien und Gütermärkte werden Firmen, die *nur* in solche Qualifikationen investieren, für die ein nachweisbarer Bedarf besteht, wahrscheinlich mit der Zeit eine weniger qualifizierte Belegschaft haben, als sie benötigen. Außerdem gehen Firmen, die nur in die Qualifikationen investieren, von deren Notwendigkeit das Management überzeugt ist, im Laufe der Zeit das Risiko ein, die Qualifikationen, in die sie investiert haben, nicht mehr nutzen zu können. Wenn Wissen und Technologie komplexer werden und sich sehr schnell verändern, kann exzessiv betriebenes ökonomisch rationales Denken entlang der im sozialen System der Massenproduktion enthaltenen Prinzipien gut und gerne zu schlechter ökonomischer Leistung führen. Daraus folgt, daß Firmen, die flexible Produktion betreiben, übermäßige oder redundante Investitionen in die Qualifikation brauchen, und damit über die Zeit nur bestehen können, wenn sie in ein soziales System der flexiblen Produktion eingebettet sind, das per definitionem hoch entwickelte kollektive Formen des Handelns hat mit der Möglichkeit, kommunitäre Verpflichtungen unter den Akteuren zu erzwingen (für eine exzellente Entwicklung dieses Arguments für Deutschland siehe Streeck, 1991; und ebenfalls Hollingsworth und Streeck, 1993).

Eine weitere redundante Investition, die in gewisser Weise vergleichbar ist, besteht in den Anstrengungen, sozialen Frieden zu schaffen. Qualitativ hohe und flexible Produktion kann nur bestehen, wenn sozialer Friede zwischen Arbeit und Kapital herrscht. Die Erhaltung des Friedens verursacht Kosten, und es ist für Kostenanalytiker unmöglich, darzulegen, wie viele Investitionen gebraucht werden, um ein hohes Maß an sozialem Frieden zu gewährleisten. Das bedeutet, daß rationale Manager genauso wie sie langfristig versucht sind, in weniger als die benötigten Qualifikationen zu investieren, auch dazu tendieren, zu wenig in Maßnahmen zu investieren, die zu sozialem Frieden führen. Damit eine Firma aber über ein ausreichendes Maß an sozialem Frieden verfügen kann, wenn sie diesen braucht, muß sie willens sein, hohe Investitionen in den sozialen Frieden zu Zeiten auf sich zu nehmen, in denen sie ihn scheinbar nicht braucht. In diesem Sinne erzeugt die Investition in und die Kultivierung des sozialen Friedens eine redundante Ressource, die den typischen Gefahren der exzessiv angewandten Rationalität und des Kurz-Zeit-Opportunismus ausgesetzt sind. Sozialer Friede als redundante Ressource wird eher als Folge gesetzlicher oder sozialer Verpflichtungen, denn aus rational kalkuliertem ökonomischen Interesse geschaffen (Hollingsworth und Streeck, 1993; Sorge und Streeck, 1988; Streeck 1991).

Investitionen in die redundanten Kapazitäten der allgemeinen Fähigkeiten und des sozialen Friedens benötigen tendenziell langfristige Beschäftigungsverhältnisse. Aber während Firmen gelegentlich diese Kapazitäten basierend auf *freiwillig* getroffenen Entscheidungen entwickeln, so neigen solche Entscheidungen doch dazu, weniger stabil und weniger effektiv für den Aufbau breitgefächerter und hochentwickelter Fertigkeiten und den Erhalt des sozialen Friedens zu sein, als sozial erzwungene oder gesetzlich bindende Arrangements, die sich aus institutionellen Verpflichtungen herleiten. Soziale Systeme der standardisierten Massenproduktion repräsentieren eine soziale Ordnung, die auf vertraglich geregeltem Austausch zwischen Nutzen maximierenden Individuen basiert (Williamson, 1975, 1985), und die meisten Firmen in solch einem System investieren zuwenig in die Qualifikation ihrer Arbeiter und in den sozialen Frieden. Soziale Systeme der flexiblen Produktion benötigen kooperative Beziehungen und kommunitäre (gemeinschaftsbezogene) Verpflichtungen unter den Firmen, sowie kollektive Aufwendungen, die Firmen nicht aufbringen würden, die lediglich aufgrund der rationalen Kalkulation des kurzfristigen ökonomischen Interesses der Firma handeln (Hollingsworth, 1991a, 1991b; Streeck, 1991).

Zusammengefaßt tendieren Gesellschaften mit sozialen Systemen der flexiblen Produktion dazu, die meisten, wenn nicht alle, der folgenden Charakteristika aufzuweisen: ein System der industriellen Beziehungen, das kontinuierliches Lernen fördert, breitgefächerte Qualifikationen, Mitbestimmung der Arbeitnehmer bei Produktionsentscheidungen und bei allem, was von den Arbeitnehmern als fair und gerecht angesehen wird, weniger hierarchische und verschachtelte Arrangements in den Firmen, die folglich Kommunikation und Flexibilität fördern, ein durchgreifendes Bildungs- und Trainingssystem für Arbeiter und Management, sowohl in- als auch außerhalb der Firma, gut entwickelte institutionelle Arrangements, die die Kooperation unter den Konkurrenten erleichtern, langfristige, stabile Beziehungen mit einem hohen Grad an Kommunikation und Vertrauen zwischen Zulieferern und Kunden und ein System der Finanzierung, das den Firmen erlaubt, langfristig strategisch zu planen. Alle diese Praktiken verstärken sich gegenseitig. Da die institutionellen Arrangements eines jeden sozialen Systems der flexiblen Produktion systemspezifisch sind, können sie nicht einfach von einer Gesellschaft auf die nächste übertragen werden.

Die Pfadabhängigkeit der sozialen Systeme der Produktion

Man erlangt einige Einsicht in die Pfadabhängigkeit und Eigenständigkeit sozialer Systeme der Produktion, wenn man sich auf einen historischen Prozeß konzentriert, der für die Formung des sozialen Systems der Produktion einer Gesellschaft wichtig war: der zeitliche Ablauf ihrer Industrialisierung (Cole, 1978; Dore, 1987; Gerschenkron, 1962). Sich langsam entwickelnde Länder wie Großbritannien und die USA hatten eine lange Periode der Kapitalakkumulation mit zahlreichen Firmen, die ihre Arbeitskräfte aus höchst wettbewerbsintensiven Arbeitsmärkten bezogen. Aus solch einer Tradition erwuchsen die Praktiken einer im zwanzigsten Jahrhundert bemerkenswerten Arbeitsmobilität von Firma zu Firma, wenige Beschränkungen in den Möglichkeiten von Arbeitgebern, ihre Arbeiter zu entlassen, eine Tendenz der Arbeitgeber, ihren Arbeitnehmern je nach deren unterschiedlichen Arbeitsaufgaben in der Höhe sehr stark ausdifferenzierte Löhne zu zahlen, und die Praxis, Arbeitern nur eng gefaßte Arbeitsumschreibungen zu geben, damit sie leicht gegeneinander austauschbar sind. Relativ zu ihrer Größe hatten diese Frühentwickler komplexe Volkswirtschaften mit beispielsweise vielen Industriebranchen, die von Märkten und korporativen Hierarchien koordiniert wurden. Ihre Industriezweige waren *nicht* gut in ein Umfeld solch kollektiver institutioneller Arrangements wie hochentwickelte Industrieverbände, Gewerkschaften oder Berufsausbildungssysteme eingebettet. In einer solchen Umwelt entstand über eine lange Zeitspanne eine kapitalistische Klasse mit einem hohen Grad an Bewußtsein für ihre Besitzrechte; einer Arbeiterschaft mit einem niedrigen Grad an Arbeitsplatzsicherheit, ein geringes Maß an kooperativen Beziehungen unter Konkurrenten, ein hoher Grad an Mißtrauen und Instabilität zwischen Firmen und ihren Zulieferern, ein ausgeprägtes Mißtrauen zwischen Arbeit und Kapital und eine politische Kultur, die ein hohes Maß von Individualismus betonte. In so hochindividualistischen Gesellschaften hatte der Staat primär eine regulative Funktion. Daraus folgt, daß sich dort ein soziales System der Produktion entwickelt hat, das einhergeht mit einem niedrigen Grad an Gemeinschaftsverpflichtungen, sowohl auf der Seite des Kapitals als auch der organisierten Arbeit, ein System der Arbeitsbeziehungen mit geringer Mitbestimmung der Arbeiter bei Entscheidungen der Geschäftsführung, geringer Arbeitsqualifikation und einem geringen Maß an sozialem Frieden sowie ein Managementstil, der Entscheidungen mit einem hohen Grad an Hyperrationalität und starker Betonung der kurzfristigen Konsequenzen trifft. Die meisten dieser Charakteristika sind verbunden mit einem sozialen System der standardisierten Massenproduktion und bestehen bis zum heutigen Tag. Spätentwickler wie Schweden, Deutschland und Japan befinden sich am entgegengesetzten Ende des Kontinuums bezüglich der meisten der genannten Charakteristika, obwohl diese drei Länder in bezug auf ihre geschichtliche Entwicklung und ihr soziales System der Produktion durchaus variieren.

Die Art, in der lokale, regionale und nationale Ökonomien koordiniert sind, ist das Resultat komplexer Konfigurationen von Kräften, die in den geschichtlichen Abläufen der Gesellschaften scheinbar tief verwurzelt sind (Hollingsworth, 1991a, 1991b). Da die sozialen Prozesse, die zu einem sozialen System der flexiblen Produktion geführt haben, historisch ziemlich spezifisch sind, sind die institutionellen Arrangements, die solche sozialen Systeme unterstützen, nicht einfach von einem Land auf das andere übertragbar. Daraus resultiert, daß eine schnelle Konvergenz zu der Art, wie die Industriesektoren koordiniert sind, über die Ländergrenzen hinweg unwahrscheinlich ist.

Bis hierher hat die Diskussion den Blick vor allem darauf gerichtet, warum soziale Systeme der Produktion in einigen Ländern stärker institutionalisiert sind als in anderen, ohne die beachtliche Variation zu berücksichtigen, die von Land zu Land eines solchen sozialen Systems besteht. Die Diskussion wird nun Japan in den Mittelpunkt stellen, dessen institutionelle Konfiguration ein Beispiel für ein System der flexiblen Prokuktion repräsentiert. Der japanische Fall ist ein Beispiel für *Massen*produktion diversifizierter Qualität.

Die folgende Diskussion beinhaltet auch die institutionelle Konfiguration des sozialen Systems der Produktion der USA als ein Beispiel einer leistungsstarken Volkswirtschaft, die historisch in einem sozialen System der standardisierten Massenproduktion eingebettet wurde und deren ökonomische Akteure hauptsächlich aus diesem Grund Schwierigkeiten haben, die effektiveren Praktiken und Verfahrensweisen ihrer japanischen Konkurrenten nachzuahmen. Die Analyse demonstriert anhand dieser beiden Fälle, wie das soziale System der Produktion einer Gesellschaft ihre Fähigkeit beschränkt, in bestimmten industriellen Sektoren erfolgreich zu konkurrieren, während ihre Wettbewerbsfähigkeit in anderen jedoch steigt.

Langfristiges und kontinuierliches Lernen: die japanische Massenproduktion diversifizierter Qualität

Versucht man die Führung japanischer Firmen des verarbeitenden Gewerbes zu erklären, so ist eines der hervorstechendsten Merkmale, von dem ausgehend viele weitere sich herausgebildet haben, die Einzigartigkeit der japanischen Kapitalmärkte. In Japan, wo die Industrialisierung später stattfand und wo Massenmärkte historisch viel kleiner waren als in den USA, waren Firmen lange Zeit wesentlich abhängiger von externen Finanziers für ihr Kapital durch bedeutende Finanzgruppen (z. B. *zaibatsu*, *keiretsu*). Historisch war es angesichts schlecht entwickelter Aktien- und Wertpapiermärkte üblich für japanische Firmen, und zwar besonders für große Firmen, ihr Kapital von einer einzigen führenden Bank zu beziehen. Diese Bank beobachtete nicht nur die Bewegungen der Firma sehr genau, sondern sie besaß auch häufig Anteile an der Firma, was die Beziehung zwischen Firma und Bank ziemlich eng werden ließ. Zusätzlich gibt es große Unternehmensgruppen (z. B. Mitsubishi, Mitsui, Sumitomo), die jeweils eine Großbank als Hauptkreditgeber haben. Jede Gruppe ist nicht nur stark abhängig von einer Bank, sondern es bestehen auch innerhalb der Gruppe ausgeprägte verflochtene Kapitalbeteiligungen, die starke Bindungen zwischen den Firmen innerhalb einer Gruppe erzeugen.

Zusätzlich zu den bankzentrierten Gruppen des *keiretsu* gibt es eine zweite Form von Industriegruppen, die aus den ausgelagerten vertraglichen Beziehungen zwischen großen Firmen und ihren Zulieferern entstanden sind. Ebenso wie die *keiretsu* oder bankzentrierten Gruppen sind diese Beziehungen gestärkt durch ein gegenseitiges Halten von Anteilen und miteinander verflochtene Geschäftsführungen. In beiden Typen von institutionellen Arrangements streut diese Art des gegenseitigen Aktienbesitzes das Risiko und puffert die Firmen gegenüber den Unsicherheiten der Arbeits- und Gütermärkte ab.

Die Rolle dieser Gruppen für die Beschaffung von Kapital an Firmen führte zu einer Senkung der Kapitalkosten im Vergleich zu den meisten westlichen Ländern. Das extensive Muster der unternehmensübergreifenden Anteilseignerschaft in Japan ist ein wichtiger Grund dafür, daß japanische Firmen auf kurzfristige Profitmaximierung zugunsten einer Strategie der langfristigen Ziele verzichten können – ein Prozeß, der in krassem Widerspruch zu dem Druck auf amerikanische Manager steht, kurzfirstige Einkünfte zu maximieren. Darüberhinaus fördert das Muster des unternehmensübergreifenden Anteilsbesitzes viele langfristige Geschäftsbeziehungen in Japan, die wiederum Bindungen der gegenseitigen Abhängigkeit, Austauschbeziehungen und gegenseitiges Vertrauen unter den Firmen verstärken. Diese Art von Beziehungen haben auch zu niedrigen Transaktionskosten der Firmen untereinander, einer hohen Verläßlichkeit der von einer zur anderen Firma gelieferten Güter, einer engen Koordination der Terminpläne für Lieferungen sowie zu peinlich genauem Achten auf den Service geführt.

Da sie die Möglichkeit besitzen, langfristige Strategien zu entwickeln, konnten große japanische Unternehmen die Art langfristiger Beziehungen zu ihren Arbeitnehmern aufbauen, auf die sich die Investition in das Training der Arbeiter und die flexible Spezialisierung gründet. Und wegen ihrer interkorporativen Bindungen haben viele große Firmen, insbesondere Stahl, Werften und andere Schwerindustrien, häufig ihre Arbeitnehmer in Zeiten des ökonomischen Abschwungs innerhalb ihrer Industriegruppe in andere Unternehmen verteilt, anstatt sie zu entlassen. Firmen mit einer langfristigen Arbeitsplatzsicherheit haben die Möglichkeit, Lohn- und Aufstiegssysteme entlang der zeitlichen Betriebszugehörigkeit, einen Kapitalismus der Unternehmenswohlfahrt, konsensorientierte Entscheidungsprozesse, Loyalität der Arbeitnehmer, Arbeitsplatzrotation und flexible Arbeitsaufgabenzuweisung sowie intensive firmeninterne Anleitung und On-the-job-Training einzuführen.

Im Ländervergleich existieren auch interessante Verbindungen zwischen Arbeitsmärkten und dem Ausbildungssystem für Management und Arbeitnehmer. Whitley (1992a, 1992b) weist darauf hin, daß dort, wo einheitliche Bildungssysteme bestehen, wie es in Japan oder Frankreich der Fall ist, die allgemeine akademische Leistungsfähigkeit der Schlüssel zum Erfolg ist. Das bedeutet, daß Schulen der Selektionsfilter für die akademisch Begabten sind, denen dann später Elitepositionen in Wirtschaft und Staat sicher sind. Solche Schulsysteme haben ein schwach entwickeltes System zur Bereitstellung einer allgemeinen praktischen Ausbildung oder Berufsausbildung. Folglich übernehmen in Japan Wirtschaftsunternehmen diese Art der Ausbildung, zumal die Berufsausbildung aufgrund der langfristigen Arbeitsplatzsicherheit stark firmenspezifisch und nicht leicht für andere Organisationen zu verallgemeinern ist. Dies verstärkt selbstverständlich die fehlende Flexibilität des externen Arbeitsmarktes.

Wenn Arbeitskräfte in ein und derselben Firma den größten Teil ihrer Ausbildung und Sozialleistungen erhalten und ihre Karrieren verfolgen, setzen sich Betriebsgewerkschaften weitaus eher durch als Industriegewerkschaften. Da große japanische Unternehmen langfristige Arbeitsplatzsicherheit garantieren, klassifizieren sie zudem Arbeitsstellen und Berufe nicht mit der gleichen Präzision wie amerikanische Firmen, wodurch sie folglich die Flexibilität des japanischen internen Arbeitsmarktes erhöhen. Wo Angestellte über langfristige Arbeitsplatzsicherheit verfügen, wenden Firmen beachtliche Mittel für die Entwicklung einer besonderen Unternehmenskultur und eine Reihe von Aktivitäten auf, die dazu angetan sind, Loyalität und Stolz gegenüber der Firma zu erzeugen (Dore, 1973, 1987; Whitley, 1992a; Cole, 1992; Shimada, 1992).

Japanische Unternehmen stellen nicht nur einen breitgefächerten und hohen Grad der Ausbildung innerhalb der Firma sicher, sondern sie legen auch Wert auf die Rotation der Arbeitskräfte innerhalb von Teams. Als Ergebnis erhalten sie eine erhebliche Erweiterung nicht nur der Fertigkeiten, sondern auch der Teamkooperation und der Flexibilität. Außerdem kontrollieren die Arbeiter in den Teams die Qualität ihrer Arbeit auf diese Weise gegenseitig. Und die Arbeiter werden daran gewöhnt, sich an Problemlösungen zu beteiligen, und zwar auch in kleinen Gruppen. Rohlen (1992), Cole (1992) und Koike (1987) betonen, daß all dies erfolgreich funktioniert, weil Japaner von klein auf dahingehend sozialisiert werden, ihr Eigeninteresse in Prozessen von Kleingruppen zu verfolgen. Ein weiterer Zugang zum Verständnis des japanischen Arbeitsprozesses eröffnet sich, wenn man bedenkt, daß Japaner schon lange darauf sozialisiert sind, die Verpflichtungen gegenüber der sozialen Gruppe in ihr Eigeninteresse zu integrieren. In Japan lernt man dies fast intuitiv.

Diese Form der Arbeitsbeziehungen existiert nicht überall in Japan, denn es gibt dualistische Elemente in der japanischen Ökonomie. Viele japanische Arbeitnehmer, insbesondere Frauen, sind Gegenstand von Entlassungen und die Löhne in kleinen Firmen sind beträchtlich niedriger als in großen Unternehmen. Da die Japaner jedoch beeindruckende wirtschaftliche Wachstumsraten gehabt haben, mußten selbst kleine Firmen Arbeiter nicht in dem gleichen Maße entlassen wie vergleichbare Firmen in zahlreichen westlichen Ländern. Es gibt auch beachtliche Beweise dafür, daß kleine schnell wachsende Firmen im Hochtechnologiesektor relativ hohe Löhne zahlen und langfristige Karrierechancen für ihre Angestellten bereithalten. Aufgrund einer bestehenden Wirtschaftskultur, die die Bereitstellung von langfristigen Anstellungen und einer paternalistischen Haltung gegenüber den Angestellten betont, ist die Art von Dualismus, der in den USA und anderen westlichen Ökonomien vorherrscht, in Japan wesentlich unüblicher, selbst in kleinen Firmen, die nicht so gewinnbringend arbeiten.

Für einige Wissenschaftler sind die herausragenden Merkmale der japanischen Arbeitsorganisation, wie Anstellung auf Lebenszeit, Lohn und Karriereaufstieg nach Betriebszugehörigkeit (z. B. *nenko)*, Wohlfahrt, Arbeitnehmerloyalität, konsensorientierte Entscheidungsprozesse und partizipative Arbeitsstrukturen, Teil einer langen Tradition betrieblichen Familiensinns, der sich aus dem japanischen Feudalismus herleitet. Allerdings vermischen die meisten Wissenschaftler, die gegenwärtig über die japanische Wirtschaft schreiben, diese kulturelle Begründung mit rationalistischen Erklärungen.

Jedes Jahr werden die Gewinne unter den Arbeitern und Angestellten gemäß einem variablen Lohnsystem verteilt, und zwar mit einem weitaus geringeren Abstand zwischen höchsten Führungskräften und den niedrigsten Anfängerlöhnen als in den USA. Das Humankapital wird als der wertvollste Besitz der Firma angesehen und Entscheidungen werden dezentral, konsensual und partizipatorisch getroffen. Das Kompensationssystem ist so konstruiert, daß durch ein System der Bezahlung nach Leistung und Betriebszugehörigkeit und Zulagen je nach den Gewinnen der Firma eine hohe allgemeine Arbeitsmoral unter den Arbeitskräften aufrechterhalten wird. In sehr profitablen Jahren können solche Zulagen bis zu vier oder fünf Monatsgehälter betragen.

Diese Diskussion der japanischen institutionellen Konfiguration wäre unvollständig, ohne eine Erwähnung des japanischen Staates. Anders als im amerikanischen Fall, wo der Staat von stark reglementierender Natur ist, ist der japanische Staat stärker in die industrielle Entwicklung involviert, auch wenn seine Rolle heute weniger wichtig ist als in den fünfziger Jahren. Der japanische Staat hat viele Formen der Protektion entwickelt, um ausländische Konkurrenz fernzuhalten, er hat ein Umfeld für eine Kooperation zwischen ernsten Konkurrenten geschaffen und finanzielle Fördermittel gezielt in Kernbereiche der Forschung und Entwicklung geleitet. Über viele Jahre hinweg hat er eine makroökonomische Politik betrieben, die dazu geschaffen war, ökonomisches Wachstum mit Hilfe eines gegenüber dem Dollar unterbewerteten Yen zu fördern. Allerdings tendieren einige Autoren dazu, die Rolle des Staates für die japanische Wirtschaft zu überschätzen. Obwohl der Staat eine wichtige Rolle spielt, indem er Firmen hilft, ihre internen Forschungsressourcen zu mobilisieren, findet der größte Teil der japanischen Forschung und Entwicklung jedoch innerhalb der Unternehmen statt. Laut Kenney und Florida (1993: 58) fördert „der japanische Staat (...) Forschung und Entwicklung weit weniger als irgendeine andere wichtige kapitalistische Wirtschaft, gemessen sowohl am Output pro Kopf als auch pro Stück.“ Der japanische Staat ist auch ziemlich erfolglos in dem Bemühen gewesen, Firmen zu ermutigen, interne Ressourcen zu mobilisieren, wenn diese sich dagegen entschieden hatten.

Japan, wie alle anderen Länder, hat keine Unternehmen, die in allen industriellen Sektoren konkurrieren und gute Leistungen erbringen können. Tatsächlich hat Japan genau wie alle anderen Länder Firmen, die zwar in manchen Sektoren erfolgreich sind, in den meisten jedoch nicht. Wenn man insbesondere Japan und die USA betrachtet, so ist es ziemlich offensichtlich, daß der Grund, warum manche Länder in manchen Sektoren erfolgreich sind, weit weniger von solch klassischen Faktoren wie Klima, natürlichen Ressourcen und Boden abhängig sind, als eher von ihren nationalen Traditionen, Werten, institutionellen Arrangements, der Qualität der Arbeitskräfte und des Managements sowie der Art ihrer Kapitalmärkte.

In den meisten Gesellschaften sind länderspezifische Eigenschaften wichtig durch ihrem Einfluß darauf, in welchem Industriebereich die Firmen des Landes im Weltmaßstab hoch konkurrenzfähig sind. Aufgrund der beengten Lebensverhältnisse und der knappen räumlichen Austattung des Landes haben die Japaner sich seit langem darauf konzentriert, kompakte, tragbare, leise und multifunktionale Produkte herzustellen. Sie waren besonders erfolgreich in der Herstellung von kompakten Autos und Lastkraftwagen, kleiner Unterhaltungselektronik (Fernseher, Kopierer, Radios, Videorekorder), Motorrädern, Bauteilen für Maschinen, Uhren und Armbanduhren für Konsumenten, sowie einer Anzahl von Gütern für die Wirtschaft, wie kleine Computer, Ventilatoren, Pumpen und Werkzeugen. Zusammenballungen von Firmen haben von den langfristig stabilen Beziehungen, die zwischen Produzenten und Zulieferern bestanden und dem institutionellen Arrangement vom Typ *keiretsu*, das die Kooperation von sich ergänzenden Unternehmen erleichterte, profitiert. Wie Porter beobachtete: „Zwischen Unternehmen und Zulieferern, die sich typischerweise in enger Nachbarschaft zueinander befinden, fließen die Informationen ungehindert, ist der Service hervorragend und sind Veränderungen schnell. Größere Unternehmen besitzen Stammaktien ihrer Zulieferer, was den Informationsfluß noch weiter öffnet" (Porter, 1990: 407). Da japanische Handelsorganisationen hoch entwickelt sind und eine große Variation von Anbietern, Käufern und verbundenen Industriezweigen umspannen, haben sie auch eine wichtige Rolle in der Entwicklung von Kooperationen zwischen konkurrierenden und sich ergänzenden Firmen und auch bei der der Erleichterung des Aufbaus industrieller Zusammenhänge gespielt.

Obwohl die Japaner in der Verbesserung schon bestehender Erzeugnisse extrem erfolgreich waren, waren sie weniger erfolgreich in der Entwicklung neuer Produkte, und zwar vor allem wegen der für sie besonderen institutionellen Konfiguration. Ihr Bildungssystem betont mechanisches Auswendiglernen statt einer kreativen Synthese oder kritischen Analyse. Ihre Universitäten sind auf die Erleichterung von Konsensentscheidungen und Gruppenkonformität hin strukturiert. Überdies erfolgt die Zuweisung von Forschungsgeldern kaum nach Leistungskriterien. Die allgemeine Schwäche der japanischen Universitäten als Forschungsinstitutionen ist ein wichtiger Grund dafür, warum die Japaner in Industriezweigen, die mit Chemie, Biotechnologie zusammenhängen und auf anderen Feldern, die stark auf grundlegende Naturwissenschaft angewiesen sind, weit zurückliegen, und warum die Japaner substantiell weniger internationale Preise in der Grundlagenforschung gewonnen haben als einige weitaus kleinere europäische Länder. Außerdem hat der kaum entwickelte japanische Risikokapitalmarkt bewirkt, daß sehr wenig Kapital zur Unterstützung von Unternehmern existiert, um ihre kreativen Ideen auf den Markt zu bringen. In einem Vergleich von fünf entwickelten Industriegesellschaften war die Zahl der von kleinen Firmen neu entwickelten Produkte in Japan am niedrigsten. Die Art und Weise, in der japanische Banken zu großen Gruppen zusammengeschlossen sind, behindert auch Investitionen in kleine, neugegründete Unternehmen. Und die Tatsache, daß die erfolgreichsten Studenten der japanischen Universitäten dazu tendieren, in den großen Unternehmen zu arbeiten, bedeutet, daß es für neu beginnende Firmen schwer ist, herausragende junge Talente an sich zu binden. Die meisten Japaner ziehen langfristige Arbeitsplatzsicherheit der Eventualität einer eigenständigen Karriere vor (Okimoto, 1986).

Kurzfristigkeit und institutionelle Trägheit: Das soziale System der Produktion in den USA

Die Fähigkeit der Vereinigten Staaten, sich rasch in Richtung eines sozialen System der flexiblen Produktion zu bewegen, ist durch die dort bestehenden Praktiken in den Arbeitsbeziehungen, dem Bildungssystem und den Finanzmärkten sehr stark begrenzt gewesen, kurz gesagt, durch die Beschränkungen des in der Vergangenheit bestehenden sozialen Systems der Produktion. Der Typ industrieller Arbeitsbeziehungen, der diversifizierte auf hohe Qualität ausgerichtete Produktionsstrategien erleichtert, ist einer, in dem Arbeitskräfte sowohl über breitgefächerte Fertigkeiten als auch über eine gewisse Sicherheit verfügen, daß sie nicht entlassen werden. Tatsächlich sind die Arbeitsplatzsicherheit oder andere Vereinbarungen, die eine langfristige Anstellung garantieren, tendenziell eine notwendige Bedingung für Arbeitgeber, einen Anreiz zu haben, langfristig in die Ausbildung ihrer Arbeiter zu investieren. Während diese Formen der Anreiz- und Ausbildungssysteme im Kernbereich der japanischen Wirtschaft ziemlich weit verbreitet sind, tendierte die industrielle Erwerbstätigkeit in den Vereinigten Staaten viel eher dazu, arbeitsplatzspezifisch zu sein, die Arbeiter waren weniger breit ausgebildet, die internen Arbeitsmärkte waren viel starrer und die Arbeitgeber hatten weit weniger Anreize, in die Entwicklung der Fähigkeiten und Fertigkeiten ihrer Arbeitskräfte zu investieren. Da die Vereinigten Staaten einen der flexibelsten externen Arbeitsmärkte der Welt hatten, war es wesentlich einfacher für amerikanische Arbeiter, ihre Arbeitsplätze zu verlassen und zu anderen Firmen zu wechseln, als es im Falle anderer Länder ist, wo Arbeiter über langfristige Arbeitsplatzsicherheit verfügen. Auch dies hat die amerikanischen Arbeitgeber davon abgehalten, in die Ausbildung ihrer Arbeitskräfte zu investieren.

Das amerikanische System der industriellen Arbeitsbeziehungen ist zu einem großen Teil durch die schwach entwickelten Unternehmerverbände und Gewerkschaften geprägt. Der große Umfang und die Komplexität der amerikanischen Wirtschaft, verbunden mit der rassischen, ethnischen und religiösen Differenziertheit ihrer Arbeiterklasse, hat eine substantielle Heterogenität der Interessen sowohl von Arbeit als auch Kapital erzeugt, die es beiden Gruppen erschwert, sich auf kollektives Handeln einzulassen. Die schwach ausgebildeten Möglichkeiten von Arbeit und auch Kapital, sich kollektiv zu organisieren, haben der Fähigkeit der Vereinigten Staaten, sich schneller in Richtung auf die Entwicklung eines sozialen Systems der flexiblen Produktion hin zu bewegen, enge Grenzen gesetzt.

Länder mit Firmen, die fest in ein hoch institutionalisiertes System der Handelskammern und Unternehmerverbände integriert sind (z. B. Japan und Deutschland) haben zwar starre externe Arbeitmärkte, aber flexible interne Arbeitsmärkte. Die Vereinigten Staaten neigen mit ihren schwachen Verbandsstrukturen zu flexiblen externen Arbeitsmärkten aber starreren internen Arbeitsmärkten (Hollingsworth, 1991a, 1991b; Hollingsworth und Lindberg, 1985; Schneiberg und Hollingsworth, 1990).

Die Kapitalmärkte in den Vereinigten Staaten haben die Entwicklung breitgefächerter Fähigkeiten von Arbeitnehmern ebenfalls beschränkt, indem sie Firmen ermutigten, sich auf die kurzfristige Maximierung ihrer Gewinne zu konzentrieren. In den Vereinigten Staaten waren die Wertpapiermärkte gegen Ende des ersten Weltkrieges hoch institutionalisiert, und die Manager von großen Firmen waren anschließend für die Finanzierung kaum noch auf Geschäftsbanken angewiesen. In den letzten Jahren war der Anteil von Krediten der Geschäftsbanken am Industriekapital der amerikanischen Firmen unter den niedrigsten auf der Welt.

Als Folge dieser Entwicklung wurden die amerikanischen Unternehmensgesellschaften mit Ausnahme der Finanzunternehmen von zahlungskräftigen Finanzmärkten und nicht so sehr von Banken abhängig. In zunehmendem Maße wurden die Manager der Gesellschaften so auch abhängig von den Launen und Strategien der Anteilseigner und Aktionäre. Dies führte zu einer Betonung des kurzfristigen Zeithorizonts für große Firmen, was wiederum die Möglichkeiten des amerikanischen Managements, langfristig stabile Beziehungen zwischen Arbeitgebern und Arbeitnehmern zu entwickeln, einschränkte, also die Grundvoraussetzung für hoch und breitgefächert ausgebildete Arbeitskräfte und ein soziales System der Produktion, das flexibel oder von diversifizierter Qualität ist.

Die Flexibilität des externen Arbeitsmarktes und die Innovationskraft neu gegründeter Firmen werden in Amerika ergänzt durch das System der amerikanischen Forschungsuniversitäten. Diese Universitäten betonen nicht allein intellektuellen Unternehmergeist, da Professoren an den führenden amerikanischen Universitäten nicht wie ihre deutschen und japanischen Kollegen Beamte sind, amerikanische Professoren sind in vielen Feldern, wie z. B. Biologie, Biochemie, Ingenieurswesen, Informatik, usw., auch geschäftlich aktiv, wobei sie oft synergetische Beziehungen zu Wirtschaftsunternehmen haben. Darum ist es kein Zufall, daß einige der dynamischsten Sektoren der amerikanischen Wirtschaft in der Nähe führender amerikanischen Forschungsuniversitäten angesiedelt sind. Darüberhinaus war der amerikanische Staat in diese Synergie involviert, indem er Forschungsuniversitäten für die Entwicklung vermarktungsfähiger Technologien finanziell unterstützt hat. Folglich ergaben sich dynamische Netzwerke aus universitären Wissenschaftlern, Regierungsorganisationen sowie großen und kleinen Firmen in einer frühen Entwicklungsphase einer großen Zahl von

Technologien und Gütern, z. B. bei Computern, Halbleitern, Atomkraft, Mikrowellen, Telekommunikation, Pharmazeutik usw. Sobald jedoch das Grundlagenwissen geschaffen worden war, hat sich die US-Regierung im allgemeinen aus den Netzwerken zurückgezogen und so den akademischen und wirtschaftlichen Unternehmern die Freiheit gelassen, kommerzielle Anwendungen ihrer kreativen Aktivitäten zu entwickeln. Nachdem jedoch neue Produkte entwickelt wurden, stellen die Firmen in der Regel fest, daß der durchschnittliche Grad technischen Wissens unter den amerikanischen Arbeitskräften dazu tendiert, hinter dem der hauptsächlichen ausländischen Konkurrenten zurückzubleiben, insbesondere hinter dem der Deutschen und Japaner. Diese Unzulänglichkeit der amerikanischen Bildung wird noch gesteigert durch die institutionelle Zusammensetzung des amerikanischen sozialen Systems der Produktion, die Firmen wenig Anreize gibt, in breitgefächerte Fähigkeiten und Fertigkeiten ihrer Arbeitskräfte zu investieren.

Auf der anderen Seite ist das amerikanische Bildungssystem sehr vielschichtig und *hoch gebildete Amerikaner* sind durch ihren Bildungshintergrund sozialisiert, kreative Individuen zu sein, eine Eigenschaft, die oft in die Entwicklung neuer Produkte übersetzt wird. Im Gegensatz dazu sind Japaner dahingehend sozialisiert, besonders auf Details zu achten, um bestehende Produkte zu verbessern und als Teil einer Gruppe effektiv zu arbeiten. Während Amerikaner als Individuen in der Kommunikation über Organisationsgrenzen hinweg brillieren, stechen die Japaner darin hervor, Rückkoppelungstypen der Kommunikation auf horizontaler Ebene zu installieren, „vom Marketing zur Produktion und von der Produktion zum Redesign", alles in derselben Firma (Aoki, 1988: 247). Anders ausgedrückt betonen die Japaner klar die Gruppenaktivität und die Produktionsphasen des industriellen Prozesses, während die Amerkaner dazu neigen, in diesem Gebiet wenig kreativ zu sein. Und diese Unterschiede, wo und wie ökonomische Akteure in den beiden Ländern ihre Energien konzentrieren, tragen viel zu der Erklärung bei, warum die Japaner langfristig so erfolgreich in der kommerziellen Produktion und dem Marketing von Produkten waren, die die Amerikaner zuerst entwickelt hatten.

Märkte und Hierarchien funktionieren gut, wenn Firmen in eine institutionelle Umwelt eingebettet sind, die arm an kollektiven Formen der ökonomischen Koordination ist. Aber die japanischen und deutschen Beispiele zeigen, daß Formen der Produktion mit einer diversifizierten

Qualität am besten funktionieren, wenn sie in eine Umwelt von institutionellen Vereinbarungen eingebettet sind, die Kooperation zwischen Produzenten und Zulieferern und zwischen Konkurrenten fördert, und zwar insbesondere eine Umwelt, die den Austausch von Informationen unter den Konkurrenten erleichtert. Es bedarf dazu Firmen, die sich weit über das Maß hinaus kollektiv engagieren, welches für das effektive Funktionieren der Hierarchien und Märkte benötigt wird, und darüber hinaus, was von den einzelnen Firmen selbst entwickelt würde. Produktionssysteme der diversifizierten und flexiblen Qualität funktionieren am besten, wenn sie in eine institutionelle Umwelt mit einer reichen multilateralen oder kollektiven Dimension eingebettet sind: kooperatives Handeln seitens der Konkurrenten, gut ausgestattete Trainingszentren für Arbeiter und Manager und Finanzinstitutionen, die bereitwillig Kapital auf langfristiger Basis zur Verfügung zu stellen.

Genau wie im japanischen oder deutschen Fall spiegelt der Erfolg oder das Scheitern der meisten amerikanischen gewerbliche Sektoren auf globaler Ebene bestimmte nationale Charakteristika und historische Traditionen wider. Wegen des niedrigen Niveaus an Fertigkeiten der amerikanischen Arbeitskräfte in den meisten gewerblichen Sektoren und weil sich das amerikanische Management in der Tendenz aus einem Marketing-, Finanz- oder Rechtshintergrund heraus rekrutiert (anstatt aus einem Ingenieur- oder Produktionshintergrund), waren amerikanische Produktionsfirmen weniger erfolgreich als ihre japanischen und deutschen Konkurrenten, einmal entwickelte Produkte zu verbessern. Und weil amerikanische Konsumenten in bezug auf die Produktqualität weniger anspruchsvoll sind als japanische und deutsche, waren amerikanische Firmen, und hierunter besonders in der Konsumgüterindustrie, in der Produktion von standardisierten Produkten mir niedrigen Produktionskosten konkurrenzfähiger, die in Massen vermarktet und leicht abgestoßen werden können. Ebenfalls im Gegensatz zu Deutschen und Japanern waren die Amerikaner, und zwar besonders in vielen Branchen des produzierenden Gewerbes, eher dazu bereit, Kompromisse hinsichtlich des Designs, der Qualität, und des Service zu machen und auf der Basis der Preise zu konkurrieren.

Tabelle 1. Eine Typologie der sozialen Systeme der Produktion

Variablen	standardisierte Massenproduktion	Flexible Produktion
Größe und Beschaffenheit des Marktes	Große homogene Märkte, mit einem v.a. auf Preisen basierenden Wettbewerb	Kleinere Märkte; eher heterogene Ansprüche der Konsumenten mit sehr auf Qualität basierendem Wettbewerb
Technologie des Produkts	Stabiler und langsamer Wandel, nicht hochkomplex; Produkte werden in großem Umfang produziert	Schneller Wandel und hochkomplex; Produkte werden in kleinen Mengen produziert
Organisatorische Charakteristika der Firmen		
Prokuktionskette	Tendenz zur vertikal integrierten Produktion	Vertikale Desintegration mit verschiedenen Typen von Verpflichtungsnetzwerken, die verschiedene Akteure miteinander verbinden, Unterverträge (Zulieferersystem), Kooperationsvertäge zwischen kleinen Firmen, Joint-ventures, und strategische Allianzen sind üblich
Fähigkeiten und Fertigkeiten	Eng definiert und von sehr spezifischer Natur	Gut ausgebildete, hochflexible Arbeitskräfte mit breitgefächerten Fähigkeiten
Arbeitskräfte-Management	Geringes Vertrauen zwischen Arbeiterschaft und Management; wenig Kommunikation aber hierarchische Beziehungen	Relativ hoher Grad an Vertrauen
Interner Arbeitsmarkt	Starr	Flexibel
Zentralisierung	Sehr hierarchisch und halbauthoritär	Dezentralisierter, konsensorientierter und partizipatorischer Organisationstyp
Produktionsausstattung	Produktspezifische Maschinen	Allgemein verwendbare Maschinen
Arbeitsplatzsicherheit	Relativ wenig Sicherheit außer aufgrund eines bedeutenden Klassenkonflikts	Langzeitanstellungen, relativ hohe Arbeitsplatzsicherheit

Investitionen in die betriebliche Weiterbildung	niedrig	hoch
Konzeption der Eigentumsrechte	Hochgradiges Bewußtsein für Eigentumsrechte	Niedriger Bewußtsein für Eigentumsrechte
Strukturen des Umfeldes		
Beziehungen zu anderen Unternehmen	Stark konfliktorientiert, eher verarmtes institutionelles Umfeld	Hoch kooperative Beziehungen mit den Zulieferern, Kunden und Konkurrenten in einem sehr reichen institutionellen Umfeld
Kollektives Handeln	Wirtschaftsverbände schlecht entwickelt und wo sie existieren, fehlt die Macht Mitglieder zu disziplinieren	Wirtschaftsverbände sind hochentwickelt mit der Möglichkeit einen Industriezweig zu führen und Mitglieder zu disziplinieren
Formen der Kapitalbildung	Kapitalmärkte gut entwickelt, Aktienhandel lebendig	Kapitalmärkte weniger gut entwickelt, starke Bank-Unternehmens-Verbindungen, ausgedehnte, verschachtelte Eigentumsbeziehungen zwischen Unternehmen, Langzeitbesitz von Aktien
Antikartellgesetzgebung	Konstruiert um Kartelle und diverse andere Formen des kollektiven Handelns zu schwächen	Mehr Toleranz bezüglich unterschiedlicher Formen des kollektiven Handelns
Institutionelle Bildungseinrichtungen	Staatliche Berufsausbildung mit Schwerpunkt auf niedrigen Fähigkeiten	Mit großer Wahrscheinlichkeit Berufsbildungsprogramme, die berufliche Ausbildung und Unternehmen zusammenführen
Leistungsmaßstäbe, denen hohe Priorität in den Sektoren zukommt	Lohnungleichheit, Produkte von geringer Qualität, Innovationsreichtum in neuen Industriezweigen, konfliktionäre Beziehungen zwischen Management und Arbeiterschaft	Hohe Lohngleichheit, Produkte von hoher Qualität, Innovationsreichtum in der Produktverbesserung, hoher sozialer Friede zwischen Arbeiterschaft und Management
Typ der Zivilgesellschaft in die die Firmen eingebettet sind	Schwach entwickelt	Hoch entwickelt
Durchdringung der Gesellschaft mit Marktmentalität	Hoch	Niedrig

Pfadabhängigkeit versus Konvergenz der sozialen Systeme der Produktion

Ob ein soziales System der Produktion bestimmte Leistungsstandards halten kann oder nicht, ist nicht nur von seiner inneren ökonomischen „Rationalität" abhängig, sondern auch davon, wie es sich in ein größeres System einpaßt. Wenn ein bestimmtes soziales System der Produktion gegen die Konkurrenz alternativer Systeme immun ist, kann es lange überleben. Wenn aber verschiedene soziale Systeme der Produktion mit unterschiedlichen Kriterien einer guten ökonomischen Performance in der Arena der Welt aufeinander treffen, so kann die Willkürlichkeit national festgelegter konstruierter Handlungsstandards von alternativen Handlungskriterien als Ergebnis des internationalen Wettbewerbs abgelöst werden.

Wie Wallerstein (1980) und andere gezeigt haben, ist auch die Weltwirtschaft sozial konstruiert, genau wie die nationalen Volkswirtschaften. Selbst wenn unterschiedliche soziale Systeme der Produktion in der internationalen Arena miteinander konkurrieren, ist es doch nicht immer möglich, festzulegen, welches zu irgendeinem Zeitpunkt im Wettbewerb effektiver ist. Hegemoniale Nationalstaaten können *kurzfristig* die Regeln des Handels zugunsten ihrer industriellen Sektoren und Firmen bestimmen. Die Geschichte hegemonialer Mächte läßt darauf schließen, daß in erster Linie durch militärische und politische Macht am Leben erhaltene soziale Systeme der Produktion langfristig schließlich von dynamischeren und konkurrenzfähigeren sozialen Systemen der Produktion abgelöst werden. In unserer Zeit, wo Nationalstaaten zunehmend in die Weltwirtschaft integriert sind, ist es wahrscheinlich, daß ökonomische Konkurrenz immer mehr zu einem Wettbewerb über soziale Systeme der Produktion wird. Wenn das soziale System der Produktion eines Landes seinen internationalen Wettbewerbsvorteil verliert, wird sein Anteil an der Weltproduktion sinken, selbst wenn es eine hegemoniale Macht ist. Solch ein Land wird eine langsame Deindustrialisierung erfahren und/oder versuchen, seine institutionellen Arrangements zu restrukturieren und seine Leistungspräferenzen anzupassen. Aber eine solche Restrukturierung erfordert normalerweise eine tiefgreifende Neuverteilung der Macht in einer Gesellschaft. Hauptsächlich aus diesem Grund ist die Fähigkeit von Gesellschaften, ihr soziales System der Produktion nach dem Vorbild ihrer Hauptkonkurrenten zu konstruieren, historisch begrenzt.

Firmen in zurückgebliebenen Volkswirtschaften versuchen jedoch, einige der Managementstile und Arbeitsweisen ihrer erfolgreicheren Konkurrenten nachzuahmen. Wir beobachten dies sowohl in Großbritannien als auch in den Vereinigten Staaten, wo der Begriff der „Internationalisierung der japanischen Wirtschaft" auftaucht (Trevor, 1987). Dieses Phänomen ist jedoch stark übertrieben worden. Viele, die das Auftauchen einer Japanisierung der Weltwirtschaft konstatieren, haben sich nicht mit dem Problem beschäftigt, was das besonders Japanische ausmacht. Sicherlich werden einige japanische Praktiken anderswohin exportiert. Aber ein Großteil unserer wissenschaftlichen Erkenntnisse über japanische Unternehmen im Ausland zeigen, daß sie sich pragmatisch an die Bedingungen im Ausland anpassen, anstatt die japanischen Verfahrensweisen zu duplizieren. Wie Levine und Ohtsu (1991) beobachtet haben, finden japanische Firmen, die sich im Ausland betätigen, in der Regel schnell heraus, daß sie sowohl mit der fremden Kultur und den Gesetzen und Regeln der ausländischen Regierung als auch den Gewerkschaften und Arbeitgebern des Gastlandes zu kämpfen haben, die alle in großem Maße von japanischen Institutionen abweichen.

Selbstverständlich kann man auf die Joint Ventures von Toyota und General Motors im kalifornischen Fremont genauso wie auf die Fälle Honda und Nissan in den Vereinigten Staaten als Beispiele verweisen, in denen eine Anzahl von japanischen Managementpraktiken in der amerikanischen Umgebung verbreitet wurden. Aber eine genauere Betrachtung selbst dieser eher extremen Fälle zeigt eine Vermischung der japanischen und amerikanischen Praktiken. Trotzdem hat selbst diese Art Hybrid-Kreation zu weitaus flexibleren Produktionsmustern geführt, als man sie zuvor in der amerikanischen Automobilindustrie vorfand.

Dies verweist natürlich auf den weiten Themenkreis der Joint Ventures und strategischen Allianzen, wie sie in entwickelten kapitalistischen Gesellschaften stattfinden. In einer Ära, in der das Tempo des technischen Wandels relativ niedrig war, die Produktionsprozesse in einem Industriezweig relativ standardisiert waren und die Produktion sich relativ lange hinzog, war die vertikale Integration eine geeignete Strategie für solche Unternehmen, die mit einer hohen Unsicherheit in einer geringen Anzahl von interdependenten Beziehungen zu anderen Firmen konfrontiert waren. Wenn sich dagegen die Technologie sehr schnell wandelt und die Kosten der Technologie sehr hoch sind, so sind die Unternehmen weit weniger geneigt, vertikale Integration zu betreiben, und Joint Ventures und strategische Allianzen werden häufiger, besonders zwischen Firmen in unterschiedlichen Gesellschaften. Natürlich variieren die Motive für diese Form der Koordination: Die Suche nach Skalenerträgen, die Notwendigkeit des Marktzugangs, das Aufteilen von Risiken und die Notwendigkeit des Zugangs zu Technologie, das Erfordernis, Know-How zusammenzuführen, wenn nicht ein Unternehmen allein die Möglichkeit hat, seine Ziele zu erreichen. Solche Projekte ergaben sich in einer Vielzahl von Sektoren, aber vor allem in der Pharma-, Computer-, Raumfahrt-, Atom-, Elektronik- und Automobilindustrie. Führt die steigende Häufigkeit dieser Form der Koordination zu einer Konvergenz der nationalen Volkswirtschaften?

Zweifellos führt die ansteigende Häufigkeit von Joint Ventures und strategischen Allianzen zu einer gewissen Konvergenz in bestimmten Managementstilen und Arbeitsweisen unter den kooperierenden Partnern. Diese Verbreitung der Praktiken erzeugt jedoch keine Konvergenz der sozialen Systeme der Produktion. Vor dem zweiten Weltkrieg versuchten ausländische Firmen, bestimmte Prinzipien des wissenschaftlichen Managements, wie sie sich in den Vereinigten Staaten ausgebreitet hatten, zu übernehmen, aber in der Regel wurden die amerikanischen Verfahrensweisen stark modifiziert, bevor sie implementiert wurden. Darüber hinaus nahmen die fremden Akteure diese Modifikationen vor, indem sie dem Entwicklungsweg ihres eigenen sozialen Systems der Produktion folgten. Auf ähnliche Weise verbreiten sich heute ausgewählte Prinzipien des japanischen Managementstils und der japanischen Arbeitsmethoden in anderen Ländern, aber sie werden selektiv in die lokalen institutionellen Arrangements integriert.

Das soziale System der Produktion eines jeden Landes ist eine Konfiguration eines Bündels von institutionellen Vereinbarungen. Jedes System verändert sich ständig und ist offen für den Einfluß von anderen Systemen. Und tatsächlich verbreiten sich viele Technologien und Praktiken von einer Gesellschaft auf die andere, aber die Richtung der Veränderung ist durch das vorhandene soziale System der Produktion vorgegeben. Dieselbe Technologie kann also in zahlreichen Ländern existieren, aber wie mit ihr gearbeitet wird, variiert von einer institutionellen Konfiguration zur anderen.

Eine jüngst durchgeführte vergleichende Studie (Hollingsworth, Schmitter und Streeck, 1993) hat gezeigt, daß sich über die Länder-

grenzen hinweg bestimmte Industriezusammenballungen entlang bestimmter Entwicklungsbahnen vollziehen, die jeweils ihre eigene mikroökonomische Dynamik haben, in der sich Märkte, betriebliche Hierarchien, Netzwerke, Organisationen und Regierungen bewegen. Da berufliche Fähigkeiten, Managementtechniken und Regierungsformen in ein unverwechselbares soziales System der Produktion eingebettet sind, gehen sie nicht einfach von einer Nation auf die andere über. Als Ergebnis bleibt eine beachtliche Variation in den sozialen Systemen der Produktion von Land zu Land erhalten, selbst wenn es eine Konvergenz auf globalem Niveau gibt, wie ausgewählte Industriezweige (z. B. Chemie, Öl, Großraumluftfahrt, etc.) koordiniert werden.
Diese Variation bleibt beachtlich, weil es große Unterschiede in den Pfadabhängigkeiten der Länder gegeben hat. Seit mehr als einem Jahrhundert hat die deutsche Volkswirtschaft ein soziales System der Produktion diversifizierter Qualität erforscht (Herrigel, 1995), während die Japaner seit den Fünfziger Jahren eine Hybridform von Massenproduktion zusammen mit einer Produktion diversifizierter Qualität haben. In beiden Ländern erlaubten die spezifischen institutionellen Arrangements eine hohe Bindekraft ihrer jeweilig unverwechselbaren sozialen Systeme der Produktion. Im Gegensatz dazu waren die Vereinigten Staaten stark eingeschränkt durch ihr überkommenes fordistisches System der Massenproduktion und seine „Kurzfristigkeit“ unter dem Einfluß seiner besonderen Finanzmärkte, schwachen Gewerkschaften und Wirtschaftsverbände, Normen, Regeln und Handlungsweisen.
Unter welchen Umständen können solche ausgeprägten Entwicklungsbahnen umgekehrt werden? Da die gegenwärtigen Herangehensweisen der Sozialwissenschaften keine klare Antwort bereithalten, ist das ein wichtiges Gebiet für die zukünftige Forschung.

Literatur

Aoki, Masahiko: Information, Incentives and Bargaining in the Japanese Economy, Cambridge University Press, Cambridge UK, 1988.

Chandler, Alfred, D.: Strategy and Structure, MIT Press, Cambridge MA, 1962.

Chandler, Alfred, D.: The Visible Hand: The Managerial Revolution in American Business, Harvard University Press, Cambridge MA, 1977.

Cole, Robert, E.: The Late – Developer Hypothesis: An Evaluation of Its Relevance for Japanese Employment Practices, in: The Journal of Japanese Studies, 4, 1978, S. 247–265.

Cole, Robert, E.: Some Cultural and Social Bases of Japanese Innovation: Small-Group Activities in Comparative Perspective, in: Shumpei Kumon und Henry Rosovsky (Hg.): The Political Economy of Japan: Cultural and Social Dynamics, III., Stanford University Press, Stanford, 1992.

Dore, Ronald: British Factory, Japanese Factory: The Origins of Diversity in Industrial Relations, University of California Press, Berkeley, 1973.

Dore, Ronald: Taking Japan Seriously, Stanford University Press, Stanford, 1987.

Gerschenkron, Alexander: Economic Backwardness in Historical Perspective, Harvard University Press, Cambridge MA, 1962.

Herrigel, Gary: Industrial Organization and the Politics of Industry: Centralized and Decentralized Production in Germany, unveröffentlichte Doktorarbeit, MIT, Cambridge MA, 1995.

Hogan, David: Making It in America: Work, Education, and Social Structure, in: Harvey Kantor und David B.Tyack (Hg.): Work, Youth and Schooling, Stanford University Press, Stanford, 1982, S. 142–179.

Hollingsworth, J., Rogers: The Logic of Coordinating American Manufacturing Sectors, in: John Campbell, J. Rogers Hollingsworth und Leon Lindberg (Hg.): The Governance of the American Economy, Cambridge University Press, Cambridge UK und New York, 1991. Dt.: Die Logik der Koordination des verarbeitenden Gewerbes in Amerika, in: Kölner Zeitschrift für Soziologie und Sozialpsychologie, 43, März, 1991, S. 18–43.

Hollingsworth, J., Rogers und Leon Lindberg: The Role of Markets, Clans, Hierarchies, and Associative Behavior, in: Philippe Schmitter und Wolfgang Streeck (Hg.): Private Interest Government: Beyond Market and State, Sage Publications, London und Beverly Hills, 1985, S. 221–254.

Hollingsworth, J., Rogers und Wolfgang Streeck: Performance and Control of Economic Sectors, in: J. Rogers Hollingsworth, Philippe Schmitter und

Wolfgang Streeck (Hg.): Governing Capitalist Economies: Performance and Control of Economic Sectors, Oxford University Press, New York, 1993, Kapitel 11.

Hollingsworth, J., Rogers, Philippe Schmitter und Wolfgang Streeck (Hg.): Governing Capitalist Economies: Performance and Control of Economic Sectors, Oxford University Press, New York, 1993.

Kenney, Martin and Richard Florida: Beyond Mass Production: The Japanese System and Its Transfer to the U.S., Oxford University Press, New York, 1993.

Kerr, C., J. T. Dunlop, F. H. Harbison und C. A. Myers: Industrialism and Industrial Man: the Problems of Labor and Management in Economic Growth, Harvard University Press, Cambridge MA, 1960. Dt.: Der Mensch in der industriellen Gesellschaft: die Probleme von Arbeit und Management unter den Bedingungen wirtschaftlichen Wachstums. Frankfurt a.M.: Europ. Verlags-Anstalt, 1966.

Koike, Kazuo: Human Resource Management and Labor-Management Relations, in: Kozo Yamamura und Yasukichi Yasuba (Hg.): The Political Economy of Japan,1, Stanford University Press, Stanford, 1987, S. 289–330.

Levine, Solomon B. und Makoto Ohtsu: Transplanting Japanese Labor Relations, in: The Annals of the American Academy of Political and Social Science, 513, Januar, 1991, S. 102–116.

North, Douglass, C.: Institutions, Institutional Change and Economic Performance, Cambridge University Press, Cambridge UK und New York, 1990. Dt.: Institutionen, institutioneller Wandel und Wirtschaftsleistung. Tübingen: Mohr, 1992.

Okimoto, Daniel, I.: The Japanese Challenge in High Technology, in: Ralph Landau und Nathan Rosenberg (Hg.): The Positive Sum Strategy, National Academy Press, Washington, D.C., 1986, S. 541–567.

Polanyi, Karl: The Great Transformation: The Political and Economic Origins of Our Time, Beacon Press, Boston, 1957[1944]. Dt.: The great transformation: politische und ökonomische Ursprünge von Gesellschaften und Wirtschaftssystemen. Wien: Europaverlag, 1977.

Porter, Michael: The Competitive Advantage of Nations, Free Press, New York, 1990. Dt.: Nationale Wettbewerbsvorteile: erfolgreich konkurrieren auf dem Weltmarkt. München: Droemer Knaur, 1991.

Rohlen, Thomas P.: Learning: The Mobilization of Knowledge in the Japanese Political Economy, in: Shumpei Kumon und Henry Rosovsky (Hg.): The Political Economy of Japan: Cultural and Social Dynamics, III., Stanford University Press, Stanford, 1992, S. 321–363.

Schneiberg, Marc und J. Rogers Hollingsworth: Can Transaction Cost Economics Explain Trade Associations?, in: Masahiko Aoki, Bo Gustafsson und Oliver E. Williamson (Hg.): The Firm as a Nexus of Treaties, Sage Publications, London, 1990, S. 320–346.

Shimada, Haruo: Japan's Industrial Culture and Labor-Management Relations, in: Shumpei Kumon und Henry Rosovsky (Hg.): The Political Economy of Japan: Cultural and Social Dynamics, III., Sanford University Press, Stanford, 1992, S. 267–291.

Sorge, Arndt und Wolfgang Streeck: Industrial Relations and Technical Change: The Case for an Extended Perspective, in: Richard Hyman und Wolfgang Streeck (Hg.): New Technology and Industrial Relations, Basil Blackwell, New York und Oxford, 1988, S. 19–47.

Streeck, Wolfgang: On the Institutional Conditions of Diversified Quality Production, in: Egon Matzner und Wolfgang Streeck (Hg.): Beyond Keynesianism: The Socio-Economics of Production and Full Employment, Edward Elgar, Aldershot, Hants UK, 1991.

Trevor, Malcolm (Hg.): The Internationalization of Japanese Business: European and Japanese Perspectives, Westview Press, Boulder CO, 1987.

Wallerstein, Immanuel: The World System II., Academic Press, New York, 1980.

Whitley, Richard: Business Systems in East Asia: Firms, Markets and Societies, Sage, London and Newbury Park, 1992a.

Whitley, Richard: European Business Systems: Firms and Markets in Their National Contexts, Sage, London, 1992b.

Williamson, Oliver E.: Markets and Hierarchies: Analysis and Antitrust Implications, Free Press, New York, 1975.

Williamson, Oliver E.: The Economic Institutions of Capitalism, Free Press, New York, 1985. Dt.: Die ökonomischen Institutionen und der Kapitalismus: Unternehmen, Märkte, Kooperationen. Tübingen: Mohr, 1990.

Übersetzung: Stefan Kesting, Marion Beier, Dieter Bögenhold